El gran libro de los sueños

Anna Monteschi

EL GRAN LIBRO DE LOS SUEÑOS

A pesar de haber puesto el máximo cuidado en la redacción de esta obra, el autor o el editor no pueden en modo alguno responsabilizarse por las informaciones (fórmulas, recetas, técnicas, etc.) vertidas en el texto. Se aconseja, en el caso de problemas específicos —a menudo únicos— de cada lector en particular, que se consulte con una persona cualificada para obtener las informaciones más completas, más exactas y lo más actualizadas posible. EDITORIAL DE VECCHI, S. A. U.

© Editorial De Vecchi, S. A. 2021
© [2021] Confidential Concepts International Ltd., Ireland
Subsidiary company of Confidential Concepts Inc, USA
ISBN: 978-1-64699-691-9

El Código Penal vigente dispone: «Será castigado con la pena de prisión de seis meses a dos años o de multa de seis a veinticuatro meses quien, con ánimo de lucro y en perjuicio de tercero, reproduzca, plagie, distribuya o comunique públicamente, en todo o en parte, una obra literaria, artística o científica, o su transformación, interpretación o ejecución artística fijada en cualquier tipo de soporte o comunicada a través de cualquier medio, sin la autorización de los titulares de los correspondientes derechos de propiedad intelectual o de sus cesionarios. La misma pena se impondrá a quien intencionadamente importe, exporte o almacene ejemplares de dichas obras o producciones o ejecuciones sin la referida autorización». (Artículo 270)

Índice

INTRODUCCIÓN	7
EL SUEÑO Y SUS SECRETOS	9
Sueño y sueños.	9
Sueños y antiguas creencias	10
¿Qué es el sueño?	12
¿Por qué se olvidan los sueños?	13
Cómo recordar los sueños	15
EL LENGUAJE DEL SUEÑO	19
Contenido y lenguaje del sueño	19
Símbolo y metáfora	21
LA FUNCIÓN DE LOS SUEÑOS	23
El sueño que revela la realidad.	24
El sueño que compensa la realidad	25
El sueño que devuelve dimensión a la realidad	25
VARIOS TIPOS DE SUEÑOS	27
Sueños cotidianos, sueños importantes, sueños al despertar	27
Sueños traumáticos	28
La angustia en el sueño	28
La pesadilla	30
Sueños favorables o desfavorables	31
Sueños premonitorios.	32
LA INTERPRETACIÓN DE LOS SUEÑOS	35
La interpretación: desde la Antigüedad hasta nuestros días.	35
La interpretación. Normas y consejos	40

Soñante: protagonista o espectador 40
El soñante activo y el pasivo. 41
El sueño y su significado: las preguntas que se deben
    plantear 41
Los símbolos oníricos y sus categorías 45
Los personajes del sueño 45
La casa 46
Los vestidos 48
El cuerpo humano 49
Bebidas y alimentos 50
Heridas y enfermedades. 52
El dinero 52
La escuela 53
Los viajes 54
Los vehículos 56
Los animales. 58
Las plantas, las flores, la fruta 59
El agua y el fuego. 60
El sol y la luna 61
Los colores. 62
Los números. 63
Las figuras geométricas 65

I<small>NTRODUCCIÓN AL DICCIONARIO</small> 67

Introducción

Todos los hombres suelen vivir cada noche mientras duermen extrañas y misteriosas aventuras, en la tierra siempre cambiante de los sueños.
Unas veces estas aventuras son agradables y excitantes; otras, dolorosas y tristes.
La mayor parte de los sueños se olvidan rápidamente, y es muy difícil poder aclarar su sentido y significado. Otros en cambio nos obsesionan durante todo el día: su sombra nos acompaña en cada uno de nuestros actos y, a pesar de su presencia angustiosa, sentimos el deseo de dormirnos para encontrarnos con ellos.
Desde hace muchos siglos el hombre ha intentado comprender, explicar e interpretar los sueños. En el pasado, debido a lo extraño de los sueños y su dificultad en ser comprendidos, fueron considerados como mensajes sobrenaturales, y la interpretación de los sueños estaba reservada a unos pocos iniciados. En cambio una interpretación más moderna tiene en cuenta todos los factores que influyen en la vida del hombre, estudiando el fenómeno como auténtica y sincera expresión de la mente liberada de los lazos de racionalidad.
El presente libro intentará proporcionar los instrumentos, útiles y completos, para la interpretación a aquellos que creen en el valor de los sueños, y en su capacidad de ser anunciadores del futuro.
La primera parte del libro analiza el sueño, la historia de los estudios que se han hecho sobre él y las metodologías de interpretación, permitiendo al lector enfrentarse con este complejo proceso del pensamiento.
La segunda parte está dedicada a las categorías de los símbolos oníricos, ilustrados y explicados en su significado y símbolos más generales.

A continuación sigue el diccionario, en el que aparecen más de diez mil símbolos, por orden alfabético.

El lector, al conocer e interpretar los símbolos oníricos, adquirirá definitivamente un profundo conocimiento de sí mismo y de sus propios pensamientos, aprendiendo también a aceptar aquellos sentimientos, tensiones y miedos que niega de manera consciente, y sobre todo, estará en condiciones de prepararse psicológicamente para futuros peligros y acontecimientos.

El sueño y sus secretos

Sueño y sueños

Desde el momento del nacimiento, y durante toda la vida, el sueño representará la líquida tranquilidad del seno materno, y las sensaciones de luz y ruido del mundo externo nos empujarán siempre a buscar en el sueño abrigo, protección y reposo.

Desde aquel momento y durante toda la vida, el sueño representará para el hombre una pausa que conforta, da seguridad, y devuelve las fuerzas al final de cada jornada.

Aproximadamente una tercera parte de la vida se pasa durmiendo. Se puede reducir la comida durante varios días, pero no se puede hacer lo mismo con el dormir, pues el sueño es indispensable y su necesidad resulta irresistible.

Antes de dormirnos pasa por nuestra mente una serie de imágenes y acontecimientos de la jornada, confundiendo entre ellos recuerdos y estados de ánimo. Dejamos de ser dueños de nuestros pensamientos, aun cuando con un pequeño esfuerzo de la voluntad podamos abrir los ojos y recuperar la consciencia, pero si no existe nada que nos moleste en poco tiempo nos deslizamos dentro del sueño.

El fenómeno del sueño ha sido ampliamente estudiado, y a pesar de la imposibilidad de un encuentro verbal con un ser durmiente, en cambio ha sido posible formular algunas observaciones acerca de la actividad del cerebro durante este estado.

Ante todo el sueño no es un estado homogéneo, sino una serie de cuatro estadios que se suceden cíclicamente.

Aproximadamente 90 minutos después de comenzar el sueño se producen en el durmiente rápidos movimientos oculares *(Rapid Eye Movements)* que reciben el nombre de *REM*. Los ojos se mueven, naturalmente ocultos tras los párpados, como si el que duerme siguiese imágenes y desplazase la mirada de un lugar a otro. Se ha propuesto la hipótesis de que los movimientos de los ojos pueden estar relacionados con el hecho de soñar, como si el durmiente «observase» el escenario del sueño.

Además, durante el periodo *REM* aumenta la presión sanguínea y la velocidad de la respiración y de los latidos del corazón, es decir, se alcanza el denominado *nivel de atención*, lo que conduce a pensar que en la mente ocurre algo interesante.

Esta intensa actividad no puede ser otra cosa que el sueño, y según todos los estudios de psicología, el 80 % de las personas que se despiertan durante el sueño en fase *REM* declaran que estaban soñando, lo que casi nunca se produce en las personas que se han despertado durante una fase del sueño *NO REM*.

En general no es la falta de sueño sino del sueño *REM*, y por tanto de los sueños, lo que provoca graves alteraciones emotivas, que, de prolongarse durante demasiado tiempo, incluso puede producir la muerte.

También es interesante advertir que la actividad onírica tan sólo ocupa el 20 % de la duración del sueño, y que este porcentaje es mayor en los recién nacidos y disminuye progresivamente con la edad.

Estas observaciones puramente fisiológicas son importantes para insertar el fenómeno del sueño dentro de un cuadro claro y preciso. Por tanto, y por lo que hemos indicado, es el sueño, su función y su significado, lo que adquiere una importancia particular.

Sueños y antiguas creencias

El límite entre el sueño y la vigilia es difuso, puesto que a veces, al despertarnos, no estamos bien convencidos de haber estado soñando, ya que la fuerza y la claridad de las imágenes y de las sensaciones sentidas nos dejan desorientados.

Esta confusión entre sueño y realidad es más frecuente en los niños que todavía no han adquirido un alto grado de racionalidad, y también es característico de los pueblos primitivos.

El antropólogo James Frazer cuenta historias singulares con respecto a las creencias originadas por esta confusión: «Con frecuencia se oye a los indios del Gran Chaco que cuentan las cosas más increíbles como acontecimientos realmente vistos y sentidos.

Los extraños que no los conocen profundamente dicen que son grandes embusteros, pero en realidad ellos están firmemente convencidos de lo que cuentan, porque estas aventuras maravillosas no son más que las historias que han soñado y que no distinguen de la realidad una vez despiertos».

Efectivamente, entre los pueblos primitivos está muy difundida la idea de que el alma, que independientemente del cuerpo posee voluntad y conocimiento, está en condiciones de dejarlo y desplazarse velozmente de un lugar a otro, visitando lugares o personas.

Frazer, sigue contando que según esta teoría «un alma puede encontrar el alma de otro durmiente y comenzar a luchar con ella: si un negro de Guinea se despierta por la mañana con dolores en los huesos cree que su alma ha sido golpeada por otra mientras él estaba durmiendo».

Según estas creencias, el alma sale de la boca del durmiente bajo la forma de un ratoncillo o un pajarito, pero si se mantiene permanentemente alejada del cuerpo, el hombre está destinado a morir. Y prosigue diciendo Frazer: «De este modo en Transilvania dicen que no se debe permitir que un niño duerma con la boca abierta, pues el alma se podría escapar en forma de ratón, y ya no se despertaría jamás».

Es este el motivo por el cual algunos pueblos creen que tapando el rostro de una persona que duerme, el alma no podrá reconocer su propio cuerpo y al no poder regresar a él aquella persona morirá.

Esta concepción primitiva del sueño que consideramos como carente de fundamento, tiene, sin embargo, un punto fundamental de enlace frente al fenómeno onírico, puesto que cuando recordamos un sueño, tenemos la sensación de no haber vivido personalmente lo que recordamos, sino que es como si alguien hubiese actuado en nuestro lugar.

Como ya hemos indicado, la primera explicación decía que es como si el alma viviese una doble vida, lejos del cuerpo, y poseyese autonomía y juicio propios. Ahora que se ha elaborado el concepto del subconsciente, sabemos también que no tenemos ningún poder sobre el sueño. El subconsciente conduce nuestros gestos y nuestros pensamientos, trasladándonos lejos, a un mundo en el que las normas de la vida real ya no tienen sentido.

Es este el motivo por el cual los sueños son para nosotros fuente de descubrimientos y de revelaciones. Nuestra mente liberada de las rígidas guías de la razón, nos comunica lo que se denomina el *contenido latente* —es decir, lo que no sabemos o no queremos saber— y que durante el día es bloqueado por el filtro de nuestra conciencia. De este modo, oímos hablar a nuestra mente, si bien en forma simbólica, del pasado, del futuro y de nosotros.

¿Qué es el sueño?

A pesar de las decenas y decenas de libros que se han escrito sobre el tema, todavía sabemos muy poco acerca del fenómeno del sueño. Todas las investigaciones y los estudios han sido realizados necesariamente basándose en el recuerdo que tiene el durmiente del sueño vivido. Durante el sueño es imposible formular ningún tipo de observación directa, siendo necesario estar despiertos para poder hacer las primeras consideraciones, pero una parte importante del contenido del sueño ya se ha olvidado.

Veamos brevemente cuáles son las características fundamentales del fenómeno onírico.

Según el diccionario, el sueño es una secuencia de imágenes más o menos coherentes que se presentan mientras dormimos.

De esta simple definición ya podemos sacar algunas consideraciones: la primera es la diferencia entre el sueño y la actividad imaginativa que podemos tener despiertos. Cuando nos abandonamos a imaginar algo podemos quedar sorprendidos por la incoherencia de nuestros pensamientos; en cambio, mientras dormimos podemos soñar situaciones absurdas e imposibles sin sorprendernos.

Por tanto, es evidente que dado que tanto el sueño como la imaginación son independientes de nuestra voluntad, el sueño no es más que una forma particular de imaginación que se produce mientras se duerme.

Otro aspecto importante de este fenómeno es su aparente falta de sentido lógico. Podemos soñar con lugares que no conocemos, con situaciones que nunca hemos vivido, con personas muertas desde hace tiempo, con amigos a los que hace años que no vemos. Nos asustamos por tonterías y permanecemos impasibles ante grandes peligros. Podemos sentir alegría o terror, pero no nos sorprendemos de nada, y nunca ponemos en duda la importancia de la situación en que nos encontramos. Los conceptos de espacio, tiempo y gravedad pierden su valor universal.

Sigmund Freud escribe a este respecto: «Como es sabido, el sueño puede ser confuso, incomprensible, e incluso absurdo; las cosas que dice se pueden contradecir con todo lo que sabemos de la realidad, pero nosotros nos comportamos como enfermos mentales, puesto que mientras soñamos atribuimos a los contenidos del sueño una realidad objetiva».

La única excepción se puede producir cuando, por así decirlo, y generalmente durante una pesadilla, conseguimos quitar la máscara al sueño y, aunque tan sólo sea en el ámbito de la sensación, sabemos limitar el miedo que sentimos.

Antes hemos hablado de la *imaginación* que permite crear imágenes y situaciones, pero no hay que pensar que necesariamente nuestra mente *invente* en el sueño situaciones imposibles y paradójicas. De hecho, en la mayoría de los sueños se elaboran situaciones, conceptos, y pensamientos que hacen referencia a nuestra vida real, y por tanto forman parte de nuestro modo de pensar. En la práctica, se libera una especie de *fantasía imaginativa* que llega desde el fondo de nuestra conciencia.

Y es este enlace con la realidad, con la cultura y con los deseos del durmiente lo que convierte los sueños en algo tan importante. Los sueños son el fenómeno más personal y subjetivo que existe. Hablan de nosotros y de nuestra forma de ser, pero para comprenderlos es necesario saber interpretarlos.

¿Por qué se olvidan los sueños?

Aun cuando la persona que duerme tiene la impresión de que el sueño ha durado toda la noche, en realidad este es muy breve. Se ha comprobado que producir un fuerte rumor de agua junto a una persona que duerme provoca que cuando se despierta de improviso tenga la sensación de haber soñado estar cerca de una cascada grande o de un río tumultuoso, o incluso de vagar durante horas debajo de un fuerte temporal. Del mismo modo quien se despierta bruscamente cayendo de la cama, declara la mayoría de las veces que soñaba que se caía de un rascacielos o de una montaña muy alta. Estímulos y sensaciones externas, proporcionadas en el momento de despertar, hacen surgir en el durmiente la impresión de un sueño muy largo, que ha terminado de un modo coherente con el tipo de incitación a que ha estado sometido.

Es sabido que los sueños que se pueden recordar con más facilidad son los que se producen cerca del momento de despertar. Como dice el filósofo Shelling, «los sueños son precursores de la mañana».

Después de unos pocos minutos de haber despertado de un largo sueño rico en aventuras y detalles, generalmente después de haberse lavado y vestido, no queda más que una sensación, un estado de ánimo, positivo o negativo. El sueño está completamente olvidado, pero su atmósfera permanece presente, viva durante horas, a veces durante días.

Puede existir una sensación de absoluta alegría, felicidad, ligereza, y en este caso se siente pena por no poder recordar todo el sueño. También puede, por el contrario, existir angustia y miedo, que a pesar de nuestro razonamiento no conseguimos apartar.

En ocasiones podemos intentar reconstruir el sueño de esta sensación indefinida, o al menos una parte del mismo, pero en la mayoría de los casos resulta difícil o incluso imposible evocarlo.

Algunos científicos que han observado atentamente los mecanismos por los que los sueños se recuerdan u olvidan, han procurado dar una explicación aceptable a este hecho. Sostienen que los sueños se olvidan principalmente porque su valor y significado es considerado como poco importante en relación con la realidad en la que vive el que lo ha soñado. Esto ocurre sobre todo si esta persona está inmersa en una sociedad que niega el significado de los sueños. Otro motivo de olvido puede ser que los pensamientos formulados no hayan dado lugar a un concepto lo bastante claro y definido como para ser recordado. Y por último, es posible que el mensaje del sueño sea rechazado a nivel consciente.

Al ser el sueño un fenómeno completamente irracional, se ha advertido también que las personas con una mentalidad lógica y analítica tienen menos probabilidades de recordarlos que aquellas que suelen pensar de un modo más espontáneo y natural.

Carl G. Jung, gran investigador del sueño, lo compara a una conversación, que se desarrolla en nuestro subconsciente, y de la que tan sólo escuchamos algunos fragmentos. «En un determinado momento alguien dice algo, oís un fragmento de la conversación, esta se acaba, y ahora sois vosotros quienes debéis recordarlo todo y comprender a quién se le ha dicho.»

A veces intentamos prolongar el sueño por todos los medios, evitando abrir los ojos y movernos, pero este tiene como condición fundamental dormir, y como ya hemos dicho, ello es independiente de nuestra voluntad. Sin embargo, a veces, mientras paseamos, conducimos o leemos un libro, un adjetivo, un ruido o un perfume vuelven a crear, como por encanto, la atmósfera que creíamos perdida. Entonces nos decimos: «Me acuerdo del sueño que he tenido esta noche».

Cómo recordar los sueños

En el apartado anterior hemos visto ya que, por lo general, los sueños se olvidan cuando por razones personales o culturales no se consideran importantes en sí mismos ni como medio para interpretar la realidad. En cambio se recuerdan cuando su contenido parece interesante.

Efectivamente, podemos advertir que en las culturas antiguas y por tanto en los periodos en los que se reconocía al sueño un valor significativo real, la práctica de recordarlos, volverlos a contar e interpretarlos estaba muy difundida. En cambio en el mundo moderno, en el que todo es racional y todo es estudiado científicamente, los sueños se apartan de nuestro control y se pierden pocos minutos después de despertar.

Tan sólo los recordamos y volvemos a contar cuando nos damos cuenta de su importancia, sólo cuando el mensaje nos parece directo y al mismo tiempo incomprensible. Por ejemplo, podemos soñar con realizar fácilmente algo que nunca hayamos sido capaces de hacer: un trabajo, un deporte, o hablar una lengua que no conocemos. También el sueño puede revelarnos una información hasta aquel momento desconocida. Entre algunas culturas está difundida la costumbre de contar e interpretar los sueños por la mañana, como nos cuenta el científico R. E. Ornestein con respecto a la tribu de los *senoi*: «La interpretación de los sueños constituye un aspecto de la educación de los niños, y constituye parte del saber generalmente compartido por la tribu de los *senoi*. Es practicado por los *senoi* en el desarrollo de su vida cotidiana. El desayuno constituye entre ellos una especie de clínica de los sueños. Los varones ancianos escuchan y analizan los sueños de sus hijos».

Dado que para poder interpretar los sueños es necesario recordarlos lo más claramente posible, damos a continuación algunas normas que nos pueden ayudar a retenerlos antes de que se olviden.

Ante todo es necesario tener en cuenta la dificultad de recordar completamente el sueño que se ha tenido. En general al despertar permanecen en la mente algunas imágenes más o menos claras, y sólo relacionándolas entre sí es posible reconstruir la dinámica del sueño.

Por tanto, el soñante tiene la tendencia a querer dar un sentido lógico a lo que ha soñado, y con frecuencia inconscientemente alcanza sensaciones, conceptos, deducciones racionales que comprometerán después un análisis correcto del mismo. Por otra parte, se tiende a recordar con mayor facilidad lo que parece más agradable y lógico, y a olvidar lo que parece fuera de lugar o resulta pavoroso.

También se ha advertido en la mayoría de los casos que si el despertar es brusco las probabilidades de recordar el sueño disminuyen sensiblemente.

Conviene por tanto despertarse lentamente. Hay que permanecer en la cama algunos minutos procurando fijar en la mente algunas palabras clave del sueño que se ha tenido. No hay que fiarse de la memoria, puesto que lo que parece que se recuerda perfectamente en la cama se desvanecerá lentamente al cabo de algunos minutos. Por tanto hay que escribir inmediatamente todo lo que se recuerde, cuidando la forma y el sentido lógico de lo que se escribe. Sin avergonzarse de las incongruencias, contrasentidos y situaciones paradójicas, hay que contar de forma espontánea cuanto se tenga en la mente.

No debemos limitarnos a los hechos puros y simples, sino describir con el mayor detalle posible:

— los *personajes*: fisonomía, carácter, comportamientos. Por lo general, en cada sueño un personaje, con frecuencia el mismo soñante, adquiere el papel de protagonista, siendo necesario individualizarlo y advertir su punto de vista;

— las *sensaciones*: gozo, alegría, pena, angustia, terror. Las sensaciones son señales muy importantes para realizar una interpretación correcta;

— los *detalles*: cada objeto tiene una función precisa en el sueño, por lo que no se sebe infravalorar su importancia;

— los *colores*: en cada sueño se pueden individualizar algunos colores dominantes, sin olvidar cómo y dónde aparecen, ya que es muy importante para la correcta interpretación de su simbolismo;

— la *atmósfera*: independientemente de cada sensación, en el sueño predomina una atmósfera particular, que puede ser positiva o negativa, es decir, de tranquilidad o de ansiedad. Apenas desvelados, es necesario analizar en este sentido el propio estado de ánimo. La atmósfera predominante es fundamental para una interpretación personalizada del sueño.

Después de haber recogido un cierto número de sueños, aprenderemos a catalogarlos según su contenido y las analogías que presentan.

El lenguaje del sueño

Contenido y lenguaje del sueño

Cuando contamos a un amigo el sueño que hemos tenido, nos comportamos como si este no tuviera una relación con nosotros mismos. Hablamos porque tenemos la convicción de que el sueño tiene un significado particular, más allá del que conocemos.

Nos damos cuenta de que la experiencia del sueño es muy difícil de comunicar, y traducida en lenguaje corriente pierde la mayor parte de su significado.

Esto sucede en primer lugar porque el sueño es un hecho privado, y porque el mensaje que recibimos es estrictamente personal. De modo que se podría definir el sueño como una comunicación interpersonal que se produce entre dos aspectos de una misma persona. Puede ocurrir efectivamente que seamos simples espectadores en el sueño, y una vez despiertos nos preguntemos qué ha creado en realidad el sueño. Del mismo modo, después de haber visto una película nos preguntamos el nombre del director. Por tanto existen dos *yo* distintos, uno que recibe el sueño y otro que lo formula. Se trata de un *yo* consciente de actuar, de pensar, de querer, y otro *yo* que comprende toda la personalidad del sujeto, incluida la del que sueña.

El yo que sueña es el subconsciente, es decir, aquella parte de nuestra mente libre de vínculos racionales. Por ello el sueño revela muchos aspectos de nosotros mismos cuya existencia desconocemos. Revela informaciones sobre nuestra cultura y nuestro modo de pensar. Y nuestra experiencia es almacenada en el subconsciente. El mundo del que nosotros y todos los hombres formamos parte se enriquece y constituye nuestra experiencia personal. Es lo que fue denominado por C. G. Jung el *subconsciente colectivo* en que se suman las experiencias realizadas por el hombre, desde el momento en que apareció sobre la tierra. Este material onírico primitivo es simbolizado por los *arquetipos*, imágenes y símbolos sin tiempo, puntos de paso entre la vida de cada hombre que se representan durante el sueño.

Vida, muerte, juventud, vejez, relaciones con la naturaleza y símbolos religiosos son momentos de la vida humana que desde siempre han tenido un significado. Jung sintetiza el concepto de *subconsciente colectivo* con la siguiente frase: «Igual que cada componente del nexo psíquico, el sueño es un resultante de la totalidad de la psique. Por ello es legítimo esperar encontrar también en el sueño todo lo que ha tenido importancia en la vida del hombre desde tiempos inmemoriales».

Los arquetipos se presentan en el sueño cuando este hace referencia a un problema que ha sido fundamental para el hombre desde siempre, por ello el momento en que se presentan marca una fase de madurez, una superación de los conflictos existenciales. También se cree que el contenido de estos grandes sueños tenía una analogía con el lenguaje y el contenido de mitos y leyendas, aunque a diferencia de estos últimos, se presenta en el sueño de un modo confuso y no orgánico. También, advierte Jung: «...el sueño se expresa en extrañas formas mitológicas con las que el hombre no tiene familiaridad. El sueño utiliza figuras colectivas, puesto que debe expresar un problema humano eterno que se refleja al infinito, y no una perturbación del equilibrio personal».

Pero ¿por qué una vez comprendida la aparente extrañeza del sueño con respecto al yo consciente, el sueño resulta tan oscuro? La dificultad para comprender los sueños radica en el uso de un lenguaje expresivo diferente. El sueño no está hecho de palabras, sino de imágenes y de acciones que tan sólo tienen sentido si se insertan en su compleja estructura. El mensaje, difuminado e indefinido, está expresado en un lenguaje simbólico, que por sus diferentes *reglas gramaticales* se presenta ante el que sueña como de difícil comprensión.

El sueño parece tener un conocimiento indefinido de la vida y del carácter de la persona. Registra imágenes, deseos, pensamientos, frases, observaciones y situaciones. Circunstancias que hemos olvidado desde hace tiempo, daños de los que no nos acordamos, pero que están *archivados* en nuestro interior. Y mientras soñamos, este material de variada naturaleza es devuelto a la superficie de vez en cuando. Pero no soñamos los acontecimientos del pasado, sino que el subconsciente tan sólo los repone cuando tienen relación con nuestra vida presente. Por ejemplo, si soñamos con un problema que se refiere al pasado, significa que este todavía no ha sido superado, o bien que esta situación pasada ofrece la clave para resolver las dificultades que nos asedian en el presente. Su simbolismo ha sido interpretado de distintas maneras.

Freud opinaba que el lenguaje del sueño es oscuro para que el *yo* despierto, opuesto al inconsciente, no lo pueda comprender, y no se creen conflictos sin solución. Efectivamente, según Freud, el sueño tiene una expresión enmascarada por deseos y sentimientos, que en el caso de que fueran recibidos por el que sueña de forma consciente, le obligarían a modificar la idea que tiene de sí mismo. Pero una teoría más moderna sostiene que la imagen simbólica es tan sólo el medio expresivo del sueño, que tan sólo necesita de una *traducción* al lenguaje racional. A la luz de esta concepción adquiere una importancia capital el conocer las leyes de este lenguaje. Esta es, precisamente, la finalidad de este libro.

Símbolo y metáfora

Rebatiendo las concepciones freudianas que consideraban el símbolo en el sueño como un *disfraz* que tenía la función de no alterar al que sueña haciéndole conocer sus deseos inconscientes, Jung describe su función con una frase: «El símbolo en el sueño tiene más bien el valor de una palabra, y no oculta sino que enseña. Por tanto no pretende necesariamente camuflar, o ser un filtro a favor de nuestra *hipocresía*, sino que es tanto más sincero y equilibrado porque, como ya hemos visto, nace de valores universales que no están influidos por la moral».

Todos sabemos qué es lo que se entiende por símbolo: por ejemplo, la bandera es un símbolo que representa la nación. En realidad sólo es un pedazo de tela coloreada, pero al mirarla todos sobreentendemos el valor simbólico, expresando un saludo, una proximidad, o a veces una amistad. Sin este concepto, que hemos asimilado desde niños, no es más que un trapo como otro cualquiera, carente de sentido. Por tanto, el símbolo es algo que sustituye a un concepto. El soñante debe partir de los símbolos presentes en los sueños para analizar las semejanzas y las analogías que tienen con el mundo exterior.

Más adelante analizaremos las categorías de los símbolos más comunes y el significado que se les ha atribuido.

También podemos hacer otro comentario acerca de la metáfora, figura retórica que utilizamos en el lenguaje común, incluso sin llegar a darnos cuenta. Por ejemplo, decimos de una muchacha que es *fresca como una rosa*, sin pensar para nada en la flor que citamos. En opinión de algunos científicos, a veces las imágenes que se presentan en el sueño deben ser entendidas *metafóricamente*, y no literalmente como son representadas. Una serie de imágenes oníricas, sin sentido aparente, adquieren significado propio a la luz de una expresión metafórica.

Veamos qué explica Jung a este respecto: «Es característico del sueño no expresarse nunca en forma de abstracción lógica, sino utilizar el lenguaje de las parábolas, o bien proceder por imágenes.»…Imaginémonos las obras cumbre de la literatura antigua, por ejemplo el lenguaje metafórico de la Biblia, y encontraremos que lo que actualmente se obtiene mediante la abstracción, se conseguía entonces sirviéndose de similitudes… Del mismo modo que nuestro cuerpo encuentra en sí las huellas de su evolución filogenética igual hace el espíritu. Por tanto, no existe nada extraño en la hipótesis de que el lenguaje metafórico de nuestros sueños sea un resto arcaico».

La función de los sueños

En el capítulo anterior ya hemos podido ver a través de qué lenguaje se expresa el sueño, un lenguaje esencialmente simbólico, cuya comprensión no puede ser inmediata. Tan sólo a través de la interpretación de los símbolos es posible adivinar la naturaleza de su mensaje.

La pregunta que es necesario responder ahora es la siguiente: ¿Cuál es la función del sueño?

Cuando soñamos estamos solos, y en nuestro interior se desarrolla un fenómeno de comunicación interpersonal. Como ya hemos visto, la comunicación implica necesariamente la existencia de dos sujetos, el primero que formula y transmite un mensaje, y el segundo que lo recibe. En pocas palabras, diremos que el soñante sueña por sí mismo, y lógicamente supone que el comprender este mensaje puede llevarle a una visión más completa de la vida y de la propia personalidad.

Si el que sueña, basándose en la presunta poca credibilidad e incoherencia de lo soñado, no olvidase los mensajes que recibe, estaría obligado a modificar la visión que tiene de sí mismo.

En efecto, es sabido que el *yo* soñante posee una visión mucho más completa y clara que el individuo en estado de vigilia. Su punto de vista es totalmente distinto y libre de toda clase de conceptos preestablecidos. Por tanto, en el sueño de visión de un problema se amplía y profundiza, representándosele al soñante conceptos e indicaciones que este, voluntaria o inconscientemente, había infravalorado. Como dice C. G. Jung, el sueño «rectifica la situación. Es decir aporta lo que falta para completar el cuadro, y de este modo mejora el comportamiento del soñante».

Efectivamente, se ha advertido que cuanto más parcial y unilateral sea el modo de pensar de la persona, mayor disparidad presenta el sueño con los principios y la mentalidad del soñante. En este sentido, el sueño, por sí mismo, puede ser considerado como un medio de defensa del ser humano. Naturalmente el sueño va asumiendo diversas funciones según las necesidades de cada cual. Por ejemplo, se ha advertido que en los sueños de las personas poco honestas o carentes de escrúpulos, se concede con frecuencia una gran importancia a la conciencia y la rectitud moral. Por el contrario, las personas de moralidad intachable tienen con frecuencia sueños que se pueden definir como *inmorales*. A modo de ejemplo recordaremos que san Agustín confesaba no ser responsable ante Dios del contenido de sus sueños.

Analicemos a continuación tres tipos de sueños: el sueño que revela la realidad, el que la compensa, y el que le vuelve a dar dimensión.

El sueño que revela la realidad

En algunos momentos de crisis, de inseguridad, buscamos resolver nuestros problemas evitando analizarlos, sin hacernos preguntas que nos provoquen remordimientos y desilusiones. El sueño supera esta peligrosa evasión de la realidad, y nos muestra nuestra situación sin ocultar nada.

Este tipo de sueño puede parecer simple, pero no lo es, puesto que representa el único modo de percibir nuestra situación real, que conscientemente nos negamos a analizar. El concepto que tenemos de nosotros mismos puede llegar a tambalearse debido a nuestros sueños, pero, al mismo tiempo, problemas superficiales o sólo aparentes pueden empezar a ser considerados con más optimismo.

A través de sus símbolos, el sueño libera la relatividad de nuestro modo de pensar, y muestra aspectos y consideraciones completamente inútiles y superficiales que solemos considerar como importantes.

El ambiente en que vivimos nos viene mostrado en su realidad objetiva, como observado desde muy lejos por medio de una cámara de televisión imparcial.

A través del análisis de estos sueños, cada persona puede reconquistar el equilibrio y la serenidad. Ellos nos muestran la inutilidad de algunas preocupaciones, y la importancia de problemas que no nos decidimos a afrontar. Nos muestran los peligros a cuyo encuentro vamos inconscientemente, y, en este sentido, pueden ser considerados como sueños premonitorios.

El conocimiento profundo de la realidad que nos rodea es el primer paso para poderla aceptar y mejorar, y evitar así un gasto inútil de energías físicas y psíquicas.

El sueño que compensa la realidad

Después de analizar un sueño, este parece mostrar la realidad tal como es, como si sirviese de compensación y nos permitiese dar un paso adelante, enriqueciéndonos y completando la visión de los factores que representan nuestras exigencias vitales. La tendencia de cada persona es la de orientarse siguiendo conceptos definidos y precisos, en el intento de evitar extravíos peligrosos. En pocas palabras, existe la propensión a ver las cosas con cierta rigidez, olvidando buena parte de nuestras exigencias reales. El sueño de compensación, muestra por tanto, cuál es el aspecto de nuestra vida que se nos escapa, y que rechazamos inconscientemente. En este caso los símbolos oníricos transforman la realidad del sujeto para permitirle conseguir un mejor equilibrio interior. La función compensatoria es por tanto una función de guía, de ayuda, y permite expresar sensaciones y exigencias que, de otro modo, no se expresarían. Veamos a continuación algunos ejemplos. En una situación de cansancio y estrés, que es considerada como inevitable para cualquier persona, el sueño muestra claramente los lados negativos de este modo de vivir. La insatisfacción y la exasperación que padecemos en la realidad se manifiestan en el sueño de un modo clamoroso, recordando lo que tendemos a olvidar.

Otro sueño típico de compensación es el de viajes y aventuras emocionantes, realizadas en sueños por personas que llevan una vida pesada y monótona. Todavía son más evidentes los sueños de carácter sexual, tenidos por personas que desde hace tiempo han dejado aparte este aspecto de la vida.

El sueño que devuelve dimensión a la realidad

Los sueños que devuelven dimensión a la realidad, pueden ser considerados como sueños de compensación con características particulares.

Es decir, la compensación se produce en sentido negativo, volviendo a dar dimensión a las exageraciones que se producen en la realidad.

A este respecto vamos a citar una nota de Freud: «Estamos frente a hombres en los que el aspecto consciente y la adaptación van más allá de las posiciones individuales... hombres del tipo que suben un escalón más alto que el que les corresponde por naturaleza... En resumen, no están interiormente a la altura de su figura exterior, por lo que en todos estos casos el subconsciente tiene una función compensadora en sentido negativo, es decir una función reductora».

Por tanto, el sueño, a través de los símbolos, parangones y alusiones, vuelve a dar la dimensión exacta a la concepción que tenemos de nosotros mismos o de las personas que nos rodean. Libera nuestra mente de los problemas que habíamos sobrevalorado, confundiendo y poniendo en duda los que consideramos claros e indudables.

En la interpretación de estos sueños, es necesario prestar mucha atención a la relación en que nos encontramos con personas o cosas. Es esta relación de indiferencia o de extremo interés lo que manifiesta las exageraciones presentes en nuestro modo de pensar.

Varios tipos de sueños

Sueños cotidianos, sueños importantes, sueños al despertar

Apenas despertamos, nos damos cuenta de inmediato de la importancia del sueño que hemos tenido. En efecto, existen sueños de todos los días, y grandes sueños. Los primeros se refieren a la vida cotidiana, a nuestro pequeño universo de amigos, a los problemas de poca monta, y a las dificultades momentáneas. Aunque su interpretación puede revelarnos aspectos nuestros que por lo general ignoramos, difícilmente nos ayuda a prever acontecimientos importantes. Los símbolos que se presentan durante este tipo de sueños son pocos y generalmente sencillos, es decir, sin estar unidos a grandes símbolos, que como ya hemos visto en otro capítulo aparecen en los sueños más importantes, siendo estos los que se deben examinar con mayor atención. Es necesario tomar atenta nota de su contenido y examinarlos e interpretarlos cuidadosamente. En efecto, de estos sueños que nacen de una realidad más importante, más allá de la vida cotidiana, podemos obtener consejos y advertencias para el futuro.

Entre los sueños cotidianos es importante hablar algo más ampliamente del sueño al despertar, que aparte de ser muy común, se recuerda con mayor frecuencia que los otros. Se manifiesta al aproximarse el momento de despertar, y su función es, en general, la de despertar al que duerme. En efecto, mientras algunas personas cuando duermen tienen una concepción exacta del tiempo, y pueden despertarse a una hora determinada sin necesidad de una llamada o un estímulo externo, otras duermen más largamente, y si no interviene algo o alguien para despertarlos, son despertados por el sueño. Efectivamente, el sueño aumenta de intensidad hasta provocar el final del mismo, a veces de improviso. Por ejemplo, se puede soñar que se corre locamente para coger un tren, pero durante el trayecto existen muchos obstáculos e imprevistos. La angustia de esta carrera contra el tiempo provocará el despertar. Del mismo modo se puede soñar que se llega tarde a la escuela o a una cita de trabajo. La tensión o el miedo interrumpirán el sueño. En general, cuanto más angustiosa y amenazadora sea la situación, tanto más necesario es un despertar inmediato.

A veces puede ocurrir lo contrario, es decir, que el sueño tenga la misión de inducir a la persona a seguir durmiendo. En este caso se sueñan todos los actos que se deberán realizar apenas levantados, como lavarse, vestirse, comer, tomar el autobús. De este modo se tiene la impresión de haber realizado ya estos gestos, y al ir a despertar se sigue durmiendo con la conciencia tranquila.

Sueños traumáticos

Estos sueños se presentan a quienes han sufrido un trauma de variada naturaleza, y consisten en la repetición de este suceso traumático. Incidentes, desgracias, situaciones de grave peligro, disgustos inesperados, pueden representarse en el sueño, incluso después de muchos años. En general la frecuencia de estos sueños disminuye con el paso del tiempo hasta desaparecer, pero si el trauma no se recuerda conscientemente, y después no es asimilado y superado, el fenómeno puede durar años. Estos sueños no pueden ser interpretados, dado que no son producción de la imaginación sino de un acontecimiento externo. Su función es la de mitigar y disminuir el trauma del acontecimiento mediante la representación. El suceso vuelto a revivir más o menos claramente en el sueño perderá lentamente la condición de excepcionalidad que lo había convertido en pavoroso.

La angustia en el sueño

Muy comunes y frecuentes en las pesadillas son los sueños angustiosos. El miedo es un sentimiento claro y definido, que se manifiesta frente a una situación considerada por el soñante como peligrosa. La angustia, sin embargo, es una emoción que se presenta frente a un suceso extraño e imprevisto, pero que no es necesariamente peligroso. Una situación desconocida nos pone, en cierto modo, frente a una elección, pero tememos no saber tomar una decisión. Por tanto, la angustia no es necesariamente un estímulo negativo, sino que puede empujarnos a actuar, incluso aunque no sepamos en qué dirección movernos. Es evidente que la angustia que se presenta durante la vigilia, por ejemplo con motivo de un examen o de una prueba difícil en el trabajo, se manifiesta del mismo modo en el sueño. Aparecen también sueños angustiosos cuando tememos alejarnos de una situación familiar segura. Estos sueños son más frecuentes en los niños y en los adolescentes, que temen ser abandonados por los padres.

Sin embargo, un sueño angustioso no es necesariamente síntoma de una situación anómala o preocupante. Durante el transcurso de la vida nos encontramos frente a muchas situaciones nuevas o imprevistas que no sabemos afrontar, o que tememos no saber afrontar. La importancia de estos sueños viene dada por el hecho de que con mucha frecuencia, durante el día, minimizamos o anulamos estas sensaciones angustiosas considerándolas infantiles y poco importantes. El sueño volverá a dar el valor justo en los conflictos que lo hacen nacer, y aclarará miedos presentes y pasados. La angustia también puede ser provocada por un deseo oculto. Como sostiene Freud, algunos deseos son negados al despertar, pero al soñar producen angustia y preocupación, sin que se llegue a creer que se desea verdaderamente algo que se considera deplorable y negativo.

Entre los sueños angustiosos más corrientes se encuentran aquellos en que nos encontramos desnudos o vestidos de un modo incorrecto, y sentimos la curiosidad o reprobación de otros. También son frecuentes los sueños en los que perdemos el tren, llegamos tarde a una cita importante o nos encontramos frente a un examen difícil y no sabemos por dónde comenzar. En todos estos casos el soñante se encuentra frente a recuerdos que no reconoce, pero que dentro de la clave de los símbolos manifiestan inseguridades pasadas. A veces ilustran sobre la pérdida de seguridad, como hemos visto en el caso de la pérdida de un padre o de un alejamiento de la familia.

El significado de los símbolos oníricos, que presentamos en el diccionario, dará una dimensión exacta y una correcta interpretación al sueño, y contribuirá a la solución de problemas grandes y pequeños del mundo exterior y de nuestra personalidad.

La pesadilla

Un tema aparte lo constituyen las pesadillas, sueños pavorosos que en la tradición popular han hecho nacer las leyendas más variadas con respecto a vampiros, diablos, brujas y fantasmas.

Veamos cómo describe Erasmus Darwin la pesadilla: «Así, en su pesadilla, entre las nieblas de la tarde, fluctúa el espíritu maligno sobre los estanques, lagos, pantanos. Y mofándose sobre su pecho se posa».

Jones, autor de *Psicoanálisis de la pesadilla*, observa en primer lugar que ninguna alteración psicofísica ha sido tan infravalorada por la ciencia médica a lo largo de los siglos como la pesadilla. La principal razón de este desinterés nace del hecho de que difícilmente el que se despierta puede expresar con palabras una idea del terror y de los padecimientos sufridos durante el sueño. Efectivamente, durante siglos los médicos opinaron que este fenómeno estaba provocado por alteraciones digestivas o circulatorias. Han hecho falta muchos años para que la pesadilla no fuese considerada como una manifestación física sino psicológica, y por tanto, como un momento en el que todas las fuerzas de la mente luchan desesperadamente contra una opresión externa.

Y veamos a continuación la principal característica de la pesadilla: terror mezclado con angustia, que se manifiesta con una pavorosa intensidad. He aquí lo que se dice en una obra de Shakespeare: «No pasaré otra noche como esta, aunque fuese para comprar un mundo de días felices, tan llena estuvo de horrendo terror…Una vez despierto temblaba, y durante toda una estación no conseguía creer que no estaba en el infierno, tan horrible fue la impresión de mi sueño».

Otro aspecto de la pesadilla es la sensación de asfixia y de peso sobre el pecho que provocaba dificultad en la respiración. Un último síntoma es la impresión de parálisis completa.

Durante la pesadilla el durmiente intenta liberarse de *algo* que le oprime el pecho y está convencido de gritar, pero tan sólo emite lamentos, quiere moverse pero se siente paralizado. Miedo y terror aumentan la intensidad hasta que un movimiento brusco despierta al soñante, que se encuentra tembloroso y cubierto de sudor.

Durante la Edad Media la pesadilla era considerada como un demonio libidinoso que violaba a las mujeres durante el sueño. Estas creencias se prolongaron durante siglos, y han encontrado fácil aceptación en la fantasía popular.

La pesadilla se manifiesta bajo la forma de un animal terrorífico, de un viejo monstruoso o del diablo. Un análisis moderno ha aclarado que los síntomas de la pesadilla se pueden explicar considerando una relación sexual imaginada. Sensación de opresión, tensión, imposibilidad de moverse, transpiración. Alfred Maury observa a este respecto: «El durmiente se imagina ser seducido por un espíritu, oprimido por los abrazos impuros de un demonio pesadilla o súcubo... El origen de esta creencia se explica por el hecho de que en sueños, la sensación voluptuosa está casi siempre acompañada por un sentimiento desagradable». Estudiando la pesadilla, Freud sostiene que se manifiesta más fácilmente en personas que presentan disfunciones sexuales, y en consecuencia alteraciones psíquicas y angustia. Siguiendo con la línea de la teoría del deseo oculto al *yo* consciente, cuanto más fuerte es el conflicto que se crea, más deformado es el sueño. La intensidad de la pesadilla es por tanto proporcional al sentido de culpa del durmiente.

Sin embargo, en general, las personas que tienen pesadillas manifiestan un equilibrio psicológico amenazado o alterado. La pesadilla es una amenaza para la identidad del soñante, y las personas que tienen frecuentes sueños de este tipo lo mejor que pueden hacer es afrontar un paciente trabajo de autoanálisis, o pedir consejos a un médico especializado.

Sueños favorables o desfavorables

Ante todo, lo mejor es aclarar qué es lo que se entiende por sueños favorables y desfavorables. Favorable no significa necesariamente portador de felicidad, del mismo modo que un sueño desfavorable no predice automáticamente desgracias. Un sueño puede dar una indicación preciosa, una clave, una vía de salida a una situación difícil, pero puede no ser un sueño en el que todo resulta sencillo; por el contrario, se pueden encontrar dificultades y obstáculos y se puede sentir miedo. En este caso lo consideramos en un primer momento negativo, pero un atento análisis nos ofrece otra interpretación. Por ejemplo, podemos soñar que estamos prisioneros, solos en una tierra desconocida, vagando por un bosque sin encontrar un camino de salida. En cierto modo estos sueños nos preparan para afrontar conscientemente periodos difíciles o desagradables, a veces nos ayudan a madurar, y a considerar con mayor atención las dificultades a cuyo encuentro vamos. En este sentido se pueden considerar positivos y útiles.

Por tanto, para una interpretación correcta, es importante tener bien presente que algunos sueños, y por tanto algunos símbolos, no son negativos o positivos en absoluto, sino que adquieren un significado según el contexto en que se manifiesten y la personalidad del soñante. Es fundamental una clasificación general de los símbolos positivos y negativos. En el transcurso de los siglos se ha atribuido un valor universal a algunos símbolos: son los más antiguos, y tienen un sentido neto favorable y desfavorable. Más adelante hablaremos de ellos dividiéndolos por categorías, y servirán de guía y orientación para un uso más correcto del diccionario.

Sueños premonitorios

La historia es rica en ejemplos de estos sueños. Por ejemplo, se cuenta que Julio César pocos días antes de ser asesinado por Bruto en el Senado, soñó que volaba hacia el cielo y apretaba la mano de Júpiter. El sueño halló su confirmación en la realidad: volar hacia el cielo significa la muerte, y apretar la mano de Júpiter la gloria y el reconocimiento en la historia.

El hecho de que un acontecimiento determinado pueda ser imaginado y previsto en sueños no contrasta con lo que hemos opinado hasta ahora, y es que los sueños nacen y se desarrollan en nuestro interior. Los sueños hablan de nuestro pasado, y es lógico que den indicaciones acerca de nuestro futuro, pero su significado no se debe buscar fuera del hombre, como voz misteriosa llegada de lejos. Jung escribe a este respecto: «...igual que nuestros pensamientos conscientes se refieren con frecuencia al futuro y sus posibilidades, de un modo totalmente semejante se comportan el subconsciente y sus sueños».

Por otra parte, es necesario tener en cuenta que tan sólo recordamos las previsiones que son realmente realizadas, y olvidamos las que no han tenido éxito. De todos modos está fuera de duda que la gran lucidez y capacidad intuitiva que poseemos durante el sueño es de gran ayuda en la previsión de futuros acontecimientos. Es importante no olvidar esta voz interior, puesto que cuando al ocurrir un determinado hecho recordamos haberlo soñado con anterioridad, hemos perdido la oportunidad de utilizar el sueño, y su premonición en provecho nuestro.

Por tanto, la premonición nace de la amplitud de pensamiento que el soñante tiene de sí y del propio destino.

El psicoanalista Agel Garma afirma en efecto: «El sueño se expresa en el presente porque el pensamiento arcaico no dispone de otro tipo de representación, pero a través de este presente puede representar el futuro y el pasado».

Veamos a continuación un ejemplo práctico: según la tradición popular, la caída de los dientes durante el sueño tiene un significado muy negativo. En efecto, para el hombre primitivo los dientes representaban la posibilidad de nutrirse y sobrevivir. Su pérdida constituía algo muy grave. Cuando revivimos en el sueño estos miedos ancestrales, significa que realmente nos encontramos en una situación de peligro que sólo el sueño puede descubrir. El peligro inminente de enfermedad o de muerte está simbolizado por la pérdida de los dientes.

Efectivamente el sueño da una señal para el futuro, pero la situación crítica está ya presente y recibida por el subconsciente.

Por ejemplo, una mujer soñó que su casa estaba derrumbándose. El significado del sueño era que la familia, ya en crisis, se *derrumbaría*. Ya hacía algún tiempo que la relación con el marido había empeorado, y las discusiones se hacían más frecuentes cada día. El sueño expresaba una situación ya presente y preveía los acontecimientos futuros.

Para profundizar más en el tema, remitimos al lector al libro de Schopenhauer *Sueños premonitorios*.

La interpretación de los sueños

La interpretación: desde la Antigüedad hasta nuestros días

«Con gran sorpresa por mi parte, un día descubrí que no es la concepción médica sino la profana, la que, apoyándose en la superstición, se aproxima más a la verdad.» Esto escribe Freud en su breve ensayo sobre *El sueño*, publicado en 1901.

Freud entiende por *concepción profana* presumiblemente todo un conjunto de teorías, creencias y supersticiones que se ha creado durante siglos alrededor del fenómeno del sueño.

El gran número de textos, citas y teorías sobre el sueño constituyen un claro signo del interés suscitado a lo largo de los siglos por este fenómeno. Desde los tiempos más antiguos, la comprensión de los sueños ha constituido una exigencia del hombre. Escritores, filósofos y científicos demuestran entender la importancia del sueño y de su interpretación para el análisis del presente y del futuro.

Resulta difícil establecer cuándo se inició la costumbre de interpretar los sueños. Un ejemplo famoso y muy antiguo de interpretación se encuentra en la Biblia, y se refiere al sueño del faraón. Este vio en sueños siete vacas gordas y siete vacas flacas, y en otro sueño que tuvo a continuación vio siete espigas llenas y siete espigas vacías. José, hijo de Jacob, interpretó el sueño como una advertencia de Dios, que anunciaba que después de siete años de abundancia llegarían siete años de escasez. La premonición salvó a Egipto de una ruina segura.

La interpretación de los sueños fue practicada por los caldeos, los árabes y los persas. En Egipto, Grecia y Roma era confiada a sacerdotes especiales, los *oneirocitai*, que fueron quienes dieron origen a la *Oniromancia*, que podemos traducir como «adivinación de los sueños».

También estaba difundida la *incubación* de los sueños. El *cliente* dormía en un templo sagrado, y por la mañana contaba al sacerdote el sueño que había tenido, el cual daba su interpretación dando consejos y haciendo profecías. En el siglo II a. de C. existían en Grecia y en el Imperio romano más de trescientos templos en los que se practicaba esta *ciencia*. En el sueño aparecía el dios del templo, que daba indicaciones sobre el camino a seguir o sobre el fármaco a tomar.

El arte adivinatorio era generalmente aceptado, y ya Homero se aproximó a la interpretación de los sueños con una teoría personal. Por boca de Penélope decía: «Los sueños son por su naturaleza inexplicables, y llegan mensajes difíciles de interpretar, sobre todo para los mortales. Las puertas de los sueños inmateriales son dos, una de asta y otra de marfil, y los que salen a través del marfil engañan porque llevan mensajes que no se realizan nunca, mientras que los que proceden por la puerta de asta expresan cosas ciertas cada vez que los ve un mortal».

Pero es necesario llegar al siglo II para encontrar el primer tratado completo sobre el sueño y su interpretación. Artemidoro, médico griego, escribió cinco libros sobre este tema, evidenciando cuidadosamente la estructura y el simbolismo. Sus libros son todavía en la actualidad un interesante punto de referencia para los investigadores. Efectivamente, distingue cinco tipos de sueño: los sueños simbólicos —por ejemplo, el ya citado sueño del faraón— las visiones diurnas, los sueños oraculares, que expresan revelaciones divinas, los que demuestran atenuación de deseos, y las pesadillas. Por otra parte, y para una interpretación correcta, consideraba fundamental conocer el nombre, la actividad y el pasado del soñante.

En el 400, Macrobio escribió un comentario al *Somnium Scipionis* de Cicerón clasificando también los sueños en cinco categorías: las dos primeras son las pesadillas y las visiones que se producen durante el adormecimiento, inútiles según Macrobio para una correcta interpretación del futuro. Los otros tres tipos significativos eran en cambio descritos del siguiente modo:

— los sueños enigmáticos, que «ocultan con extrañas formas, y velan de ambigüedad el auténtico significado de la información que se ofrece»;
— las visiones que anuncian anticipadamente lo que veremos al estar despiertos;

— los oráculos, respuesta de los dioses a las preguntas planteadas por los hombres.

También recibía el nombre de oráculo el lugar en donde residían estos adivinos que hablaban por boca del dios. El oráculo de Zeus residía en Olimpia, el de Apolo en Delfos. El oráculo daba informaciones precisas sobre el destino elegido por el dios para el soñante, y en algunos casos era consultado para asegurarse salud o fecundidad. Por ejemplo, Andrómaca de Epiro se dirigió a Epidauro con la esperanza de ser curada de la esterilidad. En el sueño el dios le levantó las vestiduras y le tocó el vientre, y ella tuvo un hijo.

Los templos y los oráculos, difundidos en toda la antigüedad, no sobrevivieron a la llegada del cristianismo. En cambio perduró la creencia de que en los sueños se manifiestan seres superiores, o al menos no humanos. La Edad Media es el periodo de los grandes cabalistas: Gaurio, Ruggeri, Nostradamus y Cardano dieron vida a fascinantes y fantásticas teorías, una mezcla de ocultismo, oniromancia y astrología, que todavía en la actualidad son objeto de lectura.

La palabra *cábala* o *kabala* tiene origen hebreo, y significa literalmente *tradición*, tradición de las cosas divinas, y su principal característica es el simbolismo. Por este motivo durante la Edad Media la palabra acabó por indicar las artes mágicas, el ocultismo y la brujería, y en general las difíciles artes de la interpretación.

Hasta aproximadamente el siglo XVII se siguió admitiendo la posibilidad de la aparición en el sueño de un sacerdote o de un dios que proporcionaban informaciones y consejos para el futuro. Es el periodo de las pesadillas, de los diablos y de las brujas, y la superstición penetró en el ánimo de la gente, hasta tal punto que durante siglos fue difícil librarse de ella. Son muy frecuentes en esta época episodios de fanatismo e intolerancia, debidos a una rígida idea de la interpretación de los sueños. A este respecto recordamos las palabras de Jones, autor del *Psicoanálisis de la Pesadilla*: «Ya hemos hecho referencia a un hecho muy significativo frente a nuestra teoría sexual de la pesadilla, y es que el nombre científico bajo el cual era catalogado durante la Edad Media indicaba un demonio libidinoso que de noche visita a las mujeres, yace pesadamente sobre ellas y las viola contra su voluntad».

La presencia de un demonio en los sueños era considerada como una prueba de su existencia real. El soñante, a través de la culpabilidad de agentes externos, podía creer en la propia inocencia. Los sueños de fondo sexual se atribuían siempre a la presencia de un demonio libidinoso que perseguía al soñante.

Esta concepción medieval del sueño fue madurando lentamente, encontrando, sin embargo, notables resistencias por parte de los religiosos.

A este respecto citaremos una frase extraída de una comedia inglesa del siglo XVII: «Decíais que los duendes, las brujas, etc., no son más que nuestros miedos, y bien, a fe mía, una vez soñé con un hombre joven, y era presa de la pesadilla. Pero puesto que mi conciencia es limpia, no me importa lo extraños que puedan ser mis sueños».

Con el racionalismo y la revolución científica, el sueño deja de ser considerado un tema de análisis y de investigación. Dada la imposibilidad de un verdadero análisis científico, es preferible archivar el problema dándole una explicación puramente física. A este respecto citaré otro párrafo de Jones: «...Otra manifestación de esta tendencia es el aspecto materialista, siempre presente, frente al origen y la naturaleza de los síntomas mentales en general y de los sueños en particular, que los médicos consideran provocados por una alimentación errónea o por alteraciones circulatorias, y por ello sin verdadera importancia».

Esta concepción muy limitada del sueño no fue superada hasta mucho más tarde, y comenzó a configurarse la moderna teoría psicológica del sueño.

Damos un salto, hasta que en 1900 aparece la que comúnmente es considerada como la figura más importante y revolucionaria para el estudio e interpretación de los sueños, Sigmund Freud.

Resumiendo y simplificando los conceptos fundamentales de su teoría psicoanalítica podemos recordar los siguientes puntos:

— los sueños son signos neuróticos, o mejor aún análogos a los síntomas neuróticos;
— manifiestan deseos censurados, es decir, negados por la persona, que son representados como satisfechos;
— los símbolos aseguran un filtro, un enmascaramiento de estos deseos que de otro modo turbarían al soñante;
— los sueños de los adultos representan generalmente deseos eróticos;

— lo que el soñante recuerda es denominado *contenido manifiesto* del sueño; el *contenido latente* está representado por aquellos deseos que han provocado el sueño.

Entre los grandes méritos de Freud se cuenta el de haber desarrollado la teoría del subconsciente. El sueño deja de ser considerado una manifestación de fuerzas que actúan fuera del hombre, para ser estudiado como una expresión de impulsos y tensiones internas que se agitan en el subconsciente (aquella parte de nosotros sobre la que la conciencia no tiene ningún poder).

Por tanto el psicoanálisis, la investigación médico-científica sobre el estado psíquico de la persona, ha permitido obtener grandes resultados con la separación y eliminación de tensiones y angustias. La eliminación de los complejos lleva al paciente a una situación de equilibrio psíquico. Un error de la teoría freudiana consiste en la explicación del sueño exclusivamente en clave de *satisfacción de un deseo*, y en particular de un deseo sexual.

Además de Freud, es necesario recordar al menos a otro personaje de gran relieve, C. G. Jung, cabeza de la escuela suiza de psicoanálisis, quien afirma que en el subconsciente no sólo están presentes los recuerdos y sensaciones personales de la persona, sino que también se encuentra recogido de un modo confuso una especie de *equipaje colectivo*, suma de las experiencias del hombre a lo largo del tiempo. Esta parte del subconsciente la define como *subconsciente colectivo*. Rebatiendo algunas de las observaciones de Freud, atribuye al subconsciente una función equilibradora con respecto a la conciencia. De este modo los sueños dejan de ser simple satisfacción de los deseos reprimidos.

Estas páginas son un intento, aunque incompleto, de ilustrar las etapas fundamentales a través de las que ha pasado el hombre en su intento por analizar e interpretar los sueños.

Ya hemos visto que se ha pasado de una concepción sobrenatural del sueño a su sentido en clave interpersonal. Probablemente resulte claro al lector que la interpretación de los sueños no es una ciencia exacta. De todos modos, la mayor parte de los estudios sobre el sueño concuerdan en el hecho de que los sueños son hechos fundamentales en la vida del hombre, y se interpretan analizando los símbolos a través de los que se manifiestan. Naturalmente la forma de mostrarse y la razón por la que aparecen encuentran diferentes explicaciones en las diversas teorías.

En las páginas que vienen a continuación daremos una serie de normas útiles para quien desee aproximarse con éxito a la interpretación de los sueños.

La interpretación. Normas y consejos

Una interpretación correcta debe ser cuidadosa y personalizada. Tan sólo de este modo podrá ayudarnos a comprendernos mejor, o a adivinar acontecimientos futuros: veamos a continuación qué factores hay que tener en cuenta para llegar a una interpretación lo más completa posible, y sobre todo objetiva.

Tiene particular importancia:

— el grado de cultura del soñante. Los sueños de las personas cultas son sustancialmente simbólicos. Por el contrario, los sueños de los niños son en general sencillos de interpretar, y raramente son explicados en clave simbólica;
— la edad del soñante. Cada periodo de la vida tiene sus problemas característicos. Es evidente que el mismo sueño tenido por un niño o por un adulto, por un joven o por una persona anciana, no puede tener el mismo significado;
— la posición social y las aspiraciones de quien sueña. Desilusiones profesionales, ambiciones, problemas económicos, se presentan con frecuencia en el sueño. Seguramente, la interpretación resultará más fácil si se conocen con anticipación las posibles exigencias y tensiones del soñante;
— el carácter del soñante. Seguramente saldrá en el sueño el modo como afronta la vida, con serenidad, ansia o pesimismo.

Soñante: protagonista o espectador

En el sueño podemos ser protagonistas actuando, hablando y *participando* en el sueño, o bien simples espectadores que asisten desde fuera al desarrollo del hecho, igual que sucede cuando miramos una película.

Naturalmente, del mismo modo que podemos reír, llorar o tener miedo asistiendo a un espectáculo cinematográfico, el hecho de no estar directamente involucrados en la acción del sueño, no implica una menor intervención psicológica por parte del soñante. Por el contrario, la imposibilidad de intervenir en el sueño provoca a veces una sensación de ansiedad y de frustración. Sin embargo, el hecho de actuar en el sueño o asistir pasivamente, da preciosas indicaciones sobre el estado de ánimo del soñante.

Soñar que es el protagonista de algo indica efectivamente optimismo y confianza en las propias posibilidades, mientras que ser simples espectadores puede indicar un cierto fatalismo y un carácter débil frente a las dificultades de la vida.

El soñante activo y el pasivo

Existen sueños en los que actuamos y otros en los que padecemos las acciones de los demás. Por ejemplo, soñar que caminamos, viajamos, o comemos, manifiesta un deseo de novedad y cambio, por lo general positivo.

Por otro lado, si se sueña padecer algo, ser pellizcado, escarnecido, gritado, se está en un periodo negativo, determinado en general por pesar, desilusión, depresión y miedo.

El sueño y su significado: las preguntas que se deben plantear

Ahora nos encontramos frente a nuestro sueño, y no queda más que plantearle algunas preguntas clave antes de consultar el diccionario de los símbolos, ya que es preciso aclarar cuáles han sido la naturaleza del sueño y las circunstancias en las que se ha desarrollado. Hay que esforzarse al máximo por responder a las preguntas según el siguiente esquema:

¿Quién?

— ¿Quién está presente en el sueño?
— ¿Qué papel asumo en el sueño?
— ¿Quiénes son las personas que aparecen en el sueño: amigos, enemigos, familiares, personas desconocidas, personas que ya han fallecido?

— ¿Qué es lo que me recuerdan las personas que veo: un hecho, otra persona, yo mismo?
— ¿Qué aspecto tienen: estatura, cabellos, ojos, expresión, tono de la voz, vestimenta?

¿Qué?

— ¿De qué habla el sueño? ¿Tiene una estructura simple o compleja?
— ¿Me recuerda algo? ¿Un hecho olvidado, un acontecimiento importante, algo de lo que he oído hablar?
— ¿Qué argumento tiene el sueño? ¿Sucesión de los acontecimientos, giros, sorpresas, peligros amenazadores, conclusión alegre o triste?

¿Cómo?

— ¿Qué sensaciones he experimentado durante el sueño?
— ¿Son sensaciones lógicas con respecto al sueño? ¿Están justificados la alegría o el miedo?
— ¿Qué sensaciones experimento al recordar el sueño tenido? ¿Son parecidas u opuestas a las del sueño?
— ¿Qué aspecto tengo en la realidad frente al hecho soñado? ¿Estoy más o menos asustado, o por ejemplo receloso? ¿Me avergüenza lo que he soñado?

Y he aquí las preguntas finales, respondiendo a las cuales es posible evitar una interpretación simplista y fácil del sueño. Naturalmente es fundamental no renegar del significado de un sueño cuando su interpretación resulta demasiado desagradable o embarazosa. Es más, tal vez esas imágenes turbadoras nos indiquen cuál es la raíz de nuestros miedos y aprensiones.

— ¿El sueño se me aparece claro o confuso? ¿Consigo entrever un posible significado?
— ¿Aumenta mis temores o los minimiza?
— ¿Me muestra un aspecto equivocado frente a algo o a alguien?
— ¿Me recuerda un acontecimiento triste que deseo olvidar?

— ¿Representa un periodo feliz que deseo revivir?
— ¿Manifiesta simplemente un deseo mío?
— ¿Representa algo de lo que carezco y a lo que he renunciado sin querer?
— ¿Me hace sentir culpable por algún motivo?
— ¿Me hace sentir insatisfecho de la realidad?

La respuesta a estas preguntas no será siempre sencilla. Lo importante, sin embargo, es que se haga el análisis de un modo serio y constante, y con un poco de práctica, pronto se alcanzarán buenos resultados, que representarán un estímulo para un análisis cada vez más atento y prolijo de los propios sueños.

Los símbolos oníricos y sus categorías

Los personajes del sueño

En el sueño, al igual que durante la vida en la vigilia, el hombre encuentra otras personas. Por lo general estas pertenecen a su familia o al círculo de amigos, pero a veces aparecen personajes desconocidos, o que tan sólo tienen una vaga semejanza con un familiar o un amigo. En este caso puede parecer difícil captar el mensaje que nos plantea esta *aparición*, si no se tiene en cuenta el valor alegórico del sueño. Efectivamente, el soñante, puede reconocerse a sí mismo y a sus propios problemas, reflejados en el aspecto de la persona que se le presenta. Una figura fundamental para el hombre, tanto en la vida como en el sueño, está constituida por la madre. Es un símbolo personal, y al mismo tiempo universal, dado que representa el nacimiento y la vida en todos los sentidos.

Cuanto aparece en el sueño representa la voluntad de volver a una pureza perdida, la necesidad de una elevación espiritual en general. Por otra parte indica la necesidad de protección, de ayuda, de comprensión, de amor. Si aparece en el sueño con mucha frecuencia, será necesario analizar atentamente la personalidad del soñante, que probablemente todavía no ha adquirido una autonomía en la vida.

La figura del padre representa la racionalidad, la lógica, la independencia, y todo lo que se refiere a las relaciones con el mundo exterior. En algunos sueños incluso puede simbolizar la tradición, el equilibrio, la educación. A veces alude a la virilidad, al espíritu de iniciativa. En este caso soñar con el padre puede definir un conflicto generacional, una lucha por convertirse en adulto y adquirir el poder y el prestigio paternos.

En el sueño, los hijos son un estímulo a analizar más atentamente toda la realidad familiar, desde los problemas en la educación de los niños a las condiciones económicas de la familia. También es importante tener presente que los hijos representan en un cierto sentido el matrimonio, y sueños angustiosos a este respecto ponen en evidencia la inestabilidad de la pareja.

Soñar con los hijos más jóvenes de lo que son en realidad significa el deseo de volver al pasado, o la expresión de una parte de nosotros que sentimos demasiado joven y falta de madurez para un determinado papel.

Hermanos y hermanas son simplemente alegorías nuestras, y su comportamiento y su aspecto pueden mostrar nuestra verdadera personalidad.

En sueños, la esposa es símbolo de tranquilidad, de confianza, y a veces indica la necesidad de un largo descanso. Del mismo modo, el marido demuestra un deseo de protección y de seguridad, de afecto sincero. Un anciano en el sueño representa la experiencia y la sabiduría y es señal de larga vida.

La casa

El cuerpo del soñante y su mente son simbolizados en el sueño por la casa, lugar en el que se desarrollan los acontecimientos más personales de cada uno de nosotros. La estructura de la casa se presta bien a esta comparación, pues del mismo modo que el cuerpo tiene una parte delantera, una parte posterior, aberturas, y ventanas que pueden recordar los ojos. En casa se come, y el paralelo con el cuerpo es bastante evidente. Por otra parte se ha observado que los pisos y las distintas habitaciones de una casa simbolizan perfectamente la mente y sus distintas funciones relacionadas a través de las *puertas*. También lo que ocurre en la casa del sueño nos concierne personalmente. Si la casa nos aparece desordenada, se manifiesta nuestro desorden interior, si la fachada es vieja y en mal estado, emerge la despreocupación por nuestro aspecto exterior. Cuando en el sueño encontramos una puerta cerrada, es síntoma de que estamos faltos de agilidad mental, y hay algo que se opone a un modo de razonar más equilibrado. En cambio, si se descubre una habitación vacía de la que no nos habíamos dado cuenta antes, es señal de que nuestra mente ha descubierto nuevos espacios, nuevas posibilidades de enriquecimiento, y en este caso es un sueño muy favorable. El equipo y todos los objetos presentes en la casa representan los recuerdos y la experiencia del soñante, y lo que es muy importante, si se recuerda un detalle con precisión, hay que descubrir por debajo el mensaje que oculta.

Cuando la casa está llena de una gran cantidad de muebles, nuestra mente se siente bombardeada por estímulos externos y no consigue apartarse de un estado de confusión e indecisión. Por el contrario, habitaciones semivacías indican pobreza de contenidos, vacío interior.

No analizaremos los detalles de las varias dependencias de la casa con los respectivos significados, puesto que la multiplicidad de los símbolos presentes requeriría demasiado espacio. El significado simbólico de cada objeto será explicado en el diccionario de un modo más simple.

Recordemos de un modo breve que la bodega representa el subconsciente. Jung, de quien ya hemos hablado anteriormente, llegó a esta conclusión después de haber tenido un sueño aparentemente incomprensible. Explorando su casa descubrió en el sótano una antigua bodega, y todavía más abajo una cueva en la que se encontraban fragmentos de huesos. La casa representaba la psique, la bodega el subconsciente y, radicada más profundamente en el terreno, la cueva representaba el subconsciente colectivo, los huesos simbolizaban los restos de la humanidad que lo había precedido.

La bodega es la carga de secretos, y el vacío fuente de peligros. Descender a la bodega significa explorar partes desconocidas de uno mismo, las más alejadas, de la infancia o de las tradiciones asimiladas en el transcurso de generaciones.

La cocina, lugar en el que se preparan los alimentos, representa el aspecto femenino y materno de cada persona.

El dormitorio es el lugar más íntimo de cada uno. En el caso de que las sensaciones que se recuerdan sean positivas, es síntoma de tranquilidad y de felicidad en la unión con la persona querida, y si domina una sensación de angustia, tememos perder a quien amamos y no estar a la altura de las circunstancias.

La escalera es el símbolo de la relación entre varios aspectos de la mente. En el caso de que la escalera esté rota o sea estrecha e impracticable, el crecimiento y los progresos en la vida son escasos, inseguros, peligrosos.

Los sueños de traslado, en el caso de que veamos la casa nueva, amplia y luminosa, son muy favorables para el futuro, y del mismo modo, aquellos en los que vemos reconstruir la casa destruida indican entusiasmo, esperanza, voluntad de mejorar, y a veces simbolizan el nacimiento de una nueva familia o de una nueva vida.

Los vestidos

El vestido es un elemento importante de la vida diaria, y en cierto sentido es el modo en que expresamos nuestra personalidad, y usualmente nuestro nivel social. Son muy frecuentes los sueños en los que se presentan imágenes de vestidos e indumentaria, y a través de estos símbolos se expresan miedos e inseguridades. Se puede soñar con mucho embarazo que caminamos desnudos por la calle sin conseguir ocultarnos, o bien que estamos vestidos de un modo extraño y no usual, y nos avergonzamos profundamente. También puede ocurrir que procuremos vestirnos del modo adecuado y no encontremos vestidos apropiados. Dado que los vestidos transforman en cierto modo el *yo* interior, desnudo, espontáneo, sin defensas, en un *yo* público que se presenta en sociedad, el modo de vestirse en sueños puede significar sinceridad o falsedad en las relaciones con el mundo exterior. Por ejemplo, una mujer que no es joven y que se obstina en vestirse como una muchacha, puede soñar que viste de negro, con un traje de vieja, y encontrar ampliado en el sueño un consejo y una advertencia para ser más sincera consigo misma. En cambio, a veces puede suceder que nos pongamos en el sueño un vestido que no nos pertenece, y que hemos visto llevar a un amigo o conocido, y también en este caso significa que debemos buscar ser nosotros mismos y no copiar a los demás a toda costa. En el caso de que los hombres sueñen llevar vestidos femeninos, o viceversa, el aviso es el de que no se salga del papel o de las tareas que nos son propias, invadiendo el campo de otros.

En el caso de que el vestido nos haga aparecer en sueños más jóvenes o más viejos, más bellos o más feos de lo que somos en realidad, se refiere, por lo general, a una situación en la que el individuo no se da cuenta de que se engaña a sí mismo y a los demás, mostrándose distinto de como es.

Por tanto, a través de los vestidos también se manifiestan complejos de inferioridad o de superioridad, dado que el vestido ha sido desde siempre símbolo de la condición social; vestir ropas *inadecuadas* significa no estar socialmente adaptado y, por tanto, considerarse superior o inferior a lo que se es en realidad.

Cuando nuestra capacidad de juicio y nuestro comportamiento no son correctos, podemos vernos en el sueño con vestidos sucios, manchados o estropeados, que indican metafóricamente escasa atención y mala conciencia.

En lo que hace referencia a las distintas prendas de vestir, se puede recordar que el sombrero, que el psicoanálisis ha interpretado como símbolo sexual masculino, también puede tener otro significado. Considerando que en una determinada época el sombrero constituía un símbolo de la profesión y de la clase social (sombrero de oficial, de hombre de negocios, de operario), el sombrero que llevamos en el sueño puede aludir a nuestro modo de comportarnos. Una mujer que se ve en sueños con un sombrero de oficial, intuye la alusión y la referencia a su rigidez y a su excesiva tendencia al orden absoluto.

Además del sombrero pueden aparecer en el sueño zapatos y calzado en general, que pueden ser de una medida equivocada, o de un modelo totalmente fuera de moda, con lo que el mensaje que comunican es en este caso la inseguridad en la que nos debatimos, y la falta de objetividad. Soñar con zapatos y vestidos de cuando se era niño indica dificultad para asumir responsabilidades, miedo a la soledad, y deseo de volver a la atmósfera segura de la infancia.

El cuerpo humano

Una tendencia del sueño es la de comparar objetos externos o sensaciones que sentimos en la vida con parte de nuestro cuerpo. El simbolismo corpóreo es un medio de descubrir nuestros razonamientos a través de imágenes corpóreas. Sería imposible la expresión de estos conceptos en la vida cotidiana si no existiesen los símbolos del sueño.

Veamos ahora los símbolos más corrientes. Cabellos y pelos están estrechamente relacionados con nuestra naturaleza animal, y soñar con tener mucho y sin arreglar puede significar un deseo de libertad, de una vida sin ataduras y normas rígidas. Ver los ojos en sueños significa una maduración, una visión más completa del mundo, un momento de descubrimiento. Pero cuando aparecen en el sueño las gafas, la imagen puede estar deformada. En este caso, si las gafas son oscuras y nos impiden ver claramente, sabemos que somos demasiado pesimistas y no debemos dejarnos influir en nuestros juicios por opiniones externas que se *filtran* en nuestros pensamientos. Cuando tomamos las gafas de otro, es un consejo para utilizar nuestro criterio y no seguir a toda costa el de los demás. Pero los ojos, lo mismo que la boca, también pueden tener un significado sexual que, en el caso de la boca, está relacionado con la acción de chupar, originada en la primera relación que el niño tiene con la madre al mamar. Los dientes, cuando son muchos y sanos, tienen un significado favorable, y pueden estar relacionados con el acto de masticar los alimentos, y con la voluntad inconsciente de poseer, tanto materialmente, como desde el punto de vista sexual, a la persona amada.

En cambio, en el caso de que en los sueños nos encontremos en una situación peligrosa, puede indicar a veces la inmediata pérdida de una persona querida.

Cuando se sueña con órganos genitales, el significado puede ser más amplio de lo que se cree, puesto que puede indicar vitalidad en general, salud, y a veces continuación de la especie.

La mano representa nuestro modo de actuar, nuestro trabajo. Puede ser sucia, y ello es una advertencia clara para no dejarse guiar por iniciativas peligrosas. Piernas y pies son el medio por el que caminamos en la vida, símbolo de progreso, de una continua mejora. El psicoanálisis atribuye también al pie, y a los dedos de los pies, un significado sexual.

Un sueño que nos impresiona y asusta es aquel en el que vemos que perdemos alguna parte de nuestro cuerpo. Por ejemplo una mujer puede soñar que pierde las piernas, y ello significa que todavía no se ha aceptado a sí misma como figura femenina. Se puede soñar que se pierde la cabeza, o sólo el rostro, y ello indica que nos aproximamos a un cambio de nuestra personalidad y de nuestras ideas.

Bebidas y alimentos

Si en la realidad la comida es una necesidad fisiológica, en el sueño representa un aumento y un complemento psicológico e intelectual. Puede ser definido en pocas palabras como la alimentación del alma. Según la situación que se presenta, el tipo de alimentos y la persona que los prepara, el sueño ofrece distintos mensajes. Por ejemplo, encontrarse frente a una gran cantidad de alimento significa estar equilibrados y maduros y, por el contrario, verse con hambre en el sueño significa la necesidad de nuevas fuerzas vitales.

También puede ocurrir que se rechace lo que se nos sirve; ello significa que, equivocadamente o con razón, nos sentimos autosuficientes, y se cree haber vivido lo suficiente para conocer el mundo. Por el contrario, rechazar carne y salazones indica miedo de la sexualidad, y de todo lo que en sentido estricto es *carne*.

De todos modos, cuando, en sueños el alimento es natural y sabroso, el soñante es un individuo seguro de sí mismo, y al mismo tiempo todavía dispuesto a aprender. Estar sentados a la mesa acompañados de amigos o incluso de personas desconocidas, indica nuestra relación armónica con la comunidad, pues sentimos que los demás crecen y se enriquecen con nosotros. Es un sueño muy positivo.

Los sueños significan los sentimientos románticos, las aventuras sentimentales, siendo importante si se acompañan en el sueño referencias a situaciones reales. En otros casos los dulces pueden referirse a la infancia, a los dulces que se recibían como premio cuando éramos niños.

Naturalmente el alimento también puede significar los apetitos sexuales, y también hablando utilizamos con frecuencia términos ambiguos cuando hablamos de una persona *dulce*, o de una historieta *picante*, etc.

Entre los alimentos más cargados de significado, tanto en la vida como en el sueño, figura el pan, que desde siempre ha sido símbolo de la vida y del trabajo del hombre. Los sueños en los que se representa son siempre favorables, e indican resultados positivos obtenidos después de un largo trabajo. En cambio el vino simboliza un valor espiritual positivo, fruto de un trabajo de maduración interior y de un proceso de mejora.

Resulta muy importante el considerar si en el sueño se alimenta a otras personas, o si se es alimentado. Si se alimenta, es decir si se prepara o cuece el alimento para servirlo a uno o más comensales, el significado más probable es el deseo de un poder, de tener a alguien que dependa de nosotros, o bien tener libertad operativa en un campo de la vida o del trabajo. En cambio, si en el sueño se espera el alimento y se desea ser nutridos, ello refleja la exigencia de ser protegidos y aceptados por los demás. Puede indicar falta de madurez, resistencia a aceptar responsabilidades, añoranza de la infancia, momento en que se es alimentado pasivamente por la madre, se es amado por uno mismo, y no existe la exigencia de demostrar o conquistar algo.

Heridas y enfermedades

En el sueño descubrimos que tenemos una herida profunda, que sangra copiosamente. No sentimos dolor, la herida está en nuestro interior, en nuestro subconsciente, aunque racionalmente no queramos admitirlo. Es necesario interpretar el origen de estas heridas para poder descubrir lo que nos hace sufrir íntimamente.

Un sueño muy desfavorable es aquel que está relacionado con amputaciones. Nos son cortadas manos o pies, y nos sentimos impotentes. Durante mucho tiempo nuestra actividad permanecerá bloqueada y nos precipitaremos en un estado de dolorosa inmovilidad.

En el caso de que en el sueño nos veamos enfermos, significa que nuestra vida interior está en peligro, y recibimos un aviso bajo la forma de una enfermedad. En el caso de que nos debamos enfrentar a una operación, es señal de que una parte de nosotros, por ejemplo un aspecto nuestro o un juicio nuestro, no es honesto y mina la parte sana, debiendo renunciar a aquella parte de nosotros que se ha convertido en inútil y peligrosa. El amor, el odio, la tendencia al pesimismo (corresponde al soñante reconstruir lo que creía vital, pero que se ha revelado como superfluo), deben ser eliminados en el caso de que se desee *sobrevivir*. Una alegoría fácilmente interpretable se presenta cuando soñamos que estamos enfermos del corazón: significa que una relación sentimental nos hace sufrir, pero no sabemos renunciar al amor aunque nos haga daño. Del mismo modo la fiebre simboliza pasión, y cuando es alta deliramos, es decir, no sabemos controlarnos.

El dinero

El dinero en el sueño representa la energía psíquica, la creatividad, la potencialidad que cada individuo debe tener en sus relaciones con el mundo: es riqueza interior que se intercambia con los demás hombres. El sueño ha quedado anclado a un sistema de valores antiguo, y por ello se puede soñar con monedas de oro, joyas y billetes de banco, siendo más raro soñar cheques o letras de cambio.

El dinero es una fuerza que se debe utilizar para crear oportunidades, esperanzas, proyectos, pero también es el precio que pagamos para obtener algo. Puede ocurrir que tras una larga enfermedad se sueñe con dinero, lo que en este caso representa la salud, la energía, la fuerza vital que ha vencido a la enfermedad. Soñar con dinero indica optimismo y éxito futuro. Otro sueño muy favorable consiste en recibir o encontrar dinero inesperadamente.

La escuela

Ya de adultos, aparece muchas veces la escuela en nuestros sueños. Exámenes, preguntas y tareas que nos devuelven de improviso a los años de la juventud. Seguramente el periodo de la escuela reviste una importancia fundamental para la vida de todo hombre, puesto que es el momento de la maduración, del crecimiento, de los descubrimientos, pero también de los primeros deberes y de las empresas que preparan para el trabajo futuro.

Por lo general, los sueños de escuela no son simplemente recuerdos de los años pasados, sino que se presentan en determinadas situaciones, y reflejan esencialmente nuestra situación actual.

Igual que en la escuela, en la vida debemos seguir unas normas precisas, es decir, que tenemos *tareas* que llevan consigo trabajo y a veces cansancio, tenemos deberes con los superiores, o tan sólo con nosotros mismos, y a veces debemos superar pruebas más o menos difíciles.

De este modo, puede ocurrir ser interrogados en el sueño, por el propio profesor de la escuela, o incluso por el director, y no saber encontrar la respuesta exacta, y ello es debido a que nos sentimos poco preparados para un trabajo, y conscientemente no queremos admitirlo.

El sueño aclara nuestros temores y miedos.

Otro sueño relativamente frecuente consiste en pasar un examen en una lengua desconocida, en cuyo caso el significado es que tenemos dificultades en expresar un aspecto de nuestro carácter, o bien que no conseguimos dar valor a nuestros méritos y a nuestra capacidad.

También es corriente el caso en el que el soñante tenga que enfrentarse nuevamente ante el examen de *madurez*. Nos hallamos ante un momento crítico, y sabemos que un nuevo empeño, sentimental o de trabajo, requiere equilibrio y experiencia, es decir una *madurez* que dudamos poseer. He aquí que nos enfrentamos al examen que no estamos convencidos de haber superado.

En el caso de que en el sueño no consigamos resolver un problema matemático, puede significar que no conseguimos examinar racionalmente los obstáculos que tenemos delante, y deberemos ser lúcidos y decididos, y en cambio adoptaremos un aspecto de desconfianza en nosotros mismos, que no puede hacer más que agravar las dificultades en que nos estamos debatiendo.

En cambio, cuando el soñante se da cuenta de que posee medios y posibilidades para superar una determinada prueba, el significado es decididamente positivo, por lo que la confianza, el valor y la preparación le ayudarán a afrontar serenamente todo tipo de problemas.

Los viajes

Son frecuentes los sueños en los que nos encontramos recorriendo caminos conocidos o desconocidos. El viaje representa alegóricamente el desarrollo de nuestra vida: en consecuencia los obstáculos que encontramos representan dificultades y problemas psicológicos que nos bloquean en la vida, y la meta que debemos alcanzar puede simbolizar el coronamiento de un deseo, una mejora económica o social, y en algunos casos también la muerte. Es fundamental examinar atentamente la estructura del sueño: recordar el paisaje que se atraviesa, los personajes que se encuentran, y los obstáculos más o menos arduos, las sensaciones positivas y negativas.

A veces nos damos cuenta de que conocemos perfectamente el camino que recorremos, y las casas, los lugares y las personas son los de nuestra vida cotidiana. Pero lo más frecuente es que se recorran caminos desconocidos, y la mitad del viaje se desarrolla en la oscuridad. Intentemos a partir de ahora interpretar las situaciones más comunes.

Cuando caminamos por un bosque espeso, tenemos la impresión de no conseguir ver claramente, todo está envuelto por la sombra. Es señal de que debemos hacer la luz sobre algunos aspectos de nuestra mente que conocemos bastante, y si después, a lo largo del camino nos vemos amenazados por ladrones o bandidos, significa que algo en la familia no funciona, por lo que debemos aclarar nuestras relaciones con los demás y vivirlas sin miedos e inseguridades. También puede suceder que encontremos un animal feroz, y en este caso es probable que nuestro instinto esté en conflicto con nuestro pensamiento racional.

Otra situación que en un primer momento parece inexplicable se presenta cuando en un camino, que parecía sencillo y seguro, se presentan dificultades de improviso, es decir se estrecha, aumenta poco a poco la subida, hasta que nos vemos obligados a arrastrarnos por un sendero con una pendiente muy pronunciada. En este caso, si conseguimos encontrar por nosotros mismos una solución para seguir adelante, por ejemplo, construyendo un puente para atravesar un valle alto y estrecho (por fortuna en el sueño todo es más sencillo), el sueño es muy favorable, y significa que nosotros solos sabemos resolver problemas y dificultades con nuestra inteligencia y algo de fantasía, pues confiamos en nosotros mismos.

Los sueños en los que aparece un puente son siempre muy favorables, por ejemplo, si nos encontramos frente a un río tumultuoso, en un primer momento desesperamos por conseguir pasar, pero observándolo mejor nos damos cuenta de que un poco más arriba se advierte un puente, o a veces una simple pasarela. La angustia precedente desaparece, nos sentimos salvados. Es necesario interpretar correctamente el sueño y aclarar las relaciones que tiene con nuestra vida.

Algunas veces el puente puede ser el medio para superar un examen difícil, o para vencer la timidez e instaurar un lazo de unión con la persona querida, o bien la tierra al otro lado del río representa el futuro, y en este caso nos sentimos libres de lazos del pasado, y pasando de una orilla a otra podemos cambiar de vida. Veamos ahora los obstáculos y los imprevistos. Bolsas, maletas, paquetes molestos son los problemas que ralentizan nuestro camino en la vida. A veces algún obstáculo en medio del camino nos impide seguir, dando lugar al nacimiento de una sensación de angustia. Este obstáculo debe ser atentamente examinado. Interpretando su simbolismo podemos descubrir los grandes conflictos que frenan nuestra potencialidad, tanto en el trabajo como en las relaciones con el otro sexo.

Con bastante frecuencia existe el sueño en el que caminando se llega a un cruce o una encrucijada. Debemos elegir la dirección a tomar, y es un buen consejo otorgar mayor importancia a una decisión que hayamos infravalorado. En el caso de que los caminos sean opuestos, es decir que uno gire a la derecha y otro a la izquierda, debemos recordar que la izquierda representa el instinto, la irracionalidad, la feminidad, y la derecha es la mente lógica y racional, en general nuestra conciencia.

Se puede presentar otra situación difícil cuando el viajero se ve obligado a transitar por un paso estrecho, por una hendidura en la roca. El soñante desea no hacerlo, se siente en peligro, pero pocos metros más allá ve la luz y se tranquiliza. El paso estrecho simboliza el nacimiento del hombre. Cuando se descubren en la vida horizontes y nuevos valores esenciales, en el sueño se renace simbólicamente. También este es un sueño que predice un futuro rico en novedades.

Cuando soñamos que andamos con los pies desnudos, probablemente tenemos necesidad de un lazo más fuerte con la naturaleza, siendo necesario volver a descubrir nuestros instintos y nuestra espontaneidad. En cualquier caso caminar con los pies descalzos puede ser señal de pobreza o de miedo a la pobreza.

En el caso de que en el camino sigamos a un niño o un animal, es aconsejable confiar en el instinto y no crearse falsos problemas racionalizando a toda costa.

Veamos ahora las últimas consideraciones: nuestros acompañantes en el sueño tienen aquel aspecto nuestro que tendemos a olvidar, y pueden ser representados por desconocidos o por amigos más o menos lejanos. Así, un hombre soñó estar acompañado por un viejo compañero del colegio, que igual que antes lo superaba y lo dejaba atrás. El sueño le mostró que todavía no había vencido el complejo de inferioridad que lo atormentaba de niño.

Los vehículos

En general indican un deseo de mejora moral o social, a través de otros lugares o de otras personas. Subir a un vehículo, aunque tan sólo sea para hacer centenares de kilómetros, permite afrontar nuevas experiencias y ampliar la visión del mundo. Sin embargo, los sueños de vehículos están relacionados con los viajes y los cambios que se verifican en nuestra vida.

El vehículo más corriente en los sueños es tal vez el automóvil, dado que es el medio utilizado más comúnmente, y sobre todo que es percibido como un medio personal, como una pequeña casa en movimiento. Como siempre, al soñar un automóvil, debemos procurar recordar con precisión las características: tipo, marca, color, siendo importante advertir si el vehículo es viejo o nuevo, si lo conducimos o somos paseados, y si nos pertenece o no. Conducir bien en sueños significa poseer equilibrio, autocontrol, personalidad. Es un signo de que el camino que hemos elegido en la vida es el nuestro, y que se pueden esperar progresos y mejoras. Pero si en cambio conducimos un automóvil de lujo, que nunca hemos poseído, puede significar que hemos tomado una decisión que no nos correspondía, y que somos demasiado egoístas y nos sobrevaloramos. Puede ocurrir a veces que encontremos un obstáculo en el camino, por lo que el automóvil se para y ya no se puede mover, y según el tipo de obstáculo y de las sensaciones que se presenten se podrán evitar miedos y temores anímicos, del mismo modo que hemos visto que ocurría con los viajes. La imposibilidad de girar en la dirección adecuada, y los defectos de dirección, simbolizan una falta de autocontrol y de miedo de no poder modificar más la línea de conducta que se ha tomado en la vida. Cuando no funcionan los faros, o no iluminan lo suficiente, el futuro aparece incierto y nebuloso, y tememos no poder comprender lo que sucede a nuestro alrededor. Quedarse sin gasolina puede significar falta de medios o de fuerza de ánimo, y dificultad en caminar contra los imprevistos de la vida.

Viajar en automóvil a gran velocidad indica ser capaz de sacar provecho de alguien o algunas cosas para los intereses propios. Y la potencia que representa el motor es *tomada en préstamo*, utilizada por el conductor para sus propios fines, siendo una situación en la que el individuo pasivo se siente activo y poderoso por medio del automóvil. Por este motivo, según la interpretación psicoanalítica, el automóvil es un símbolo fálico, deseo de una *potencia* que no se posee.

También son frecuentes los sueños en los que aparece el tren. En la estación se desarrollan momentos significativos de nuestra vida, como partidas, separaciones, llegadas. Aunque a diferencia del automóvil, el tren sigue un horario preciso. De este detalle deriva el miedo a llegar tarde, a no llegar a tiempo, por tanto en los sueños en los que aparece el tren, no llegar a tiempo se puede explicar por la sensación que sienten muchas personas, de perder las mejores ocasiones que ofrece la vida, y no estar a punto para aprovechar las oportunidades. Esto puede depender de la falta de madurez, o bien de una falta de seguridad que bloquea los impulsos y la voluntad de cambiar.

En el apartado dedicado a los viajes, hemos podido ver que los equipajes pueden indicar obstáculos psicológicos. Si cargamos demasiados objetos traídos de casa perderemos el tren, dado que no estaremos en condiciones de ser autónomos más allá de las paredes del hogar. Pero, en general, los equipajes representan la potencialidad, la personalidad del viajero. La angustia de perderlos deriva de la imposibilidad de vivir sin una parte de nosotros mismos, sin el propio *equipaje cultural*.

El billete que compraríamos, y que en realidad estamos obligados a comprar, simboliza el precio, el cansancio y los problemas, que debemos pagar para seguir adelante, para no vivir pasivamente. En este caso el inspector nos puede castigar si viajamos sin billete, es decir, si ocupamos en la vida una posición que no merecemos.

Soñar que viajamos en un navío significa disponer de una gran ocasión, es decir, atravesar el mar, llegar a la orilla opuesta y comenzar una nueva vida. A veces puede significar comprender mejor el propio subconsciente, un océano tumultuoso e insondable que se agita en la mente.

El aeroplano que se mueve a través del aire significa el mundo de las ideas, del pensamiento, que puede actuar velozmente sin hallar obstáculos. Pero los pensamientos se pueden elevar demasiado y perder contacto con la realidad o, por el contrario, puede que el avión no consiga elevar el vuelo y mostrar la fantasía bloqueada por el excesivo optimismo.

Los animales

Desde el principio el hombre se ha encontrado en el mundo en contacto con los animales.

Al principio estos aparecían muy fuertes y poderosos, y efectivamente el hombre no tiene dientes para atacar, no tiene defensas, ni tampoco pelo o plumas para protegerse del frío. Por ello, los animales fueron adorados, convirtiéndose en símbolos mágico-religiosos: mitos, tótem y divinidades estaban con frecuencia representados por figuras de animales, y su significado simbólico ha llegado hasta nosotros.

Más adelante, el hombre aprendió a domesticar a los animales, que se convirtieron en una preciosa ayuda para su trabajo. Buey y vaca, por ejemplo, constituyen todavía en la actualidad un símbolo de fuerza, de un trabajo paciente y cotidiano.

Según algunos científicos los animales más soñados son los caballos, los perros y los gatos. Son los que aparecen más frecuentemente en nuestra vida cotidiana, y es lógico que se sueñen con mayor frecuencia. Pero como es sabido, los sueños también se pueden formar basándose en fotografías, películas, narraciones, leyendas y de este modo podemos soñar con un león o un tigre, aun cuando en la realidad no los hayamos visto nunca.

Los animales tienen muchas analogías con los seres humanos: nacimiento, vida, muerte, se alimentan igual que los hombres, se emparejan, luchan. Pero a diferencia del hombre no tienen conciencia de su vida y de su destino, por ello constituyen óptimos símbolos para representar los impulsos y las pasiones del hombre, así como para simbolizar sus instintos primitivos.

La historia, el mito, el lugar común ha atribuido después a cada animal cualidades específicas: la memoria de los elefantes, la fidelidad de los perros, la astucia de los zorros, etc. Independientemente del hecho de que existan o no estas cualidades, en el sentido en que las entendemos comúnmente, queda el hecho de que son generalmente sobreentendidas. En este sentido, los animales son símbolos perfectos para expresar caracteres y comportamientos. Representan aquella parte de nosotros que es tan simple e instintiva, que resulta incomprensible para un análisis racional.

Cuando se sueña con un animal es necesario preguntarse cuándo y en qué circunstancia se le ha podido encontrar o ver. Después es necesario analizar las sensaciones sentidas frente al mismo, es decir si instintivamente se le ama o se le teme, o si se le considera hermoso o feo.

Los animales carnívoros tienen en general un significado de agresividad, sobre todo si son salvajes, y los insectos devastadores de cosechas son símbolo de destrucción y de peligro.

Las plantas, las flores, la fruta

Si bien el mundo animal, expresión de los instintos y pasiones, ofrece símbolos de inseguridad y de inestabilidad, el mundo vegetal, indisolublemente ligado al suelo, proporciona símbolos estables y seguros.

La vida de las plantas se desarrolla según ritmos precisos, casi armónicos, y representa en el sueño la vida espiritual y su equilibrio. En general, las flores son consideradas como símbolos femeninos, y en este sentido representan la belleza, la dulzura, y más en general, los sentimientos. Por este motivo, ver las flores secarse y marchitarse es un signo evidente de que algo en nuestro interior se ha alterado, que nuestros sentimientos se están secando.

En cambio, cuando el jardín aparece ordenado y florido se desarrolla el crecimiento interior del soñante y se pone de manifiesto su personalidad armoniosa, equilibrada y serena. Por el contrario, si el jardín está pobre y recubierto de hierbas, simboliza egoísmo, frialdad y dureza.

La fruta, que desde siempre ha constituido un dulce y agradable alimento del hombre, tiene, en general, un significado erótico. Y, por tanto, es importante observar el color, la forma y el sabor con que aparece el sueño.

Si los árboles son vistos en un bosque o en un prado simbolizan fuerza y energía, si se ven en cambio en un jardín, representan la tranquilidad y el equilibrio.

El agua y el fuego

El agua ha sido siempre el elemento fundamental de la vida. El filósofo griego Tales de Mileto consideró efectivamente el agua como el principio de la naturaleza, y sin ella no existiría sobre la tierra ninguna forma de vida.

El agua aparece con frecuencia en nuestros sueños, y cuando surge de las profundidades de la tierra es un símbolo del subconsciente; si viene del cielo representa la fecundidad y la regeneración.

El baño ha tenido siempre para el hombre un significado de purificación, el bautismo en la religión cristiana constituye un buen ejemplo de ello. El agua corriente es un símbolo muy negativo. Cuando en el sueño vemos que el agua inunda una habitación o nuestra casa, es un signo de sentimientos incontenibles e incontrolables que nos pueden proporcionar graves disgustos.

El fuego es un símbolo de la primera *cultura* humana, y siempre ha atraído la mirada del hombre de un modo casi mágico, pues la transformación de la materia no cesa de fascinar al hombre moderno. Antes de que se aprendiera a iluminar las casas y las calles, el fuego era el único medio para huir de las tinieblas y de los peligros de la noche.

El fuego representa el calor, no sólo físico sino también espiritual, entendiéndose por *fuego del hogar* a la familia, el afecto, la protección. El fuego ilumina, calienta, transforma los alimentos y los metales.

Un fuego fuerte y luminoso en el sueño puede indicar el nacimiento y desarrollo de un sentimiento que el soñante todavía no ha reconocido.

El amor ardiente o la llama son tan sólo algunas de las alegorías a través de las que se indica una pasión amorosa utilizando el elemento fuego. Por este motivo, el vacío y las tinieblas son en sueños una señal de tristeza y de falta de consuelo.

Pero el fuego no siempre tiene un significado positivo. En efecto, los sueños de incendios representan un grave peligro para el soñante, una fuerza destructiva se desarrolla a veces en nuestro interior, vuelta hacia nosotros o hacia los demás. Venganza, remordimientos, pasiones negativas *queman* el equilibrio interior. Frente a los sueños de incendios es importante advertir en qué punto se desarrolla el fuego, si en casa, en un bosque, entre los libros, sobre la cama. Interpretando los símbolos, se podrá descubrir de vez en cuando qué es lo que sentimos en peligro en nuestro interior.

El sol y la luna

El sol es un símbolo masculino. Entre los pueblos antiguos ha sido con frecuencia venerado como un dios, y sin él la vida en la tierra estaría inmersa en una pavorosa oscuridad, por lo que siempre ha tenido, incluso en sueños, un significado positivo. Indica claridad de conciencia, energía y conocimiento.

Lógicamente es una buena señal ver el paisaje del sueño iluminado por el sol, puesto que se está frente a un periodo de vitalidad y confianza. Se conoce el destino del viaje, porque el sol ilumina nuestro camino. Pero si la luz es muy fuerte adquiere un significado negativo, y su energía puede herir y secar.

En el sueño es significativa la posición en que se encuentra el sol. Mañana, tarde y noche representan en efecto las diversas épocas de la vida del hombre. Por este motivo son particularmente favorables los sueños en los que aparece el alba, y que pueden indicar un renacimiento interior.

En cambio la puesta de sol representa la vejez, y el final de un periodo particularmente vital. En general, también en estos sueños predomina una atmósfera de serenidad y de equilibrio.

La luna es un símbolo preferentemente femenino, domina la noche y por tanto la inseguridad, la incoherencia. Si bien el sol es una manifestación de energía y de claridad, la luna representa el subconsciente. Soñada por una mujer indica la lógica necesidad de encontrar dulzura y feminidad. En los sueños de las personas ancianas representa en cambio equilibrio y paz interior.

Los colores

Como es bien sabido en el sueño nada aparece porque sí, y si bien en la vida real podemos tener nuestras propias preferencias e inclinarnos más por un color que por otro, en el sueño los colores son símbolos, exactamente igual que los objetos y personas que soñamos. Estos expresan fundamentalmente nuestro estado de ánimo y nuestra situación psíquica.

Es interesante advertir que no todos los sueños son en color, o para entenderlo mejor, no todas las personas sueñan en *tecnicolor*. A este respecto se han expuesto distintas hipótesis.

Los sueños en blanco y negro se refieren a hechos y sensaciones muy lejanas en el tiempo, y si son frecuentes son síntomas de un estado psíquico depresivo o inhibido. Por el contrario, quien dice que sueña en colores muy fuertes y destacados, denota una cierta tendencia a la exageración y al exhibicionismo. En general, cuanto más intensamente se ha vivido la vida real, tanto más vivas serán las respectivas imágenes en el sueño, y viceversa.

Es muy importante recordar los colores presentes en el sueño, y en particular los colores dominantes, dado que cada color tiene un significado simbólico particular.

Veamos a continuación los colores y sus significados.

Amarillo: color vivo y luminoso, el color del sol representa la intuición, la espontaneidad, la alegría. Mezclado con otros colores cambia el significado y puede indicar engaños y falsedad.

Azul: es el color del cielo, y con frecuencia se asocia a la vida espiritual indicando paz, tranquilidad de ánimo y serenidad.

Blanco: es el color de la pureza, de la honestidad, de la virginidad. En el caso de que sea dominante, puede adquirir un significado negativo y simbolizar la soledad, el abandono y la desolación.

Marrón: es el color de la calma, del relajamiento. Al ser el color de la tierra puede sugerir la necesidad de aceptar de forma más sencilla la realidad de la vida.

Negro: es el color del luto, de la tristeza, de las tinieblas. En Occidente ha tenido siempre un significado negativo. Soñarlo indica pesimismo, depresión, soledad y miedo.

Rojo: tiene numerosos significados, y es necesario prestar mucha atención al contexto en que se presenta. En general, indica agresividad, fuerza, conquista. Puede ser símbolo de venganza y de rabia, y en muchos casos de pasión sentimental.

Verde: es el color de los árboles, de la hierba, en general de la vida vegetal, por lo cual es el símbolo de la confianza en la vida, de la esperanza en una mejora y un renacimiento. El verde de la hierba tiene un significado muy favorable.

Violeta: en los sueños de carácter religioso tiene el significado de penitencia y de recogimiento. En general, simboliza la elevación espiritual obtenida a través de una atenta meditación.

Los números

Los números son una parte muy importante de nuestra realidad. Pitágoras, que vivió durante el siglo VI a. de C., fue el primero en advertir la importancia de los números como principio ordenador de la realidad. Los movimientos de los astros pueden expresarse mediante constantes numéricas. La propia música se puede entender como una gran relación matemática.

Así, incluso en el sueño, los números pueden ser *la sustancia de las cosas*, expresando el tiempo, las fechas, relacionando dos hechos ocurridos en tiempo distintos, y recordando hechos o periodos de la vida olvidados desde hace tiempo. Por otra parte, también hay que tener en cuenta que un número puede simbolizar un periodo de nuestra vida, puede representar un siglo, un tiempo ya olvidado, o simplemente un número telefónico.

El juego de la lotería es tan sólo uno de los modos de expresión de un número. Tradicionalmente los números que aparecen y que hacen referencia se juegan. Esto es debido a que los hombres han tenido desde siempre confianza en la gran capacidad intuitiva y premonitoria del sueño, y si esto es válido para los hechos soñados, es lógico que también deba valer para los números.

Veamos a continuación el significado que comúnmente se atribuye a los números del 1 al 12.

1: Representa la unidad de medida, y en este sentido es un número absoluto, originario. En efecto, algunos no lo consideran ni siquiera un número si no aparece acompañado de otras cifras. Puede significar egoísmo, pero también trabajo activo.

2: Es el número de la oposición. Hombre-mujer, claro-oscuro, blanco-negro, bien-mal, día-noche, estática-dinámica son opuestos primordiales que forman parte de nuestra cultura.

En el sueño también se puede presentar como dualismo entre consciente e inconsciente: dos entradas por las que pasar, dos comidas, una dulce y la otra amarga. Puede simbolizar equilibrio interior, pero también pasividad y renuncia.

3: Es el número del cambio, de la lucha, de la vida renovada. Es un número *perfecto*, y en las religiones es fundamentalmente un número sagrado: en el cristianismo Dios es uno y trinidad, Padre, Hijo y Espíritu Santo. En la antigüedad el destino del hombre estaba confiado a las tres Parcas. La propia vida está temporalmente dividida en tres partes: pasado, presente y futuro.

4: Tiene significado positivo, indicando orientación y unidad, vuelta a encontrar. Es el número de los puntos cardinales y de las estaciones. Cuatro son los elementos primarios de los que está compuesto el mundo: agua, tierra, fuego y aire. En general el cuatro se asocia a la racionalidad, y en geometría son cuatro los lados del cuadrado, figura cerrada y regular.

5: El número cinco recuerda el paso del tiempo, la vida del hombre es el movimiento en general. Cinco son las líneas del pentagrama, y el reloj está dividido en fracciones de cinco minutos. La mano del hombre tiene cinco dedos.

6: El número de la libertad, de la posibilidad, de la elección. Las caras del dado son seis. Seis son las puntas de la estrella de David, representada por dos triángulos entrelazados que indican direcciones opuestas. Y las distintas direcciones representan el libre arbitrio.

7: Número sagrado y mágico por excelencia, indica bienestar, éxito y honores. Los ejemplos que podemos recordar son muy numerosos, puesto que los días de la semana son siete, los cuales multiplicados por cuatro dan los días del ciclo lunar. En la mitología griega los dioses principales son siete, y siete son los pecados capitales y las virtudes teologales. También podemos recordar las siete maravillas del mundo, los siete sacramentos, los siete sabios, y las siete iglesias de Roma.

8: Indica dialéctica, contraposición pacífica. Tiene un significado favorable de equilibrio y de justicia.

9: Es el más alto de los números simples: anuncia indecisiones y cambios.

10: Aparece muy raramente en los sueños, y no tiene un significado muy positivo, pudiendo indicar inestabilidad, soledad y angustia.

11: Indica cansancio, empeño doloroso. Para algunos representa una relación antagónica entre hombre y mujer.

12: Es el número de los signos del Zodíaco, de los meses del año, y representa el destino, el tiempo definido. Puede simbolizar el lamento por las ocasiones perdidas, la desilusión y el dolor.

Las figuras geométricas

El sueño se manifiesta a través de figuras geométricas, que aparentemente carentes de significado, tienen en cambio un valor simbólico.

Cuadrado: es símbolo de concreción, de unidad, de equilibrio. Igual que el rectángulo, que puede ser definido como un cuadrado imperfecto, es la forma de la casa, de una habitación, de una ciudad. Por tanto, representa la precisión y la constancia en el trabajo.

Círculo: es una figura perfecta. El centro del círculo es equidistante desde todos los puntos de la circunferencia, siendo este el motivo por el que indica perfección, equilibrio, altruismo. De todos modos es siempre un símbolo positivo.

Triángulo: es símbolo de la acción, del ideal llevado adelante con firmeza. Representa el idealismo conexo con un inteligente sentido práctico.

Introducción al diccionario

Como ya hemos indicado, la interpretación de los sueños no es una ciencia exacta. Son demasiados los factores que influyen en el sueño para que sea posible dar definiciones y significados válidos para todos. Es este el motivo por el que hemos hablado ampliamente del sueño, de sus formas, de sus funciones, de su lenguaje, y hemos dado una explicación general sobre los símbolos oníricos.

El diccionario, por sí solo, es un instrumento incompleto para interpretar los sueños, y del mismo modo que no enseña a hablar correctamente una lengua, pero ayuda a descifrar puntos oscuros de un tema que no conseguimos entender completamente, así el diccionario de los sueños debe ser considerado esencialmente como un instrumento de búsqueda. Proporciona ideas, conceptos, hipótesis y significados, que serán considerados por el lector con atención y aspecto crítico, con el fin de reconstruir aquella compleja trama representada por nuestros sueños. Creemos que de este modo se podrá evitar el peligro de una interpretación demasiado rígida y esquemática.

El gran número de entradas principales y complementarias presentadas en este diccionario, más de diez mil, seguramente permitirá que el lector encuentre lo que busca, desde los símbolos más comunes a los detalles de apariencia insignificantes. Las definiciones recogidas son en parte derivadas de creencias cabalísticas que han llegado hasta nosotros, por lo que hemos considerado oportuno añadir algunas palabras que representan situaciones de la vida moderna. En algunos casos hemos preferido integrar los significados tradicionales con explicaciones y conceptos derivados de teorías oníricas más actuales.

Un uso correcto y atento de este diccionario permitirá al lector adquirir una visión más completa de sí mismo, le ayudará a afrontar los acontecimientos futuros con equilibrio y serenidad.

A

a, se presentarán nuevas oportunidades;
escribirla, con un poco de atención y voluntad podrá mejorar el futuro;
verla escrita, imposibilidad de modificar el destino.

ábaco, siempre se pierde en pequeñas cosas;
hacer las cuentas sobre el ábaco, escasas ganancias.

abad, *embriagado,* pérdida de seguridad;
grueso y barrigudo, para obtener resultados es necesario sacrificar algo;
junto a una monja, suerte asegurada;
que administra los sacramentos, presagio de una larga vida;
que bendice, alguien piensa en su porvenir;
que duerme, la paciencia es imprescindible para alcanzar algunos deseos;
que predica, sensación de la mala conciencia;
que reza, noticias de un amigo o de un familiar olvidado.

abadesa, alguien le aconsejará mal.

abadía, llegará la tranquilidad deseada;
con monjes y monjas, problemas familiares.

abandonar, quiere cambiar el sentido de su vida;
a un amigo en peligro, falta de sinceridad, es necesario analizar mejor los sentimientos;
a un niño pequeño, falta de preparación para asumir responsabilidades;
a un perro, problemas en las relaciones con la persona amada;
ser abandonado por amigos, pérdida de una gran suma de dinero;
ser abandonado por la familia, pronto obtendrá una mejora financiera;
un refugio seguro, advierte que debe afrontar las dificultades de la vida.

abandono, *de los hijos,* temor a la vejez;
de los padres, prefiere no tener responsabilidades;
del amante, búsqueda de la libertad.

abanico, cuestiones de poca monta;
perderlo, pérdida de recuerdos agradables;

regalado, una declaración de amor;
roto, desilusión amorosa.

abastecerse, temor por la situación económica precaria;
de alimentos, falta de optimismo.

abatir, conflictos nacidos de un choque de personalidad;
a un enemigo, dificultades económicas que superará rápidamente;
árboles frutales, enfermedad súbita;
sentirse abatido, mejorar requiere esfuerzo;
un animal peligroso, tendrá lo mejor de los amigos.

abecedario, teme no estar a la altura de las circunstancias.

abedules, castigo por un error cometido hace tiempo.

abeja, satisfacciones en todos los aspectos;
enjambre, fuerte sentido de sociabilidad;
muerta, ruina;
que huye, deseo de placer en todos los sentidos;
que vuela, finalmente habrá espacio para la fantasía;
sobre una flor, necesidad de bienestar y tranquilidad.

abejorro, *que vuela,* personas volubles y dependientes;
verlo, dependencia inútil.

abeto, *adornado,* suerte inesperada;
cubierto de nieve, riqueza en casa y matrimonio bien logrado;
verlo, éxito y suerte en los negocios.

abismarse, véase *hundir.*

abismo, es necesario cambiar a pesar del miedo que pueda tenerse a lo desconocido;
caer, se requiere un buen autoanálisis;
muy oscuro, parece difícil que la soledad se acabe;
precipitarse, sentimiento de abandono.

abjuración, está cometiendo un error.

abogado, ansia, experiencias desagradables;
en el tribunal, sensación de ser observado por todos;
serlo, alguien saldrá dañado;
véase bufete de abogados.

abonar, buen auspicio, es el momento de concluir negocios.
en cuenta, altruismo, optimismo.

abono, una ayuda para madurar;
ver mucho, buenos negocios.

abordaje, aproximación a una persona, sensación de dificultad.

aborto, penas a la vista;
de un animal, el temido peligro ha pasado;
espontáneo, temor a la responsabilidad;
voluntario, deseo de libertad.

abrazar, deseo de afecto y comprensión;
a los animales, ingenuidad;
a los hijos, problemas de incomprensión;
a un viejo amigo, necesidad de amistad;
a una persona del otro sexo, miedo al rechazo;
abrazo entre dos hombres, uno de los dos cometerá un grave error;
abrazo entre dos mujeres, traición.

abrevadero, la sabiduría ayudará al que la posea.

abrevar, *animales,* se presentan obstáculos en el camino;
animales feroces y salvajes, novedades imprevistas y agradables;
caballos, la suerte está cerca;
otros animales, viajes a la vista.

abreviar, *camino,* necesidad de éxito rápido;
el trabajo, sería saludable un periodo de pausa;
la vida, no tema vivir intensamente.

abrir, *la puerta de casa,* su vida sufrirá un cambio decisivo;
las piernas, deseo de estabilidad;
los ojos, clara percepción de la realidad;
una carta, conoce un secreto pero preferiría no conocerlo.

abrir, *de par en par,* una decisión valiente;
la boca, chismorreos molestos;
la puerta, se abre a nuevas experiencias;
las ventanas, nuevos contactos agradables;
los ojos, atención al entorno.

abrirse, nacimiento en la familia;
una flor, alegrías de breve duración;
ver abrirse algo, nuevas energías.

abrochar, *a alguien el vestido,* se ha resuelto una lucha;
el propio vestido, además de estar en actitud vigilante, debe evitarse el riesgo;
la camisa, es mejor esconder los problemas personales.

absceso, *tenerlo,* dificultad para identificar la causa del sufrimiento.

absolución, *administrarla,* lo mejor es no ocuparse de asuntos ajenos;
recibirla, no se debe ser demasiado crítico frente a los propios errores.

absolver, *a los demás,* ha aprendido a comprender y a no juzgar sin motivo;
a uno mismo, egoísmo.

absorbente, se va deteriorando la relación con los amigos;
serlo, exige demasiado de los demás.

abstemio, nadie comparte sus alegrías;
ofrecer vino a uno, es inútil intentar hacer que los demás compartan su modo de vivir;

ser *abstemio,* lo mejor es no controlarse completamente y dejar algo de espacio a la fantasía.

abstenerse, *en una votación,* inseguridad, indecisión y miedo.

abuela, escuche los consejos de las personas sabias;
hablarle, los buenos consejos ayudarán a superar las dificultades presentes;
si está viva, no se deben olvidar las personas solas;
si está muerta, presagio de larga vida.

abuelo, sabia autoridad;
si está muerto, larga vida;
si está vivo, lleva a cabo experiencias inútiles.

abundancia, pobreza futura;
de hijos, preocupaciones y responsabilidad.

abusar, *de la confianza de un amigo,* debe ser más astuto.

acampada, una situación agradable pero no duradera, algo nuevo en el horizonte.

acaparamiento, *acaparar objetos,* inseguridad, miedo al futuro;
de alimentos, temor ante un periodo de miseria.

acariciar, deseos de hacer partícipes a los demás de la propia alegría;
a alguien, poca diplomacia;
a animales domésticos, cuidado con la envidia de los demás;
a animales salvajes, procure evitar lides futuras;
a los padres, es importante librarse de los complejos de culpabilidad;
al amante, desea el lujo por encima de todo;
un objeto, debe ser menos materialista.

aceite, ideas y programas afortunados;
beberlo, probable enfermedad;
comprarlo, adquisición de apoyos seguros;
de linaza, altas y bajas en los negocios;
de oliva, proyectos realizados con facilidad;
de semillas, aparente simplicidad;
para motores, dificultades en los viajes, pero se superarán con brillantez;
recogerlo, intentos de reconquistar la fortuna;
santo, futuro seguro y larga vida;
usarlo en los alimentos, véase condimentar;
venderlo, terminará el tiempo en que todo es fácil;
verlo por el suelo, crisis en los negocios;
volcarlo, mal augurio.

acelerador, quiere ir más allá de sus posibilidades.

acelerar, mostrarse más fuerte de lo que realmente se es.

aceptar, *a alguien o alguna cosa,* humor óptimo;
un auto, es mejor desconfiar de los demás;

una máquina, fuerte espíritu crítico.

acera, *bajar de la acera,* se enfrentará a algunos riesgos;
estar sobre la acera, seguridad.

acero, es testarudo y no cambia nunca de opinión;
incandescente, su decisión provocará males a los demás.

achaque, se siente débil y envejecido;
véase *enfermedad.*

achicoria, novedades, no siempre agradables;
cocerla, pequeños sufrimientos y grandes satisfacciones;
cogerla, serenidad ante los disgustos.

achispado, *que ha bebido pero no está embriagado,* capacidad para la diversión sin renunciar a las obligaciones.

acicalar, *a alguien,* necesidad de modificar algunos aspectos del carácter;
acicalarse, poco cuidado personal;
ver a alguien acicalado, no caiga en pequeños engaños.

ácido, *darlo de beber,* enorme insensibilidad.

aclamar, está a punto de llegar un amigo lejano.

aclarar, *ver que se aclara la niebla,* ha llegado el momento más adecuado para tomar decisiones importantes.

acoger, debe expresar sus mejores sentimientos.

acogida, *calurosa,* ha conquistado respeto y estimación;
fría, temor a no estar a la altura de las circunstancias.

acomodarse, sentirse a gusto.

acompañar, *a un amigo,* es importante hablar del trabajo;
a un desconocido, alguien que no conoce le quiere perjudicar;
a un familiar, conflicto de intereses;
a un muerto, advierte que un negocio ha ido mal.

aconsejar, *a alguien,* difícilmente admite que se ha equivocado;
ser aconsejados, los amigos le infravaloran.

acoplar, *dos animales,* sentirse responsable de una amistad.

acorazado, meditación de una gran venganza;
bajar de uno, de improviso se siente débil;
viajar en uno, si actúa con agresividad se puede perder la causa.

acordar, incapacidad para acabar una lucha.

acordeón, momentos de alegría.

acortar, *un vestido,* deseo de cambiar la vida.

acostarse, pereza;
con amigos, periodo de vacaciones;
con un hombre o una mujer, después de una larga espera su sueño de amor se verá realizado;
solo, momentos de angustia.

acreedor, una persona le persigue.

acróbata, quiere demostrar sus aptitudes y posibilidades a los demás.

activar una bomba, provocará un gran escándalo;
desactivarla, remediará un error.

activos, *serlo,* no desmaye, para tener éxito es necesario intentarlo.

actor, actriz, *de cine,* gran fantasía;
de teatro, véase *artista*;
identificarse con uno/a, quisiera cambiar su situación.

acuarela, la fantasía le ayuda mucho.

acuchillar, la situación resulta complicada, no actúe en ningún momento por impulso;
ser acuchillado, puede llegar un disgusto de alguien a quien no se ve desde hace tiempo;
ver, le atormenta la rivalidad en el amor.

acudir, *a alguien,* falta de libertad para actuar;
véase *obedecer*.

acudir en ayuda, desventura cercana.

acumular riqueza, pérdida de dinero.

acuñar monedas, memoria óptima.

acurrucarse al sol, etapa de reposo.

acusar, es necesario vigilar a quien quiere iniciar una lucha;
a alguien injustamente, peligro de enfermedades;
ser acusado, malas noticias a la vista.

adelgazar, empobrecimiento físico y económico;
involuntariamente, se está castigando;
ver a alguien que, alguien perderá a sus ojos la autoridad y la estima;
voluntariamente, cuidado con el agotamiento.

adentrarse, *en un bosque,* intención de huir de las responsabilidades.

adición, necesidad de tiempo libre.

adiestrar, algo en la familia se le escapa, vigile.

adiós, miedo a la soledad.

adivinar, *algo,* periodo desafortunado;
el nombre de alguien, ansias de claridad;

el pensamiento de alguien, es su deseo.
el porvenir, promesas que no se pueden mantener.

adivino/a, falta de confianza en uno mismo;
interrogarlo, demostrará su rapidez de reflejos;
serlo, es perspicaz y hará camino.

administrar, *una hacienda,* peligro de fallar;
rentas, desilusiones;
sacramentos, sensación de ser muy importante.

admitir una culpa, odio hacia los consejos y las críticas.

adolescente, *estar en su compañía,* determinados aspectos de la mente no envejecerán nunca;
verse, éxito en la vida afectiva.

adoptar, disgustos cercanos;
ser adoptados, alguien le cuidará.

adorar, *a Dios,* se está atravesando un periodo de crisis.

adornarse, *con collares,* voluntad de librarse de ataduras;
con joyas, la vanidad le ocasionará problemas.

adorno, necesita seguridad;
de oro, se vanagloria de sus riquezas;
de plata, elegancia hecha de detalles;
de seda, se deja seducir por detalles poco importantes;
de un sombrero, está demasiado ensimismado en su papel;
de un vestido, gusto por las cosas bellas, vanidad;
de una tarta, se pierde en detalles.

adornos, un modo de ocultarse;
sagrados, alguien se esconde tras falsas apariencias;
vestirse, está engañando a amigos y familiares.

adquisición, *de automóvil,* cambios a la vista;
de casa, necesidad de modificar la situación actual;
de cosas que ya se poseen, pérdida de algo querido;
de mercancías, los sufrimientos no durarán demasiado;
de terrenos, cambio de oficio.

aduana, *pagarla,* mal presagio;
permanecer retenidos en ella, no es un buen momento para afrontar un viaje;
verla, solicitudes embarazosas.

aduanero, cuidado con el respeto a las normas;
serlo, pone en evidencia los rasgos autoritarios;
verlo, fastidios y molestias.

adulador, una declaración pública.

adulterio, *cometerlo,* alguien habla mal de usted;
estar arrepentido, descubrimiento de los deseos auténticos;
ser víctima de, inseguridad respecto a la fidelidad del cónyuge.

advertir, *de un peligro,* altruismo.

aeroplano, *conducirlo y tener miedo,* incapacidad para tomar decisiones;
ver muchos que vuelan, voluntad de mando;
verlo caer, la familia le puede ocasionar disgustos;
verlo en el suelo, es probable que se produzca una desgracia;
verlo o sentirlo, alguien le recuerda;
viajar en, realización de los deseos.

aeropuerto, no consigue organizar su jornada.

afamar, avaricia sin límites.

afear, periodo negativo;
ver afearse a alguien, se han descubierto los defectos que tenía;
verse afear, tras un error llega el momento de despreciarse.

afeitar, véase *rasurar.*

afeminado, *serlo,* se avergüenza de los aspectos dulces de su carácter;
verlo, está orgulloso de su virilidad.

aferrarse, *a algo para no caer,* la suerte depende de la fuerza de espíritu.

aficionarse, muestra hostilidad y desconfianza.

afilador, se tiene muy en cuenta la ayuda de los amigos;
que trabaja, peligro de pérdida financiera.

afilar, se está preparando con entusiasmo, tendrá éxito.

aflicción, dolor por causa de los hijos;
por un hombre, dolor en la familia;
sentirla, uno de sus hijos le causa gran sufrimiento.

afligir, a veces, insistir no sirve;
estar afligido, su vida mejorará en un futuro cercano.

afrontar, está alerta y a punto para hacer valer sus ideas.

agarrarse, las maneras fuertes no son el único sistema para resolver una situación delicada.

ágata, su pasión secreta no se ve correspondida.

agenda, concede muy poca importancia al tiempo que pierde, debe aprender a organizarse.

agente, topará pronto con la justicia.

ágil, *sentirse,* un periodo de opresión ha quedado superado.

agitar, manifestaciones de valor;
un pañuelo, no se avergüenza de sus sentimientos;
una bandera, sostiene audazmente sus ideas.

agitar la cola, hará la felicidad de un niño.

agitarse, no es necesario preocuparse demasiado.

agonía, *asistir a una,* presagio de buena salud;
de uno mismo, no se siente capaz de cambiar de vida.

agonizar, lamentos exagerados;
sentir agonizar, alguien está en grave peligro.

agosto, no quiere convencerse de que debe trabajar.

agotar, véase *vaciar.*

agradecer, necesidad de arreglar una cuestión;
a un desconocido, voluntad de romper todos los lazos;
a un enemigo, muestra temor e indecisión.

agresión, visita desagradable;
agresión de día, miedo de los instintos;
agresión de noche, las mujeres pueden mentir por interés;
por la calle, negocios en peligro.

agricultor, el trabajo le enriquecerá;
que cava, abundancia, final de los sacrificios.

agrio, *árbol de agrios,* lisonjas y adulaciones;
comerlo, periodo de sacrificios;
sentir un alimento agrio, el exceso de impulso juega malas pasadas.

agua, *bañarse,* cambio, regeneración;
beberla, pronto habrá un bautizo en la familia;
bendita, todo está tranquilo;
caer en agua hirviendo, la suerte le abandona;
caer en el agua, se verá conmovido por una gran pasión;
caliente, en pocos días estará enfermo;
de colonia, su objetivo es el éxito;
de lluvia, le espera un premio agradable;
de manantial, ingenuidad, negligencia;
de mar, grandes viajes en perspectiva;
de pantano, los negocios están empeorando;
del grifo, algo le atormenta;
destilada, pureza;
embotellada, deseos de cambios y emociones intensas;
que hierve, posibilidad de grandes adquisiciones;
que se vierte, los demás le observan;
turbia, incalculables males.

aguafiestas, *serlo,* su carácter es pésimo y, además, usted no lo quiere admitir;
verlo entre los amigos, desconfianza hacia los extraños al grupo.

aguardiente, energía y calor;
beberlo, necesidad de olvidar los disgustos;
destilarlo, es difícil de comprender, nadie sabe lo que quiere;
probarlo, amor a los placeres de la vida;
verlo, necesidad de reparar algún objeto.

aguijón, *de abeja,* es mejor no contrariar a conocidos importantes;
de avispa, sus enemigos tendrán lo mejor de usted;
de un insecto, debe estar atento a las pequeñas venganzas.

águila, *aguilucho,* infórmese mejor antes de juzgar;
blanca, señal de luto;
domesticarla, se puede contar con la ayuda de hombres poderosos;
matar a una, ha abandonado los escrúpulos, quiere hacerse respetar;
que cae, satisfacciones amorosas;
que coge una presa, seguridad, decisión y rapidez, son sus méritos;
que vuela, tiene seguridad en sí mismo, e incluso a veces se sobrevalora;
ser amenazado por una, temor ante el adversario;
ser transportado por una, peligro grave;
ver muchas en el cielo, la riqueza se multiplicará.

aguja, ambición exagerada.
cambiarla, está analizando algunos de sus comportamientos;
del tocadiscos, extrema sensibilidad;
perderla, falta de seguridad en la acción;
ser pinchado por una, deseo de aventuras sexuales.

agujas, *de punto,* tiene la familia en el pensamiento.

agujas apuntándole, descubrimiento de un secreto que le acarreará un disgusto.

agujas del reloj, nerviosismo, miedo a perder el tiempo;
en movimiento, la inactividad le pone nervioso;
paradas, espera angustiosa de alguien.

agujerear, *una goma,* véase *horadar*;
un vestido, poca atención, negligencia.

agujero, *abrirlo,* está buscando una oportunidad;
caerse en uno, está enamorado y ha perdido la cabeza;
hacerlo en el agua, sabe que no está a la altura de las circunstancias;
ir al agujero del billar, alcanzará los propios objetivos;
salir de un, se ha salvado de una situación comprometida;
verlo, un camino de salida.

ahijada/o, pronto llegarán satisfacciones familiares.

ahogar, *a alguien,* temor de no ser suficientemente amado;
en el mar, se producen cambios, el trabajo ofrecerá algunas dificultades;
en el río, pérdida de tiempo por cosas insignificantes.

ahondar, se sentirá perdido;
en el fango, acusaciones infamantes;
en la arena, véase *arena*.

ahorcar, *a alguien,* gran sentido de la justicia, se vengará de una ofensa;
ser ahorcado, un hecho desagradable le puede empujar a actuar positivamente.

ahorcarse, la indecisión le obligará a rechazar decisiones importantes.

ahumar, *carnes,* está procurando cambiar, pero el camino es equivocado.

ahuyentar, *las moscas,* aleja con superioridad a quien le molesta; véase *cazar.*

aire, *claro y limpio,* hallazgo inesperado de un objeto perdido hace tiempo;
enrarecido, es mejor no emprender un viaje;
ventoso, su gran impulso le llevará lejos.

aislamiento, profunda depresión;
celda de aislamiento, los amigos le han castigado dejándole solo.

aislante, *cinta,* instinto de protección.

ajedrez, un concurso de habilidad;
dar jaque mate, pérdida definitiva;
hacerse dar jaque mate, pérdida segura;
jugar al ajedrez, pone a prueba la inteligencia;
vencer, demostración de habilidad;
ver jugar, temor ante los movimientos que puedan hacer los adversarios.

ajo, *cocinarlo,* satisfacciones en los afectos;
cogerlo, discusiones familiares;
comerlo, llegada de un periodo triste;
plantarlo, inicio de una agradable relación sentimental.

ajuar, *prepararlo,* deseo de tener un hijo;
regalarlo, renuncia a la idea de la maternidad.

ajustar, *un tapón,* precisión, puntualidad.

ala, *de pájaro,* probablemente será traicionado;
de un ángel, debe aprender a convertir los cuentos en realidad.

alabanza, *en la escuela,* necesidad de seguridad;
en la mesa, no se debe confiar en los aduladores;
oírla, teme que alguien hable mal de usted.

alabar, deseo de ser alabado;
alabarse, se autogratifica;
la habilidad de alguien, en el fondo es falso y engañoso.

alabastro, deseos de claridad en las relaciones familiares.

alargarse, *un camino,* se sobrevalora;
un muchacho, se siente envejecer velozmente.

alarido, véase *escándalo*.

alarma, *hacerla sonar,* enfermedad inminente, se deben vigilar los síntomas;
 oírla sonar, siempre está en tensión, tranquilícese.

alba, promoción en el trabajo, calificación.

albahaca, perfeccionismo, siempre quiere más.

albañil, trabajo poco reconocido;
 serlo, trabajo duro y mal pagado.

albaricoque, precisa de algunos momentos de evasión;
 comer, satisfacción momentánea y disgusto inminente.

alberca, prudencia inteligente;
 llena, potencialidad inesperada;
 vacía, agotamiento de fuerzas.

albergue, *diurno,* momentos de soledad.

alboroto, dificultad en las relaciones con los demás;
 de amantes, no se deben hacer grandes aquellos problemas que son pequeños;
 de gatos, discusiones entre los amantes;
 de hombres, algunas noticias le complicarán la vida;
 de mujeres, los negocios están en un momento difícil;
 de perros, procure ayudar a un amigo que solicita su ayuda.

álbum de fotografías, obsesión por el pasado;

alcalde, *serlo,* búsqueda del poder en todas sus formas;
 verlo, necesidad de ayuda influyente.

alcance, *alcanzar en automóvil,* falta de autocontrol;
 de dinero, preocupaciones por el futuro;
 ser alcanzados, inseguridad que empuja al inmovilismo.

alcanfor, es necesario vigilar los imprevistos.

alcanzar, *alcanzar a uno que corre,* se considera superior a un adversario;
 una meta, optimismo y valor;
 ser alcanzados, poca confianza en uno mismo.

alcaparras, sentido artístico y tendencia a la perfección.

alcohol, irritabilidad frecuente.

aldeano, deseo de vivir cerca de la naturaleza;
 que ara, buenas perspectivas de trabajo;
 serlo, necesidad de cambiar de ambiente;
 ver dos, los negocios empeorarán.

alegrarse, queda superado un periodo difícil. Alegría por una pequeña venganza;
 de la mala suerte de otros, malignidad, deseo de venganza.

alegría, va demasiado ligeramente al encuentro de las decisiones tomadas.

alejarse, *de casa,* se siente amenazado por un peligro;
del amante, los problemas que le preocupan se resolverán;
del marido o de la mujer, demasiada monotonía provoca cansancio;
del mundo, oportunidad de iniciar una nueva vida;
del trabajo, le ilusiona encontrar lejos la felicidad que le falta;
de los amigos, su espíritu está sereno.

aleta, llegan buenas oportunidades;
tenerla, facilidad para moverse en el campo de los negocios;
ver la de un tiburón, amenazas explícitas.

alfabeto, todavía queda mucho por aprender.

alféizar, temor ante la curiosidad de los vecinos;
asomarse al alféizar, afronta los riesgos por nada;
estar sobre uno, periodo de inseguridad;
mirar desde él, curiosidad.

alfiler, *pincharse,* se siente herido en su orgullo;
verlo, alguien quiere ofenderlo.

alfombra, comodidad y tranquilidad familiar;
estar sobre la alfombra, su trabajo tendrá un éxito importante;
hacer una alfombra, trabajos para la familia;
poseerla, se siente cómodo, tiene todo lo que desea;
voladora, éxitos rápidos.

alforja, *llena,* conformismo, poca fantasía;
vacía, sin temor ante los imprevistos.

alga, algo se le está escapando de las manos.

algarroba, se conforma con poco.

algodón, seguridad y protección;
planta, pequeñas dificultades;
tejidos, la conformidad lleva a la satisfacción;
ver mucho, vive en un ambiente artificialmente tranquilo;
verlo, debe ser más sencillo y espontáneo;
vestidos de algodón, tranquilidad, limpieza, serenidad.

alhelí, para conquistar lo que se quiere hace falta decisión.

aliarse, *con un amigo,* cuando está solo se siente débil;
con un enemigo, quiere olvidar pasadas controversias.

alimentar, *animales,* deseos de tener la situación bajo control;
hijos, necesidad de seguridad y afecto.

alimentos, *comerlos,* momentos de tranquilidad económica, serenidad de espíritu.

alisar, *un objeto,* prepara el camino con precisión.

alisarse, *los bigotes,* muestra de vanidad.

almacén, *de objetos viejos,* debe renovar los estímulos;
fondos de almacén, se le reservarán las peores cosas;
gran almacén, deseo de tener muchas alternativas;
lleno, abundancia de recursos;
vacío, sus energías se han agotado.

almenas, *de una torre,* pequeñas diferencias;
ocultarse detrás de las almenas, preocupaciones inteligentes.

almendras, *comerlas,* una prueba felizmente superada;
verlas, la verdad no es fácil de descubrir.

almendro, *en flor,* ilusiones tenaces;
seco, grandes desilusiones.

alpinista, necesidad de ayuda y consejos por parte de quien tiene más experiencia.

alquilar, *algo,* recibirá una ayuda preciosa;
un automóvil, un viaje imprevisto;
una bicicleta, momentos agradables en compañía.

alquitrán, aspectos oscuros del carácter;
tirarlo, algo le impedirá actuar.

altar, una herencia será portadora de la riqueza;
arrodillarse ante uno, respeto por la autoridad;
con flores, desinterés por el matrimonio;
sin adornos, gran desilusión.

altavoz, es difícil hacerse escuchar cuando se está tan inseguro.

altercado, inseguridad y dificultades para expresar las ideas y dar respuestas adecuadas.

altiplanicie, necesidad de dominar a los demás de forma tranquila.

¡alto!, *oírlo,* seguridad sólo aparente;
verlo escrito, no se debe infravalorar la opinión de un superior.

altura, *de un hombre,* periodo desafortunado para el amor;
de una montaña, es necesario valorar bien las propias posibilidades;
de un palacio, se presentarán grandes dificultades.

alud, acontecimiento peligroso;
que cae encima, posibilidad de ser arrastrado por una persona impulsiva.

alumno, *serlo,* temor ante una tarea difícil.

aluvión, la abundancia, sin control, puede perjudicar.

alzar, *la cabeza,* es hora de tomarse una revancha;

la voz, el éxito puede llevar a una pérdida del control;
las manos, manifiesta debilidad y dificultad para defenderse;
los ojos, quien haya ofendido pedirá excusas.

alzarse, *cansados,* enfermedad inminente;
de la cama tranquilos y reposados, el día será sereno;
de la silla, visitas inesperadas.

alzarse el sol, véase *sol.*

amamantar, deseo de madurez;
al propio hijo, dificultades en la educación de los hijos;
ver a una mujer que amamanta, deseo de paz y tranquilidad.

amante, lucha para conquistar la felicidad;
calmado y sereno, fidelidad;
celoso/a, percepción de las dificultades de la vida;
engañado, nacerán conflictos y discusiones;
hacer el amor, nostalgia de una unión pasada;
infiel, la constancia en el amor recibe el premio adecuado;
lejano/a, cambio de aires y necesidad de nuevas aventuras;
que le acaricia, temor ante los engaños y el doble juego;
que le besa, regalo inminente;
que le deja, seguridad en uno mismo;
triste, las responsabilidades son una pesada carga.

amapola, remordimientos y arrepentimientos;
recogerla, petición de excusas a alguien.

amar, *a la hermana,* se encuentra en una situación psicológica tranquila y favorable;
a la madre, afirmación en el trabajo;
al compañero, deseo de protección;
al hermano, celos de los éxitos del hermano;
al padre, sentimiento de incomprensión;
a una persona desconocida, narcisismo exagerado.

amargo, *comer o beber algo amargo,* la salud es óptima.

amarillo, *color,* carácter generoso y gran sabiduría;
film, relación con problemas que no le corresponden;
libro, situación complicada y peligrosa, sospechas.

amarra, fuerte lazo con una persona;
deshacerla, rotura definitiva con la pareja.

amarrar, *una embarcación,* periodo de estancamiento y tranquilidad.

amasar, se generan nuevas amistades;
cemento, las amistades serán duraderas;
harina, véase harina.

amatista, se presentan malos tratos.

83

ámbar, deseo de riqueza y lujo;
bola de ámbar, deseos de una mujer sofisticada e inteligente;
collar de ámbar, las discusiones en familia se harán más frecuentes.

ambulancia, *vacía,* pérdida de una persona querida;
verla con un herido a bordo, salud en el entorno familiar.

ambulatorio, *ir para medicarse,* espíritu triste.

amenazar, *a alguien,* el objetivo es equivocado;
ser amenazado, temor de no poder actuar libremente.

américa, deseo de grandeza;
soñar con ir, los negocios serán buenos.

amigos, *encontrar nuevos,* buen augurio, suerte y felicidad;
falsos, desconfianza;
olvidados, apuros económicos;
ofenderlos, se acerca un periodo de enfermedad;
reír con ellos, las discusiones estropearán el día;
ser ofendido por ellos, están por llegar buenas noticias;
verlos ya muertos, noticias inesperadas;
viejos amigos, necesidad de seguridad.

amnistía, deseos de actuar libremente durante algún tiempo.

amo, dominio, superioridad;
discutir con el propio, falta de valor para hacerlo;
serlo, se aspira a una posición de poder;
ver al propio, intentos de insubordinación.

amonestar a alguien, temor ante los castigos.

amontonar, *cosas inútiles,* demasiada confusión mental;
dinero u objetos, exceso de gastos para sus posibilidades;
libros, necesidad de un periodo de meditación.

amor, *con alguien desconocido,* aventuras entusiastas;
con una prostituta, felicidad;
correspondido, tristeza y desesperación inminente;
frente a una mala persona, mucha suerte;
hacia una persona buena y sincera, dolores y desgracias;
ser rechazado, éxitos.

amordazar, *a alguien,* miedo a que se desvele un grave secreto;
ser amordazado, alguien duda de su capacidad para mantener los secretos.

amplificador, nadie escucha sus palabras.

ampolla, pequeñas molestias;
abrirla, ha optado usted por unos remedios ineficaces;
sobre la piel, advertencias que no se deben ignorar;
sobre las manos, demasiado trabajo perjudica la salud;
verla, miedo a las enfermedades.

amputar piernas o brazos, se debe renunciar a un aspecto negativo.

amueblar un piso, deseo de seguridad.

amuleto, los temores deben ser eliminados;
desearlo, enfermedad mental;
rechazarlo, sabiduría y realismo.

ánade, dificultades para sentirse insertado en el entorno.

analfabeto, *serlo,* sensación de impotencia;
ver a uno, sensación de superioridad.

análisis, *de sangre,* problemas de salud
hacerlo, inseguridad y miedo;
negativo, no se debe hacer caso de los malintencionados, la salud es buena;
positivo, uno mismo se está mintiendo.

anaranjado, calor, armonía, equilibrio.

ancho, *dejar lugar a alguien,* una visita importante.

anchoas, *comerlas,* deseo sexual;
pescarlas, agradable sorpresa;
saltar en el agua, problemas a causa de la generosidad;
verlas cocidas, se están deteriorando las relaciones sentimentales;
vivas, temor a ser tomado en broma.

anciano, véase *viejo*.

ancla, *echarla,* los proyectos se realizarán con facilidad;
verla, llegada de un viaje muy esperado.

andar a tientas, todas las iniciativas están bloqueadas por la inseguridad;
en la oscuridad, el futuro se presenta oscuro.

andas, véase *camilla*.

anegar, véase *ahogar*.

ánfora, ligazón con los padres.

ángel, *cerca,* se está a la espera de noticias de una persona querida;
dorado, no se realizarán los grandes proyectos;
verlo volar, pureza, voluntad de elevación.

anguila, deseo de relaciones sexuales;
comerla, emancipación, despreocupación;
muerta, ausencia de deseos;
rechazarla, miedo a la sexualidad.

angustia, enfermedad o presagio de infortunio.

anillo, *con brillantes,* gran avidez;
darlo, pérdida, poca suerte;
de acero, la lucha se presenta dura antes de vencer;
de bronce, pocos acontecimientos;
de oro, presagio de muerte;

de otros, ambigüedad, pocas facilidades;
encontrarlo, visitas inesperadas;
ensartar uno, deseo sexual;
llevado por el compañero/a, gran sentido de la propiedad;
perdido, desgracia;
propio, facilidad para la amistad;
recibirlo en regalo, tranquilidad y seguridad;
sacarlo, romper el lazo.

animal, *desconocido,* mala suerte;
doméstico, riqueza y satisfacción en el campo de los negocios;
en casa con los cachorros, problemas ocasionados por la bondad;
feroz, preocupación por huir de una amenaza;
que habla, no es aconsejable dejarse impresionar por las personas que se muestran doctas y sabias;
que le sigue, decisión y un poco de agresividad ayudan en el trabajo;
transformarse en animal, astucia.

anís, periodo agradable.

aniversario de matrimonio, miedo a no conservar la relación.

ánsar, palabras llevadas por el viento.

ansia, ante una vida demasiado tranquila se deben buscar nuevos intereses.

ansiedad, sufrimiento a causa de los celos.

antecámara, vida honrada y respetable.

antecedentes penales, *tenerlos,* desconfianza en sí mismo.

antena, es fácil captar advertencias y peligros en el aire.

anteojeras, cierre mental;
tenerlas en los ojos, sólo ve lo que los demás quieren mostrar;
verlas, temor de ser manejado por alguien.

anteojo, noticias importantes relacionadas con la carrera;
mirar con un, se descubre la verdad sobre muchas personas.

antepasado, llegan preocupaciones a causa de antiguos problemas no resueltos;
que está triste, presagio de malas noticias;
que sonríe, buen augurio.

anticuario, trabajo cansado;
hablar con uno, fascinación por lo desconocido;
librero, sabe mucho más de lo que cree.

antigüedades, deje de vivir en el pasado;
adquirirlas, pobreza, poco sentido de los negocios;
encontrarlas, heredará una gran fortuna;
tenerlas y venderlas, buenas noticias.

antipatía, *hacia un amigo,* es víctima de una mala pasada;

hacia un desconocido, gustos difíciles.

antorcha, *apagada,* pesimismo exagerado;
encendida, buenas posibilidades de resolver una cuestión;
que ilumina el camino, la suerte llegará gracias a la capacidad de hacer previsiones;
tenerla en la mano, voluntad de ver claro;
verla, ahora existe la posibilidad de aclarar algunos pequeños malentendidos.

anudar, deseo de ser considerado con mayor atención;
la corbata, presagio de ganar en la lotería;
véase *nudo.*

anular, *dedo,* se albergan esperanzas en un lazo duradero.

anuncio, *en el periódico,* búsqueda de algo difícil;
leerlo, alguien busca ayuda.

anzuelo, desilusión, engaño.

añil, tranquilidad momentánea.

año nuevo, las esperanzas están puestas en el futuro.

apacible, *serlo,* dificultades a la hora de imponerse.

apagar, periodo negativo;
un fuego, véase *fuego;*
una lámpara, véase *lámpara;*
una luz, véase *luz;*
una vela, véase *vela.*

apalear, se comporta con agresividad, es susceptible y reacciona violentamente;
ser apaleado, sensación de ser siempre la víctima;
sobre la cabeza, los demás siempre actúan por su cuenta;
sobre las espaldas, será necesario abandonar toda actividad a causa de una enfermedad;
sobre las manos, evite incidentes desagradables;
sobre las piernas, no existirá la posibilidad de actuar, los negocios irán mal.

aparcamiento, interrupciones esperadas;
aparcar el automóvil, interrupciones desagradables en los negocios;
donde no está permitido, interrupciones peligrosas.

aparejar, enriquecimiento en el campo cultural;
véase *amueblar un piso.*

aparición, mente rápida y fantasía muy desarrollada.

apartamento, *alquilado,* riqueza de espíritu;
pobre, pronto comenzará un periodo de suerte;
rico y lujoso, mal augurio;
vacío, es necesario ampliar el propio patrimonio cultural;
véase *casa.*

aperitivo, *beberlo,* pereza, falta de voluntad.

apetito, deseo sexual.

apiadarse, está convencido de haber cometido graves ofensas;
apiadar, se percibe como terrible la propia situación.

apicultor, afición a las ganancias.

apio, mal augurio;
comerlo, cuidado con la salud;
comprarlo, desconfíe de nuevas experiencias y de personas conocidas hace poco.

apisonadora, intolerancia y autoritarismo.

aplastar, carácter fuerte;
algo, falta de sensibilidad ante los males provocados;
a alguien, una persona está sufriendo a causa de su carácter;
aplastarse un dedo, incidentes dolorosos.

aplaudir, gran capacidad para apreciar a los demás;
ser aplaudido, a pesar de tener méritos se percibe un exceso de vanidad y orgullo.

aplauso, véase *aplaudir.*

apoltronarse, véase *odiar.*

apostilla, *escribirla,* quiere engañar a alguien;
leerla, descubrirá pequeños engaños.

apoyarse, *en la pared,* búsqueda de una posición segura;
en un bastón, falta de tono, tal vez se aproximan momentos de agotamiento;
en una persona, necesidad de un compañero en quien confiar.

aprender, *a conducir,* necesidad de autocontrol;
a escribir, dificultad en comunicar algo;
a leer, voluntad de comprender mejor una situación que se presenta confusa;
a nadar, miedo a ser dejado atrás;
algo, búsqueda de seguridad;
de memoria, no puede confiar en sí mismo;
una lengua extranjera, nuevas amistades interesantes.

aprendiz, piensa que no merece la posición que ocupa.

apresurarse, inseguridad y conflictos interiores.

apretar, *apretarse a alguien,* necesidad de comprensión;
la mano, espíritu justiciero;
los dientes, es imprescindible actuar con gran decisión.

apretura, periodo difícil;
superarla, en los momentos difíciles no hay que darse por vencido.

aprisionar, *a alguien,* un adversario quedará sin posibilidad de actuar.

apropiarse de objetos ajenos, es una muestra de envidia.

aprovecharse de una situación, temple y falta de escrúpulos.

aproximarse, *a algo extraño,* curiosidad;
a alguien, pronto nacerá una nueva relación.

apuesta, los gastos de un pleito deberán liquidarse a corto plazo;
ganarla, llegan grandes ganancias de dinero;
hacerla, un riesgo inútil;
perderla, no se deben correr riesgos.

apunte, *aprenderlo de memoria,* falta de sinceridad;
olvidarlo, se presenta una situación embarazosa.

árabe, nostalgia de una persona lejana.

arado, sus cualidades son difíciles de manifestar;
usarlo, reconciliación con los hijos o con el compañero/a;
verlo, es un momento de fiesta, boda o nacimiento en la familia.

araña, discusiones y problemas;
cogerla con la mano, se enfrenta con valor incluso a las situaciones más desagradables;
matarla, buen augurio;
muy grande, una gran discusión que tendrá muchas consecuencias;
verla, una situación desagradable;
verla tejer, está a la espera de verse implicado en algo.

araña, *lámpara,* situación familiar clara;
apagada, confusión familiar;
romperla, periodo de incomprensión.

arañar, provocación;
ser arañados, se tienen ganas de probar las reacciones de los demás.

arar, expresar la energía vital.

árbitro de fútbol, falta de sentido práctico.

árbol, *abatido,* noticias entristecedoras;
aislado, se debe insistir en el camino elegido;
con frutos, en su ambiente estará rodeado de amigos;
de Navidad, la familia se reunirá pronto;
en flor, felicidad;
plantarlo, es el momento de hacer proyectos para el futuro;
protegerse debajo de uno, deseo de protección;
que se arrastra, deseo sexual;
seco, luto en la familia;
siempre verde, las preocupaciones no deben ser causa de abatimiento.

arbusto, la testarudez es un defecto que puede perjudicar con frecuencia.

arcabuz, la persona admirada no merece tantas atenciones.

arcada de estómago, realización de esfuerzos para librarse de un gran peso.

arcángel, no se debe sobrevalorar la creatividad.

arce, deseo de paternidad.

arcilla, la decisión tomada no es sólida, existe el riesgo de cambiar de idea.

arcipreste, buena disposición con respecto al prójimo.

arco de violín, necesidad de solidaridad.

arco iris, signo positivo, todo irá como se desea;
con curva a la derecha respecto al sol, mucha suerte;
con curva a la izquierda, problemas y dificultades.

ardillas, persona imprevisible;
cogerla, empeño en tareas imposibles;
que muerde, pequeñas desilusiones familiares;
verla, una sorpresa agradable.

arena, falta de previsión, incoherencia;
caminar, satisfacciones que durarán poco;
esparcirla, cambios inútiles;
hundirse, riesgo de perderse en razonamientos inútiles;
sembrar en la arena, trabajos inútiles;
verla, un periodo muy confuso.

arenque, deseos y apetitos todavía no agotados;
comerlos, deseo de emociones sexuales.

argolla, deseos de humillar a alguien;
llevarla, cuidado con los escándalos.

arista, imprevistos poco importantes;
tenerla en la mano, un trabajo liviano;

aristócrata, *soñar serlo,* dificultad para aceptarse a uno mismo y a la posición social en que se está.

arma, señal de poder social y sexual;
blanca, manifestación de poder sin disimulos ni ayudas externas;
de fuego, poder indirecto;
impropia, no es necesario demostrar nada, ni a los demás ni a uno mismo.
poseerlas, seguridad y autosuficiencia;
ser amenazados por una, tendencia a huir ante las propuestas algo imprevistas;
tirarlas, deseo de paz.

armadura, *construir una,* la posición conquistada, después de mucho trabajo, no será duradera.

armario, se puede confiar en los amigos, los afectos están seguros;
cerrado con llave, vale la pena esforzarse en ser más sociable;
con vestidos, gusto y sensibilidad artística;
verlo transportar, la suerte cambiará mejorando la fortuna.

armiño, su astucia despierta admiración;
piel de armiño, vanidad, deseo de realizar una tarea social.

armonía, tras largo tiempo de búsqueda quizás ahora se halle la perfección.

arnés de trabajo, aprecio por el propio trabajo, aunque es algo cansado.

arpón, lengua afilada;
usarlo, preparación para enfrentarse a un periodo comprometido.

arquitecto, hallará el equilibrio necesario para resolver una situación inestable.

arquitectura, *antigua,* nostalgia y poco romanticismo;
moderna, dinamismo y empeño en el trabajo.

arquitrabe, *roto,* se intuye un peligro de muerte accidental en la familia;
sólido, dificultades para perdonar a un familiar muy avaro.

arrancar, ofensas violentas;
algo a alguien, deseos de vengar una ofensa sufrida;
arrancarse los cabellos, desesperación por una desilusión amorosa;
los dientes, se resquebraja la seguridad, males económicos;
los vestidos, abandono y renuncias.

arras, despierta poca confianza en los demás.

arrastrar, alguien necesita ayuda;
a alguien, una persona resulta molesta con su insistencia;
un objeto pesado, esfuerzos para ayudar a un amigo en dificultades, cansancio y esfuerzos de todo tipo;
ser arrastrados, se percibe el propio peso.

arrebatar, véase *robar.*

arreglar, sentido del orden;
la cama, inseguridad y sensación de culpa.

arrendar, acabará un periodo doloroso para la familia;
tomar en alquiler, negocios ventajosos a la vista.

arreo de caballo, su posición comporta algún pequeño sacrificio.

arrepentirse, es una práctica inusual;
por una acción incorrecta, dificultad para admitir los propios errores.

arrestar, malas noticias;
ser arrestado, se recibirá una ofensa pública;
ser arrestado por los enemigos, es importante tener más aspiraciones en la vida.

arriate, encuentros interesantes.

arrodillarse, se tendrán que soportar muchas humillaciones.

arrojar, *arrojarse contra alguien,* las decisiones apresuradas generan arrepentimiento;
un objeto, impulsividad peligrosa.

arroparse, exceso de protección por parte de otras personas.

arroyo, un imprevisto agradable;
atravesarlo, no debe existir ningún temor;
bañarse, mejora física y psicológica.

arroz, suerte y ganancias;
cocinarlo, situación personal óptima;
comerlo, imprevisto aumento de riqueza;
comprarlo, buenos empleos.

arrozal, ideas incómodas de realizar;
trabajar en uno, un trabajo pesado y poco sano;
verlo desde lejos, momentos de entusiasmo.

arrugar la frente, es preciso vigilar antes de tomar decisiones.

arrugas, reacciones negativas, preocupaciones constantes;
crema antiarrugas, apariencias engañosas;
si se es joven, temor a no gustar a la persona que se ama;
si se es viejo, demasiados cuidados pueden perjudicar la salud.

arsenal, cree tener muchos recursos a su disposición.

arte, le será confiada una gran responsabilidad.

artemisa, felicidad.

arteria, plena vitalidad.

artesa, preocupación por la casa;
abierta, familia equilibrada;
cerrada, pequeños disgustos.

artesano, su cónyuge le quiere mucho.

artillería, *en acción,* temor ante las manifestaciones de poder;
sólo algunos cañones, respuesta adecuada ante las dificultades que se presentan.

artista, *de artes figurativas,* necesidad de expresar fantasía;
de teatro, sensación de placer al ser apreciado y escuchado en público;
escritor, espíritu de observación, inteligencia y realismo.

arzobispo, *oírlo hablar,* llegará una ayuda inesperada;
que bendice, discusiones en familia, con los padres;
verlo, recompensa por las buenas acciones.

as, *jugando a las cartas,* presagio de victoria.

asado, una agradable fiesta está por llegar;
comerlo, fidelidad;
de ternera, llegarán momentos mejores.

asalto, *realizarlo,* se deja llevar por decisiones tomadas por otros;
sufrirlo, problemas ocasionados por el miedo;
de bandidos, cuidado con la desorientación, es mejor meditar antes de elegir.

asamblea, mala conciencia por la forma de comportarse con los demás;
convocar una, deseo de compartir las alegrías;
encontrarse en una, deseo de soledad y de pasar inadvertido.

asar, *carne,* pérdida del miedo ante los aspectos más sucios de la vida;
castañas, respeto por la tradición.

ascensor, *esperarlo,* estar a la espera de mejores ocasiones;
quedar bloqueado en uno, desconfianza ante los medios mecánicos;
utilizarlo, sentido práctico.

asco, alteraciones;
ver un lugar asqueroso, cuesta admitir que algo le está alterando el ánimo.

asediar, desea ver a los enemigos rendidos.

asedio, los enemigos ponen obstáculos.

asegurar, *la vida,* falta de confianza en el futuro;
los bienes, miedo exagerado que impide vivir tranquilamente.

asesinar, véase *matar.*

asesino, mal augurio;
convertirse en uno, la pasión lleva al desatino;
luchar con uno, sus planes serán obstaculizados por dificultades imprevistas;
verlo, le invade una sensación de terror.

asesor, temor a realizar acciones equivocadas.

asfaltar una calle, es inútil hacer proyectos muy complejos.

asfixiar, se debe prescindir de quien no permita la libre expresión.

asilo, emoción por el papel de padre.

asilo político, frustración ante el bloqueo de cada gesto.

asistir, *enfermos,* las elecciones se hacen con más decisión;
moribundos, una relación llega a su fin, cambio de pareja.

asma, un cambio de aire mejorará el ambiente sofocante.

asno, algunos conocidos serán considerados mediocres;
atado, se presentará un momento muy difícil;
cabalgarlo, no es necesario mostrar la fuerza;
muerto, mal augurio;
oírlo, no hay que dejarse impresionar por falsos gritos de alarma;
que corre, se avecina un engaño;
sentirse como uno, es un periodo malo pero pronto llegarán tiempos felices.

asociación, *formar parte de una,* los gastos excesivos pueden suponer la ruina.

asomarse, *a la puerta,* deseo de ser visitado por un amigo;
a la ventana, la alegría durará poco;
a un precipicio, peligro inminente.

áspid, tendencia a buscar soluciones definitivas.

aspiración, se deben realizar los proyectos que están en la mente.

aspirador, deseo de hacer limpieza y eliminar viejos conceptos.

aspirar, *humos perjudiciales,* las malas compañías conducen por caminos equivocados.

asesinado, *asesinar,* un breve periodo de odio incontenible;
ser, preocupaciones dolorosas;

asiento, el poder de alguien resulta molesto;
electoral, complicaciones burocráticas;
estar sobre una silla, inmovilidad;
silla presidencial, conserva todo el poder.

astilla, *de madera,* pequeños disgustos;
de una bomba, desorientación momentánea;
que le hiere, el castigo le ha llegado por error.

astillero, finalmente encuentra satisfacciones en el trabajo;
naval, preparación de un largo viaje.

astro, *brillante,* las iniciativas tomadas concluirán positivamente;
oscurecido, mal augurio.

astrólogo, inseguridad y desconfianza hacia las personas aduladoras.

astronave, cuidado con sus aspiraciones: se puede cambiar la vida, pero no el mundo.

astrónomo, deseo de cambiar el propio bagaje cultural.

astucia, *tenerla,* sencillez de alma y un poco de astucia.

asustado, *asustar,* deseo de dar noticias sensacionales;
estar, un hecho verdaderamente imprevisto.

asustarse, atraviesa un momento difícil, todo le parece hostil;
véase *temor.*

atacar, *a los amigos,* ser inestable genera desconfianza;
a los enemigos, una nueva complicación le llevará al error.

atado, discusiones familiares.

atajo, deseo de alcanzar rápidamente algunos objetivos;
buscarlo, preocupación por alcanzar rápidamente el éxito;
hacérselo indicar, resulta útil la experiencia de los demás;
indicarlo, convertirse en una guía segura para los demás;
tomarlo, espíritu de iniciativa muy útil.

atar, *algo,* las relaciones sentimentales se volverán más profundas;
a alguien, fuerte sentido de la propiedad;
estar atados, la libertad queda limitada por las personas del entorno;
los zapatos, se encuentra en una situación sin salida.

ataúd, *estar en uno,* pésimo augurio;
estar vivo en uno, miedo a que le tomen en broma;
vacío, descubrimiento de un engaño;
verlo, cuidado con los peligros;
verlo cerrado, larga vida.

atención, *prestar,* necesidad de momentos de distracción;
no prestar, véase *distracción.*

atentado, un importante acontecimiento puede hacer que cambie su vida;
organizarlo, odio hacia otra persona;
sufrirlo, peligro inminente.

atenuar, *un dolor,* la situación es delicada, pero es necesario encontrar un camino de salida.

aterrizaje, es preciso ser realista y no soñar con los ojos abiertos;
dificultoso, considerar las cosas racionalmente genera cansancio.

atizador, se desencadena una lucha a su alrededor.

atizar, véase *encender.*

atlas, partida hacia un viaje inesperado.

atleta, esfuerzos premiados;
serlo, gran fuerza de voluntad;
verlo caer, no está a la altura de las circunstancias.

atmósfera, *estar en ella,* la presencia de espíritu conduce al éxito;
estar fuera de ella, no busque lejos lo que puede encontrar a su alcance;
romperla, un amigo puede culparlo por una velada muy desagradable.

átomo, ocurrirá algo pequeño y agradable.

atracarse, *de comida,* falta de equilibrio.

atraer, *una mirada,* egocentrismo;
a una persona, soledad.

atrancar, *la puerta,* arrepentimiento después de algunas renuncias;
puertas y ventanas, el aislamiento completo es perjudicial.

atrapar, *ladrones,* superará con éxito una situación difícil;
mariposas, indecisión, tendencia a eludir los problemas;
moscas, es insensible a los ruegos;
pulgas, la miseria acecha.

atravesar, *el mar,* rotura de antiguos lazos y construcción de una nueva relación;
la calle, es mejor buscar nuevos amigos;

un puente, cambios decisivos en su vida;
un río, presagio de suerte.

atravesar el umbral, véase *umbral*.

atril, una pequeña ayuda le permitirá actuar más ordenadamente;
musical, es mejor cuidar la sustancia que la forma.

atrio, *hallarse en el atrio,* siempre está a la espera de algo.

atún, *comerlo,* tranquilidad económica;
verlo, pérdida de las esperanzas.

aturdido, *aturdir a alguien,* deseo de confundirlo;
estar, demasiadas novedades confunden.

aturdir, es mejor no decir según qué palabras;
sentir aturdir, poca convicción por algún tema.

audaz, *serlo,* la timidez bloquea todos los intentos de hacer algo importante.

audiencia, necesidad de comunicar algo;
acordada, posibilidad de ser escuchado;
en el tribunal, preocupaciones con la justicia;
negada, se debe callar.

auditorio, cuidado con lo que se dice;

atento, se le escucha con atención;
distraído, falta de consideración.

augurios, *hacerlos,* buena consideración hacia la persona a quien se dirige;
recibir uno bueno, se tiene alguna cuenta pendiente con un amigo-rival;
recibirlos, modestia, negación de los méritos propios;
recibirlos malos, no es bueno creer en quien nos quiere mal.

aullar, la situación se presenta angustiosa;
oír un aullido, enfermedad, rápida curación.

aumento de sueldo, *recibirlo,* cuidado con el exceso de optimismo;
pedirlo, percibe una falta de valoración por parte de los demás.

aureola, *tenerla,* sentimiento de aislamiento, infalibilidad, unicidad.

aurora, optimismo y felicidad, aparecerá una aventura interesante;
muy colorada, el romanticismo juega malas pasadas.

ausente, *estar,* deseo de evitar los juicios de los demás;
notar que alguien lo está, quien ha partido ha dejado un vacío tras de sí.

auto blindado, necesidad de protección.

autobús, deseo de viajar y conocer otros países;
incendiado, fortuna;
lleno, dificultad para librarse de amigos indiscretos;
vacío, soledad en los viajes.

autógrafo, *hacerlo,* muestra un carácter presuntuoso y vanidoso;
leerlo, perseverancia;
pedirlo, se puede recibir influencias de las personas que tienen éxito.

automotor, *tren,* sensación de gran poder.

automóvil, deseo de poder;
apenas adquirido, ferocidad para con uno mismo;
aplastarlo, le molesta la belleza;
aplastarlo en curva, sus intentos tendrán un éxito peligroso;
conducirlo, responsabilidad;
hacerse llevar en uno, tendencia a eludir las responsabilidades;
propio, deseo de evasión;
que corre, necesidad de fortaleza;
que se estropea, esperanzas fallidas, es necesario volver a empezar;
roto, discusiones inevitables;
viejo, sensación de no estar en consonancia con los tiempos;
véase *incidente*, *choque* y *alcance*.

automovilista, *asustado,* sensación de peligro;
indeciso, la excesiva prudencia frena toda iniciativa;
serlo, adquiere poder de decisión.

autonomía, *soñar con tenerla,* hay que prescindir de la familia;

autopista, deseo de alcanzar a personas lejanas;
desordenada, prefiere no alejarse de casa.

autoridad, cada cual debe decidir su propia vida.

autorizar, desea ser obedecido por mucha gente.

autostop, necesidad de ayuda.

avanzada de soldados, las posibilidades de éxito aumentan en grupo.

avaro, pésimo augurio, pérdida de amistades;
serlo, sensación de completo aislamiento.

avellana, pequeños problemas, amarguras;
comerlas, capacidad para sufrir sin lamentarse;
romper la cáscara, debe tomar la responsabilidad sin concesiones;
ver muchas, exceso de problemas muy molestos.

avellano, se enamorará de una persona más joven;
derribarlo, reniega del amor de una persona;
plantarlo, comienzo de una larga historia de amor;
recoger los frutos, satisfacciones y alegrías;
verlo en flor, no se deben perder los momentos más hermosos.

avena, prosperidad, bienestar;
comerla, se sabe merecedor de la felicidad.

aventura, *divertida,* necesidad de evasión;
peligrosa, temor ante encuentros poco agradables;
sentimental, deseo de nuevas emociones.

aventurero, un viaje muy próximo le reserva sorpresas increíbles.

avergonzarse, remordimientos, sensación de culpa;
de algo, se ha creado una mala opinión en torno a usted.

aversión, formalidad y previsión;
por alguien, no es bueno juzgar a una persona tan sólo por su aspecto.

aves, está atado a las tradiciones;
que hablan, no se debe despreciar la sabiduría de los viejos.

avestruz, llegarán desilusiones de familiares y amigos.

aviador, espíritu romántico y amor por las empresas heroicas.

aviso, *fúnebre,* se ha cerrado definitivamente una amistad;
público, matrimonio.

avispa, maldad;
aplastarla, vengará una maldad aunque el sufrimiento no desaparezca;
ahuyentarla, alejamiento de una persona malvada;
ser picados, disgustos, dolores;
verla, temor ante una persona que gusta de hacer el mal.

avispero, *molestarlo,* búsqueda de problemas;
verlo, una situación compleja y peligrosa.

avivar, *el ambiente,* buen espíritu de iniciativa;
el fuego, mejoras en una situación que se estaba deteriorando.

axila, frecuente sensación de embarazo.

ayuda, *oír pedir ayuda,* sentimiento de peligro;
pedirla, deseo inconsciente de hacer bien a alguien;

ayudar, en este momento los negocios van bien.

ayunar, el exceso de ambición le obliga a aceptar renuncias;
estar obligado a ayunar, puede llegar una venganza por exceso de pretensiones;
para demostrar algo, desea hacerse notar.

ayuntamiento, debe tomar importantes decisiones;
ir al ayuntamiento, debe resolver una cuestión compleja;
trabajar, quiere estar del lado de la fuerza;
vivir, desea el poder.

azada, un trabajo productivo.

azafrán, *usarlo en la cocina,* mal augurio;

verlo, despistarse y tener un pequeño olvido.

azagaya, prudencia en la actividad emprendida;
lanzarla, tomar una decisión.

azalea, invitación a la calma y a la reflexión.

azotar, carácter despótico;
a la madre, sufrimiento de la madre por el comportamiento de los hijos;
a la pareja, la insatisfacción lleva a acciones muy feas;
a un amigo, sometimiento a los propios cambios de humor;
niños, con las decisiones llegan los nervios;
ser azotados, sensación de ser castigados injustamente, rendición, sumisión.
azote, véase *verga.*

azúcar, *comerlo,* satisfacciones efímeras;
regalarlo, voluntad de confundir las ideas;
verlo, engaños y enredos.

azucarillo, recompensas de poca monta.

azufre, *beber azufre,* mal augurio, desilusiones;
varilla de azufre, momentos de euforia;
verlo, peligro de incendio.

azul, novedad, espiritualidad y alma romántica, se emprenderán enseguida nuevos proyectos.

azulado, *color,* calma y relajamiento.

B

baba, *de anciano,* cuidado con la impaciencia, un amigo corre peligro;
de enfermo, exceso de sensibilidad;
de moribundo, la vida resulta muy dura;
de niño, suerte, generosidad;
de perro, peligro.

babero, dulzura de espíritu, serenidad y paz interior.

bacalao, persona solitaria;
comerlo, economía familiar, no debe dar importancia a las críticas malévolas;
comprarlo, ánimo noble.

bacilo, enfermedad inminente en la familia.

badajo, *de campana,* se anunciará una gran fiesta.

bagatela, recuerdos;
comprarla, deseo de acordarse de alguien;
construirla, dulzura melancólica;
romperla, disgustos de breve duración.

bahía, deseos insatisfechos.

bailar, dificultad para expresar las emociones;
con el esposo/a, satisfacciones en el campo de los afectos;
con un desconocido, es imprescindible aprender a esperar sin infravalorarse;
desnudos, fallecimiento;
en casa, suerte, gran alegría;
solo, sentimiento de soledad y esperanza de encontrar un compañero.

bailarina, pequeños problemas de vanidad;
soñar serlo, necesidad de moverse con mayor libertad.

baile popular, se avecina un periodo festivo.

bajada, momento favorable;
correr en bajada, llegará una enorme ayuda;
frenar en bajada, pierde buenas posibilidades por no querer aceptar riesgos.

bajar, se percibe un gran poder de decisión;
del sol, véase *ocaso*;
el rostro, tristeza y problemas que provocarán el llanto;
la cabeza, sentimiento de infe-

rioridad con respecto a los demás;
las manos, necesidad de reposo;
los ojos, falta de sentido de la realidad.

bajo, *serlo en estatura,* desconsuelo, sufrimiento.

bajorrelieve, no ocurrirá nada importante.

bala, *de cañón,* no bromee con los peligros.

balance, *falsificarlo,* honestidad para con los otros y deshonestidad para con uno mismo;
hacerlo, problemas económicos;
leerlo, sensación de ser perjudicado por alguien.

balancear, resulta difícil tomar una decisión.

balandro, todo será más fácil si se toma el camino adecuado.

balanza, su carácter desequilibrado puede alejar a casi todos sus amigos;
pesarse, problemas de autoafirmación;
rota, la falta de un punto de referencia hace que pierda ocasiones preciosas;
ser pesado, considera importante la opinión ajena.

balar, llegarán regalos.
un cordero que bala, siente la obligación de proteger a un amigo en dificultades.

balbuciente, falta de madurez;
soñar serlo, las palabras que se emiten son mal interpretadas.

balcón, posee un punto de vista demasiado limitado, pequeñas novedades en casa;
con ropa tendida, está mal considerado y es motivo de habladurías;
estar en uno, egocentrismo;
florido, la perseverancia conduce a grandes honores;
que cae, catástrofe.

baldaquino, narcisismo;
sobre la propia cama, recibirá protección de personas muy importantes.

balde, representa a la mujer, a veces a la maternidad;
llenarlo, mejoras en el campo de los afectos y de los negocios;
lleno, aventuras sentimentales, nacimiento de un hijo;
vacío, tristeza y miseria en la familia.

ballena, una gran fuerza le sirve de ayuda, renovación;
ser comido por una, es hora de dejar de creer en las fábulas.

ballet, se siente excluido cuando se toman decisiones que le competen;
participar en un ballet, deseo de insertarse en un grupo.

ballueca, *jugar a la ballueca,* encuentro entre viejos amigos;
ver jugar, nostalgia de la infancia.

balón, *chutarlo lejos,* no queda esperanza de remediar los errores.
jugar con él, está intentando remediar los errores;
verlo, mala suerte en los negocios, pero todavía existe la posibilidad de recuperarse.

baloncito, ligereza de espíritu;
hacerlo saltar, imprevisto desagradable;
que se va lejos, pérdida de una buena ocasión.

bálsamo, los dolores que siente quedarán mitigados.

baluarte, construcción de una barrera para protegerse del exterior.

bambolear, su indecisión puede perjudicar los negocios.

bambú, inflexibilidad de principios.

banca, considera fundamental la acumulación de dinero;
cobrar dinero, pérdida financiera;
depositar dinero, autocontrol;
hacer operaciones en banca, miedo, aflicciones.
serlo en el juego de las cartas, le gusta decidir y controlar la situación.

bancario, envidia a quien está asegurado económicamente.

banco, periodo de intensas relaciones sociales;
de escuela, nostalgia por el pasado;
de iglesia, petición compartida con otros;
de madera, pocas ganancias;
de metal, los buenos negocios no están resultando satisfactorios;
de tribunal, persiste la sensación de estar perseguido.

banda, *de jóvenes,* dificultad para entender a la nueva generación;
de malintencionados, sensación de impotencia;
militar, suerte imprevista;
musical, gran alegría.

bandeja, una ocasión propicia;
con comida, vida agitada;
con dulces, deseos amorosos;
llena, debe aprovechar la ocasión cuando pasa.

bandera, tiene necesidad de seguridad y la está buscando;
arriada, lutos;
llevarla, deseo de ser respetado;
nacional, mantiene sus ataduras con la tradición;
verla ondear, ha superado un peligro.

banderola, tendencia a dejarse llevar por la opinión de los demás.

bandido, *estar perseguido por uno,* debilidad, intentos de huir de los peligros de la vida;
matarlo, falta de valor;
que asalta, complejo de inferioridad;
ser muerto por uno, espíritu de sacrificio.

bando, *estar citado en un bando,* existen intentos de exclusión del trabajo.

bando de guerra, decisión de manifestar un odio secreto.

bandolero, los negocios se verán obstaculizados desde fuera.

banqueta, reposo, pérdida de tiempo;
dormirse en una banqueta, pobreza, miseria;
permanecer sentados largo tiempo en una, el ocio puede resultar bastante ruinoso;
verla, necesidad de reposo.

banquete, reunión que puede degenerar en una fiesta licenciosa;
de bodas, felicidad;
en familia, discusiones y litigios;
ir a uno, debe vigilar los engaños de los falsos amigos;
no ir, pérdida aparente, ganancia de dinero.

bañarse, *con el amante,* alguien le dará celos;
con los amigos, buenas esperanzas en el futuro;
en agua clara, serenidad;
en agua corriente, cuidado con las desgracias.

bañista, *en compañía,* alegría;
en el mar, necesidad de vacaciones;
en el río, el fin de semana debe ser tranquilo;
solitario, sensación de amargura.

baño, *caliente,* exceso de relajamiento;
con los vestidos, cuando se está en compañía se tiene la impresión de estar fuera de lugar;
darse uno, necesidad de purificar alguna culpa;
frío, pequeñas contrariedades;
sala de baño, sensación de intimidad violada;

baptisterio, sensación de soledad.

bar, apatía, falta de espíritu de iniciativa.

baranda, capacidad de comprensión algo limitada;
de hierro, algunos obstáculos impiden realizarse;
de iglesia, no es posible encontrar explicación a todo.

barandilla, una protección necesaria;
construirla, tendencia a sentirse expuesto a los peligros;
muy alta, carácter protector;
que falta, peligroso estado depresivo.

baratijas, alguien intenta una maniobra de distracción.

barba, *blanca,* sentimiento de sabiduría;
densa, madurez y responsabilidad;
negra, gran fuerza;
rasa, falta de madurez, impulsividad;
rasurada, desgracias;
rubia, debilidad;

salvaje, alta valoración de la propia imagen, temor a los juicios de los demás;
sin afeitar, falta de amor propio.

barbecho, un periodo de reposo.

barbero, habladurías;
que afeita, deberá afrontar importantes derrotas.

barbudo, la solución a un grave problema llegará a través de un amigo;
pobre y solo, teme dejarse llevar, es conveniente relajarse.

barca, *a vela,* deseo de emociones naturales;
anclada, cansancio, inactividad;
elegante, quiere hacerse notar, pero debe ser más modesto;
parada, buenas noticias;
pequeña, tendrá posibilidad de disfrutar de agradables momentos de evasión;
que entra en el puerto, el trabajo emprendido dará buenos frutos;
que llega, buenas noticias;
que navega, no debe dejar escapar las ocasiones propicias;
que se hunde, véase *hundir;*
remar en una, véase *remar.*

barcaza, *abandonada,* sentimiento de angustia provocado por el envejecimiento.

barco, presagio de un largo viaje;
a vapor, lamento por un amor pasado;
de carga, ocasiones y riquezas inesperadas;
en el puerto, serenidad.

barniz, las apariencias engañan.
blanco, ingenuidad;
negro, desea ocultar una culpa.

barnizar, necesidad de ocultar algo;
la casa, viejas cuestiones pasan al olvido.

barómetro, su gusto por la precisión puede resultar exasperante.

barón, dificultad para afirmarse socialmente;
soñar ser un barón, suerte inesperada.

barquero, portador de felicidad;
muerto, enfermedad en la familia;
que pesca, es mejor ser prudente;
que rema, se aproximan grandes novedades.

barra, un obstáculo, un peligro;
doblarla, puede superar cualquier problema.

barra de hierro, odio exagerado por un conocido.

barraca, falta de solidez y determinación.

barracón de circo, no debe rechazar una invitación simpática.

barranco, *verlo,* exceso de pesimismo.

barredura, véase *inmundicia.*

barrendero, una situación preocupante;

serlo, superación de malentendidos;
verlo, una persona que quiere aclarar la situación.

barreño, símbolo femenino;
lleno, familia numerosa;
vacío, preocupaciones familiares.

barrer, véase *escobar.*

barrera, alguien obstaculiza una elección;
abierta, las dificultades son tan sólo aparentes.

barricada, gran excitación;
atacar una barricada, exceso de conformismo, debe razonar antes de elegir;
defenderla, grandes conflictos que le agitan en su interior, adopta posiciones avanzadas.

barril, símbolo de maternidad;
de aceite, todo irá bien;
de vino, bienestar;
vacío, sin ideas.

barrio, vida en común con los demás;
pasear por el barrio, algunos chismes le alteran;
salir del barrio, pequeñas novedades.

barro cocido, *objetos,* pocas ganancias.

barrote, se arrepentirá de algunos gestos;
amenazar con un barrote, agresividad, incluso en el sentido sexual.

base, *de una columna,* antes de decidir es mejor examinar la cuestión a fondo;
de una estatua, considera la falsedad como el peor defecto;
militar, necesidad de protección, carencia de autonomía.

basílica, cree en la familia patriarcal;
en ruinas, la seguridad se está resquebrajando;
rezar en una basílica, acepta la autoridad que viene desde arriba;
visitarla, reconocer la autoridad no presupone dejarse someter.

bastardo, desea evitar las responsabilidades;
perro, falta de imparcialidad al juzgar.

basto, se siente aplastado por la responsabilidad;
encima de un asno, debe resolver un problema enojoso.

bastón, agresividad;
apoyarse en uno, debilidad;
con empuñadura de oro, una persona importante le prestará su ayuda;
de madera, la agresividad oculta su humildad;
encontrarlo, el enemigo se llevará la peor parte;
roto, no se puede contar con ayudas exteriores;
tenerlo en la mano, su carácter le aleja de los amigos.

batacazo, esperanzas fracasadas;
oírlo, ha conseguido huir de un peligro.

batalla, discusiones pasajeras;
participar en una, sentirse ofendido no justifica las reacciones exageradas;
ver una, debería evitar que las pequeñas discusiones pasasen a mayores;
ver una batalla naval, la táctica seguida no siempre es oportuna.

batallar, competiciones, discusiones, luchas.

batallón, solidaridad, fuerza de cohesión;
acuartelado, se siente protegido dentro de la familia;
en marcha, es mejor no tomar iniciativas por cuenta propia;
que realiza maniobras, no debe apartarse del grupo.

batería, sensación de estar sin energías.

batidora, cambia de idea con demasiada rapidez;
recibirla como regalo, alguien quiere sembrar la confusión;
regalarla, todavía hay esperanza para que alguien olvide una vieja cuestión;
romperla, la tensión disminuirá, pero los problemas se mantendrán.

batiente, *de una puerta,* hostilidad ante las novedades;
de una puerta antigua, nostalgia por un amigo del pasado.

batir, agitación, confusión mental;
nata, la agitación multiplicará sus problemas.

batuta, *de director de orquesta,* se siente en armonía con el mundo.

baúl, los secretos se mantienen ocultos;
con monedas de oro, situación financiera sólida;
con ropa blanca, buena salud;
perderlo o que sea robado, gran inseguridad;
transportarlo, resulta imposible no pensar en el pasado;
vacío, sensación de llevar una vida pobre y oprimida.

bautismo, presagio de felicidad;
ir a uno, espíritu sereno, la suerte está cercana;
ser bautizado, cambio de situación que resultará beneficioso.

bautizar, altruismo, voluntad de ayudar a los demás.

bayas del mirto, *buscar muchas,* necesidad de superar algunos obstáculos;
comerlas, sensación desagradable;
encontrarlas, ganancia inesperada;
recogerlas, deseo de acumular.

bayoneta, facilidad para realizar comentarios punzantes;
ser herido, están por llegar graves contratiempos.

bazo, alegres placeres;
dolor en el bazo, debe controlar la exageración.

beata, perderá grandes oportunidades por causa de su conformismo y poca fantasía. Debe cambiar su manera de vivir.

beatitud, las dificultades presentes se superarán rápidamente.

beber, *aceite,* enfermedad;
agua, pronto habrá un recién nacido en la familia;
alcoholes, falta de sentido de la mesura;
demasiado, problemas a la vista;
en vasos muy frágiles, su inestabilidad le creará muchos obstáculos;
en vasos preciosos, pronto alcanzará bienestar y riqueza;
ofrecer bebida, carácter extrovertido y sociable;
vino, alegría, armonía, gozo.

bebida, carácter compuesto por diversos ingredientes;
aguada, convendría ser más incisivo;
exótica, poca satisfacción respecto al entorno;
mala, su carácter agrio puede llevarle a despreciarse;
muy alcohólica, falta de moderación.

becada, su continua contradicción desorienta a los que quieren llegar a un conocimiento más profundo.

becerro, energía pacífica;
comerlo, acumulación de energía;
paciendo, ganancias.

bedel, a pesar de valer poco consigue influir en su entorno.

beduino, ocurrirá algo insólito.

belcebú, véase *diablo*.

bellaco, *serlo,* el riesgo no le causa placer.

belleza, *admirarla,* sensibilidad, gusto.

bellota, un periodo difícil;
comerla, necesita adaptarse a una situación desagradable.

bendición, *en la iglesia,* inseguridad, cuidado con dejarse influir por todos.
de los padres, su matrimonio será feliz;
papal, sus deseos se realizarán.

benefactor, *serlo,* egoísmo;
encontrarlo, buena suerte.

beneficencia, *hacerla,* dificultades económicas;
recibirla, disponibilidad, alma sincera.

benemérito/a, *ser considerado,* ejemplo de superioridad.

berenjenas, *comerlas,* sensaciones superficiales;
verlas, ambigüedad.

berlina, promoción en el trabajo.

beso, *a la madre,* se siente incomprendido;
a los hermanos, solidaridad en la familia;
a un desconocido, narcisismo;
a un enemigo, maduración;

a un muerto, mal augurio;
al compañero/a, su amor es sólido;
al padre, necesidad de protección;
dar un beso y ser rechazado, tristeza, melancolía, inseguridad;
darlo, generosidad;
en el rostro, ternura;
en la boca, gran pasión, o a veces hipocresía;
en la mano, espíritu romántico;
recibirlo, falta de afecto;

bestia, véase *animal*.

betún, tendencia a ocultarse.

Biblia, deben ponerse en práctica nuevas ideas y proyectos;
escuchar a alguien que la lee, dificultad para tomar iniciativas;
leerla, necesidad de estímulos para actuar.

biblioteca, *buscar un libro,* con frecuencia no encuentra respuesta a los interrogantes que se plantea;
perderse en una, está desorientado por distintos pareceres;
poseerla, su carácter decidido suele llevarle lejos;
que se quema, sensación de haber perdido la sabiduría que poseía;
verla, sensibilidad y grandes dosis de imaginación.

bíceps, su carácter narcisista le conduce a la búsqueda de conquistas.

bicicleta, simplicidad, amor por el deporte;
de carreras, aspira a la mejora física;
de niño, nostalgia de la infancia;
rota, sus proyectos se verán frenados por algunos obstáculos.

bidé, se siente manchado por una culpa.

bidón de basura, se siente maltratado por la vida.

bienes, *hereditarios,* pereza, deseo de vivir sin trabajar;
perder, no quiere aceptar su falta de sentido para los negocios;
poseer, situación económica inestable.

bigamia, inseguridad ante la elección de la pareja;
de la pareja, tiene dificultad para distinguir entre amigos y enemigos.

bigotes, *blancos,* noticia perturbadora;
cortados, suerte para quien los corta;
femeninos, simpatía;
largos y densos, aumenta la suerte;
masculinos, deseo de belleza;
negros, está por llegar una gran cantidad de dinero.

bilingüe, *serlo,* dispone de grandes poderes ocultos.

bilis, *vomitarla,* significa librarse de una enfermedad nerviosa.

billar, necesidad de compañía;

jugar al billar, todas las iniciativas que tome tendrán éxito.

billete, *de cine o teatro,* las diversiones cansan a los introvertidos;
de la lotería, suerte, cuidado con no querer conseguir demasiado;
de tranvía, los pequeños cambios también precisan de un poco de espíritu de iniciativa;
de tren, algunos sacrificios pueden mejorar la situación;
estar sin, si bien hasta ahora todo ha sido fácil, pronto deberá pagar por cuanto tiene.

billete de banco, *encontrarlo,* suerte inesperada;
falso, indica doble personalidad;
perderlo, los negocios irán mal.

billetero, alguien opina que no merece lo que se tiene.

biografía, *escribirla,* tiene la sensación de ser alguien especial, falta de modestia;
leer la propia, llegarán momentos importantes.

biólogo, *serlo,* es necesario respetar la naturaleza.

biombo, una protección, un refugio;
verlo, deseo de ocultar los asuntos familiares.

biquini, deseos de obtener notoriedad;
llevado por una mujer, deseo de evasión, de aventuras.

bisonte, la fuerza y el valor nunca le serán suficientes si falla la razón;
herido, un rival en amor ha estado burlándose durante mucho tiempo.

bisturí, desea romper con el pasado.

bizcocho, fantasía, amor por las novedades;
crudo, dificultad para cumplir los programas;
prepararlos, las cosas poco importantes son también merecedoras de atención.

blanco, pureza, ingenuidad, conciencia limpia;
un objeto, es incapaz para percibir el mal en su entorno.

blanco, *acertar el blanco en el polígono de tiro,* descarga su odio sin objetivos precisos;
acertarlo, éxito en el amor;
fallarlo, grandes desilusiones;
fijo, ha encontrado una cabeza de turco;
móvil, es difícil tener un objetivo preciso;
no conseguir ver el blanco con claridad, enemigos difíciles de identificar.

blandir un arma, cuidado, se está organizando una conspiración;

blanqueador, *llamarlo,* desea cambiar las apariencias;
serlo, existe la posibilidad de ayudar a un amigo.

blanquear, necesita ser perdonado de culpas graves, mejoras aparentes.
la casa, se inicia un periodo luminoso;
la propia habitación, desea olvidar cuanto antes los problemas del pasado.

blasfemar, le gusta aparentar más de lo que vale.

blasón, tiene gran aprecio por la honestidad y el honor;
llevarlo, un momento de suerte;
verlo, deseos irrealizables.

bloc de notas, indica poca memoria.

boa, es mejor no colaborar en empresas peligrosas;
en el agua, se encuentra sin puntos de referencia;
que ahoga, imposibilidad de romper lazos pesados.

boca, *abierta,* sorpresa, admiración;
cerrada, tiene dificultades para comunicarse;
grande, dice más de lo que sabe;
que habla, debe ser un poco más discreto.

boca de riego, tendrá posibilidad de huir de un peligro;
usarla en un incendio, gran oportunidad;
usarla inútilmente, cuidado con las falsas alarmas.

bocado, *amargo,* cree que no podrá olvidar las ofensas;
engullirlo, se le hace difícil olvidar una injusticia sufrida;
no conseguir engullirlo, persiste el rencor por un problema antiguo.

bocado del caballo, *aflojarlo,* sensación de libertad;
estrecharlo, intento de controlarse.

bocamanga, falta de personalidad;
rota, alguien ha mostrado su debilidad;
verla, una persona débil se halla en su entorno.

bocas, la vejez será un periodo de agradable tranquilidad.

bocina, *hacerla sonar,* inquietud, lo quiere todo inmediatamente;
oírla sonar, exasperación.

bodega, representa el subconsciente;
bajar a la bodega, ha tomado la decisión de comenzar a analizar su carácter;
estar en la bodega, se encuentra en un ambiente reducido que le provoca un cierto sofoco;
llena, ha tenido éxito;
permanecer encerrados en una bodega, conflictos internos;
vacía, se ha realizado un trabajo inútil;
ver a un extraño en una bodega, no resulta agradable que otras personas intervengan en los problemas que son propios;
verla, descubrirá aspectos que antes ignoraba.

bofetón, una decisión impulsiva;
darlo, descarga sus tensiones sobre los demás;
darlo de repente, llevará a cabo repetidas ofensas;
recibirlo, alguna cosa sorprendente podrá herirle.

bogar, grandes esfuerzos y escasos resultados.

boina, tiene tendencia a ocultar los verdaderos sentimientos.

bola, *de hierro para encarcelados,* alguien que conoce bloqueará su actividad;
de nieve, padecerá algunos males de poca monta;

boletín de los precios, *verlo,* antes de hacer adquisiciones es mejor que aclare las ideas.

bolo, se perciben muchos adversarios;
faltar algún bolo, se darán golpes inútiles;
hacer caer los bolos, también los enemigos pueden aportar algo bueno.

bolsa, *de la compra,* se da demasiada importancia a las cosas pequeñas;
llena, éxitos;
de viaje, encuentros interesantes;
vacía, periodo de dificultades.

bolsillo, *agujereado,* continuas pérdidas económicas;
lleno, buenas ganancias pero muchos gastos;
vaciarlo, necesidad de gastar todo lo que se tiene;
vacío, notables problemas económicos.

bolso, *de mujer,* arribismo, deseo de hacerse notar.

bomba, un pequeño malentendido peligroso, miedo a las desgracias;
de agua, intentará calmar una discusión;
incendiaria, se tendrán daños superiores a lo previsto;
que ha estallado, peligro conjurado;
sin explotar, peligro inminente.
usarla, estar aprovechándose de alguien;
ver usarla, alguien se está aprovechando de usted;
verla, tiene la posibilidad de resolver una situación;
verla desactivar, teniendo confianza superará todos los temores;
verla estallar, algo le conducirá a la separación de la persona amada.

bombardeo, *encontrarse bajo uno,* inseguridad, miedo al futuro;
verlo, infortunio, desgracias.

bombero, *que apaga un incendio,* presagio desfavorable;
que le salva, confianza en el prójimo;
serlo, correrá peligro a causa de otros;
verlo, generosidad y altruismo.

bombona, *de gas,* las viejas heridas todavía le causan dolor;
de oxígeno, poderes ocultos.

bombones, *comerlos,* pequeñas alegrías domésticas.

bondad, *de alguien,* recibirá grandes desilusiones;
propia, siente que los esfuerzos realizados son poco reconocidos.

boquita, debe analizar atentamente las noticias antes de creerlas.

bordado, una cosa que se practica muy cuidadosamente;
verlo, reanudará viejas amistades por medio de breves encuentros.

borrachera, véase *embriagarse.*

borrar, quiere olvidar una desagradable experiencia.

borrasca, *en el mar,* grandes cambios de espíritu;
en tierra firme, modificará sus principios de un modo imprevisto.

borrego, no es capaz de percibir algunos males;
serlo, descubrirá traiciones ocultas.

bosque, atracción por las situaciones misteriosas;
encontrar enemigos en el bosque, equilibrio psíquico débil;
encontrar peligros en el bosque, cuidado con las sorpresas;
encontrar un camino de salida, madurez intelectual;
entrar en un bosque, llega un periodo difícil;
pasear por un bosque, descubrimiento de uno mismo;
perderse en un bosque, desorientación y angustia por lo que no se conoce;
tener encuentros peligrosos en un bosque, aparecerán conspiraciones peligrosas;
ver arder un bosque, se están diluyendo los miedos.

bosquejo, *a lápiz,* sensaciones agradables de breve duración;
con barro, molestias de poca monta, se puede entrar en una situación que corresponde a otros.

bostezar, indiferencia;
ver bostezar, se considera poco interesante.

bostezo, algo poco importante.

botas, se impone firmemente sobre los demás;
agujereadas, no debe temer la mala suerte para los demás;
con espuelas, tiene éxito haciendo trabajar a otros;
con tacones altos, escalada social;
enlodadas, decisiones apresuradas;
lustrarlas, para hacer carrera intenta conseguir las mejores influencias.

bote, potencia y algo de exhibicionismo;
lleno, grandes posibilidades;
oxidado, se siente envejecer lentamente;
vacío, ya ha jugado todas las cartas.

botella, *beber de una,* realismo, sentido de los negocios;
beber una botella de vino, exageración en todos los sentidos;
destaparla, tomará una decisión importante;
hacer botellas, metáfora por desilusión, fracaso;
rota, un sueño violado;
vacía, desilusiones, pérdida en el juego.

botín, conquista incorrecta de algo, éxito en los negocios;
dividirlo, ha cometido junto a otros una acción incorrecta;
ocultarlo, un gesto equivocado le provoca vergüenza.

botones, pequeños imprevistos de la vida;
coserlos en los vestidos, perfeccionismo;
que saltan, cuidado con las pequeñas enfermedades.

bouquet, el matrimonio es su mayor aspiración.

bóveda, *que cruje,* un periodo imprevisible;
verla, tensiones, miedos incomprensibles.

boxeo, *asistir a un encuentro,* es inseguro y fácilmente impresionable;
practicarlo, es incapaz de defenderse de los enemigos.

bozal, le surgirán obstáculos e impedimentos grandes;
ponerlo, falta de confianza en una persona;
tenerlo, falta de confianza por parte de los demás.

bracero, *serlo,* es fácil que despidan a alguien;
verlo, no se confíe demasiado, su suerte cambiará pronto.

brazalete, ataduras sentimentales;
de oro, bodas inminentes;
perdido, su superficialidad puede acarrearle problemas;
roto, final de una relación sentimental.

brazos, creatividad, teatralidad;
heridos, deberá abandonar una ocupación;
vigorosos, el interés por el trabajo le producirá grandes satisfacciones.

brecha, conquistará el corazón de la persona amada.

breviario, *leerlo,* deseo de análisis interior.

brezo, nobleza de ánimo, tendencia a ser intelectual.

bridas, *hacérselas poner,* algo le oprime y limita;
ponerle bridas a un caballo, deseo de dominar.

brigadier, sentimiento de culpabilidad.

brillante, siente que es el centro de atención;
descubrir que es falso, hace tiempo que alguien le engaña;

perder un brillante, pérdida de la persona querida;
venderlo, estrechez económica.

brillantina, *ponerla sobre los cabellos,* es vanidoso y pasado de moda.

brillar, buen augurio;
el sol, optimismo en las iniciativas.

brincar, ansia, impaciencia.

brinco, mejoras en la carrera.

brindis, no debe olvidar un aniversario importante.

brisa, está a la espera de algunos cambios agradables.

brocado, espíritu romántico pero equilibrado.

broche, un vínculo flojo;
clavárselo, está satisfecho de sí mismo;
de nodriza, temor e introversión;
de oro, grandes reconocimientos;
joya, la vanidad puede crear problemas;
pincharse con un broche, descubrimiento de engaños que se creían inexistentes;
vérselo clavar, los méritos serán premiados.

broma, *contarla,* aparenta más desconsideración de la que tiene;
oírla, le complacen las pequeñas mentiras sin maldad;
olvidarla, tiene algunas dificultades para discernir entre realidad y apariencia.

bronce, solidez, coherencia en las elecciones.

broncearse, ansias de mejora y cambio en todos los sentidos.

bronquitis, *tenerla,* la salud es óptima pero el infortunio es persistente.

brote, comenzará una nueva actividad de la nada.

bruja, suerte, pero no se puede ser demasiado ingenuo.

brújula, algunas novedades desorientan.
encontrarla, la mayor parte de problemas han quedado resueltos;
loca, no debe hacer caso de los consejos de los amigos.

brutalidad, *padecerla,* temor a equivocarse;
usarla, demasiado ímpetu puede ocasionarle problemas.

bucles, *contarlos,* es mejor dejar los problemas y dedicarse a las personas amadas;
perderlos, final de las preocupaciones;
regalarlos, recuerda a la persona amada;
verlos, una persona compleja y original.

budín, *comerlo,* es maleable, fácil de influenciar y muy dulce;

prepararlo, ofrece lo mejor de sí mismo a las personas amadas.

buen gusto, *tenerlo,* falta de sentido crítico.

buenas noches, *desear,* espíritu sereno.

buey, es demasiado paciente, los demás lo consideran débil;
carne de buey, está empezando a reaccionar;
negro, ha descubierto un peligro;
que tira de un arado, sumisión.

búfalo, tiene un carácter difícil de soportar;
enfurecido, su comportamiento iracundo aleja a los amigos;
muerto, egoísmo, vanagloria.

bufanda, seguridad personal que a veces se convierte en insensibilidad;
al cuello, siempre dice lo que piensa; con frecuencia presenta una actitud bastante egoísta.

bufete de abogados, tendrá algo que ver con la justicia;
encontrarse en uno, pequeños problemas judiciales.

bufón, *sentirse uno,* se le hace difícil que le tomen en serio;
reírse de un bufón, persona muy seria;
verlo, sentido de la comicidad.

buhardilla, *comprarla,* cambios en el modo de vivir;
habitarla, buen augurio;
ir a la buhardilla, aflorarán recuerdos y sensaciones que creía olvidados;
limpia, persona lógica y racional;
llena de muebles, confusión mental;
verla, pobreza;
vivir, sencillez y fantasía.

búho, mal augurio, problemas de salud;
oírlo, malas noticias;
muerto, esperanza para el futuro;
verlo, muchas preocupaciones.

buitre, representa al enemigo, al rival;
muerto, la lucha será dura pero se obtendrá lo mejor;
que se lanza, se presentan grandes obstáculos en el camino;
que vuela, sucumbe ante el adversario.

bulbos, *de flores y plantas,* exceso de rigidez moral.

bulla, véase *ruido.*

bulldog, agresividad.

bumerang, los gestos siempre tienen consecuencias.

buñuelos, un amor pasajero y dulce;
comerlos, no debe preocuparse por la estabilidad de este amor.

burbuja, *de agua hirviendo,* exasperación, ya no soporta más chascos y despechos;

de jabón, sus proyectos de trabajo se ven obstaculizados por la salud.

buril, cuidado con creerse seguro ya que en realidad está desprevenido.

burla, *hacer burla,* se siente a gusto en su propio ambiente;
hacer burla del adversario, sus juicios son apresurados;
hacerla de otros, deseo de destacar;
sufrirla, con mucha frecuencia tiene la impresión de estar fuera de lugar.

burlar, sano sentido del humor;
a un anciano, terror ante la vejez;
a un ciego, tiene dificultad para ver con claridad la situación en que vive;
a un lisiado, malestar, poca salud;
a un pobre, sentimiento de seguridad, enriquecimiento rápido;
ser burlado, cuidado con las bromas peligrosas.

burlarse, está preparando una venganza;
de algo, toma sus decisiones con valor;
ver burlarse, se percibe una amenaza.

burocracia, quiere ser más rápido en todo.

burro, deseo de volver a la infancia;
ver un niño con un burro, padecimiento ante la falta de afecto familiar;
véase *asno.*

buscador, no se fíe de sus propias ideas;
de oro, encontrará un trabajo interesante y muy rentable.

buscar, insatisfacción;
a alguien, volverá a ver a una persona que hace mucho tiempo que perdió de vista;
buscar dinero, la situación financiera empeorará en el futuro;
un objeto perdido, no puede vivir anclado en el pasado;
una casa, un cambio radical, probablemente el matrimonio.

búsqueda, periodo de análisis y de reflexión;
de personas, insatisfacción con la situación actual.

busto, exceso de rigidez en los principios;
de mujer, debe actuar sin dejarse llevar por los demás;
escultura, ayudará a alguien a encontrar la actividad que le resulte más adecuada.

C

cabalgada, *larga,* energía personal inagotable;
una breve, sobrevalora sus fuerzas.

cabalgar, confíe en usted mismo, le acompaña la suerte;
un asno, sus impulsos se verán bloqueados por alguna dificultad;
un caballo, gran vitalidad;
una escoba, importante confusión mental.
una persona, desea una posición de poder y responsabilidad.

cabalista, se avecina un golpe de suerte o un fraude.

caballeriza, representa los instintos;
verla arder, falta de control;
verla arder con los animales dentro, pésimo augurio.

caballerizo, un dependiente llevará a cabo una ayuda de tipo práctico.

caballero, *al galope,* el éxito de los demás despierta celos;
título nobiliario, se pondrá a disposición de algunas personas importantes;
ver que cae, la suerte se ha terminado.

caballete, una posición poco segura;
estar sobre un caballete, indecisión y miedo.

caballo, inteligencia, armonía, equilibrio;
blanco, ingenuidad, espíritu supersticioso;
muy obediente, es razonable y equilibrado, aunque monótono;
negro, miseria;
pide un caballo, necesidad de modificar aspectos instintivos que se consideran negativos;
que da coces, es irrazonable y poco coherente.
que galopa, la fuerza de espíritu le permitirá huir de los obstáculos que le ponen los amigos.
que pace, periodo sereno;
que trota, satisfacción que lleva a no realizar esfuerzos para tener más de lo que se posee;
ver muchos y salvajes, satisfacción ante los aspectos espontáneos y naturales de la vida.

cabaña, lenta construcción de una familia sólida;
construirla, es inútil resolver sólo la mitad de las cosas;
protegerse en una cabaña, un poco de ayuda será suficiente

para obtener el consuelo que usted estaba esperando.

cabaret, considera que divertirse es importante.

cabellera, véase *cabellos*.

cabellos, *cortos,* facilidad de iniciativa;
densos, aparente complejidad;
desordenados y sucios, demasiados pensamientos en la cabeza;
largos, buen augurio;
no tener cabellos, véase *calvicie*.

cabestro, apuros económicos.

cabeza, importancia del aspecto intelectual de una persona;
calva, no se obtendrá lo deseado;
cortar la cabeza a alguien, quedarse libre de grandes preocupaciones;
de un animal, actuando instintivamente se cometen muchos errores;
de un muerto, pésimo augurio;
grande, buenos éxitos;
pequeña, la propia opinión no será tenida en cuenta;
rasurada, grandes desilusiones y derrotas;
tener la cabeza cortada, ofensas al orgullo.

cabeza de familia, problemas familiares;
serlo, siente el peso de las responsabilidades.

cabeza de mesa, *sentarse en ella,* sin duda, usted se siente mucho más importante de lo que en realidad es.

cabeza de un alfiler, tiene dificultad para olvidar las injurias sufridas.

cabezal de la cama, impulso generoso hacia los demás;
estar en el cabezal de un enfermo, alguien necesita su ayuda.

cabina, sensación de aislamiento;
estar en una cabina, se siente muy bien protegido.

cable, lazos indisolubles.

cabra, ansía una vida tranquila y sencilla;
blanca, posibilidad de mejorar la situación financiera;
negra, la situación se transformará de modesta en mísera;
tener muchas cabras, con voluntad y suerte existe la posibilidad de enriquecerse.

cabritilla, se perciben rápidos cambios en el entorno.

cabrito, momentos de alegría.

cacao, *comerlo,* carácter fuerte y al mismo tiempo dulce.

cacharro, fin de una relación sentimental;
cocinar en un cacharro, es inútil creer que todo sigue igual que antes;
tenerlo en la mano, es poco lo que queda de un largo amor;
verlo, dificultad para comprender lo que se ha deteriorado.

cachete, véase *puñetazo.*

cachorrillo, ternura, necesidad de protección;
que se amamanta, aprecio por las cosas naturales.

cachorro, amor por un hijo;
encontrarlo y llevarlo a casa, adopción de un niño;
enfermo, un hijo resultará afectado por una enfermedad.

cactus, obstáculos invisibles en el camino.

cadáver, *de un amigo,* se siente a salvo y seguro;
de un enemigo, odia a alguien aunque no le desea ningún mal;
de un desconocido, voluntad de ocultar las antipatías;
embalsamado, tras olvidar el motivo de sufrimiento ha llegado un periodo de tranquilidad;
en casa, es mejor no correr riesgos, la suerte se presenta adversa;
en descomposición, resentimiento por viejas cuestiones;
en la iglesia, se siente obligado por la tradición;
enterrarlo, los conflictos pasados han quedado en el olvido.

cadena, los lazos afectivos son fuertes y estables;
de oro, amor muy fuerte;
de plata, los lazos sólidos le proporcionan alegría;
romperla, próximamente se verá libre de vínculos pasados.

caer, experimenta un sentimiento de culpabilidad;
caminando, también las cosas más sencillas presentan algunos imprevistos;
de la ventana, necesita huir de una situación familiar complicada;
de las escaleras, cree estar en un nivel social inmerecido;
de un precipicio, se han derrumbado todos sus propósitos;
de un puente, un camino que creía seguro se ha revelado como peligroso;
del caballo, el instinto no es suficiente para resolver problemas complicados;
en el fuego, peligros infravalorados;
en el mar, gran sentimiento de angustia;
por un empujón, graves daños económicos provocados por otras personas.

café, una situación nueva y estimulante;
beberlo, enriquecimiento agradable de la existencia;
molerlo, no se pueden infravalorar nunca el ansia y las frustraciones que se sientan;
ofrecerlo, nerviosismo, falta de autocontrol;
prepararlo, deseo de mostrarse lleno de energías;
volcarlo, aumento de la aprensión a causa de pequeños accidentes.

cafetera, forma de procurarse nuevas amistades;
de oro o de plata, no cabe esperar una mejora financiera;
rota, un gran problema.

caído, *en la batalla,* aprecio por los grandes sacrificios.

caja, *abrirla,* si está llena, abundancia, y si está vacía, problemas económicos;
cerrarla, alguien sospecha de usted;
de cartón, pocas precauciones;
de lata, debe tomar medidas razonables;
de madera, tome decisiones coherentes;
de muerto, véase *ataúd;*
en el cine o en el teatro, generosidad muy apreciada;
rota, le resulta difícil mantener un secreto;
ver una caja, posibilidad de ganancia.

caja fuerte, amor sólido y seguro;
vacía, pérdida de seguridad.

cajón, *abierto,* es el momento de utilizar la experiencia adquirida;
cerrado, debe reservar energías para cuando sea necesario;
cerrado con llave, celos, desconfianza.

cal, amor indestructible.

calabacines, *comerlos,* avaricia y carácter duro.

calabaza, carácter cerrado y vil;
comerla, testarudez.

calamar, *pescado,* viene demorando algo desde hace tiempo.

calambre, dificultad para expresarse, bloqueo;
en las piernas, periodo de inmovilidad.

calamidad, miedo a ser abandonado por el compañero.

calcañar, véase *talón*.

calcio, relación deteriorada.

calco, algo se ha convertido en una costumbre.

calcomanía, una sensación efímera.

calculadora, habilidad para las relaciones públicas;
electrónica, siempre está buscando novedades;
persona, sus palabras pueden ser mal interpretadas.

calcular, tendencia al pesimismo;
en sentido psicológico, demasiados análisis conducen a un camino equivocado;
matemáticamente, a pesar de su habilidad para relacionar, las conclusiones no siempre son exactas.

caldero, trabajo en familia;
con agua hirviendo, es mejor no sobrecargar la mente;
lleno, tranquilidad económica;
vacío, grave indigencia.

caldo, grandes ventajas conseguidas gracias a la propia sencillez.

caleidoscopio, las cosas se pueden ver desde varios puntos de vista.

calendario, considerar el tiempo ayuda en el trabajo;

extranjero, incapacidad para valorar la importancia de las cosas;
leerlo, debe tomar decisiones importantes;
ver los números del calendario, llevar una vida demasiado desarreglada resulta pesado;
viejo, es inútil que vuelva sobre los errores pasados.

calentador, amor al confort.

calentar, tiene dificultad para expresar los sentimientos;
a una persona, desea manifestar afecto.
calentarse, se consuela antes de recuperar energías.

calesa, *con caballos,* finalmente está en condiciones de tomar la iniciativa;
viajar en una, debe tomar una decisión y después todo será más sencillo.

calidad, *pedirla,* comportamiento elitista y desconfiado.

caligrafía, expresión del carácter;
bonita, el momento es positivo;
fea, turbaciones interiores;
interpretarla, haga esfuerzos para conocer el carácter de los que están cerca.

callandito, véase *cuchichear.*

calle, simboliza el futuro;
ancha, vida fácil;
asfaltada, recibirá felicitaciones;
con muchos cruces, se presentarán elecciones difíciles;
con otra gente, recibirá ayudas y ánimos;
de tierra, se presentarán dificultad para seguir adelante;
desierta, sólo podrá contar con sus propias fuerzas;
dormir en la calle, momentos de desconsuelo;
en descenso, éxitos fáciles;
en subida, periodos fatigosos;
estrecha, tras muchos esfuerzos alcanzará sus objetivos;
llena de gente, para sobresalir deberá realizar algunos esfuerzos;
obstruida, se presentarán graves pérdidas financieras;
perderla, se producirá un error que le costará tiempo y dinero;
recorrerla, su voluntad se verá recompensada con el éxito;
recorrerla varias veces, algunos errores serán recurrentes;
tortuosa, tiene dificultad para reconocer sus objetivos.

callejón, momento difícil;
sin salida, tiene dificultades para conseguir algo.

callista, *ir a uno,* desea olvidar una experiencia negativa.

callo, *que duele,* le resulta difícil engañarse a sí mismo;
quitarlo, la decisión tomada es la oportuna;
tenerlo, molestias.

calma, a veces el ansia le impulsa hacia acciones inoportunas.

calmante, *suministrarlo,* desea mostrar más tolerancia hacia los demás;

tomarlo, un fallo desagradable le produce insomnio.

calmar, *a alguien,* prestará ayuda a quien está en dificultades;
dejarse calmar, renuncia a la reivindicación de sus derechos.

calor, *sentir,* equilibrio, bienestar;
sufrir por él, siente molestia ante las atenciones excesivas.

calumniar, se siente en competencia con alguien;
a un amigo, esta celoso de los éxitos de este amigo;
a un enemigo, inseguridad;
ser calumniado, tiene la clara percepción de haber cometido algunos errores.

calva, *una mujer,* da más importancia a la inteligencia que al aspecto externo.

calvario, *soportarlo,* todos tienen que hacer sacrificios.

calvicie, siente fascinación por las personas maduras.

calvo, se siente a gusto;
serlo, envidia a los jóvenes.

calzada, *de la carretera,* exceso de materialismo;
estar sobre la calzada, pérdida de riquezas.

calzador, necesita estímulos externos para actuar.

calzar, pronto deberá afrontar algunos imprevistos.

calzoncillos, *limpios,* tiene la conciencia limpia;
mudarse, teme permanecer en la miseria;
perderlos, lo perderá todo;
sucios, siente que su conciencia está sucia.

cama, vida de pareja;
deshacerla, incomprensión y discusiones con la pareja;
estar en la cama durante el día, el trabajo se presenta incierto;
estar de pie sobre la cama, hipertensión;
estar estirado, peligro de enfermedad;
hacerla, equilibrio en la vida sentimental;
muy grande, soledad;
pequeña, agobio;
plegable, relación inestable;
romperla, gran discusión con la pareja;
verla vacía, ruptura de una relación.

camafeo, regalo inesperado.

camaleón, ambigüedad y deseos de pasar inadvertido.

cámara frigorífica, sensación de soledad ante el abandono sufrido por parte de los amigos.

cámara mortuoria, una visión desagradable;
ir, peligro de desgracias;
trabajar, ambiente de trabajo triste y poca relación con los compañeros;
verse muerto en ella, indiferencia por la propia muerte.

camarera, desea una mejora económica;
que sirve la mesa, abundancia, solidez económica.

camarero, necesitará un colaborador;
serlo, trabajo difícil y fatigoso.

cambiar, *a alguien,* el encanto que posee provoca la atracción de los demás;
de casa, un nuevo amor, tal vez un matrimonio a la vista;
de ciudad, cambios en el trabajo;
de vida, proyectos difíciles de realizar;
un placer, se siente obligado hacia alguien;
un saludo, buenas relaciones sociales.

cambiar de nivel, *ascendiendo,* ascenso social;
descendiendo, grandes desilusiones;

cambiar de opinión, podrá juzgar a una persona;
sobre una cosa, admitirá sus errores.

cambiarse de vestido, intentará mejorar algunos aspectos del carácter.

cambio, la amistad no es un camino de sentido único;
de humor, se siente inseguro;
de monedas, es mejor no tentar la suerte;
de objetos, a pesar de la inseguridad que usted siente, no hay nada que impida la buena marcha de los negocios;
de vestido, la avaricia puede ser perjudicial.

cambio ferroviario, indecisiones;
maniobrarlo, ha tomado una decisión definitiva.

camelia, está muy próximo a entrar en su vida un nuevo amor.

camello, autosuficiencia y tranquilidad al tomar las decisiones;
en el desierto, grave peligro.

camerino, exceso de confianza en sí mismo.

camilla, preocupación por la salud;
con un herido, sensación de no estar a la altura de las circunstancias;
con un muerto, un encuentro le ocasionará muchas desventuras;
ser transportado, cuidado con los accidentes;
vacía, su miedo a enfermar se ha convertido en una manía.

caminar, *con una mujer,* en el ambiente de trabajo pueden nacer amistades sinceras.
en bajada, el futuro se presenta fácil y agradable;
en compañía, mantendrá una buena relación con los demás;
en subida, sus propósitos son difíciles de realizar;
lentamente, pronto flaquearán sus fuerzas;
solos, el futuro depende de uno mismo;

velozmente, no debe buscar soluciones antes de tiempo.

camino, representa el futuro;
fatigoso, las fatigas sólo acaban de empezar;
pedirlo, desorientación;
peligroso, para salir adelante debe aceptar algunos riesgos.

camión, sobrevaloración de las fuerzas.

camionero, su alejamiento de casa no va a producir ningún padecimiento.

camisa, carácter introvertido;
de fuerza, algunas extravagancias se consideran como síntoma de inestabilidad;
de noche, inseguridad constante;
desabrochada, está intentando vencer la timidez;
estirarla, el equilibrio de la situación es sólo aparente;
lavarla, siente grandes deseos de mejorar;
ponerse una, lleva a cabo grandes esfuerzos para preservar la intimidad;
rota, no puede ocultar completamente sus propios defectos;

camomila, necesidad de reposo y tranquilidad.

camorrista, descubrirá la traición de algunos amigos.

campana, es importante que mantenga los contactos con el exterior;
a muerte, debe analizar bien la situación antes de actuar;
de la puerta, tendrá visitas inesperadas;
observarla, no debe esperar a que otros tomen las decisiones;
que suena, a un amigo le falta valor para notificar una noticia importante;
tocarla, tiene gran necesidad de comunicar.

campanario, *subir,* se resolverán algunas cuestiones familiares;
verlo, tiene la voluntad de no perder el contacto con la familia.

campanilla, una advertencia para no ser demasiado osado;
flor, momentos de intimidad.

campanilla de invierno, nuevo periodo de relaciones muy cordiales;
pisotearla, rechaza todas las ocasiones que le ofrecen.

campeón, tiene la sensación de estar en competición con los demás;
serlo, su vida se ha convertido en una continua exposición;
verlo, siente aprecio por aquellos que se esfuerzan para destacar.

campesino, *encontrarlo,* desea revivir el pasado;
hablarle, siente añoranza de la juventud.

campiña, serenidad, y a veces algo de aburrimiento;
helada, todavía tiene que esperar para que mejore la situación;

ver la campiña, momento desafortunado;
vivir en la campiña, facilidad para realizar tranquilamente todos los proyectos previstos.

campo, *arado,* ha llegado el momento de ordenar todos los pensamientos;
de flores, encuentros muy románticos;
de grano, abundancia, suerte;
militar, véase *acampada;*
sin cultivar, mala disposición para hacer de mediador;
verde, los negocios son óptimos.

camposanto, véase *cementerio.*

camuflarse, debe mejorar, pero procure no modificar el carácter.

canal, vocación profesional;
con agua, las cosas irán bien;
seco, se presentarán dificultades en el campo profesional.

canalera, poco a poco se recuperan las fuerzas;
repararla, tomará una decisión que le permitirá mejorar;
rota, desperdicio de energía.

canario, *oírlo cantar,* no se debe escuchar con malicia;
verlo, cuidado con las personas superficiales.

canasta, recibirá un encargo poco profesional;
llevarla, sería interesante aceptar las responsabilidades, aun cuando el trabajo no sea remunerado.

cancán, alegría e inconformismo;
bailarlo, comportamiento libre.

cancela, *abierta,* los obstáculos que se perciben son solamente imaginaciones;
cerrada, algo entorpecerá el buen desarrollo de sus proyectos.

cáncer, sensación de pérdida profunda;
en el seno, cuidado con la salud de los hijos;
en la cabeza, una idea fija puede llevarle a enloquecer;
signo zodiacal, necesidad de comprensión.

canción, deseo de evasión;
cantarla, desconfianza ante la felicidad conquistada con demasiada facilidad.

candado, situación mental;
abierto, todavía existe alguna posibilidad;
abrirlo, desea volver a analizar una experiencia pasada;
cerrado, ha cortado con el pasado;
romperlo, se esfuerza por comprender su propio carácter.

candelabro, *con velas,* finalmente ha alcanzado su realización personal;
sin velas, se siente inútil y fuera de lugar.

candelero, sus esperanzas están puestas en el futuro.

candidato, deberá afrontar una gran responsabilidad.

canela, *especia,* con poco esfuerzo podrá mejorar el carácter.

cangrejo, dudas e indecisiones;
capturarlo, su influencia resultará beneficiosa para una persona indecisa;
comerlo, está convencido de poder superar las dificultades;
ser picado, una persona aparentemente inofensiva ha resultado perjudicial.

canguro, inconstancia, falta de atención;
que salta, prefiere evitar los obstáculos en lugar de superarlos;

caníbal, *ser un,* voluntad de utilizar a los demás sin escrúpulos;
verlo, teme a las personas demasiado cínicas.

canilla, movimientos y progresos;
rota, interrupción del trabajo y de las ganancias;
sana, buenos negocios.

canino, diente, tendencia a afrontar las cosas con agresividad;
que cae, teme realizar algunas acciones.

canoa, será capaz de superar los grandes problemas sólo con sus propias fuerzas;
que hace aguas, pagará un alto precio para satisfacer sus deseos;
que vuelca, está implicado en un problema tremendo.

canonjía, matrimonio a la vista.

canotier, *llevar uno puesto,* le gusta sentirse en libertad;
saludar visiblemente con él, padece cuando no está vestido de modo correcto.

cansarse, su principal defecto es la pereza.

cantante, suerte, encuentros interesantes;
lírico, afronta con rigor incluso las cosas pequeñas;
serlo, mucha alegría.

cantar, finalmente se podrán revelar algunos secretos que pueden ser perjudiciales.

cántaro, posee un fuerte sentimiento maternal;
beber de uno, búsqueda de afecto sincero;
lleno, ha llegado la primera madurez;
romperlo, gran desilusión en la familia;
vacío, una desilusión le ha quitado el deseo de vivir;
volcarlo, desilusión, ya no cree en el amor.

cantinela, preocupación por los chismes.

canto, se convertirá en mensajero de noticias importantes.

caña, *en el agua,* no puede vivir alejado de su ambiente;
de azúcar, felicidad en el amor;
de pesca, ingenuidad;
que se dobla, es extremadamente influenciable.

cáñamo, no sea objetivo al juzgar;
planta, vigile que los demás no se aprovechen de usted;
tejido, los lazos con la pareja son fuertes y consistentes.

cañizal, resulta más vulnerable en grupo.

cañón, no se deje atemorizar por quien le quiere impresionar;
usarlo, desea que le teman y le consideren con mayor atención.

cañonada, siente temores infundados.

cañonazo, proyectos muy claros en la mente.

caos, graves conflictos internos.

capa, protección celosa;
comprarla, necesidad de protegerse y ocultarse;
de piel, gran miedo;
estar envuelto en una capa, no se quiere desequilibrar;
perderla, desvelará su personalidad inadvertidamente;
quitarse la capa, adquisición de confianza;
rota, alguien descubrirá sus secretos;
ver a alguien con una capa, contactos con una persona huidiza.

capataz, el cambio de categoría en el trabajo no le ha hecho perder su modestia.

capear una revuelta, no se deben crear problemas inútiles.

capellán, recibirá muy buenas noticias;
serlo, orden, minuciosidad.

capitalista, *serlo,* insatisfacción por la situación económica.

capitán, todavía siente la necesidad de ayuda del padre.

capitel, sentido artístico, sensibilidad.

capitular, no sabe defender su punto de vista.

capón, no siempre son sinceros los afectos de la familia;
comerlo, pequeñas alegrías le llevan a olvidar los dolores.

capote, está siempre a punto para protegerse de las miradas de los demás;
estirado, demuestra madurez, pero todavía existe demasiada desconfianza.

capricho, amigo pendenciero.

capricornio, una vez tomada una decisión, realice los planes con firmeza.

cápsula, *engullirla,* tiene dificultad para olvidar las ofensas que ha padecido.

capturar, *animales,* hace ostentación de fuerza ante los débiles;
insectos, olvidará pequeños problemas;
personas, se deja convencer con facilidad.

capucha, ni siquiera sabe de qué se quiere ocultar.

capuchino, *café,* con muy poco se cumplen pequeños deseos;
fraile, es aconsejable vivir más modestamente.

capullo, símbolo de pureza;
ofrecerlo a alguien, acepta los lados negativos de la vida;
verlo abrirse, maduración interior.

capullo de seda, amor al lujo.

caqui, *fruto,* atrae las miradas de los demás, pero está deprimido.

cara, representa la personalidad;
bonita, periodo positivo, gran éxito;
fea, pesimismo y mala suerte;
herida, miedo a los peligros, enfermedad;
ver la propia, está estudiando su personalidad.

cara, véase *rostro.*

carabina, la irritación puede llevarlo a una mala acción.

caracol, posibilidad de una gran victoria;
comerlo, posibilidad de pérdidas financieras;
verlo caminar, la pereza e inconstancia le perjudicarán.

caracola, no quiere alejarse de las cosas sencillas;
encontrarla, se enamorará de una mujer sincera;
ponerla cerca de la oreja, está a la espera de grandes secretos.

carámbano, deseo de que llegue el verano;
comerlo, pequeñas alegrías.

caramelo, las cosas pequeñas le proporcionarán alegrías.

caravana, le espera un largo viaje de traslado.

carbón, un gran amor arde oculto en el alma;
apagado, a pesar de las apariencias la pasión se ha agotado;
ardiendo, capacidad para grandes pasiones.

carboncillo, *dibujar con un carboncillo,* decisión y claridad de ideas.

carburante, todavía tiene muchas energías;
quedarse sin carburante, temor a agotar la carga vital.

cárcel, se ciernen graves riesgos;
estar en una, no hay esperanzas para el futuro.

carcelero, *serlo,* desea hacer sufrir a los propios enemigos;
verlo, alguien desea que esté inactivo.

carcoma, una persona intrigante intenta perjudicarle;
oírla, no soporta que conspiren a sus espaldas;
verlo en la madera, alguien mina lentamente sus sólidos proyectos.

cardar, se resolverán positivamente todos sus negocios importantes.

cardenal, bodas inminentes.

cardiólogo, *serlo,* conoce perfectamente la causa de su sufrimiento;
verlo, tiene necesidad de que alguien escuche sus problemas amorosos.

cardo, pequeñas y antipáticas discusiones que no deberían minar su serenidad.

carestía, está por llegar un periodo de crisis;
superar la carestía, templará el alma a través de las dificultades.

careta, astucia;
antigua, precauciones exageradas;
cómica, necesidad de aparentar más alegría de la que se tiene;
de belleza, cambio momentáneo;
de diablo, quiere parecer peor de lo que es;
ponerla, está ocultando un secreto;
quitarla, ha decidido confiarse a alguien;
submarina, un ambiente nuevo;
tirarla, deseo de sinceridad;
ver a alguien con la máscara, traiciones.

carga, *de la policía,* temor ante el odio de los enemigos.

cargo, *público,* deseo de poder.

caricatura, *hacerla,* gran sentido crítico y espíritu de observación;
ver la propia, descubrimiento de aspectos ridículos del carácter;
verla, la persona representada es difícil de comprender.

caricia, necesidad de dulzura y comprensión.

caridad, *hacerla,* se siente superior, es vanidoso;
recibirla, acepta con sencillez las pequeñas ayudas.

caries, algún disgusto será causa de sufrimiento.

carillón, *oírlo sonar,* dulzura y espíritu romántico.

cargo, toma de decisiones importantes.

carmín, intenta conquistar a la persona amada;
ponérselo, preparativos para una conquista;
sobre los labios, seducción.

carnaval, una gran alegría durará poco.

carne, incapacidad, inercia, problemas psicológicos;
cocida, aumentará su suerte;
comer carne humana, graves problemas internos;
comer la propia, está consumiendo su potencialidad;
comerla, superación de los problemas psicológicos;
cruda, sensibilidad;

de cerdo, problemas de digestión;
en putrefacción, se rechazarán propuestas alentadoras después de descubrir un engaño.

carné de conducir, autorización para actuar;
caducado, contratiempos peligrosos;
conseguirlo, conquistará autonomía e independencia;
no tenerlo, depende de alguien;
perderlo, pérdida de independencia.

carné de identidad, dificultad para reconocerse;
pedirlo a alguien, falta de confianza;
perderlo, padece una crisis de identidad;
requerirlo, búsqueda de seguridad.

carnero, es testarudo e inamovible;
en un rebaño, deseo de admiración;
verlo avanzar, enemigo fuerte y tenaz.

carnicería, advierte la fealdad de la vida;
hacerla, tiene deseo de venganza aunque el camino es equivocado.

carnicero, símbolo negativo;
serlo, para resolver una situación utilizará mano dura;
verlo, violencia;
verlo cortar la carne, persona sin escrúpulos.

carpintero, trabajo rentable y satisfacciones, falta de libertad en la familia;
serlo, gran voluntad y muchos méritos.

carraca, persona insensible y vanidosa;
hacerla sonar, discursos sin sentido;
instrumento musical, discursos desagradables y poco sinceros;
que suena, recuerdos de desilusiones pasadas.

carrera, *hacer carrera,* siente que le valoran por debajo de sus posibilidades;
iniciarla, tiene demasiados proyectos en la cabeza;
interrumpirla, es hora de esperar una promoción.

carrera de caballos, los negocios tendrán un éxito positivo.

carrerilla, *tomarla,* preparación para una veloz ofensiva.

carretilla, con un poco de cuidado podrá evitar la fatiga.

carril, *estar en el de adelantamiento,* lucha con un compañero de trabajo;
salir de un carril, se ha producido un desliz, es necesario recuperar el camino;
verlo, es consciente de sus límites.

carrito, escriba cartas a los amigos lejanos;
cargado de objetos, no sea demasiado expansivo.

carro, posibilidad de desplazamiento definitivo o de un traslado;
armado, véase *acorazados;*
bajar de un carro, derrotas dolorosas;
constelación, un noviazgo que acabará en matrimonio;
empujarlo, una vez descubierto el sistema de trabajo adecuado todo será más fácil.
fúnebre, gran fiesta;
salir de un carro, aumento de poder;
tirar de un carro, situación límite ante el peso de las responsabilidades.

carrocería del automóvil, tiene cuidado de su aspecto exterior;
abollada, dificultad para reponerse de un pequeño accidente;
brillante, es vanidoso.

carroña de animal, miedo y conflictos internos.

carroza, exceso de soberbia.

carrusel, *con niños,* negligencia;
estar en uno, pérdida del sentido de la mesura;
verlo, algo se le escapa.

carta, *anónima,* no se asuste por las amenazas;
coloreada, gusta de las novedades;
cortarla, separación, divorcio;
del restaurante, indecisión ante cosas de poca importancia;
en lengua extranjera, momentos de incomprensión rápidamente superados;
encontrarla, suerte;
enviarla, véase *llevar;*
escribirla, noticias inciertas;
escribirla a la persona amada, no se hace oír desde hace tiempo;
escrita, sentimiento de culpabilidad por haber olvidado escribir a un amigo;
geográfica, dificultad de orientación;
ilegible, un problema complejo y difícil de resolver;
impresa, la capacidad expresiva conduce lejos;
leer una carta, pronto llegará una carta largamente esperada;
personal, noticias de la persona amada;
poner el destinatario en una carta, recibirá noticias de amigos lejanos;
quemar una carta, ruptura de un contrato;
romperla, tendencia a las soluciones radicales.

carta de recomendación, una comunicación muy importante;
mandarla, sabe cosas muy importantes;
recibirla, noticias muy útiles.

cartas de juego, cuidado con los que quieren enredarle;
barajar las cartas, antes o después se descubrirá la verdad.

cartel, vigile las advertencias;
buscarlo y no encontrarlo, excesiva dependencia de los demás a la hora de tomar decisiones;
incomprensible, dificultad para intervenir en una discusión entre amigos.

cartelón, desconfíe siempre de quien intente hacerle cambiar de parecer.

cartera, se convierte en portador de noticias agradables;
abrirla, el exceso de curiosidad puede ocasionar problemas;
de abogado, problemas y discusiones en familia;
escolar, promoción en el trabajo;
llevarla, se presenta la oportunidad de desempeñar un cargo importante.

cartero, llegarán pronto buenas noticias;
serlo, será portador de buenas noticias para un amigo que las está esperando.

cartomántico, preocupación por el futuro.

cartón, temor ante la fragilidad de las cosas.

cartón piedra, alguien aparentemente irreprochable se revelará como un embustero.

cartuchera, *llena,* inicia con coraje una aventura;
vacía, sus recursos están agotados.

cartucho, *estallado,* peligro conjurado;
que estalla, se ha resuelto una cuestión que llevaba tiempo pendiente;
sin estallar, cuidado con los imprevistos.

cartulina, preocupación por la llegada de noticias;
escribir en ella, es práctico y conciso.

casa, *cambiar de casa,* la vida mejorara en un futuro próximo;
construirla, trabajo sobre bases seguras;
de otro, está a gusto en compañía de amigos;
demolerla, deseo de ruptura con el pasado;
deshabitada, pronto vivirá en soledad;
en construcción, alegría y novedades agradables en la familia;
en el campo, deseo de tranquilidad;
en ruinas, complejo de inferioridad;
grande, es el momento de tentar la fortuna;
hermosa, deseos de mostrarse mejor de lo que es;
incendiada, alguien quiere arruinar las relaciones familiares;
moderna, buenas perspectivas para el futuro;
pequeña, no es envidioso;
propia, se siente a gusto en familia.

casaca, le basta poco para ser autosuficiente.

casamata, cuidado con las trampas.

casar, *los hijos,* deseo de tener menos problemas.

casarse, su matrimonio está en peligro;
véase *esposarse.*

para un hombre, buen augurio;
para una mujer casada, insatisfacción;
por segunda vez, experiencias repetidas;
para una viuda, cambio de vida satisfactorio.

cascabel, teme hacerse notar;
serpiente cascabel, véase *serpiente.*

cascada de agua, capacidad para tener ideas nuevas;
estar debajo de una, la compañía de personas dinámicas despeja la mente.

cascanueces, pequeñas dificultades;
usarlo, obstáculos desagradables que superar.

cáscara, dificultad para romper el aislamiento;
comerla, juzga sin saber;
quitarla, véase *pelar;*
romperla, encuentros agradables.

casco, siente necesidad de protección;
de caballo, viaje molesto.

casera, siente el peso de las labores domésticas;
serlo, amor por la familia.

casino, riesgo excesivo.

castañas, la suerte será lenta pero segura;
asadas, una velada con los amigos habituales le proporcionará grandes alegrías.

castaño, bondad de espíritu.

castañuelas, vanidad, exhibicionismo;
oírlas, encuentros agradables;
tocarlas, desea conquistar a una persona.

castidad, *cinturón de,* horror por la violencia.

castigar, *a alguien,* un enemigo menos;
a los hijos, problemas familiares molestos;
animales, deseo de dominar;
ser castigado, se tiene una sensación de culpabilidad por una acción incorrecta.

castillo, siente atracción por lo desconocido;
cerrado, aparecen grandes obstáculos que superar;
deshabitado, miedo a los imprevistos;
entrar, grandes noticias;
vivir, la suerte tardará en llegar.

castor, la paciencia le ayuda a salir adelante.

castrar, por culpa del mal carácter perderá una buena ocasión;
caballos, prefiere ignorar los problemas sexuales;
gatos, siente un gran deseo de controlarlo todo;
ser castrado, dificultad para olvidar una grave ofensa.

catacumbas, clara preferencia por todo lo que resulta misterioso.

catálogo, es aconsejable medir bien las posibilidades.

catamarán, gusto por la aventura.

catapulta, está en condiciones de superar la situación.

catarro, *tenerlo,* pequeñas molestias le impiden concentrarse en su trabajo.

catastro, sensación de atadura a causa de diversas normas y obligaciones.

catástrofe, cambio de vida;
morir en una, tiene dificultad para superar un terrible momento vivido.

cátedra, está seguro de sus ideas;
sentar cátedra, las dudas pueden ser perjudiciales.

catedral, próximo matrimonio en la familia;
desconocida, un viaje muy lejano.

catre, necesidad de reposo;
militar, situación precaria.

caucho, carácter dulce y muy maleable.

caudillo, *serlo,* su debilidad le causa sufrimiento;
verlo, fascinación por aquellos que arrastran multitudes.

cava, se presenta una tarea muy dura;
trabajar en una cava, temor ante el cansancio;
beber, exuberancia, alegría, están por llegar grandes ocasiones.

cavar, su fuerza de espíritu le permitirá hacer fortuna en todos los aspectos;
bajo el sol, le espera un trabajo insoportable;
campos, periodo de duro trabajo;
un huerto, satisfacciones familiares;
un jardín, un trabajo agradable;
terrenos incultos, está a punto de iniciar su carrera.

caverna, secretos inviolables;
entrar en una, tendrá acceso a noticias sensacionales;
explorarla, gran curiosidad;
refugiarse en una caverna, los amigos indiscretos llevan a la desconfianza;
salir de una, cansancio ante la indiscreción del entorno.

caviar, su objetivo es el éxito;
comerlo, experimenta una gran necesidad de ser considerado una persona importante.

caza, aventuras sentimentales;
batida de caza, se siente seguro cuando no está solo;
capturarla, está a la búsqueda de una pareja;
coger mucha, vivirá muchos éxitos en el amor;
con las redes, es engañoso y le ocurrirá algo desagradable;
en una cabaña, espíritu desconfiado;

furtiva, falta de lealtad en el combate;
mayor, es peligroso actuar por encima de las propias fuerzas;
participar en una cacería, es necesario valorar los riesgos que se corren.

cazador, con paciencia e inteligencia podrá llevar a cabo algunos proyectos que tiene en la mente.

cazador furtivo, valentía y poca honestidad.

cazar, *desde casa de un hijo,* equilibrio psíquico frágil;
un animal de casa, egoísmo;
ser cazado, consciencia de haber cometido una grave incorrección.

cazo, ninguna novedad;
en el fuego, satisfacciones domésticas, alguna molestia;
véase *cucharón.*

cazuela, véase *olla.*

cebada, buena salud;
cosecharla, los malestares pasarán rápidamente.

cebar, pequeña ayuda para quien la necesita;
pájaros, amor a los hijos.

cebarse, *del propio cuerpo,* el éxito llegará tras haber superado algunos obstáculos;
véase *comer.*

cebo, cuidado con las trampas;
picar, es mejor no ser demasiado optimista;
ponerlo en el anzuelo, preparar una trampa.

cebolla, lágrimas y anhelos;
comerla, superará todas las dificultades sin darse cuenta;
cortarla, mala suerte, situación desagradable.

cebra, dificultades que pueden ser afrontadas y superadas.

ceca, *acuñación de monedas,* constante riqueza sin esfuerzos.

cedro, la dulzura y la inconstancia de su pareja le desconciertan;
árbol, gran seguridad.

cegar, *a alguien,* en el fondo se reconoce falso y deshonesto.

ceguera, temor a no comprender la situación.

cejas, tiene demasiadas cosas en la mente;
bien pegadas, algo le atormenta;
densas, gran confusión mental;
que se separan, inconstancia, inseguridad;
quemarse las cejas, discusiones que le someterán a duras pruebas;
rasas, poca iniciativa;
rapar las cejas, un periodo desafortunado, fracasos.

celda, se niega a enfrentarse con la realidad;
de aislamiento, se juzga severamente;
estar en una celda, miedo al futuro.

célebre, *serlo,* alguien le está infravalorando.

celebridad, da demasiada importancia a las apariencias.

celeste, véase *azul.*

célibe, *para un hombre casado,* nostalgia de la juventud.

celo, es poco contemporizador.

celos, incomprensión por parte de la persona amada;
manifiestos, falta de autocontrol y de seguridad;
matar por celos, cometerá un grave error de valoración;
muy fuertes, cuidado con los engaños, prudencia incluso en los negocios;
secretos, tormentos interiores, carácter introvertido.

celosía, sufrimientos interminables;
usarla, prudencia.

celulitis, *tenerla,* miedo al juicio de los demás.

celulosa, fuerza y vitalidad.

cementerio, buen augurio;
abandonado, necesidad de olvidar el pasado;
acompañar a alguien al cementerio, momento de crisis;
con muchos visitantes, pronto tendrá buenas noticias;
encontrarse en un cementerio, su estado de salud es óptimo, la vida será larga;
visitar a un pariente difunto en el cementerio, nostalgia del pasado.

cemento, *tener en la mano algo de cemento,* rigidez y maleabilidad constituyen dos aspectos contradictorios de su carácter;
verlo, temor ante decisiones definitivas.

cena, reencuentro con viejos amigos;
última, última oportunidad para despedir a un amigo.

cenagal, padecimiento y dificultades;
estar en un cenagal, gran desconsuelo, miedos irracionales;
hundirse en un cenagal, situación peligrosa, no confíe en su instinto.

cenar, *con los padres,* buenas relaciones familiares;
con los amigos, deberá emprender un largo viaje;
solo, sensación de soledad y abandono.

cencerro, sorpresa agradable, recuperación de un objeto perdido.

cenicero, *encontrarlo,* pequeñas preocupaciones resueltas;
no encontrarlo, situación embarazosa que superará con rapidez.

cenizas, fin de un gran amor;
caminar sobre cenizas, indiferencia ante el dolor ajeno;
recoger las cenizas, cuidado con las desgracias familiares;

sobre el cuerpo, penitencia, autoconmiseración.

censurar, tristezas pasajeras.

centauro, proyectos tan sólo realizables en parte.

centella, una alegría que durará sólo un instante;
provocarla, ideas geniales que traen suerte.

centeno, mala situación económica;
comerlo, pobreza a la que sabrá hacer frente.

centinela, protección y confort;
serlo, gran responsabilidad;
ver muchos, tranquilidad, se sabe cuidado.

ceño, una señal de carácter;
fino, es un poco impulsivo y calculador;
muy marcado, es prepotente e irascible;
no tenerlo, debilidad de carácter.

cepillar, *algo,* se hará justicia;
los zapatos, superficialidad;
para el que es rico, distribución equitativa de las riquezas;
vestidos, periodo triste, la persona amada le abandona;
ver cepillar, temor a que alguien descubra las injusticias que hemos realizado.

cepillo, individualismo muy productivo;
de dientes, preocupaciones por la salud;
de zapatos, preocupaciones de poca monta;
para cabellos, decisiones importantes, matrimonio a la vista;
para vestidos, una decisión que se demora desde hace tiempo.

cepo, traiciones;
caer en un cepo, se siente traicionado por los amigos más queridos;
cerrado, mal augurio;
estar cogido en uno, impedimentos graves;
preparar un cepo, trampas y mala fe;
que duele, buen auspicio;
verlo, percibirá con tiempo una traición.

cequí, una preciosa recompensa;
encontrar un cequí, alegría sólo momentánea.

cera, persona contemporizadora;
estatua de cera, cuidado con las apariencias, la situación es poco estable;
fundirla, se está aprovechando de la bondad de una persona;
modelarla, es fácil convencer a los que tienen poca personalidad.

cerámica, gusto por las cosas sencillas y bellas.

cerbatana, objetivos precisos aunque sin ganas de perjudicar a nadie.

cerca, véase *empalizada*.

cerda, suerte;
con lechones, abundancia y prosperidad.

cerda, satisfacción por algún trabajo;
de caballo, trabajos de poca monta;
en lugar de los cabellos, preocupación por controlar los instintos;
tenerlas en la cabeza, enfermedad.

cerdo, riqueza y equilibrio;
alimentarlo, buena conducción de los negocios;
comer la carne del cerdo, periodo de prosperidad;
matarlo, empezarán a llegar tiempos mejores;
salvaje, riqueza difícil de alcanzar;
ver muchos cerdos en el establo, complacencia ante la propia riqueza;
vigilante de cerdos, humillaciones.

cereales, *comer,* salud;
ver pocos, debería vigilar las adquisiciones;
verlos en cantidad, riqueza y abundancia.

cerebro, está haciendo un gran esfuerzo para comprender a los demás;
soñar que no se tiene cerebro, se considera irresponsable.

ceremonia, *civil,* espíritu práctico y realista;
entre amigos, cuidado con las falsas amistades;
religiosa, gran formalidad y respeto por las conveniencias.

cerezas, instantes de alegría;
comerlas, deseos satisfechos.

cerezo, fuerza y bondad;
en flor, la persona que desea le ama profundamente.

cerilla, pequeña oportunidad;
apagada, no tiene esperanzas;
encendida, esperanza de salir adelante.

cero, mala suerte, desilusión.

cerradura, *abrirla,* conquistas fáciles;
forzarla, objetivos conseguidos de forma desleal;
no conseguir abrir la propia cerradura, sensación de amenaza, dificultad por conquistar a la mujer amada;
para una mujer, deseo de evasión;
ver la propia cerradura, seguridad.

cerrar, fin de una relación sentimental;
la puerta, temor intenso;
las ventanas, miedo a que se descubran algunos secretos;
un ojo, negarse a ver;
una puerta, es muy celoso de los propios negocios.

cerro, pequeña conquista;
mirar desde un cerro, la situación no está bien clara;
subir a un cerro, los éxitos no serán grandes, pero tendrá muchas satisfacciones.

cerrojo, pocas libertades.

certificado, notable falta de seguridad;

no conseguir obtenerlo, nadie quiere reconocer su importancia; *solicitarlo,* necesidad de confirmación.

certificado penal, *no tener antecedentes,* si está convencido de su inocencia, defiéndase de las acusaciones;
tener antecedentes, sensación de culpa por errores cometidos en el pasado.

cerumen, imposibilidad de comprender los discursos escuchados.

cerveza, timidez y falta de decisión;
beberla, es necesario aprender a vencer algunos pequeños complejos;
comprarla, insatisfacción;
derramarla, está adquiriendo confianza en sí mismo.

cesárea, dificultad en las relaciones con los hijos;
sufrirla, no soporta que sus hijos se alejen.

césped, trabajo poco valorado.

cesta, véase *cesto.*

cesto, *de flores,* alguien procura arruinarle;
de fruta, regalos agradables;
hacer cestos, obtendrá los resultados deseados.

cetro, poder arrogante;
tenerlo en la mano, su comportamiento autoritario le crea enemigos;
verlo, deseo de poder absoluto.

chal, seguridad en la familia y en los afectos;
en los hombros, una ayuda que puede resultar útil;
envolverse en un chal, temor a lo desconocido;
regalarlo, ofrece un afecto sincero.

chaleco, se vanagloria de sus éxitos;
lavado, vanidad injustificada;
llevarlo, atrae la envidia de muchos.

chancla, el amor se ha convertido en costumbre.

chanclos, precauciones inútiles;
llevarlos, máximo cuidado por los detalles.

chanza, *de mal gusto,* desilusión a causa de los amigos;
hacerla, superficialidad, pérdida de tiempo;
sufrirla, se siente en el punto de mira.

chapa, la situación se puede modificar;
ondulada, alternancia de periodos positivos y negativos.

chaparrón, *de aplausos,* véase *aplaudir;*
de lluvia, véase *lluvia.*
protegerse de un chaparrón, evitará males y dificultades;
verlo, se reanudarán rápidamente los negocios.

chapita, algo insignificante puede convertirse en peligroso.

chaqueta, sensación de estar protegido pero libre de todo vínculo;
de algodón, no requiere ayuda;
de lana, necesidad de apoyo;
llevar una chaqueta, seguridad en sí mismo;
no encontrarla, temor a ser alejado de un grupo;
tenerla en la mano, comportamiento premeditado;
tenerla manchada, sensación de culpa;
tenerla pasada de moda, no consigue vencer su complejo de inferioridad.
vestirse con una chaqueta cruzada, seriedad, coherencia.

charanga, se divulgarán noticias desagradables sobre su comportamiento.

charco, disgustos pasajeros;
caer en un charco, traiciona una decisión;
superarlo, no caiga en las tentaciones;
verlo desde lejos, pequeñas tentaciones.

charlar, *oír,* atracción por los chismes;
oír a alguien que charla, las conversaciones fútiles le ponen nervioso;
oírse charlar, desde hace un tiempo sus discursos no son importantes.

charlatán, *hablar con uno,* es un error pensar que tiene la solución en sus manos;
oírlo hablar, debe desconfiar de quien habla demasiado.

charretera, *de un vestido, rota,* sensación de incomodidad en público;
militar, procura avanzar en su carrera;
no tenerla, falta de reconocimiento.

chicle, placer momentáneo;
masticarlo, quiere sacar el máximo provecho de cada situación.

chillar, quejas y protestas.

chimenea, solidez familiar;
encendida, miseria y soledad;
que humea, estado de bienestar, y abundancia.

chimpancé, una persona que le parece ridícula;
verlo en la jaula, una persona demasiado impulsiva ha sido puesta en condiciones de no perjudicar a nadie.

chinche, cuidado con los amigos pesados;
ser mordidos, tener demasiada gente alrededor le causa molestias;
verlos, alguien vive a su costa.

chino, es necesario tener paciencia;
cocina, es bueno adaptarse a los cambios sin lamentarse.

chirriar, *oír chirriar la puerta,* inseguridad dentro de la familia;
oír chirriar la ventana, alguien le espía.

chismes, *hacerlos,* molestará a las personas que conoce;
oírlos, lo que oye cambiará su vida.

chiste, comunicación; *gracioso,* le complace su sentido del humor.

chistera, éxito en los negocios.

chocolate, bondad, dulzura, salud; *beberlo,* necesidad de nuevas energías.

chocolatina, se consuela con poco.

chopo, es muy egoísta; *estar a la sombra de un chopo,* su carrera se ha acabado; *ver muchos chopos,* encontrará la oposición de muchos adversarios.

choque, opiniones divergentes; *entre dos automóviles,* dos personas poco afines pueden acabar lastimándose; *físico,* véase *risa.*

chuleta, una fiesta agradable.

chusma, la situación es comprometida porque tiene relación con personas muy irritables.

chutar el balón, es inútil intentar eliminar lo que no nos gusta.

chuzo, una persona poco recomendable; *enfilarlo,* engañará a alguien; *ser pinchados,* será engañado.

cianuro, algo le envenena la existencia; *darlo de beber,* es intolerante y de espíritu malvado.

cicatrices, experiencias dolorosas del pasado; *en el propio cuerpo,* los traumas han quedado superados; *que se vuelven a abrir,* sigue persistiendo un antiguo problema; *ver cicatrices en otros,* su insensibilidad ha provocado dolor en otras personas.

cicatrizar, aunque sea difícil de admitir, la crisis ha sido superada.

ciclamino, amor no correspondido.

ciclista, amor a las personas sencillas y decididas; *serlo,* tiene la sensación de no merecer la carrera que está haciendo.

ciclomotor, aceptar una pequeña ayuda supondría avanzar rápidamente.

ciclón, se siente conmovido por una nueva sensación.

cíclope, odio hacia las personas fuertes pero poco inteligentes.

cicuta, deseo de autocastigo; *darla a beber,* falta de respeto hacia las ideas ajenas.

cigarrillo, inestabilidad, inseguridad, nerviosismo; *fumar un cigarrillo,* aventuras sin sentido; *verlo,* le falta algo; véase *fumar.*

cigarro, *fumarlo,* véase fumar; *verlo,* poder y seguridad.

143

ciego, persona poco fiable, es mejor evitar los viajes;
que le habla, no acepte consejos imprevistos;
serlo, necesidad de prudencia;
verlo, no confíe en quien dice saber más que usted;
volverse ciego de improviso, ensanchamiento inexplicable de sus horizontes.

cielo, con nubes, problemas a la vista;
estrellado, pronto habrá grandes novedades en su vida;
negro, presagio pésimo;
rojo, debe aprovechar un momento favorable;
sereno, la situación está controlada.

ciempiés, una persona engañosa y mala.

científico, seguridad en su quehacer;
serlo, tenerse en alta estima;
verlo, persona inteligente a la búsqueda de novedades.

cierre patronal, *de una fábrica,* imprevistos que no consigue controlar.

ciervo, algo le empujará a ser infiel;
cierva, alma serena;
matar un ciervo, deseo de reprimir los instintos menos nobles;
verlo, pronto será considerado importante;
verlo correr, desprecio hacia aquellos que considera inferiores.

cifra, *escribirla,* algo importante que no hay que olvidar;
verla escrita, prudencia en las adquisiciones.

cigarra, da poca importancia al trabajo;
que canta, búsqueda de un trabajo creativo.

cigüeña, pronto habrá un niño en la familia;
con un niño, cuidado con las falsas alarmas;
en invierno, mala suerte en la familia;
en verano, periodo sereno.

cilindro, *figura geométrica,* cuidado con las trampas estúpidas;

cima, *llegar a la de una montaña,* las dificultades pueden ser un estímulo.

cimitarra, como todas las armas simboliza la agresividad masculina;
agitarla, amenazas desde una posición de fuerza;
llevarla, quiere imponerse sobre los demás;
ser amenazado, miedo nunca sentido con anterioridad;
ser herido (para un hombre), un enemigo le ha perjudicado económica y sentimentalmente;
ser herido (para una mujer), un hombre insensible le causará sufrimiento.

cincel, sentido artístico y gran habilidad manual.

cine, tenga cuidado, porque las apariencias engañan;

estar en el cine, lucha inútil contra pequeños engaños;
invitar a alguien, necesidad de compartir la curiosidad con otra persona;
ir al cine, noticias interesantes;
no encontrarlo, problemas ante el exceso de realismo.

cinta, preocupaciones;
adhesiva, una persona invasora;
aislante, véase aislante;
anudarla, se acercan problemas;
corta, se presentan pocas posibilidades;
de seda, desea a una persona refinada;
de cabellos, deseo de ocultar los pensamientos;
de un vestido, distracción por cosas inútiles;
desanudarla, un problema quedará resuelto;
larga, larga vida;
medirla, está considerando el tiempo que le queda;
no ver el final de una cinta, ansia injustificada.
véase *venda.*

cintillo, reconocimiento;
sobre el pecho, reconocimientos.

cinturón, fidelidad, amor;
estirado, traiciones.

ciprés, llanto y nostalgia;
ver muchos, periodo de gran pesimismo;
verlo, luto en la familia.

circo, necesidad de hacer algo fuera de lo normal;

ir al circo, su vida es demasiado tranquila.

circuito, *automovilístico,* está en condiciones de afrontar un riesgo sin sentir temor;
corto, toda previsión ha quedado desbordada.

círculo, está totalmente inmerso en una pasión;
dibujarlo, no hay camino de salida;
estar en el interior de un círculo, las ataduras sentimentales no le satisfacen.

círculo social, necesidad de encontrar a los viejos amigos;
de oficiales, se siente más respetado entre sus amigos.

circuncidar, necesidad de tenerlo todo bajo control;
ser circuncidado, dificultad para encontrar el camino de salida.

circuncisión, miedo a los cambios.

circunferencia, dificultad para afrontar una situación muy temida.

circunvalación, tendencia a elegir el camino más seguro.

cirio, véase *vela.*

ciruela, *cogerla,* disfrute el presente sin pensar en el futuro;
comerla, la voracidad suele conducir a la desilusión;
seca, no valora la honestidad de los que le rodean;

145

verla, se acerca un periodo de gastos inútiles.

ciruelo, véase *ciruela*.

cirujano, la salud empeorará;
que opera, mejoría después de una enfermedad.

cisne, elegancia y paz interior.
oírlo cantar, amor correspondido.

cisterna, *llena,* buen momento para los negocios;
vacía, periodo desafortunado.

cita, necesidad de amistades y contactos;
amorosa, es celoso y teme las traiciones;
de negocios, deseo de una vida más variada y movida;
faltar otros a una cita, sensación de ser rechazado e infravalorado;
faltar usted a una cita, inseguridad y temor.

cítara, petición de ayuda por parte de una persona cercana;
oír tocar una cítara, pronto conocerá a una persona agradable y serena;
tocarla, armonía, dulzura, buen carácter.

ciudad, necesidad de calma y soledad;
conocida, ansia de algo nuevo;
desconocida, viaje interesante a la vista;
grande, decisión, valor, confianza en el futuro;
ir a la ciudad, búsqueda de nuevos estímulos;
pasear por la ciudad, gusto por el anonimato;
pequeña, introversión y nostalgia del pasado.

ciudadano, deseo de vivir tranquilamente.

clara de huevo, futuro empleo.

clarinete, finalmente llegará la comprensión por parte de la persona amada;
tocarlo, tendrá paciencia para escuchar a los demás.

clase social, se ocupa demasiado de la posición social;
ascender de clase social, formará parte de un grupo de personas que ama;
descender de clase social, será excluido y marginado;
ser de clase alta, quiere distinguirse y hacerse notar.

clausura, de pronto los problemas dejan de ser importantes;
estar en clausura, el peso de las responsabilidades le resulta bastante agobiante.

clave, obstáculos y estorbos.

clavel, un detalle romántico le enamorará.

clavicémbalo, tiempo de meditación.

clavícula, *romperla,* miedo a tener que abandonar el deporte;
verla, cuidado con los incidentes deportivos.

clavija, problemas en las relaciones familiares;
desenchufada, alguna ofensa todavía persiste.

clavos, representan los lazos afectivos;
clavarlos, establecerá nuevas relaciones de amistad;
de especia, invitación imprevista para cenar;
quitarlos, ruptura con una vieja amistad;
verlos, está contento de tener éxito entre los amigos.

clepsidra, no se da cuenta de que el tiempo pasa para todos;
girarla, sabe que dispone de poco tiempo.

clínica, *estar en la clínica,* pequeña enfermedad;
verla, siente un gran deseo de delegar las responsabilidades en los demás.

cloaca, personas desagradables intentarán perjudicarle;
caer en una cloaca, imprevisto muy desagradable;
encontrarse en una cloaca, las maledicencias le han llevado a una situación comprometida.

cloro, deseos de mejora y purificación para iniciar un nuevo periodo;
en el agua, alguien quiere corregir sus defectos.

club, tiene en gran estima la vida social;
véase *círculo social.*

coagularse, *no coagularse,* dificultad para restablecerse de una enfermedad;
ver la sangre, curación rápida.

cobalto, influjos benéficos.

cobaya, teme que algo le resulte nocivo;
serlo, se están realizando experiencias a su costa.

cobertizo, una pequeña ayuda;
estar debajo de un cobertizo, sensación de estar protegido.

cobertor, necesidad de protección;
no tenerlo y desearlo, se siente expuesto a algún peligro;
pesado, se siente agobiado por el exceso de atenciones;
vestir con un cobertor, percibe que no le toman en serio.

cobra, peligrosa sabiduría;
que se desliza, cuidado con la mala fe ajena.

cobre, optimismo y necesidad de ser expansivo;
objetos de cobre, discursos que no siempre son sinceros;
recibirlos, será bien considerado;
regalarlos, está mostrando lo mejor de sí mismo.

Coca-cola, *beberla,* sencillez e inteligencia;
verla, fácil de contentar.

cocaína, *aspirarla,* no conseguirá lo que desea;
verla, sensación de peligro.

cocer, salud y éxito.

coche, una solución óptima;
subirse a un coche, todo será más fácil.

cochecito para niño, espíritu maternal;
empujarlo, gran satisfacción familiar;
lleno, suerte, momentos de gran alegría;
vacío, problemas de esterilidad.

cochero, una persona servicial;
serlo, ayudas poco reconocidas.

cociente, *matemático,* trabajo difícil que le ocupará totalmente.

cocina, bienestar y serenidad;
grande, armonía familiar;
limpia, orden dentro de la familia;
pequeña, problemas de incomprensión;
sucia, tensiones ocultas.

cocinar, deseo de maternidad;
para un hombre, dulzura, protección de la familia;
para una mujer, pronto esperará un hijo.

cocinero/a, hay alguien que piensa en usted;
serlo, comparte la responsabilidad familiar;
verlo cocinando, percibe los esfuerzos que hacen los demás;
verlo en casa, familia feliz.

cocodrilo, la situación económica será desastrosa;
que llora, después de haber realizado una acción desastrosa, llegará el arrepentimiento.

cóctel, recibirá una invitación para una recepción de categoría.

codazo, *darlo,* olvide los escrúpulos si lucha por el poder;
hacerse espacio a codazos, ha tenido que sacrificar las amistades para progresar.

código, *de tráfico,* cree no estar a la altura de las circunstancias;
penal, problemas con la ley;
recopilación de leyes, miedo al error.

codo, energía, actividad;
alzarlo, falta de moderación en todos los sentidos;
enfermo, periodo de ocio forzado;
herido, alguien quiere detener su actividad.

codorniz, no ofrece resistencia ante un amigo sincero;
comerla, será el causante de que una amistad finalice.

cofia, falta de comprensión hacia las personas ancianas;
llevarla, viejas ideas;
quitársela, gran deseo de rejuvenecer.

cofre, *abierto,* todo está mucho más claro;
cerrado, sensación de pérdida.

cofrecillo, secreto vergonzoso;
abrirlo, secretos útiles;

encontrarlo, un momento afortunado;
verlo, su secreto está seguro.

coger, *alguna cosa,* ganar con seguridad;
flores, espíritu sereno;
frutos, deseos ocultos.

cohete, carácter orgulloso, fuerte, imprevisible;
de señalización, falsa seguridad, necesidad de ayuda;
interplanetario, debe controlar sus impulsos;
pirotécnico, manifestaciones de fuerza que no presentan peligro;
subir, posibilidad de grandes males.

cojear, algunas indecisiones pueden costar caras.

cojo, *que se ha caído,* caerá en una grave crisis;
ser cojo, no consigue estar a la altura de los demás;
verlo, desgracia en la familia.

col, se siente acomplejado;
comerla, no está tramando nada bueno;
cultivarla, está manteniendo una relación sentimental.

cola, establecimiento de lazos sólidos;
usarla, alguien procurará unírsele;
volverla, ocasión de establecer una amistad profunda.

cola, gran instinto;
de caballo, éxito inesperado;
de paja, pronto o tarde se descubrirá todo;
de un animal, envidia a quienes no deben respetar las normas sociales;
hacer cola, véase *fila.*

cola de un vestido, una ceremonia importante;
pisarla, un incidente de poca monta comprometerá un negocio importante;
tenerla levantada, se es feliz por la felicidad de otra persona.

colación, es necesario enfrentarse a la jornada con buena voluntad;
hacer una colación, necesita energías para el trabajo.

colada, se siente amenazado por situaciones imprevistas;
hacerla, de vez en cuando es necesario hacer un examen de conciencia;
tenderla, siente una gran necesidad de dar a conocer sus asuntos personales.

colador, debe llevar a cabo la elección adecuada.

colapso, *tenerlo,* necesidad de un tiempo de reposo;
ver a alguien que tiene un colapso, teme por su salud.

colchón, familia, matrimonio;
carecer de colchón, miseria, pobreza;
comprarlo, matrimonio próximo;
nuevo, comienza una nueva vida;

tirarlo, alejamiento familiar;
viejo, ninguna novedad, le molesta el presente.

colección, suele perder bastante tiempo;
de armas, se prepara para golpear a alguien, probablemente no tendrá valor para hacerlo;
de cuadros, riqueza interior;
de mariposas, no sabe cómo ocupar el tiempo;
de medallas, éxitos poco reconocidos;
de sellos, no consigue distinguirse;
mostrarla, necesita que alguien le aprecie.

colecta, *hacerla,* buen ánimo, espíritu de sociedad;
recibirla, sabe que no puede contar con amigos generosos.

colega, *que ríe,* teme haberse equivocado en un trabajo importante;
ver a un colega, temor a ser apartado del trabajo.

colegio, falta de responsabilidades;
estar en el colegio, tiene poco donde elegir;
mandar los hijos a uno, necesidad de calma y tranquilidad;
ser mandados a uno, pequeños castigos.

coleóptero, tiene una sensación de molestia.

cólera, *montar en cólera,* falta de autocontrol.

cólera, enfermedad, periodo muy triste;
tener el cólera, peligro de enfermedad, quizá deberá guardar cama.

colgador, discusiones de poca monta.

colibrí, presagio favorable.

cólico, cuidado con la comida.

colina, véase *cerro.*

colisión entre dos vehículos, véase *choque.*

collage, *hacerlo,* debe procurar que coexistan dos situaciones opuestas.

collar, nuevos encuentros, posibilidad de una relación;
de coral, el matrimonio le dará alegrías y dolores;
de diamantes, probable pérdida de dinero;
de perlas, tristeza y lágrimas;
de plata, pequeña historia de amor;
de oro, grandes desilusiones;
llevarlo, alegría y satisfacción;
recibirlo, debe tomar una decisión;
regalarlo, una promesa importante;
verlo, deseos.

colmena, serenidad en el trabajo.

colmillos, *tenerlos,* decisión y falta de escrúpulos;
verlos, persona sin escrúpulos.

coloquio de trabajo, buenas perspectivas para un trabajo mejor.

color, expresa el carácter;
amarillo, generosidad;
azul, paz, lealtad;
blanco, triunfo de la justicia;
negro, inquietud;
rojo, cólera, venganza;
verde, confianza en la vida;
violeta, suerte.

color del rostro, *pálido,* mala salud;
rojo, emociones, rabia.

colorear, la fantasía proporciona alegrías e imprevistos;
un dibujo, a veces uno imagina la situación mejor de lo que es;
una tela, sólo con fantasía no se alcanza el éxito.

colorete, un amante espera.

coloso, apoyo de una persona importante;
estatua, fascinación por las personas con ideas precisas.

columna, una ayuda sólida;
que se resquebraja, los apoyos no serán de utilidad.

columnata, deseo de amistades estables.

columpiar, dificultad para abandonar una situación agradable;
colgado de un hilo, le gusta el riesgo de una situación incontrolable;
en una mecedora, disfruta el presente sin pensar en el futuro;
sobre una rama, está arriesgando demasiado.

columpio, deseo sexual, infantilismo, indecisión.

coma, *estar en coma,* sentimiento de debilidad e impotencia;
ver a alguien en coma, se rinde a las dificultades.

comadreja, cuidado con las amistades femeninas, pueden dar disgustos.

comadrona, desea tener un hijo;
hablarle, matrimonio inminente.

combate, *participar en un combate,* acepta los desafíos que se presentan;
verlo, prefiere permanecer fuera de las discusiones.

combatir, luchas, problemas, fatigas;
a caballo, posición ventajosa;
armado, posibilidad de alcanzar algún deseo;
con animales, lucha contra los instintos;
con los amigos, las relaciones se están estropeando;
con los familiares, deseo de conquistar su independencia;
con un superior, competir en una situación de inferioridad le resulta estimulante;
cuerpo a cuerpo, discusiones con la persona amada.

combustible, véase *gasolina, queroseno.*

comedero, obtendrá algo sin esfuerzo;
con animales, sostiene solo el patrimonio.

comedia, gran curiosidad;
asistir a una comedia, nostalgia por el pasado;
representar una comedia, dificultad para discernir entre realidad y ficción.

comendador, desagrado ante las formalidades.

comer, necesidad de nuevos estímulos;
al mediodía, buenas relaciones sociales;
animales vivos, agresividad;
carne, seguridad, madurez;
cenizas, tiende a castigarse inútilmente;
comida agradable, está abierto a nuevas experiencias;
comida desagradable, rechaza toda apertura;
comida preparada, confianza en las propias fuerzas;
en compañía, deseos apagados;
dulces, necesidad de afecto;
fruta, preocupaciones por la salud;
hojas, conocimiento de un engaño;
pescado, recibirá nuevas noticias;
solos, aislamiento imprevisto.
verdura, situación estable que produce pocas satisfacciones.

comerciante, poca serenidad;
de obras de arte, atracción hacia las labores creativas;
hablar con uno, desconfíe de quien quiere hacer negocios;
que hace negocio, posible pérdida de dinero;
ser comerciante, cuidado con los engaños;
ver a un comerciante, hará óptimos negocios.

comerciar, problemas económicos.

comercio, buenas relaciones sociales;
hacerlo, es considerado, sociable y simpático.

cometa, es necesario seguir los consejos de quien más sabe;
verlo, algunos consejos que le darán le ayudarán a superar una situación difícil.

comicios, *asistir a unos comicios,* sensación de ser engañado;
participar en unos comicios, le gusta hacerse oír.

cómico, *serlo,* desea que le tomen en broma;
ver a un cómico, sentido del humor.

comida, deseos satisfechos;
comerla, mejoras en el carácter;
familiar, satisfacciones cotidianas;
de lujo, deseo de novedad.
rechazarla, mala salud.

comisaría, riñas y castigos;
estar en una comisaría, temor ante riñas por causa de su comportamiento;

ir a una comisaría, advierte sus errores.

comisario, será querido y temido;
serlo, deseo de venganza.

cómoda, afecto por los familiares;
antigua, establecerá lazos con la tradición;
estropeada, deterioro de las relaciones familiares.

compaginar un libro, quiere dar sentido a sus acciones.

compañero, solidaridad, amistad;
de escuela, añoranza de un pasado mejor;
de trabajo, hará carrera con la colaboración de un amigo;
de viaje, si no abandona a los amigos llegará lejos;
estar con un compañero, la soledad le produce desorientación.

compañía, *estar en compañía,* pasará los mejores momentos con los amigos;
ver un grupo de amigos, su carácter le mantiene alejado del grupo.

compartimento, ideas claras;
cambiar de compartimento, rigidez en la emisión de juicios.

compartir, *el alimento,* estrecheces superadas positivamente;
la cama, surge en su vida un amor imprevisto;

compás, vida regular.

compasión, sabe escuchar los problemas de los demás sin paternalismo;
por alguien, procure no juzgar;
por un animal, bondad de espíritu.

compatriota, *verlo después de años,* sus relaciones se dirigen hacia su país de origen;
verlo pero no acordarse de quién es, deseo de cortar las relaciones con el pasado.

compensación, *darla,* está convencido de poder resolverlo todo con dinero;
recibirla, sus esfuerzos son apreciados.

competición, muchos obstáculos;
entrar en competición con alguien, está midiendo sus fuerzas.

cómplice, *ser un cómplice,* falta de sentido crítico al apoyar a un amigo;
temer a un cómplice, los amigos serán fuente de problemas.

complot, algo resulta muy oscuro;
participar en uno, falta de sinceridad.

componer, *música,* creatividad, insatisfacción interior;
poesías, fantasía, anticonformismo, sentido artístico.

compositor, *ser,* deseo de manifestar correctamente sus sensaciones;

verlo, aprecio por la correcta expresión de las ideas.

comprar, *a alguien,* sus trucos se descubrirán pronto;
casa, deseo de cambiar radicalmente de situación;
comida, invitados a cenar;
cosas inútiles, cuidado con las adquisiciones;
cosas viejas, nostalgia;
fruta, cuidado con los gastos inútiles;
objetos, deseo de mejorar su situación;
oro, alguien intenta corromperle.

comprensión, buen carácter;
ser comprensivo, absoluta falta de libertad.

comprometerse, no desea ligarse a alguien;
con una promesa, arrepentimiento de haber hecho algo.

compuerta, representa una manera de defenderse;
alzada, posibilidades de conseguir algo;
bajada, periodo desfavorable.

comunicar, *con gestos,* fantasía y espíritu de iniciativa;
con palabras, es taciturno y poco sociable.

comunidad, *estar en,* tiene la oportunidad de conocerse a fondo;
familiar, seguridad en la familia;
religiosa, se sacrificará por sus amigos;
vivir en una, se presentan graves problemas económicos.

comunión, *hacerla,* se siente maduro e informado.

concebir, *hijos,* tendrá grandes responsabilidades;
nuevas ideas, grandes proyectos, es hora de ponerlos en práctica.

concertista, tiene capacidad para hacerse oír;
serlo, necesita que le escuchen.

concierto, ideas muy confusas;
dirigirlo, deberá tomar decisiones importantes.

concluir, *un negocio,* debe tener cuidado con las ganancias demasiado fáciles;
un tema, se siente vacío, sin ideas.

concubina/o, relación sólida.

concubinato, cuidado con una noticia triste.

concurso, ansia de trabajo, miedo a ser superados;
de belleza, vanidad, provocación;
de carreras, se juega el futuro económico;
ganarlo, tendrá influencia sobre los demás;
inscribirse, necesidad de aprovechar todas las oportunidades;
para un trabajo, con un poco de interés encontrará un trabajo interesante;

para una bolsa de estudios, acepte las ayudas de las que depende su futuro.

conde, *serlo,* deseo de vencer los complejos de inferioridad;
soñar casarse con un conde, debe mejorar con su esfuerzo;
ver un conde, espíritu romántico.

condena, *a muerte,* iniciar una vida mejor requiere grandes sacrificios;
a presidio, falta de esperanzas en el futuro;
a trabajos forzados, siente el trabajo como una gran carga.

condenado, sentimiento de culpabilidad por acciones pasadas;
estar, peligro grave;
ver a un condenado, satisfacción por haber evitado un asunto peligroso.

condenar, exceso de cinismo al emitir juicios.

condensación, *verla en los cristales,* objetivos poco claros.

condesa, una mujer fascinante.

condicionar, *a alguien,* ejercicio del poder contra los débiles;
estar condicionado, falta de seguridad en las propias ideas.

condimentar, intentará mejorar la situación.

condimento, necesita algo más para hacer agradable la vida;
usar mantequilla como condimento, tratándose de placer, no repara en gastos.

condolencias, *hacerlas,* espíritu sincero;
recibirlas, algo no funciona en la familia.

condominio, *habitarlo,* sentimiento de soledad, incluso entre mucha gente;
verlo, gusto por la vida social.

conducir, necesidad de ser juzgado;
de paseo, pasará momentos alegres;
por la mano, ataduras con los padres.

conductor, *lento,* quien manda no está a la altura de las circunstancias;
ver a un conductor, confianza en una persona;
verlo conducir de un modo peligroso, divergencia de opiniones;
verlo conducir en sentido contrario, temor ante las personas imprevisibles;
verse conducir en sentido contrario, es testarudo y persevera en el error.

conductor de tren, autobús, véase *cochero.*

conejo, inocencia;
blanco, tendrá éxito gracias a las buenas amistades;
negro, problemas graves;
ser un conejo, indecisión;
ver muchos conejos, la originali-

dad de las ideas puede llevar los proyectos a buen puerto.

confabular, *ver a alguien,* se está organizando una broma a sus espaldas;
verse confabular con los amigos, pronto tendrá nuevas ideas que comunicar.

confeccionar, quiere hacer las cosas de una vez por todas;
un regalo, no conviene olvidar una fiesta importante.

conferencia, seguridad en el futuro;
oírla, pronto llegará un importante encargo.

conferir un encargo, tiene la intención de traspasar algunas responsabilidades.

confesar, sentimiento de culpabilidad.

confesarse, complejo de culpabilidad;
con la madre, todavía depende mucho de la familia;
con un amigo, confíe en aquellas personas que saben mantener los secretos;
con un desconocido, necesita hacerse oír;
con un sacerdote, nadie osará criticar sus gestos.

confesionario, no tiene la conciencia limpia.

confesor, *serlo,* desea descubrir un secreto ajeno.

confeti, pequeñas satisfacciones;
lanzarlo, alegría, fiesta;
recogerlo, deseo de recordar las alegrías pasadas.

confianza, cuidado con ser excesivamente confiado;
dar confianza, se considera una persona honesta;
tener confianza, la bondad es, a veces, peligrosa.

confiar, complacencia ante la confianza que despierta en los demás;
animales, acuerdos con los amigos;
dinero, la salud es óptima;
niños, disponibilidad y confianza;
objetos, pérdida segura;
un nombre, no es conveniente hablar de los ausentes;
un secreto, no hable en voz alta.

confidente, necesita que alguien le escuche;
de la policía, cuidado con los intercambios que realice.

confinamiento, vida muy limitada;
confinar a alguien, tendencia a interferir en los asuntos de los demás;
estar confinado, se siente controlado;
ir a confinamiento, llega un periodo de poca libertad.

confirmación, aumento de las responsabilidades;
darla, las noticias oficiosas son falsas;

tenerla de algo, la inseguridad desaparece lentamente.

confirmar, debe confiar las responsabilidades a alguien.

confiscar, alguien intenta quitarle lo que tiene;
la casa, envidias de los vecinos;
vestidos, enfermedad.

confites, es momento de confesar los deseos;
azules, nacerá un niño;
blancos, próxima boda;
comerlos, no sea maligno;
muchos, cuidado con las personas ingratas;
rosa, nacerá una niña.

confitura, véase *mermelada*.

conflicto, *estar en conflicto con alguien,* soportará la situación sin protestas.

confortar, sentimiento de tristeza y falta de convicción;
a otra persona, alguien necesita seguridad, pero no puede dársela;
ser confortado, los amigos siempre están cerca.

confundir, necesita alejar la atención de un determinado tema, ideas poco claras;
las cartas, está engañando a alguien;
los indicios, teme que se descubran sus trucos.

confusión, situación dura;
de objetos, falta de concentración en el trabajo;
entre dos personas, problemas de identidad;
mental, falta de madurez, indecisión;
provocarla, se hablará de usted;
sentirla, no soporta enredos y confusiones;
verla, problemas a la vista.

congelador, envidia a quienes disponen de tiempo para pensar.

congelar, *algo,* debe contemporizar;
carne, ruptura con la pareja.

congestión, relación equivocada con la comida.

congreso, conocimientos útiles;
asistir a un congreso, no crea todo lo que se dice;
hablar en uno, quisiera ser interpelado con más frecuencia.

conjura, *en contra suya,* manía persecutoria;
organizarla, sentir envidia por alguien.

conjurar, *a alguien,* temor ante la necesidad de pedir ayuda;
ser conjurados, deseo de ser indispensable para alguien.

conmocionar, *a alguien,* esta persona se enamorará de usted;
ser conmocionado, una pasión que no le deja razonar.

conocedor, *hablar con uno,* busca pareceres famosos;
serlo de algo, gran profesionalidad.

conocido, *mujer,* sus intenciones no son claras;
 un hombre, cree conocerlo pero se equivoca.

conquistador, *serlo,* sentimiento de envidia hacia los que tienen fuerza y decisión;
 verlo, temor ante los riesgos que le esperan.

conquistar, deseo de aventuras;
 a alguien, está enamorado;
 algo, cuidado con los riesgos;
 un territorio en guerra, deseo de venganza por una ofensa sufrida.

consagración, dispone de mucho poder en sus manos;
 de un obispo, se considera muy importante;
 de un sacerdote, periodo positivo;
 de una monja, es hora de pensar en el matrimonio.

consagrar, desearía que le pidieran permiso para algo.

consejero, necesidad de consenso para actuar;
 comunal, se desconfía de sus propuestas.

consejo, cuidado con los que le envidian;
 aceptarlo, mantenga la cabeza fría antes de emitir juicios;
 rechazarlo, desconfianza.

consenso, *obtenerlo,* los amigos le quieren;
 para un matrimonio, formalidad, sumisión a las tradiciones;
 perderlo, ha actuado sin escrúpulos.

consentir, *un deseo,* serenidad y disponibilidad frente al prójimo.

conserva, gestos de poca monta.

conservar, *un objeto,* valoración positiva de los recuerdos y del pasado;
 una carta, amor fuerte y sólido.

conservatorio, deseo de expresarse con más corrección;
 estudiar en un conservatorio, sentimiento de envidia hacia los artistas;
 trabajar en uno, buena cultura y buen nivel intelectual.

consignar, *objetos,* poca disposición a hacer favores;
 ser consignados por militares, no hay salida;
 un objeto extraviado, no quiere aprovecharse de los errores ajenos;
 una carta, un mensaje, deseo de eludir las responsabilidades.

consorte, véase *mujer, marido.*

conspirar, está meditando una decisión peligrosa;
 véase *conjura.*

constelación, proyectos difícilmente asequibles.

consternación, dificultad para ayudar a alguien.

constiparse, pérdida progresiva de intereses y de amistades.

constricción, sentimiento de opresión.

construcción, trabajo realizado;
en ruinas, periodo desafortunado;
reestructurarla, deseo de mejorar el carácter;
sólida, porvenir seguro;
vieja, lleva algún tiempo desorientado.

construir, está trabajando para el futuro;
grandes edificios, proyectos imponentes;
la casa, presagio favorable, se ha superado un periodo difícil;
un mueble, deseo de autosuficiencia;
un puente, brillante superación de los obstáculos;
un rascacielos, ideas pretenciosas;
un recinto para animales, instintos controlados;
una cabaña, tiempo de meditación;
una carretera, maduración, camino tranquilo;
una casa pequeña, el bienestar llegará lentamente.

cónsul, *serlo,* con experiencia se pueden dar buenos consejos;
verlo, persona de doble vida.

consulado, *ir a un consulado,* necesidad de personas influyentes;
trabajar en uno, buena disposición para ayudar a los demás.

consultar, *un libro,* está a la altura de las circunstancias;
un médico, nuevas preocupaciones.

consultor, *tenerlo,* dificultad para tomar decisiones;
serlo, se siente orgulloso de su nivel cultural.

contabilidad, *registro de cuentas,* cuestiones peligrosas.

contable, preocupaciones financieras;
hablar con un contable, se necesita una persona clara y precisa;
serlo, temor a equivocarse.

contador, precisión y coherencia;

contagio, necesidad de estar solo;
contagiarse, desconfianza ante las personas desconocidas.

contaminar, *algo,* se considera mal confidente;
ver algo contaminado, miedo a lo desconocido.

contar, necesidad de consejos;
desgracias, transmitirá su ansiedad a los demás;
dinero, temor a los ladrones;
hechos, ser realista y sincero;
los días, situación insoportable;
una aventura, causará una buena impresión, pero durará poco;
una fábula, véase *fábula.*

contemplar, falta de condiciones para actuar rápidamente;
a alguien, gran emotividad;
algo, las cosas bellas le emocionan.

contenedor de basura, inutilidad;
echar algunos objetos, quiere librarse de recuerdos desagradables;
verlo, muchas cosas le parecen inútiles.

contestar, espíritu de contradicción.

contienda, surgirá un adversario amoroso.

contorsionista, admiración ante la capacidad para mantener la calma;
serlo, debe estar preparado para todo.

contra el viento, *caminar,* superación de un pequeño obstáculo;
correr, estar en desventaja desde la partida;
navegar, la experiencia y la atención resultan útiles.

contrabajo, armonía sentimental;
tocarlo, desea a una mujer que no ve desde hace tiempo.

contrabandista, riesgos en negocios poco claros.

contrabando, se está jugando el todo por el todo;
de cigarrillos, se ha enriquecido a costa de los demás;
de licores, no es merecedor de la felicidad que ha conquistado.

contradecir, *a alguien,* se le considera poco crítico;
al marido o a la mujer, relación dinámica o destinada a durar.

contrapelo, *acariciar a contrapelo,* espíritu airado.

contrato, se siente muy vinculado a alguien;
anularlo, pronto será libre;
de alquiler, volverá a casa tras un largo viaje;
firmarlo, desea que le deban un favor;
hacerlo, desconfianza ante las palabras.

contravención, alguien ha descubierto sus defectos;
hacerla, es crítico y polémico;
pagarla, es sincero consigo mismo y con los demás.

conturbar, véase *turbar.*

contusión, cuidado con los esfuerzos físicos.

contusiones, procurarlas, sinceridad y lealtad;
recibirlas, es necesario mantener la calma.

convalecencia, le esperan momentos de calma.

convalidar, *un billete,* se siente bien si imita a los demás.

convencer, grave prepotencia;
a alguien, necesita apoyo;
convencerse uno mismo, inseguridad e indecisión.

convento, necesidad de paz y meditación;
ir a un convento, necesidad de cambiar su modo de vida;

verlo, su vida es demasiado movida;
vivir en un convento, está madurando lentamente.

conversación, buenas relaciones sociales;
animada, defiende sus opiniones con firmeza;
apagada, vida monótona, aun cuando cueste admitirlo:
con amigos, situación agradable y serena.

conversión, *religiosa,* aspectos algo oscuros del carácter.

convertir, *a alguien,* no soporta a quien tiene ideas distintas de las suyas;
ser convertidos, hay personas muy intolerantes en el entorno.

convivir, temor ante lo que piensen los vecinos.

convocar una audiencia, desea que los amigos le den la razón.

convulsiones, *tenerlas,* perderá el autocontrol a consecuencia de un disgusto;
ver a alguien padecerlas, un amigo le dirá claramente lo que piensa de usted.

coñac, una velada entre amigos;
beberlo, pasará horas agradables.

cooperar, solidaridad.

coordinar, pronto deberá realizar tareas importantes.

copa, *beberse una copa,* es demasiado pretencioso;
de helado, necesidad de dulzura;
de mesa, si no se deja influir negativamente alcanzará el éxito;
de oro, la avidez puede ser perjudicial;
de plata, disfrutar de lo que se tiene es la base de la felicidad;
de un árbol, cree juzgar mejor a los demás;
entregar una copa, admite el éxito ajeno;
ganarla, deseo de llegar muy lejos;
llena, la ocasión que estaba esperando ha llegado;
vacía, toda prudencia es poca;
verter vino en una copa, tomará una decisión que no le corresponde.

copia, *de un contrato,* desconfianza hacia los demás;
de un documento, meticulosidad;
de una carta, necesidad de recodar lo que se ha dicho.

copiar, desconfía de su capacidad, poca fantasía e inventiva en los negocios;
apuntes, momentos de análisis importantes;
de un libro, resultará acusado de plagio;
en la escuela, inseguridad no superada;
un comportamiento, falta de sinceridad;
un libro, reflexiones inútiles.

copla, véase *poesía.*

coracero, siente el peso de la autoridad.

coral, un afecto sincero;
collar de coral, véase *collar.*

Corán, *leerlo,* nuevos estímulos;
oírlo, encuentro con un extranjero.

coraza, carácter poco sociable;
construirla, algunas desilusiones le han conducido a la soledad;
perderla, sensación de estar expuesto a peligro;
tenerla, la falta de comunicación conduce a la pérdida de amigos.

corazón, símbolo del amor;
que late, emociones, estar a la espera de la persona amada;
roto, la persona amada le abandonará;
sano, equilibrio y tranquilidad;
tener el corazón herido, amor no correspondido;
tener el corazón sangrante, sentimiento de ofensa y desprecio;
tener mal de corazón, estar profundamente enamorado;
tenerlo de oro, generosidad.

corbata, sensación de bloqueo ante una situación embarazosa;
cortarla en pedazos, participará en el matrimonio de un amigo;
de lazo, anticonformismo, pequeñas vanidades;
no encontrarla, temor a no estar a la altura de las circunstancias;
quitarse la corbata, poco a poco irá sintiéndose a gusto.

corchete, trampas astutas.

corcho, falta de seriedad;
objetos de corcho, se toma a la ligera algunas cuestiones.

cordel, temor a quedar atado a una agradables situación;
romperlo, final de una relación insatisfactoria;
usarlo, lazos provisionales.

cordero, *acariciarlo,* la fortuna está cerca;
comerlo, una aventura sentimental le proporcionará disgustos;
comprarlo, está a punto de conquistar la felicidad;
matarlo, no se deje llevar por falsos consejos;
verlo pacer, satisfacciones de los hijos.

corista, se realiza en grupo.

cormorán, desilusión.

corneja, habladurías a sus espaldas;
que canta, una situación nueva.

cornisa, *caminar sobre una cornisa,* se atreve demasiado y se sobrevalora;
sentarse sobre una cornisa, quiere demostrar algo;
verla, temor ante el peligro.

cornucopia, suerte y éxito;
tenerla, alguien que conoce le resultará agradable.

coro, sentido de la armonía;
cantar en un coro, intervención adecuada.

corola de una flor, sensibilidad.

corona, grandes ambiciones;
con piedras preciosas, recibirá un regalo hermosísimo;
de espinas, le ofenderán;
de flores, tristeza;
de laurel, gloria y respeto;
de oro, sometimiento a la autoridad;
tener una corona en la cabeza, premio, reconocimiento;
verla en la cabeza de alguien, envidia.

coronar, gratitud exagerada;
a la madre o al padre, respeto excesivo por la familia;
a la pareja, no se muestre demasiado dependiente;
ser coronado, sentimiento de incomprensión; está convencido de merecer mucho.

coronel, le complace ser obedecido sin discusión;
serlo, deseo de mejorar la situación.

corpiño, desea sexualmente a una persona;
desabrochado, vía libre.

corral, pronto volverá con la familia para unas vacaciones;
a la sombra, sólo se siente seguro en casa;
al sol, horas felices;
lleno, los amigos necesitan hablarle;
salir del corral, necesidad de enfrentarse a los imprevistos;
vacío, tal vez sus padres estén muy solos;

vivir en un corral, conformismo;
volver al corral, estar arrepentido de una elección precipitada.

correa, poder y engaño;
de reloj, hábito de puntualidad;
de transmisión, debe mantener los contactos con gente importante;
pegar con una correa, espíritu violento e incapacidad de expresarse con palabras;
quitarse la correa, se siente amenazado por alguien.

corredor, representa los distintos departamentos de la mente;
corto, se halla cerca de la solución de los problemas;
cubierto, tiene mucho camino por delante;
largo, el camino se presenta largo y fatigoso;
molesto, tiene dificultad para madurar;
recorrerlo, tendrá una visión más completa de sí mismo.

corredor, prudencia en las iniciativas;
automovilístico, se expone pero llegará lejos;
serlo, se aprovecha de una situación;
verlo, una persona en la que no confía.

corregir, *a alguien que habla,* se siente superior, pero en el fondo es descortés;
una tarea, espíritu de observación;
un juicio, está aprendiendo a no ser autoritario.

correo, tensión ante la llegada de algunos cambios;
esperarlo, espera noticias de una persona amada;
ir a la oficina de correos, impaciencia;
leerlo, tranquilidad ante las buenas noticias;
recibirlo, desea que le escriban;
serlo, tendrá conocimiento de todo.

correr, *desesperadamente,* conflictos internos;
desnudos, se ha dejado robar sin darse cuenta;
en una carrera, se juega el todo por el todo para ganar un desafío;
ver a alguien, novedad muy agradable;
verse, procure no ser impulsivo.

correría, aventura sentimental.

correspondencia, *imprevista,* pérdida financiera;
tener mucha, es lo que desea;
tener poca, necesidad de aislamiento.

corrida, *participar en una corrida,* demostración de valor;
verla, es usted fácilmente impresionable.

corriente, *de agua,* energía;
eléctrica, desperdicio de energías;
ser arrastrado por una corriente, se exige demasiado.

corsario, no tiene escrúpulos;
serlo, desea ser menos escrupuloso.

cortar, pérdida de una oportunidad;
árboles, grandes disgustos;
cortarse con un cuchillo, se está perjudicando;
cortarse las uñas, deudas saldadas;
el césped, instinto de destrucción;
la cola a un animal, quitar a alguien una oportunidad;
la hierba de un prado, es esencial y decidido.
la lengua, impide a alguien que hable;
los cabellos, deseo de perjudicar a alguien;
los dedos, tristeza en la familia;
tela, satisfacciones que durarán poco;
tener la lengua cortada, imposibilidad de expresarse.

corte, ambiente confortable y rico;
habitar en la corte, satisfacción con su situación económica;
ver la corte, envidia ante una situación económica floreciente.

cortejar, *a alguien,* ganancia inesperada;
a una persona desconocida, riesgos inútiles;
ser cortejados, cuidado con los aduladores.

cortejo, desea tener un gran apoyo;
de protesta, se deja llevar por los demás;
fúnebre, mala suerte;
nupcial, su encanto resulta fascinante.

corteza, peligros superados;
de pan, situación modesta;
de queso, situación económica poco boyante;
de una herida, problemas resueltos;
fina, aunque parezca cínico, en el fondo su espíritu es generoso;
quitarla, desea conocer el verdadero carácter de alguien;
tenerla, es insensible;
terrestre, nada es sólido y definitivo;
verla, considera que alguien es insensible.

cortina, existe algo que oculta a todos.

cortocircuito, algo le ha hecho perder la cabeza.

corzo, *matarlo,* es frío y calculador, actúa por interés;
verlo, el equilibrio adecuado entre trabajo y reposo proporciona sensación de bienestar.

cosaco, tiene mucha imaginación.

cosecha, buena, esfuerzos premiados;
escasa, esfuerzos inútiles, exceso de impaciencia.

coser, deseo de paz;
un vestido, armonía recobrada;
no acabar una labor de costura, sus esfuerzos serán inútiles.

cosméticos, *usarlos,* se preocupa por el aspecto físico;
verlos, desconfía mucho de las mujeres.

cosmonauta, *serlo,* está a la búsqueda de nuevas ideas;
verlo, envidia hacia los que pueden ver y conocer.

cosmos, *estar en el cosmos,* se siente parte de una realidad incomprensible;
verlo, se siente el centro del mundo.

cosquilleo, disgustos... agradables.

costa, *bordear la costa,* poca tendencia a profundizar en las cosas;
costear a nado, indecisión;
costear en barca, temor a descubrir algo;
costear en navío, dificultad para analizar las cosas.

costilla, representa el cuerpo humano;
romperla, sufrirá pequeñas enfermedades.

costura, *verla,* los roces no se han eliminado por completo;
ver una costura descosida, los rencores todavía están vivos.

costurera, ambiente sereno creado por la madre.

covacha, una posición segura, pero poco prometedora;
estar en una covacha, temor y falta de éxito;
ver a alguien en una covacha, sospechas infundadas hacia una persona.

coyote, una persona engañosa;
que ulula, alguien se burla.

coz, un golpe inesperado;
dar una coz, provocará mucho desorden;
recibirla, alguien le ofenderá;
recibirla de la pareja, será expulsado de mala manera.

cráneo, no percibe los peligros que le rodean;
roto, deberá resolver graves problemas;
verlo, su inteligencia le permitirá realizar buenos negocios.

crear, sobrevalora sus posibilidades;
en sentido artístico, buen momento para pintores y escultores.

crecer, mejora social;
rápidamente, carrera rápida y satisfactoria;
ver crecer a los hijos, nostalgia del pasado;
ver crecer una planta, percepción del paso del tiempo.

crédito, *dar crédito,* quisiera recompensarse con un regalo;
tener crédito, exceso de confianza;
recibirlo, seguridad, tranquilidad.

creer, *en una persona,* amistad sincera;
en los periódicos, ha de tener una confianza ciega;
en todo, ingenuidad.

crema, debe sospechar del exceso de bondad;
comerla, no se fíe de las apariencias;
prepararla, desea causar buena impresión.

crepúsculo, momentos de soledad;
contemplarlo, romanticismo;
verlo llegar, llegada de un periodo tranquilo.

cresta, símbolo de potencia sexual;
alzar la cresta, es muy susceptible;
de gallo, deseo de mandar;
tener cresta, es irascible o desea el poder.

cresta de una montaña, *estar sobre la cresta,* debe elegir rápidamente;
ver la cresta, sensación de inestabilidad.

creta, *manipularla,* está mejorando,
verla, posibilidad de cambios.

cría, *de gatos,* los hijos se independizan,
de perros, los hijos se mantienen cerca,
verla, deseo de tener familia numerosa.

criado, se siente poco importante;
serlo, se desprecia y no confía en sí mismo.

criminales, *encontrarlos,* dificultad para relacionarse con los demás;
que cometen un delito, graves complejos de culpa;

que entran en casa, muestra un aspecto que odia de su carácter;
ser un criminal, falta de confianza en uno mismo.

crin, *pegarse a la crin,* intenta evitar los errores;
ver la crin, deseos reprimidos;
verla ondear al viento, deseo de libertad.

cripta, pensamientos ocultos;
abrirla, se librará de los secretos angustiosos;
verla, temor a que descubran sus secretos.

crisálida, grandes cambios;
ser una crisálida, le esperan momentos de amor y felicidad;
verla, es posible mejorar;
verla que se abre, el entorno está cambiando.

crisantemo, recuerdo de los difuntos;
llevar crisantemos, fidelidad eterna;
regalarlos, promesa de amor.

cristal, no se deje fascinar por la aparente perfección;
de nieve, se desvanecerá su confianza en una gran persona;
roto, desilusión ante una persona que había considerado leal y honesta;
vaso de cristal, las cosas hermosas son muy frágiles.

cristo, necesidad de apoyo y de confianza;
invocar a cristo, graves dificultades.

criticar, *a alguien,* intolerancia;
a un amigo, no confía en nadie;
algo, espíritu de observación.

crítico, se vanagloria de ser imparcial.

croar, palabras sin sentido.

cromar, procura mejorar las circunstancias.

cronometraje, considera que el tiempo es dinero.

cronómetro, siempre teme perder el tiempo.

crucero, *hacer un crucero,* viajando se descubren nuevas perspectivas;
tomar el billete para uno mismo, problemas en el ámbito laboral;
véase *encrucijada.*

crucificar, tener aspiraciones excesivas crea malestar en su entorno;
ser crucificado, angustias, tormentos, padecimientos.

crucifijo, obligaciones duras, obstáculos que superar.

crucigrama, *no consigue resolverlo,* la confusión le impide ver el camino de salida.

cruel, *serlo,* en realidad, sería incapaz de hacer daño a una mosca;
ver a alguien que es cruel, sentimiento de odio hacia quien causa sufrimiento.

crujido, *de la casa,* problemas que alteran la solidez de la familia;
en la oscuridad, vuelven sus miedos infantiles.

crupier, *serlo,* pérdida de la fortuna.
verlo, cuidado con no arriesgar demasiado en el juego.

cruz, siempre tiene presentes sus obligaciones;
al mérito, sus fatigas serán reconocidas;
llevarla, periodo difícil, incomprensión;
ver que la llevan, está causando sufrimiento a alguien;
verla por la calle, le impondrán una dura carga.

cruzar, *las piernas,* periodo de inactividad.

cuaderno, meditaciones, análisis;
blanco, se siente inseguro;
cerrarlo, ha dejado aparte un problema;
escrito, le atormenta algo de su infancia;
lleno de números, mensajes incomprensibles;
manchado, sentido de culpa;
viejo, recuerdos de infancia.

cuadra, sentido social muy desarrollado;
con caballos, cuidado con los adversarios;
con todo tipo de animales, el éxito llegará con el tiempo;
del ejército, ha vivido las mejores experiencias con sus amigos;
vacía, presagio negativo;

verla, con el tiempo, el trabajo dará sus frutos.

cuadrado, unidad y perfección;
dibujarlo, tiene las ideas claras.

cuadrante, *de un reloj,* lamento por el tiempo perdido.

cuádriga, complacencia ante las competiciones duras.

cuadrilla, confusión de sentimientos;
bailar una cuadrilla, cambio de pareja.

cuadro, *antiguo,* recuerdos de familia;
arrancar un cuadro, no agradece la ayuda;
colgarlo, reconocerá una vieja amistad;
comprarlo, una elección difícil provoca ansiedad;
con paisajes, momentos que serán recordados con alegría;
con retratos, satisfacciones de larga duración;
mirar muchos cuadros, satisfacciones pasajeras;
regalar un cuadro, pronto aparecerán algunas dificultades;
verlo, aprecia a un amigo.

cuadrúpedos, desprecio hacia los que considera inferiores;
en movimiento, hace progresos rápidamente;
parados, periodo feo en los negocios.

cuarentena, será aislado durante un largo periodo;

pasarla, se verá obligado a muchas renuncias;
salir de una cuarentena, se siente liberado de un gran peso.

cuaresma, periodo de renuncias.

cuartel, es necesario poner los pensamientos en orden.

cuarteto, acuerdo entre amigos;
sonar, armonía y equilibrio en grupo;
verlo tocar, desea una amistad serena.

cuarzo, seguridad y firmeza.

cuatro, buen augurio, vida sincronizada con la naturaleza.

cuatrín, véase *dinero.*

cubierta, *de un libro,* no se fíe de las apariencias;
leerla, superficialidad y riesgo al elegir;
que falta, cuidado con los enredos.

cubierto, *añadido a la mesa,* un amigo que no ve desde hace tiempo;
quitarlo, enfermedad de un familiar.

cubiertos, *de hierro,* vida tranquila y seguridad económica;
de madera, ama la tradición y no desea cambiar;
de oro, éxito y estimación;
de plata, ama el lujo pero no lo quiere demostrar;
tener muchos, lujo y riqueza;

utilizar los cubiertos, sentimiento de embarazo en los banquetes públicos;
utilizarlos mal, temor a que descubran sus defectos.

cubil, seguridad en el ámbito familiar;
de un animal, alguien que se oculta para causar perjuicio;
estar en un cubil, la inseguridad conduce a muchas renuncias.

cubo, *dibujarlo,* evolución de la personalidad hacia la perfección;
verlo, perfección, solidez.

cubrirse, *con pieles,* desea mostrarse distinto a como es;
el rostro, un peligro cercano;
los ojos, gran susto.

cucaña, *árbol de la cucaña,* sueños infantiles;
escalar la cucaña, satisfacciones de poca monta.

cucaracha, presagio de enfermedad;
aplastarla, justa reacción ante una situación negativa;
en la propia cama, acusaciones fuertes;
ver muchas cucarachas, mal momento para la salud, se avecina una enfermedad peligrosa.

cuchara, necesita afecto y comprensión;
de plata, abundancia y armonía en la familia.

cucharón, buena situación económica.

cuchichear, la astucia puede ser perjudicial.

cuchillada, *darla,* las discusiones le llevan a la pérdida del autocontrol;
recibirla, un ser amado será el causante de un gran disgusto.

cuchillo, *afilado,* se presenta una buena oportunidad;
despuntado, necesidad de ser más fuerte de lo que se es;
roto, sensación de impotencia;
tener un cuchillo en la mano, posición de superioridad;
verlo, peligro cercano.

cuco, cuidado con los ladrones;
que canta, amistades molestas.

cucurucho, no quiere desvelar sus sentimientos;
comerlo, momentos agradables;
resistente, éxito, la meta está cerca.

cuello, es mejor razonar antes de actuar;
coger por el cuello, chantajeará a alguien;
cortado, desgracia en la familia;
dolor de cuello, salud delicada;
largo, buen conocimiento del terreno, tendrá éxito.

cuello de camisa, teme que le consideren superficial;
abierto, no debe realizar declaraciones aventuradas;
sucio, miedo a no estar a la altura de las circunstancias;
usado, fuerte sentimiento de inferioridad.

cuenco, siente la necesidad de protegerse;
con agua, preferencia por la seguridad y el reposo.

cuenta, *no poder pagarla,* dificultad a la hora de afrontar las responsabilidades;
pagarla, puede hacer frente a las responsabilidades;
verla, no debe olvidar las decisiones tomadas.

cuentagotas, le resulta difícil hablar con claridad.

cuentaquilómetros, poco a poco podrá llegar lejos.

cuento, *escribirlo,* proyecto realizable;
leerlo, nuevas impresiones.

cuerda, lazo insoportable;
al cuello, sensación de estar gravemente amenazado;
corta, actúe antes de que sea tarde;
cortada, alguien ha querido librarse de los vínculos;
larga, algunos proyectos necesitan tiempo;
rota, libre de obligaciones.

cuerno, *instrumento musical,* se expresa de un modo tosco e impreciso.

cuernos, sentimiento de humillación y ofensa;
hacerlos, su comportamiento será criticado;
tenerlos, exceso de orgullo;
verlos, teme las traiciones.

cuero, *comprarlo,* enfermedad; *cortarlo,* final de una larga amistad.

cuerpo, *delgado,* debilidad, frustración; *estar grueso,* sensación de estar preparado para afrontar las dificultades.

cuervo, desgracias; *ahuyentar a los cuervos,* deseo de alejar el peligro de desgracias; *blanco,* pensamientos claros; *negro,* pensamientos tenebrosos; *ver muchos cuervos que vuelan,* momentos difíciles y desilusiones.

cuesta, necesidad de ayuda para alguien.

cuestión, *debatirla,* susceptibilidad y sentido crítico.

cuestionar, deseo de eliminar malentendidos persistentes.

cuidado, *tener cuidado,* siempre tiene lo que desea.

culebra, se trama algo en contra suyo; *ser mordido por una culebra,* traición por parte de un amigo sincero.

culo, *descubierto,* inseguridad; *ver el propio culo,* no deje pasar la suerte; *ver un culo,* suerte.

culpable, gran sentido de la justicia; *serlo,* complejo de culpabilidad.

culto, *de la propia persona,* vanidad; *hacia una personalidad,* es muy influenciable; *practicar un culto extraño,* nuevos conocimientos, nuevas perspectivas.

cumpleaños, tendrá muchos amigos alrededor; *olvidar un cumpleaños,* falta de sentido del tiempo.

cumplido, *hacerlo,* poco aprecio por las personas aduladoras; *recibirlo,* alguien quiere adularlo.

cuna, deseo de tener hijos; *que se balancea,* los deseos de maternidad o paternidad se verán pronto satisfechos; *sin el niño,* deseos no realizados.

cuneta, debe ser más flexible.

cuña, necesidad de profundizar en los demás.

cuñado/a, ningún problema en la familia; *discutir con el cuñado,* no hay motivos para crear problemas en la familia.

cuota, un compromiso permanente; *pagar la cuota,* dificultad para hacer frente a sus deudas; *vencida,* falta de confianza en sí mismo.

cupido, periodo triste desde el punto de vista sentimental;

sentirse, involuntariamente provocará el nacimiento de un amor;
vendado, amor ciego.

cúpula, negocios afortunados.

cura, *que bendice,* preocupación por la salud;
ser cura, nunca consigue expresar lo que quiere;
verlo, recibirá grandes reconocimientos.

cura, *hacer una cura,* desconfía del consejo de los amigos;
termal, no es enfermedad sino cansancio lo que tiene.

curación, periodo de felicidad tras duras pruebas;
augurarla, aconseja a un amigo un periodo de reposo;
para un enfermo, no es bueno arriesgar demasiado.

curado, una persona que da buenos consejos.

curandero, *relacionarse con un curandero,* trabajará con personas poco honestas;
ser un curandero, dará un paso en falso y se descubrirán sus trampas.

curar, sobrevalora sus posibilidades.
los problemas de alguien, falta de atención a los asuntos propios;
un animal herido, es necesario prestar más atención a los sentimientos.

curiosear, indiferencia ante los secretos ajenos;
en una casa ajena, no soporta que lo hagan en su casa.

curioso, *serlo,* no obra con malevolencia;
verlo, cuidado con los que quieren entrometerse en sus negocios.

curtir pieles, deseo de mejorar el entorno.

curva, una nueva orientación en la vida;
en codo, un brusco cambio puede ser motivo de dolor;
no verla, se ha perdido la oportunidad de cambiar;
ver muchas curvas seguidas, periodo de grandes cambios.
tomarla en coche sobre dos ruedas, riesgos inútiles.

curvar, no teme a los cambios.

D

dactilógrafo/a, constancia en los negocios;
que escribe, para triunfar es necesario un largo trabajo;
serlo, para alcanzar una buena posición será necesario un duro trabajo.

dados, se presentarán muchos imprevistos;
ganar, si juega lo perderá todo;
jugar a los dados, no es sensato arriesgar más de lo que se tiene;
perder, momento de suerte.

dalia, difícilmente podrá evitar las habladurías;
en flor, es motivo de murmuraciones.

daltónico, visión pesimista de la vida.

dama, *jugar a las damas,* alguien procura engañarle;
señora, un encuentro muy agradable;
ver a alguien que juega a las damas, acepta lo que otros han decidido por usted.

damasco, *tela de damasco,* alguien en la familia está confundiendo las cosas.

danza, un trabajo pesado le reportará satisfacciones;
campestre, preocupaciones familiares;
clásica, armonía, equilibrio interior;
de enmascarados, no se obstine en aparentar que es distinto;
del vientre, una situación poco clara;
exótica, no consigue comprender las reacciones de los que tiene cerca;
moderna, deseo de demostrar algo;
rechazar una danza, exceso de modestia.

danzar, carácter extrovertido;
ver danzar, exceso de pasividad.

daño, *encontrar la causa de un daño,* ha llegado a la raíz de sus problemas;
no encontrar la causa, falta de capacidad de análisis;
provocar un daño, no sabe cómo impedir algo;
tener el automóvil dañado, algo que no identifica detiene sus acciones;
tener el reloj dañado, falta de sentido del tiempo, desperdicia sus días.

dañar, *a alguien,* los celos son malos consejeros;
algo, falta de sentido de la oportunidad.

daño, *causar daño,* victorias inútiles;
causarse daño, deseo de autocastigo;
moral, grandes desilusiones.

dar, alegría interior;
algo, buena predisposición hacia el prójimo;
de beber, reunión de amigos;
de comer, alguien depende de usted;
objetos preciosos, voluntad de conquistar la amistad de alguien;
sangre, véase *sangre.*
un regalo, véase *regalar;*
una cuerda, confianza;
una propina, seguridad en sí mismo;

dardo, una iniciativa equivocada desde el principio.

dátiles, un amor dulce;
comerlos, muchos momentos de alegría;
ver una palmera datilera, un viaje con la persona amada.

debate, *asistir,* la atmósfera familiar es a veces algo tensa;
participar, confía en sus posibilidades.

debatirse, *de una presa,* una obligación insoportable.

deber, *cumplir con el deber,* equilibrio, madurez;
no cumplirlo, sensación de culpa, no necesariamente por el trabajo.

debilidad, *sentirla,* actuación injusta.

debilitarse, bajada de tensión;
un color, miedo de olvidar emociones agradables;
un sueño, miedo a una pérdida afectiva.

debutar, llegan los primeros éxitos;
ver debutar a alguien, envidia de los éxitos ajenos;
ver debutar a un hijo, sus deseos familiares se han cumplido.

decaer, poca suerte en los negocios, pero la situación no es dramática;
ver decaer a un amigo, ha sido el causante de un gran disgusto.

decapitar, *a alguien,* se acerca la ruptura de una antigua relación;
a alguien de la familia, no quiere reconocer su autoridad;
a un animal, la debilidad puede empujar a acciones sin sentido;
ser decapitados, alguien alejará a la persona que ama.

decidir, en realidad está muy inseguro.

decisión, quisiera tener más poder.

declamar, defiende sus ideas a toda costa;
en voz muy alta, es intolerante y vanidoso.

declaración, *de amor,* le gusta sentirse halagado;
de guerra, odio mal reprimido.

declinar, *las normas,* cuidado con la justicia.

declive, una experiencia dolorosa;
bajarlo, todo tipo de facilidades;
descenderlo, olvida con frecuencia los momentos pasados;
deslizarse, pasará un mal momento;
rocoso, los imprevistos alteran la situación;
subirlo, dificultad de larga duración;
sufrirlo, con bastante trabajo podrá alcanzar una buena posición.

decocción, *beberla,* disgusto por un castigo;
preparar una decocción, procure remediar sus errores;
verla, alguien quiere ayudarle.

decolorar, véase *descolorir.*

decorador, alguien le descubrirá el lado bello de las cosas;
serlo, su alegría mejorará la atmósfera doméstica.

decorar, *algo,* ser cuidadoso en el trabajo reporta satisfacciones;
objetos antiguos, utilice su capacidad para ser original;
vasos, mejora amorosa.

decretar, *algo,* exceso de seguridad, los amigos no le aprecian;
una condena, toma decisiones que no le corresponden.

dedal, una pequeña protección;
de oro, una ayuda preciosa;
ponerse un dedal, temor ante las pequeñeces.

dedicar, *un libro a alguien,* un afecto sincero;
una canción a alguien, amor pasajero.

dedicatoria, *escribirla,* desea conquistar la amistad de alguien;
leer una dedicatoria, se siente halagado;
pedirla, siente fascinación por la generosidad de un amigo.

dedos, *de los pies,* pequeñas molestias;
heridos, enfermedad;
perderlos, pérdida del puesto de trabajo;
tener demasiados, es demasiado exigente consigo mismo;
verlos sanos, la habilidad manual puede reportar mucha riqueza.

defecar, ganancias inesperadas;
al aire libre, ganancias en un trabajo que no es el suyo;
en casa, cambios de casa;
en la cama, quiere un pretexto para abandonar a la pareja;
en la iglesia, es recordado con desprecio;
en público, provocará un gran escándalo.

defecto, *físico,* indecisión, incoherencia;

tener muchos defectos, tiene muchos complejos que le hacen sufrir;
tenerlo, un complejo de inferioridad;
ver un defecto en otro, quiere desacreditar a alguien por celos.

defectuoso, *ver un objeto defectuoso,* incapacidad para actuar correctamente;
comprar un objeto defectuoso, el defecto está en usted mismo;

defender, no acepta compromisos;
defenderse ante la necesidad de responder a determinadas acusaciones, reconoce sus límites;
un niño, toma partido por una persona inocente;
una idea, cambia con frecuencia de posición;
una persona, es causante de sus propios problemas.

déficit, sería razonable controlar a quien lleva la contabilidad.

deformar, *un objeto,* está mintiendo;
un objeto de metal, decisión de modificar algo.

degollar, teme ser capaz de hacer cosas terribles;
a alguien, placeres fugaces;
a un animal, es muy impresionable;
ser degollados, miedos irracionales.

delantal, desea permanecer alejado de algún asunto;

lavarlo, olvida aquello que no le concierne;
llevar puesto un delantal, no quiere comprometerse;
perderlo, falta de protección.

delator, *interrogarlo,* cuidado con las falsas alarmas;
ser informador, pérdida de amistades;
véase *espía*.

delegar, *a alguien,* confíe en los amigos;
ser delegado, percibe que le cargan de responsabilidades.

delfín, alegría, buen humor;
dar de comer a un delfín, en los momentos de ocio da la talla;
fuera del agua, símbolo desfavorable;
que juega en el mar, necesidad de jugar con los amigos.

delgado, pobreza, falta de dinero;
comprar animales delgados, acepte la experiencia de aquellos con los que realiza negocios;
si se es grueso, puede representar sólo un deseo;
ver animales delgados, negocios pésimos;
ver los amigos delgados, la situación de miseria va más allá de su persona;
verse delgado, pérdida económica y enfermedad.

delincuente, ansia, miedo, momentos difíciles;
enfrentarse a un delincuente, los problemas sólo se resuelven afrontándolos;

serlo, temor ante los imprevistos;
verlo, no consigue reprimir sus instintos.

delineante, desea tener un trabajo claro y gratificante.

delirar, se expresa libremente;
oír a alguien delirar, descubrirá la verdad.

delito, no actúe de modo imprudente;
cometerlo, en realidad no reacciona ante las injusticias sufridas;
participar en un delito, se ha dejado implicar en un asunto turbio;
ser víctima de un delito, alguien le quiere perjudicar;
verlo, está obsesionado por un pensamiento.

demoler, *una casa,* se ha roto una relación que duraba desde hace años;
un puente, ha decidido *romper el puente* con el pasado.

demolición, momento de crisis en el que se rompen los contactos con el pasado.

demonio, véase *diablo*.

demostrar buena voluntad, desea obtener confianza.

denigrar, no admite que quiere mucho a una persona.

dentadura postiza, intenta por todos los medios defender su imagen;
quitársela, burlarse de la propia imagen.

dentífrico, *usarlo,* está a punto para defender sus posiciones;
verlo, tiene a su disposición lo que le sirve.

dentista, *serlo,* deseo de dominar el miedo que le bloquea;
verlo, teme que alguien le ponga obstáculos.

denunciar, *a alguien,* quiere mostrar más seguridad de la que tiene;
a un magistrado, teme ser incriminado por algo;
públicamente, llama a otros para que certifiquen su honestidad.

depender, *económicamente de alguien,* deseo de independencia.

dependienta, se deberán afrontar pequeños sacrificios;
serlo, alguien se sacrificará por usted.

depilarse, véase *pelos*.

depositar, procure no forzar demasiado una situación;
dinero, superará un periodo de angustia y miedo;
equipajes, se ha suspendido un viaje.

depravado, sufre una gran confusión mental;
verlo, una gran desilusión le ha provocado grandes problemas de identidad.

depresión, *tenerla,* se ha paralizado un proyecto y se siente sin objetivos.
ocasionársela a alguien, temor a ser molesto y triste.

depurador, gran sentido crítico.

depurar el agua, vigile, no se deje influenciar negativamente.

derecha, conciencia, intelecto;
ir a la derecha, acciones precisas y razonables;
para un joven, maduración.

deriva, *andar a la deriva,* no tiene lazos con el mundo que le rodea.

derramar, un sentimiento incontenible;
agua, pérdida de ocasiones;
vino, ardor y alegría incontrolables.

derrengado, falta de equilibrio.

derribar, determinación frente a las dificultades;
un muro, no se arredra ante nada.

derrochar, está convencido de haber hecho gastos equivocados.

derrota, poca decisión, pérdida aparente, final de una amistad;
infligirla, su valor será premiado.
padecerla, es necesario conquistar algo de valor;

derrumbamiento, *provocarlo,* vaya con cuidado, porque usted será el causante de su propio fracaso;
verlo, fracaso de los proyectos;
verse alterado por uno, proyectos perjudicados por una dificultad imprevista.

desabrido, *comida desabrida,* falta de entusiasmo.

desabrochar, abra su espíritu;
desabrochar los vestidos de alguien, obliga a que le revelen algunos secretos;
desabrocharse los propios vestidos, revisión de secretos.

desaconsejar, alguien interfiere obstinadamente en sus negocios;
a la madre, periodo desafortunado en los negocios;
a los hijos, siente el peso de las responsabilidades;
al cónyuge, problemas económicos;
al padre, quiere ocuparse de cuestiones económicas.

desacreditar, dedica el tiempo a charlas inútiles;
a alguien, causará daño inútilmente;
ser desacreditado, complejo de inferioridad.

desactivar una bomba, gracias a su intervención, una pareja volverá a unirse.

desafiar, *a duelo,* deseos de destacar;
a puñetazos, agresividad mal reprimida;
en el juego, riesgos previstos.

desafío, odio, asco, combatividad;
aceptarlo, exceso de seguridad en sí mismo;
perderlo, falta de confianza en sí mismo;
vencerlo, complejo de superioridad.

desagraviar, *a alguien,* quiere tener la conciencia tranquila;
ser desagraviados, siente deseo de serlo.

desaguar, *un río,* gran pérdida económica;
una marisma, empiezan los éxitos.

desahogarse, decir lo que no se tiene valor de decir;
con un amigo, necesidad de un confidente.

desahucio, *realizarlo,* desafío desde una posición de fuerza;
recibirlo, futuro incierto.

desalojar, sentirá ciertas molestias y fastidios;
animales, percepción clara de lo que se quiere;
enemigos, valor y temeridad;
un solar, eliminación de todo aquello que no es útil;
una casa, un nuevo periodo comienza;
una sala, mejora del carácter;
ratas, discusiones familiares.

desangrar, *a alguien,* ha ocasionado su ruina;
desangrarse, hacer un gran esfuerzo.

desanimarse, no se debe escuchar a quien sabe menos que uno.

desaparecer, siente la necesidad de librarse de todas las responsabilidades;
hacer desaparecer objetos, ser demasiado exigente con uno mismo lleva a la insatisfacción.

desarmado, *en la guerra,* se siente indeciso y excluido;
frente a un peligro, dificultad para dar una buena respuesta;
ser desarmado, sensación de impotencia.

desarmar, *a alguien,* el odio ajeno se combate con buenos razonamientos;
un ladrón, rapidez y sentido de posesión.

desarreglado, *serlo,* inconformismo, desconfianza;
verlo, admiración por aquellos que toman caminos peligrosos.

desastre, excesivo miedo a equivocarse.

desatar, ruptura de mutuo acuerdo con la pareja.
desatarse, deseo de actuar de forma independiente;
un animal, podrá expresarse libremente;
un paquete, excesivas ilusiones;
una persona, concede libertad de acción.

descalificar, *a alguien,* capacidad para alejar a quien no es de su agrado;

ser *descalificado,* será verá alejado de sus amigos a causa de pequeños abusos.

descalzo, véase *zapatos.*

descantillar, *los ángulos,* deseo de abandonar tanta rigidez.

descargado, eliminación de un problema;
arma descargada, momentos de dificultad.

descargar, *descargar objetos,* una ayuda le costará cara;
descargarse de un peso, tras muchas tensiones llegarán momentos de tranquilidad;
una culpa sobre otro, sentir el peso de las responsabilidades;
ver descargar, su posición le permite no preocuparse por los trabajos pesados.

descarnar, aprovechamiento de las circunstancias.

descartar, en el sentido de dejar aparte; principios rígidos;
ser descartados, falta de confianza en uno mismo;
un paquete, novedad.

descarrilamiento, se ha librado de los planes que tenían para usted;
grave, su inconformismo le ha llevado a un punto crítico;
hacer descarrilar un tren, fin de los proyectos de un amigo.

descender, posee una gran flexibilidad;

a un lugar desconocido, ha ocurrido algo inexplicable;
de un automóvil, retorno de un viaje importante;
de una escalera, véase *escalera;*
del caballo, empeoramiento de la situación económica;
en sentido general, una situación poco convincente.

descifrar, *un documento,* temor a ser engañado;
una caligrafía, no comprende a quien le habla;
una carta, un mensaje importante pero oscuro.

desclavar, vuelve a una decisión que creía definitiva.

descolorar, una situación agotada;
un vestido, insistencias perjudiciales.

descolorir, sensación de perder el tiempo;
descolorirse el rostro, véase *palidecer;*
los vestidos, quisiera que el tiempo pasara con rapidez.

descomponerse, angustia por el futuro.

descongelar, está preparado para afrontar un problema que había olvidado;
comida, oportunidades favorables.

desconocido, *hostil,* enemistades imprevistas;
verlo con buenas intenciones, ayuda inesperada.

descontento, *sentirlo en el ambiente de trabajo,* sentirse acusado;
sentirlo en la familia, percibe que su conducta ha sido incorrecta.

descorazonar, influencia negativa sobre los demás;
descorazonarse, gran desconfianza.

descoser, maldad, falta de escrúpulos;
un vestido, ocasiona daños inútiles.

descuartizar, ir al fondo de la cuestión puede resultar peligroso;
a un animal, impulsividad sin límites;
ser descuartizados, alguien será su ruina.

descubrir, de improviso se percibe una situación muy concreta;
algo, potencialidad oculta;
un secreto, véase *secreto.*

descuento, ayudas, facilidades;
hacerlo, aceptación de los compromisos;
pedirlo, no es aconsejable moverse sin ayuda.

descuidar, *a los amigos,* el aislamiento no ayuda a hacer carrera;
a los hermanos, seguridad y autosuficiencia;
a los hijos, deseo de verse libre de responsabilidades;
a los padres, preocúpese por sus negocios;
al cónyuge, búsqueda de momentos de independencia.

desdecir, *una cita,* problemas;
una decisión tomada, ha renegado de las promesas hechas.

desdentado, *estar,* mal augurio.

desdicha, no escuche las falsas amenazas;
tenerla, sensación de estar perseguido, desconfianza en el futuro.

desdoblarse, doble personalidad;
ver doble a una persona, descubrirá un carácter opuesto al que conocía.

desear, *algo,* insatisfacción constante;
a una persona, mala disposición para la renuncia.

desecarse, *ver un terreno desecarse,* pérdida de riquezas.

desembarcar, *a una persona,* sacrificios a costa de los demás;
de una nave, no confíe en lo que tiene;
en un lugar desconocido, comienza un periodo completamente nuevo.

desembrollar una madeja, véase *madeja.*

desenamorarse, una desilusión enorme.

desencarcelar, *a alguien,* concederá algo de libertad;

ser desencarcelado, gozará de libertad y confianza.

desencolar, rotura de un lazo;
una cosa poco encolada, una amistad que ha durado muy poco.

desenmascarar, *a alguien,* intuiciones favorables.

desenterrar, deseo de depurar algo;
un muerto, reanudar amistades que se habían truncado hacía ya bastante tiempo;
un tesoro, mucha suerte.

desenvainar, véase *sable*.

deseo, agotamiento por la falta de sueño;
en sentido físico, indecisiones peligrosas;
en sentido psicológico, alianzas duraderas.

desertor, se niega a obedecer las órdenes;
serlo, antes que ceder prefiere cambiar de trabajo.

desfallecer, *alguien,* momentáneamente queda eliminado un adversario;
caer desfallecido, desconfianzas pasajeras.

desfigurar, grandes problemas de identidad;
ser desfigurado, algo le ha marcado profundamente.
un paisaje, escasa sensibilidad;
un rostro, celos, venganza;

desfiladero, la situación le desborda.

desflorar, agresividad, deseo de posesión;
a alguien, placeres fugaces;
alguna cosa, ilusiones pasajeras;
ser desflorada, novedad importante.

desfondar, violencia y agresividad;
una puerta, véase *puerta*;
una ventana, impulsividad peligrosa.

desgracia, peligro conjurado;
temer muchas desgracias, personalidad atormentada;
tener desgracia, finalmente percibe sus verdaderos problemas.

desgracias, traumas que devuelven al pasado.

desgranar, véase *guisantes*.

deshacer algo, falta de satisfacción ante los resultados obtenidos.

desheredar, *a alguien,* una grave discusión en la familia;
a los hijos, se angustia por el camino que han elegido;
ser desheredados, ha desilusionado a alguien.

deshielo, vuelta a la tranquilidad.

deshilar, deseo de darse a conocer;
perlé, tristeza pasajera;
un anillo, una relación interrumpida;

ver un deshilado, personas que quieren hacerse notar.

deshojar, sólo considera lo que le es útil;
un árbol, objetivos precisos;
un libro, superficialidad;
un periódico, siente desinterés por todo.

deshollinador, buen augurio;
verlo trabajando, un trabajo ordenado y constructivo.

deshonor, un grave error de valoración.

deshonra, *hacerla,* intento de destacar;
recibirla, personalidad débil.

deshonrar, es un reproche tácito,
ser deshonrado, miedo a no merecer lo que se tiene.

desierto, periodo muy triste;
buscar agua en el desierto, pérdida de contacto con el mundo;
caminar en el desierto, ya no cree en nada, se siente falto de energía;
perderse en el desierto, la soledad proporciona alucinaciones;
ver animales en el desierto, crisis, miedo, desesperación;
ver el desierto, pesimismo ante el futuro.

desilusión, tormento interior;
amorosa, inseguridad, frustración;
en el trabajo, temor ante los adversarios que le impiden un ascenso;

en la familia, sensación de pérdida de autoridad ante la familia.

desinfectante, miedo a las enfermedades.

desinflar, finalmente ve las cosas en su exacta dimensión;
desinflarse, con menos pretensiones podría ser más feliz.

desinterés, *mostrar desinterés por algo,* complejo de superioridad;
mostrarlo por alguien, sabe muy bien lo que está buscando.

desligarse, pérdida de contacto con una persona.

desmayarse, la salud no es óptima, disgustos amorosos.

desmemoriado, *serlo,* temor ante el olvido.

desmentir, *a alguien,* seguridad en uno mismo;
ser desmentido, sabe que no dice la verdad.

desmontar, deseo de aclarar una cuestión;
de un automóvil, verá y analizará lo que le molesta;
del caballo, véase *descender.*

desnivel, teme no estar a la altura de las circunstancias.

desnudar, véase *despojar.*

desnudarse, véase *despojarse.*

desnudo, pobreza e inseguridad;

caminar desnudos, desinterés por algunos aspectos de su carácter;
en la propia casa, momentos de libertad;
estar desnudos, llega un periodo económicamente difícil;
ver gente desnuda, comprensión de aquellas personas.

desnutrido, *serlo,* sentimiento de pobreza espiritual;
verlo, ve la imagen que otros tienen de usted.

desobedecer, personalidad muy fuerte;
a los padres, desea hacerlo pero le falta valor;
a un superior, es irreductible.

desocupado, falta de convencimiento por el trabajo.

desodorante, tiene algo que ocultar.

desolación, graves problemas interiores.

desollar, *animales,* vence a los adversarios;
hombres, se complace en hacer sufrir a aquellos en los que no confía;
véase *pelar.*

desorden, comportamiento reparador;
desordenar, rechazo ante una situación impuesta;
en casa, confusión mental;
encontrarse en medio del desorden, alguien intenta crear confusión.

desorientar, *a alguien,* utilice su habilidad contra los demás;
ser desorientado, miedo a la pérdida de seguridad.

desparramar, *algunos objetos,* indecisión y confusión mental.

despecho, *hacer un despecho,* una pequeña cuestión;
recibir uno, gran susceptibilidad.

despedazar, reacciones excesivas ante las injusticias;
ser despedazados, una dura lucha puede destrozarle.

despedida, afrontará nuevas experiencias;
de la pareja, teme engaños y traiciones;
de un amigo, temor a quedarse solo;
de un enemigo, desea su desaparición;
propia, desea alejarse de la familia.

despedirse, temor a la soledad.

despegar, *no conseguir despegar,* falta de preparación ante nuevas experiencias;
sobre un avión, madurez espiritual;
ver un avión, abandono por parte de alguien.

despeinarse, desorden aparente;
ser despeinados, no se siente a gusto.

despellejar, *a alguien,* venganzas inútiles.

despensa, reservas de energía.

desperdicios, recuerdos desagradables del pasado;
amontonarlos, toma en consideración su pasado;
ser cubiertos por desperdicios, los malos recuerdos siguen vivos;
tirarlos, deseo de olvidar el pasado.

despertador, actividad en aumento;
dar cuerda al despertador, siente el deseo de respetar unos planes en concreto;
no oírlo, la pereza será la causante de la pérdida de grandes ocasiones.

despertar, *a alguien,* sentimiento de olvido, inseguridad;
a un familiar, deseo de ser el centro de atención;
a un muerto, no percibe que algo se ha terminado para siempre;
despertarse, toma de conciencia de la realidad;
ser despertados, noticias que llevan a la reflexión.

despertarse, insensibilidad y falta de atención.

despiojarse, véase *piojos.*

desplumar, una situación ventajosa.
pájaros, se está aprovechando de alguien.

despojar, deseo de descubrir algo.

despojarse, revelación de algo oculto;
despojarse y sentir vergüenza, profundas inseguridades.

despojos, véase *difunto.*

déspota, *serlo,* debilidad de carácter;
ver a un déspota, su fuerza es envidiada.

despreciar, alguien le ha desilusionado;
ser despreciados, falta de comprensión.

desprevenido, *encontrarse desprevenido,* una situación desagradable temida;
serlo, complejo de inferioridad.

despuntado, *un cuchillo,* véase *cuchillo*;
un sable despuntado, véase *sable*;
una hoja, véase *hoja.*

destacar, *entre las demás personas,* procura hacerse notar.

destapar, *un tarro,* curiosidad apagada;
una olla, descubrirá un secreto.

destetar, da independencia a un hijo.

destilar, astucia, habilidad.

destino, *soñar el propio destino,* sentir curiosidad por lo que deparará el futuro;
soñar escribirlo, quisiera llevar las riendas de su vida;

soñar leerlo, su curiosidad no le servirá de ayuda.

destornillador, el trabajo absorbe todas sus energías.

destrucción, inseguridad, desconfianza generalizada.

destruir, impotencia, debilidad;
con rabia, probables discusiones con la pareja;
la casa, le falta valor para marcharse.

desvalijar, aprovechará una situación favorable;
encontrar la casa desvalijada, no se fíe de nadie, periodo de angustia.

desvalorización, véase *inflación.*

desvanecerse, véase *desaparecer.*

desvariar, sentimientos contradictorios difíciles de ocultar;
véase *delirar.*

desvendar, desea saber si sus intentos han dado buenos resultados.

desventura, se siente perseguido por algún pensamiento triste;
sufrirla, pesimismo, se bloquea con rapidez.

desvergonzado, *serlo para un hombre,* pérdida de la reputación;
serlo para una mujer, la suerte no durará demasiado.

desvestir, véase *desnudar;*
desvestirse, véase *despojarse.*

desviación, un imprevisto impedirá seguir con los planes establecidos;
encontrarla viajando en automóvil, su seguridad está en crisis.

desvincularse, liberarse de un estorbo.

detalle, *estudiar los detalles,* falta de visión completa de las cosas;
verlo, empieza a sospechar.

detenido, *serlo,* se siente ligado a un trabajo que no le gusta;
verlo, quisiera llevar a alguien a una situación que muchos consideran como desagradable.

detergente, cuidado con los errores imperdonables;
usarlo, procure olvidar un error imperdonable.

detestar, exceso de rigidez en los juicios;
ser detestados, grave incomprensión.

detonación, no muy lejos ha ocurrido algo grave.

deuda, alguien se acuerda de las injusticias sufridas;
pagarla, tras una discusión llegará el acuerdo;
tenerla, no le asusta su inestabilidad.

deudor, *serlo,* grave inquietud;
verlo, una persona confía en usted.

devastar, su carácter impulsivo aleja a sus amigos.

devoción, *hacia personas,* resulta agradable para algunos amigos, no exagere los agradecimientos; *hacia santos,* necesidad de ayuda.

devorar, *a alguien,* una pasión violenta; *algo,* deseos incontenibles.

día, *festivo,* superará sin problema el cansancio; *lluvioso,* le detendrán pequeños obstáculos; *oscuro,* dificultad momentánea; *sereno,* deseos realizables.

diabetes, buena salud pero debe tener cuidado con los dulces.

diablo, deseo de novedad, cambios en una vida monótona; *combatirlo,* superación de un peligro oscuro; *hablarle,* traición por parte de los amigos; *negro,* problemas financieros; *que nos coge,* desgracias graves; *rojo,* pesadillas y desesperación amorosa; *vencerlo,* suerte, gran fuerza interior.

diábolo, diversiones que pueden convertirse en peligrosas; *jugar,* olvida sus responsabilidades y corre demasiados riesgos.

diácono, una pequeña ayuda muy útil.

diadema, importancia; *llevarla,* exceso de vanidad; *poseerla,* deseo de destacar.

diafragma, pronto habrá una separación; *contraído,* miedo a la maternidad; *verlo,* no comprende lo que le separa de la persona amada.

diagrama, memoria excepcional.

dialecto, sinceridad y espontaneidad; *hablar un dialecto que no se conoce,* cambio de personalidad; *hablarlo,* sensación de estar a gusto; *no comprender el propio,* alguien intenta excluirle; *oír uno desconocido,* sensación de extrañeza incluso en familia.

dialogar, buenas amistades; *consigo mismo,* soledad, momento de crisis.

diamante, ilusiones; *adquirirlo,* deseo de protección; *coleccionar diamantes,* un proyecto largo y difícil; *encontrarlo,* obtendrá felicidad y poder; *falso,* no confía en las apariencias; *perderlo,* periodo de pobreza; *regalarlo,* un sentimiento duradero.

diapositivas, gusto por recrear el pasado; *verlas,* nostalgia de algo o alguien.

diario personal, precariedad que da como resultado inseguridad e insatisfacción;

escribir un diario, dar mucha importancia a los recuerdos;
leerlo, deseo de ser más joven;
mirarlo, conocerá la opinión de quien lo posee;
tenerlo, no olvide lo más importante.

diarrea, momento muy afortunado;
estar en cama con diarrea, probable enfermedad;
imprevista, cambio profundo de ideas;
tenerla en público, se siente fuera de tono por sus ideas.

dibujar, deseo de expresar claramente sus ideas.

dibujo, quiere dar a conocer sus proyectos;
recibir un dibujo, alguien quiere informarle de sus proyectos.

diccionario, actuando ordenadamente se encuentran soluciones;
consultarlo, se aclararán grandes dudas.

dictador, deseo de solucionar de una vez por todas los conflictos internos;
para una mujer, puede ser la figura autoritaria del padre;
que ordena, instinto de supervivencia;
serlo, venganza de una persona débil.

dictar, quiere influir sobre el juicio de otra persona;
un testamento, quiere influir por última vez;

una carta, autoritarismo;
una orden, no permite ningún tipo de discusión.

dientes, símbolo de fuerza y potencia sexual;
con caries, problemas molestos;
lavarlos, quiere enfrentarse a la situación de forma clara;
perder los dientes para un hombre, pérdida de virilidad;
perder los dientes para una mujer, gran cambio en la vida sexual;
perder sólo los caninos, dificultad para llevar adelante la relación;
perder solamente los incisivos, dificultad de aproximación;
tener los dientes de oro, éxito;
ver que alguien se quita los dientes, sensación de ser perjudicado por alguien;
verlos crecer, momento positivo de crecimiento interior.

dieta, sensación de que algo va mal;
congreso, deseo de llegar a una solución pacífica;
estar a dieta, momento de sacrificio.

diez, soledad.

difunto, *amigo,* frustración, inseguridad;
que habla, su conciencia le da buenos consejos;
que llora, graves alteraciones emotivas;
un pariente, sensación de culpabilidad;
ver un difunto, escucha preciosos consejos;

ver un difunto con el rostro triste, pensaba que una grosería había quedado olvidada.

digerir, está analizando algunos consejos;
no conseguir, no acepta algunas imposiciones.

digestión, se refiere a la elaboración psíquica de algunas ideas.

dilapidar riquezas, avaricia.

diligencia, un viaje poco importante.

diluir algo, arrepentimiento por acciones demasiado violentas.

diluvio, está en un momento favorable;
estar en medio de un diluvio, sentimiento de culpabilidad;
morir a causa de un diluvio, desea ser castigado por culpas no cometidas;
universal, perderá todos sus haberes.

dinamita, fuerza, amenaza;
que estalla, demuestre su fuerza de una vez para siempre;
que no estalla, sus amenazas sirven de poco.

dinamo, potencia sexual.

dinastía, *soñar con crear una dinastía,* la riqueza le lleva a perder la razón;
soñar que pertenece a una dinastía antigua, se avergüenza de sus orígenes humildes.

dinero, energía, creatividad del que lo posee;
acumularlo, miseria inminente;
comerlo, enfermedad grave;
contarlo, posibilidad de buenas ganancias;
encontrarlo, óptimo augurio;
ganarlo, pequeñas molestias de fácil solución;
gastarlo, la ruina llegará dentro de poco;
perderlo, presagio de mala suerte y peligro;
prestarlo, momento difícil que se superará con rapidez.

dinosaurio, fuerza e inmovilismo.

dioptría, *tener pocas dioptrías,* situación poco clara;
tener muchas, la situación está clara.

dios, benevolencia, sabiduría, autoridad;
adorarlo, respeto total a la autoridad;
convertirse en un dios, el poder de juzgar le vuelve injusto y vanidoso;
rezarle, no podrá eludir un castigo justo;
verlo, confía en la autoridad y será recompensado.

diosa, *serlo,* para considerarse mejor necesita madurar;
verla, gran importancia de la figura materna.

diploma, necesita confirmar sus posibilidades;
entregarlo, admite el valor de alguien;

recibirlo, seguridad interior;
romperlo, indiferencia ante la opinión de los demás.

diplomáticos, amigos influyentes resolverán una compleja situación.

diputado, *amigo,* espera la ayuda de un amigo influyente;
serlo, necesita ayuda, pero podrá pasar sin ella;
ver muchos diputados, complicaciones, inseguridad.

dique, *que se rompe,* pequeñas cesiones y admisiones;
trabajar para construirlo, necesita seguridad;
ver un dique, una partida o un adiós;
verlo desde lejos, la decisión definitiva ha sido tomada.

dirección, *buscarla,* una persona que no logra olvidar;
escribirla, pérdida de seguridad;
leer la propia, novedades agradables;
olvidarla, lazos débiles con la familia;
preguntarla a un extraño, mejora de conocimientos interesantes.

directo, véase *tren.*

director, gran autoridad y capacidad de organización;
convertirse en director, demasiada ambición puede ser perjudicial;
de orquesta, armonía interior, equilibrio sentimental;
de una compañía de cómicos, en compañía es considerado como poco sociable;
escribir al director, observaciones interesantes;
estar delante del director, grandes méritos o grandes errores;
hablarle, sentimiento de culpabilidad respecto a alguien;
ser el director, gran responsabilidad;
verlo, novedad en el trabajo.

dirigible, *verlo,* sensación de libertad poco duradera;
verlo en una foto, nostalgia de los años pasados;
viajar en dirigible, valor y deseo de aventura.

dirigir, *el tráfico,* poder de decisión pero no de calificación;
un avión, valor y deseo de aventura;
un negocio, objetivos que se pueden alcanzar;
una nave, con la fuerza no conseguirá nada.

disciplina, *ordinaria,* falta de control sobre la situación;
tenerla, desearía ser más decidido.

disco, *comprar un disco,* la atmósfera familiar mejorará;
de música, momentos serenos;
dorado, carácter solar.

discordia, deseo de paz;
con la persona que ama, lazo sólido;
con los amigos, rivalidad, celos;
en familia, la familia le oprime.

discoteca, *ir a la discoteca,* deseo de olvidar algo;
verla, envidia a los amigos.

disculparse, temor ante las consecuencias de sus gestos.

discursear, véase *hablar.*

discurso, *hacer un discurso,* resulta necesario que realice algunas aclaraciones;
político, necesita del apoyo de muchas personas.

discusión, *con el cónyuge,* las discusiones domésticas sustraen tiempo del trabajo;
con los hijos, falta de voluntad y firmeza;
con los padres, conseguirá seguridad e independencia;
con un amigo, deseos de tener la razón.

discutir, falta de ideas claras;
animadamente, todo está en contra;
furiosamente, el rencor no puede durar siempre.

diseccionar, un análisis profundo sobre una persona;
ser sometido a disección, se descubrirán muchas cosas sobre usted.

disensión, *con los familiares,* no se preocupe por las dificultades que encuentre;
sobre el trabajo, no se lamente, la situación es tranquila.

disentería, véase *diarrea.*

disfrazarse, falta de sinceridad;
con los vestidos de otra persona, desea copiar a alguien en quien cree;
ver a una persona disfrazada, descubrirá la falsedad de un amigo.

disgusto, una ofensa sufrida es difícil de olvidar;
provocar un disgusto, se siente culpable y despreciado por los demás;
sentirlo, una situación se ha convertido en insoportable.

disidente, está orgulloso de sus ideas originales.

disipar, véase *dilapidar riquezas.*

disminuido, *mental,* demostrará su capacidad;
serlo físicamente, debe aceptarse tal como es, con virtudes y defectos.

disparar, agresividad explosiva, tensiones nerviosas;
de pie, obediencia ciega;
oír disparar, miedos crecientes.

disparo, está implicado en un conflicto muy a su pesar;
oírlo desde lejos, por lo general se trata de un ruido real que se convierte en un sueño.

dispensar, *a alguien del servicio militar,* tiene mucho poder y no lo percibe.

dispersar, desorientación;
en automóvil, falta de referentes firmes.

disputa, quiere tener razón a toda costa.

distintivo, *llevar un distintivo,* quiere distinguirse;
perderlo, desorientación, inseguridad;
tenerlo, clara identidad;
verlo, juzga a una persona por su aspecto.

distorsión, ha caído en una trampa.

distracción, finge no ver algo.

distribuidor automático, un momento de necesidad.

distribuir, generosidad;
alimento, riqueza;
riquezas, realmente es muy avaro;
vestidos, solidaridad con el prójimo.

distrito militar, preocupaciones por una decisión tomada;
ir, un lazo temporal.

discípulo, véase *alumno*.

disfrazar, no consigue ocultas sus intenciones.

disgusto, falta de maduración.

diva, *serlo,* mal presagio, miseria;
verla, un deseo difícil de realizar.

diversión, deseo de seguridad económica;
con los amigos, sentirse integrado en el grupo;
divertirse, momento positivo.

dividir, *algo con alguien,* buenas relaciones sociales;
dos personas que discuten, no desea tomar posición.

divisa, sujeción al poder de alguien;
llevarla, quiere mostrarse fuerte, o es demasiado rígido;
rota, desacreditar a una autoridad;
ver a un hombre con divisa, se siente obligado a obedecer a quien sea.

divorcio, separación de la familia, del trabajo, de la persona amada;
pedirlo, demasiados problemas e insatisfacciones.

divulgar, *una noticia,* le gusta mostrarse informado;
una noticia secreta, traicionará a un amigo.

doblar, *alcanzar y superar,* se cree invencible;
algo, prepotencia y exceso de autoridad;
la cabeza, se somete a la voluntad de otros;
las rodillas, cesiones;
prestar la voz, teme que otro hable en su lugar;
ser alcanzado y superado, será humillado en un concurso entre amigos;
un pañuelo, tristezas olvidadas;
una barra de hierro, usa todo su poder para resolver una situación difícil;
una carta, pensamientos que quiere dejar aparte;
véase *curva*.

docena, se encontrará entre amigos.

docente, véase *profesor*.

doctor, preocupación excesiva por la salud;
ver a un doctor que le visita, mal augurio, enfermedad;
verlo visitando enfermos, teme por la salud de uno de sus familiares;
véase *médico*.

doctorado, en general, ambiciones y deseos;
obtener el doctorado, un éxito en el amor o en el trabajo;
para los doctores, las dificultades presentes le recuerdan las pasadas.

doctrina, *aprenderla,* descubrirá nuevas cosas;
enseñarla, sus ideas encuentran oposición.

documentar, búsqueda de seguridad.

documento, necesidad de seguridad;
de identidad, inseguridad, personalidad inmadura;
hacerlos, falta de confianza.

dólares, abundancia, riqueza, poder;
gastarlos, se presentan grandes posibilidades.

dolencia, *tener una dolencia imprevista,* aprensiones injustificadas.

dolor, *de cabeza,* debe tomar decisiones importantes;
de dientes, peligro de enfermedad;
de estómago, no ha digerido una riña;
de ojos, una situación confusa;
en los dientes, gran pérdida de energía;
físico, enfermedad por llegar;
psicológico, un momento triste;
sentir un dolor bastante fuerte, puede ser provocado por la angustia.

domador, *serlo,* desearía enfrentarse con valor a los imprevistos;
verlo, situación peligrosa e imprevisible.

domar, arrogancia y sentido de superioridad;
animales, combate los instintos con la fuerza;
animales feroces, reprime sus peores instintos.

doméstica, alguien habla mal de usted.

domesticar, quisiera poder tener más fuerza en todos los aspectos.

domicilio, véase *casa*.

dominar una revuelta, ha vencido sus peores instintos.

dominio, *sobre algo,* teme perder poder.

dones, *darlos,* véase *dar*;
recibirlos, la gratitud de un amigo será el inicio de su fortuna.

dorar, *un objeto,* considera fundamental el aspecto exterior.

dormir, pérdida de contacto con la realidad;
en la iglesia, la salud no es buena;
en pie, gran cansancio;
en un ataúd, momentos de desesperación;
por el suelo, miseria y miedo a la miseria;
ver a un desconocido dormir en el propio lecho, crisis de identidad;
ver a un enemigo dormir, sensación de tranquilidad;
ver a un niño dormir, envidia su tranquilidad;
vestidos, siempre está inquieto por algo
verse a sí mismo, teme por su pereza.

dormirse, *en compañía,* matrimonio a la vista;
en el suelo, quisiera pasar el tiempo sin hacer nada;
por la calle, falta de afecto;
solos, cambiará de ambiente.

dormitorio, *dormir en un dormitorio,* alejamiento de la familia;
verlo, está agotado.

dorso, *de la mano,* expresará una opinión contraria;
de un animal, lo padecerá todo pasivamente.

dote, *preparar la dote,* se casará alguien en la familia;
recibirla, matrimonio seguro;
verla, deseo de casarse.

dragar, está estudiando a fondo el carácter de una persona;
el mar, está intentando comprenderse mejor.

dragón, admiración por lo fantástico;
matarlo, presagio de suerte;
ser perseguido por un dragón, sólo con fantasía encontrará lo que busca;
verlo devorar a alguien, representa sus instintos sin frenos.

drama, representa las dificultades de la vida;
representar un drama, lamento por una situación desafortunada;
verlo, los problemas que le afligen resultarán más claros.

droga, odia la realidad que le rodea;
usar drogas, carácter débil, deseo de nuevas experiencias;
ver a alguien que usa drogas, tristeza, sensación de impotencia.

drogar, *a alguien,* piensa realizar algún acto perverso.

droguería, *estar en una,* sensación de abundancia;
tener una droguería, teme pasar hambre.

dromedario, una ayuda preciosa para la solución de sus problemas.

ducados, *monedas,* fantasías sobre el bienestar pasado.

ducha, deseo y voluntad de renovación;

caliente, momentos de relax;
fría, una mala noticia imprevista.

duda, exceso de seguridad en uno mismo;
manifestar una duda, posee valentía y suele llevar la contraria.

dudar, *de algo,* temor a ser engañado;
de alguien, los amigos que le rodean son sinceros.

duelo, encuentro con una persona;
ganar un duelo, seguridad en sí mismo;
participar en un duelo, problemas de incomprensión y conflictos con la pareja;
perder un duelo, pesimismo, cree que su pareja no cambiará de idea;
ser heridos en un duelo, el problema ha quedado resuelto, pero existen consecuencias desagradables.

dulces, es muy sentimental;
comer muchos dulces, pueden ocurrir pérdidas imprevistas;
comer dulces, romanticismo;
comerlos a escondidas, necesidad de afecto;
robarlos, extrema necesidad de ser amados.

duna, un obstáculo aparente;
subir sobre una duna, esfuerzo inútil.

dúo, vive en perfecta armonía con la persona que ama;
formar un dúo, intenta ponerse de acuerdo con la pareja;
oír un dúo, admira el perfecto equilibrio de una pareja de amigos.

duplicar, *algo,* doble personalidad;
una llave, un amigo se establecerá en la familia.

duque, *serlo,* arrogancia;
verlo, prestigio, importancia.

duquesa, fascinación, autoridad;
serlo, aspira a una mejora social.

dureza, incomprensión, cinismo;
de un objeto, obstinación.

durmiente, calma aparente.

E

ebanista, meticulosidad.

ébano, oscuro presagio.

ebrio, teme no saber controlarse;
estar ebrio, aislamiento, extrañamiento;
que canta, momentos agradables con consecuencias desagradables;
ver una persona ebria, buena señal, suerte;
ver muchas, sentir deseos de evasión;
verse ebrio, periodo desafortunado, la situación está descontrolada.

eccema, miedo a las imperfecciones físicas;
ser afectado por un eccema, algo en su aspecto le hace padecer;
ver a alguien afectado por un eccema, juzga a una persona por su aspecto físico.

echar, *algo,* una decisión importante.

eclipse, momento desafortunado, pérdida de amigos;
lunar, abandono por parte de un amigo sincero;
solar, pérdida de la pareja.

eco, nostalgia, recuerdos;
oírlo, alguien a quien no oye desde hace tiempo aparecerá vivo;
producirlo, las palabras dichas perdurarán largo tiempo.

ecólogo, *serlo,* amor a la naturaleza en todas sus formas;
verlo, falta de contacto con la naturaleza.

ectoplasma, deseo de inmortalidad.

ecuación, *no conseguir resolverla,* descorazonamiento por un pequeño problema del trabajo;
resolverla, un problema complejo se resolverá en breve tiempo.

ecuador, *estar en el ecuador,* un viaje feliz le llevará muy lejos;
verlo, fantasía, soñar con los ojos abiertos.

edad, *preguntar la edad,* valora la experiencia;
si alguien se la pregunta, miedo a ser demasiado viejo.

edición, *leerla,* pronto recibirá una noticia sensacional.

edificar, véase *construir*.

edificio, *resquebrajado,* se resquebraja la seguridad;
verlo, sentido de solidez.

editor, *ser un editor,* quisiera tener más experiencia y conocimientos para resolver una situación difícil.

edredón, seguridad y protección;
colocarlo, no existe ningún temor.

educar, necesidad de consejos y de guía;
a los hijos, claridad de principios;
a otras personas, rigidez, intervención en cuestiones que no le conciernen;
animales domésticos, le satisface obedecer.

efigie, minimiza a alguien.

Egipto, desea vivir una experiencia excepcional.

egoísta, *serlo,* se esfuerza en no serlo;
ver a alguien que se comporta de forma egoísta, generosidad.

ejecución, *capital,* miedo a ser castigado duramente;
de una sentencia, debe pagar por los errores cometidos en la persona que ama;
véase *condena*.

ejecutar una orden, no se atreve a contradecir a quien representa la autoridad.

ejemplo, *darlo,* se considera infalible.

ejército, inseguridad, miedo a los peligros;
armado, honores y grandes reconocimientos;
en la guerra, pérdida de riquezas;
en paz, momento positivo, tranquilidad de ánimo.

elástico, mutabilidad y adaptabilidad.

elecciones, deseo de intervenir y decidir;
administrativas, quisiera que las cosas cambiasen rápidamente.

elector, sentido de responsabilidad.

eléctrica, *central eléctrica,* siente muchas energías positivas;
luz eléctrica, comprensión clara de las cosas;
sacudida eléctrica, una noticia imprevista y dolorosa;
silla eléctrica, momentos de angustia.

electricista, se enfrenta tranquilamente a una situación compleja.

electrodomésticos, siente menos el peso de las labores domésticas.

electrónico, *cerebro,* temor ante la inteligencia de las máquinas.

elefante, está en lo justo, y con su fuerza ganará los conflictos;

amaestrado, falta de arrojo y agresividad;
delante de casa, suerte y éxito;
que entra en casa, debe ser más decidido;
ser amenazado por un elefante, cuidado con la justicia;
ver un elefante muerto, fuerzas agotadas, la suerte se aleja.

elegante, *estar mal vestido entre personas elegantes,* complejo de inferioridad;
ser elegante, se siente a su aire entre los demás;
serlo entre personas mal vestidas, tendencia a destacar;
ver a una mujer elegante, admiración, gusto por el aspecto exterior.

elegir, *a un representante político,* sentirse partícipe de una decisión importante.

elenco, simboliza la capacidad de recordar;
leerlo, memoria perfecta;
reunirlo, hace esfuerzos por recordar;

elogio, manifieste su apoyo;
dirigido a usted, le gusta sentirse alabado;
fúnebre, la persona temida no le puede perjudicar;
hacer un elogio, desea evitar conflictos.

eludir, *a alguien,* falsedad que no admite;
a sí mismo, no se quiere afrontar una situación delicada;
la vigilancia, sentirse bajo control;
una demanda, tener mala conciencia de algo.

emanciparse, *para un hombre,* maduración, independencia;
para una mujer, conciencia del propio papel.

embajador, una noticia agradable está a punto de llegar.

embalar, negocios interesantes;
algo, cambios, novedades;
muebles, deseo de grandes cambios, transferencias.

embalsamar, tomará una decisión definitiva;
a un animal, bloqueo de un posible peligro;
ser embalsamado, se siente obligado y prisionero de algo.

embarcación, *en un lago,* la pereza bloquea la creatividad;
en el mar, deseo de resolver la vida de una vez para siempre;
en el río, cambios aparentes;
llena de gente, confusión en el plano afectivo.

embarcar, *agua,* presagio de pequeños incidentes;
animales, suerte, bienestar económico;
mercancías, demasiada palabrería inútil.

embarcarse, novedad, alegría, suerte;
estar triste, la melancolía y la nostalgia le harán volver pronto;
para un largo viaje, comenzará una nueva vida;

para un paseo, pequeños cambios en la familia.

embarrar, *a alguien,* se arruinará en poco tiempo;
a uno mismo, está arruinándose usted mismo;
ser embarrados, las acusaciones infamantes causan perjuicios;

embellecer, *ver a alguien embellecido,* aprecio por cosas no valoradas anteriormente;
verse a sí mismo, mejora del carácter, madurez.

émbolo, angustia creada por una pequeña alteración.

emboscada, *sufrirla,* usted será víctima de un complejo de persecución;
tenderla, ansia e inseguridad.

embotellamiento, *de tráfico,* se verá obstaculizado por personas que creía amigas.

embriagarse, el exceso de impulso puede producir daños económicos;
con licores, dificultad para controlar las acciones;
con vino, desorientación, sensación de culpa.

embriaguez, se siente liberado de una preocupación.

embrollo, *amoroso,* necesidad de una relación sólida y duradera;
repararlo, confusión mental;
verlo, confianza ciega en una persona.

embudo, pronto sabrá qué decisión tomar;
romperlo, situación confusa, dificultad para solucionar los problemas rápidamente.

embuste, véase *mentir.*

embutir, exagera la situación;
un cojín, falsa tranquilidad;
un objeto, falta de sinceridad;
un panecillo, pequeñas satisfacciones.

emerger, tras un periodo muy duro encontrará la paz.

emigrante, *serlo,* deberá iniciar un temido viaje;
verlo, le resulta difícil tomar decisiones definitivas.

emigrar, grandes cambios en la vida, principalmente en el trabajo.

emocionarse, timidez, falta de control.

empalizada, necesidad de protección;
abatirla, desea cortar los puentes con el pasado para vivir libremente;
construirla, intento inútil de defenderse;
estar en el interior de una empalizada, tranquilidad y ausencia de temores;
estar fuera, está fuera de peligro y no tiene defensas;
saltar una empalizada, se enfrenta con valor a los peligros;
verla, una protección que se puede convertir en un peso.

empanar, busca remedios para una situación desagradable.

empeñar, *algo,* lazos que en el futuro pueden resultar molestos;

emperador, *hablar con el emperador,* promoción en el trabajo;
serlo, deseo de poder;
verlo, respeto por la autoridad.

emperatriz, representa la autoridad materna;
desobedecer a una emperatriz, rechazo a las normas familiares.

empleado, *contratarlo,* el trabajo será más agradable;
serlo, le pesa cualquier compromiso.

empleo, véase *trabajo.*

empobrecer, pérdida de afectos;
de improviso, la persona amada le abandonará.

empolvar, quiere mostrar su mejor lado;
empolvarse, tiene muy en cuenta su encanto.

emprendedor, *serlo,* una gran decisión en el campo del trabajo.

empresario, su poder desencadena luchas ajenas.

empujar, desea algo a toda costa.

empuje, *darlo,* prepotencia y agresividad;
recibirlo, sufrimiento a causa de pequeñas injusticias.

empujón, *dar un empujón,* desea hacerse valer a toda costa;
darlo a una persona, prevaricaciones;
darlo a una puerta, decisión peligrosa;
recibir un empujón, sufrirá la prepotencia de una persona fuerte.

empuñar un arma, ha decidido reaccionar ante una ofensa.

emular, *a alguien,* insatisfacción por la propia condición.

enamorada/o, soledad, necesidad de diálogo;
acompañar a dos enamorados, envidia;
ver a dos enamorados que se besan, tristeza, sensación de exclusión;
ver a unos enamorados, se siente excluido de una situación agradable;
véase *pretendiente.*

enamorarse, deseo de una historia de amor;
de la propia pareja, una relación duradera;
de un desconocido, deseo de novedad;
de un viejo amigo, necesidad de seguridad;
de una cosa, es muy impulsivo.

enano, insatisfacciones, falta de realización personal;
en el circo, sus debilidades procuran diversión a los demás;
serlo, se siente en posición desventajosa;

verlo, compasión ante una persona débil;
volverse enano, disminución de las posibilidades.

encabritarse un caballo, alguien desobedecerá sus órdenes.

encadenar, *a alguien,* un blanco fácil impedirá hablar;
encadenarse, pacto a disgusto;
ser encadenado, un lazo duradero, para algunos el matrimonio.

encajar, *algo,* firma de un sólido contrato.

encaje, poco trabajo y mucha fantasía;
hacer encaje, coquetería, cuidado por los detalles.

encajes, superficialidad;
hacerlos, procura distraer a alguien;
vestirse de encajes, desea mostrarse mejor de lo que es.

encallarse, *con una nave,* cuidado con el exceso de optimismo, llegan graves problemas.

encaminarse, *con amigos,* momentos agradables en compañía, una ayuda preciosa;
hacia casa, periodo tranquilo;
hacia una meta, constancia y fuerza de espíritu le ayudarán en la empresa que afronta;
solo, sentimiento de autosuficiencia.

encantador, tiene mucha credibilidad, cuidado con no perderla.

encantamiento, *hacerlo,* deseo de poder;
sufrirlo, falta de control, cuidado con las influencias.

encantar, *a la persona amada,* se considera fascinante;
a los amigos, falsedad;
serpientes, gran capacidad de persuasión.

encantarse, *delante de cualquier cosa,* sensibilidad y fascinación ante lo imprevisto.

encargar, *a alguien que haga algo,* desaparecen algunos problemas.

encasillar, *a algunos individuos,* necesita poner orden en la mente.

encendedor, quiere parecer mejor de lo que es.

encender, *la luz,* no consigue encontrar solución a los problemas;
un cigarrillo, inseguridad, piensa que no acierta;
un encendedor, cuidado con tergiversar las cosas;
un fuego, se necesita más tranquilidad;
un horno, prefiere permanecer en su ambiente;
una vela, periodo alegre e irreflexivo.

encerar, costumbres modestas;
encerar la mesa, desea evitar esfuerzos inútiles;

encerrar, *a alguien,* un adversario que no puede resultar perjudicial;
algo, introversión y celos;

en la propia casa, dificultad para conservar las amistades;
en una institución, pérdida de libertad;
estar encerrados, se presentan muchas dificultades.

encía, *que duele,* miedo a tener un revés en la fortuna;
que sangra, pérdida segura de riqueza;
sin dientes, no tendrá ayuda en los momentos difíciles.

enciclopedia, *consultarla,* pide consejo a personas muy cultas;
escribirla, está organizando su saber de un modo muy útil;
verla, confía en su preparación cultural.

encina, riqueza y fuerza de espíritu;
abatir una encina, superará a una persona fuerte y equilibrada;
hojas de encina, recibirá reconocimientos y honores;
seca, agotará sus fuerzas.

encinta, *estarlo,* superación de una dificultad, ahora el periodo es positivo;
véase *gravidez.*

encogerse, problemas de salud.

encolar, *algo,* nacerá una sólida relación;
algo en la pared, no confía en su memoria;
dos pedazos de papel, deseo de ocultar algo;
pegarse las manos, imposibilidad de actuar.
véase *pegar.*

encontrar, buen augurio, posibilidades inesperadas;
a una persona, una alegría inesperada;
a un amigo, tiene algo que decirle;
a un enemigo, el miedo le atormenta;
a una persona importante, estar a la espera de grandes favores;
a una persona muerta desde hace tiempo, gran deseo de volver a verla, quizás alguna sensación de culpabilidad;
encontrarse a sí mismo, comprenderá mejor cómo se juzga;
un objeto perdido, optimismo, un buen momento;
un objeto precioso, dinero ganado.

encrucijada, gran indecisión;
pedir informaciones, falta de independencia;
quedarse quieto, periodo de crisis, cuidado con los pasos en falso;
seguir una indicación en el cruce, cuidado con el instinto;
tomar un camino, tras algunos titubeos los proyectos llegan a buen fin.

encuadernador, consejos de orden práctico;
serlo, orden exterior.

encuadernar, es cuidadoso con lo que posee;
libros, vuelva a ordenar las ideas.

encuentro, buenas relaciones sociales;

203

encuentro casual, una sorpresa agradable;
encuentro programado, grandes proyectos;
estar con los amigos, pasatiempos agradables;

enderezar, *algo,* cambiará algo para mejorar.

endulzar, dificultad para mantener un ritmo de vida tan ajetreado.

enebro, una pequeña manía;
bayas de enebro, buen criterio para los negocios;
encontrarse entre muchos árboles, una situación complicada;
usarlo en la cocina, cuidado con los detalles.

enema, situación molesta;
hacer un enema, satisfacción.

enemigo, *abrazarlo,* han desaparecido los temores;
combatirlo, la decisión es una media victoria;
darle la razón, el miedo puede llevar a la renuncia de ideas;
encontrarlo, momentos de angustia;
muerto, crisis resuelta;
que amenaza, agiganta los peligros;
ser besados por un enemigo, engaños y traiciones;
tener muchos enemigos, manía persecutoria;
vencerlo, con sufrimiento se superan los obstáculos.

enfadarse, en ciertas ocasiones resulta difícil controlarse;

con los padres, todavía no se ha independizado;
por celos, inestabilidad e inseguridad sentimental;
por negocios, temor a las pérdidas.

enfermedad, tristeza, inseguridad;
de la pareja, un error cometido puede haber causado dolor;
de los familiares, dudas, sentimiento de culpabilidad.

enfermera, una persona le ayudará a resolver los problemas.

enfermo, *asistirlo,* quiere remediar un error cometido;
estar enfermo, necesidad de comprensión;
estar enfermo en la cama, ansiedad, necesidad de reposo;
moribundo, miedo a determinadas circunstancias de la vida;
que duerme, falta de apoyo en el trabajo;
que llora, valor y fuerza de espíritu;
tener el corazón enfermo, sufrimiento a causa de una pasión secreta;
ver a un enfermo, miedo a las desgracias;
visitar a uno, teme por las condiciones de un amigo;
visitar enfermos, sentimientos de piedad.

enfrentarse, *a animales feroces,* hostilidad en el entorno;
a enemigos, complicaciones, probablemente en el ámbito sentimental.

enfurecerse, agresividad incontrolable;
ver a uno enfurecerse, provocará una discusión.

engancharse, *en algo,* cansancio a causa de las luchas laborales, necesidad de reposo.

engañar, *a alguien,* agresividad manifiesta;
a los familiares, no se preocupe por las conveniencias,
a un amigo, falta de escrúpulos, deseo de venganza;
al fisco, una venganza poco motivada;
ser engañados, desconfía básicamente;
véase *embrollar.*

engastar, *una piedra preciosa,* pondrá de manifiesto una cualidad.

engranaje, un mecanismo independiente;
engrasarlo, cree que tiene poder de decisión;
ser cogidos en un engranaje, una vez iniciado un proyecto, no habrá marcha atrás;
ser triturado por un engranaje, pérdida de autonomía y libertad.

engrasar, falta de afecto;
algo, se le facilitará una tarea;
animales, previsión y sentido de los negocios;
un engranaje, todo funcionará mejor;
un motor, está preparando las condiciones ideales para un proyecto.

engreimiento, cree estar enamorado.

enharinar, adulaciones;
algo, falta de sinceridad;
enharinarse, intento de ocultar los defectos;
estar enharinado, se muestra distinto de lo que es.

enigma, una cuestión le atormenta;
resolverlo, descubrirá la verdad de una cuestión compleja.

enjabonar, *a otros,* le ilusiona engañar a los demás;
ser enjabonados, se siente condicionado por los demás;
uno mismo, intento de apartar los remordimientos;
vestidos, procura mejorar.

enjaezar, *un asno,* infortunio;
un caballo, desea cambiar de vida;
un mulo, obstinación.

enjambre, solidaridad, sociabilidad;
de abejas, buen augurio;
de avispas, está rodeado de personas que lo valoran;
ser picados por un enjambre, algunas personas se unirán contra usted.

enjuagar, cambios, deseo de mejorar.

enloquecer, hay que tener cuidado con el exceso de trabajo; falta de adaptación a los estímulos externos.

enmarcar, tiene presente un hecho o una persona;
la propia fotografía, egocentrismo;
un cuadro, cuidado con sus bienes;
una fotografía, no quiere perder una amistad.

enmascararse, chismes en su haber, aparece distinto a como es.

enmohecer, *ver un alimento que enmohece,* sensación de no llegar nunca a tiempo.

enojarse, le falta fuerza para reaccionar, pero podrá enfrentarse a una discusión desagradable.

enojo, exceso de calma;
desahogarse de un enojo, está cansado de sufrir.

enredar, *a alguien,* tomar una venganza;
enredarse en algo, un obstáculo imprevisto llevará a una pérdida de tiempo;
enredarse uno mismo, inseguridad, indecisión;
ser enredados, debe confiar en su instinto;
un hilo, intento de confundir las ideas;
una madeja, aumenta la suerte.

enredo, sospechas y traiciones;
provocarlo, falsedad;
sufrirlo, está preparando una venganza.

enrejado, aparecen obstáculos invisibles;
cortarlo, existen los medios para superar los obstáculos;
saltarlo, buen espíritu de iniciativas frente a las dificultades;
tenerlo de frente, percibe las dificultades que tiene delante.

enriquecerse, *haciendo negocios,* temores sin base;
por herencia, preste mayor atención a los asuntos familiares;
robando, hace falta algo de diplomacia.

enrollar, una situación incontrolable;
el papel, demasiada prodigalidad puede resultar ruinosa;
ver enrollar a alguien, su ruina es imparable;
verse enrollar, no consigue reaccionar tras haber elegido el camino equivocado.

enrollarse, necesidad de protección.

enroscarse, asume una posición de defensa.

ensalada, *comerla,* enfermedad;
cultivarla, escasos resultados;
limpiarla, resulta sospechoso;
verla, buena salud.

ensangrentarse, mal presagio;
el rostro, graves incidentes;
las manos, una acción criticable;
los vestidos, no podrá mantenerse fuera de una situación conflictiva.

ensartar, va a embarcarse en un negocio de éxito;

el hilo en la aguja, centrará sus objetivos con precisión;
perlas, momentos tristes;
un anillo, creará fuertes lazos sentimentales.

ensenada, deseo de paz;
ancha, buenas relaciones con el otro sexo;
desierta, deseos de soledad;
estrecha, dificultad en las relaciones con los demás.

enseñar, capacidad para hacerse oír.

ensordecer, *provocando fuertes ruidos,* deseo de hacerse notar.

ensuciar, gestiones deshonestas;
el rostro, sentimiento de culpabilidad;
ensuciarse las manos, está implicado en una situación poco clara;
papeles, trabajo inútil;
paredes, crece el odio hacia una persona determinada.

ensuciarse, una acción comprometida;
de fango, véase *fango;*
de sangre, véase *sangre.*

enterrar, véase *sepultar.*

entonado, *estarlo,* armonía con el grupo.

entornar, nunca se es demasiado prudente;
la puerta, está celoso de sus asuntos personales;
la ventana, siente una reserva y un temor especiales.

entorpecerse, una vida sin estímulos.

entrada, un momento importante;
ancha, facilidad de inserción;
estrecha, dificultad para introducirse en un ambiente nuevo;
libre, no se cansará;
principal, puede abrir todas las puertas sin aceptar ningún compromiso.

entrar, se deben aceptar las reglas impuestas;
alguien que entra, no exagere en la ayuda que da a los demás;
en la propia casa, armonía en la familia;
en un camino, decisión irrevocable;
en un edificio, medite antes de intervenir;
entrar en casa de otros, grandes cambios en la vida;
ver un niño que entra, un pequeño problema no perjudicará la atmósfera serena.

entrelazar, círculos de contactos;
cuerdas, establecimiento de fuertes lazos;
los cabellos, momentos de serenidad;
los dedos, sellará un pacto entre amigos.

entremés, *comerlo,* formalidad, exactitud.

entrenamiento, deseo de volver al pasado;
al aire libre, se siente cansado de vivir en la ciudad.

entretener, *a alguien,* se jacta de hablar bien.

entrevista, *hacerla a alguien,* profundizar en una materia;
hacerse entrevistar, la confianza le llevará a revelar algunos secretos;
pedirla, desea conocer bien a una persona.

entristecerse, repentinos cambios de humor.

entrometerse, *en una casa,* posición poco clara.

entrometido, *relacionarse con una persona entrometida,* es muy solitario;
serlo, amistades forzadas.

envejecer, pérdida de lucidez;
envejecer voluntariamente, deseo de maduración;
rápidamente, experiencias muy duras.

envenenar, *a otros,* las discusiones le hacen perder el sentido de la proporción;
a uno mismo, cansancio, agotamiento;
ser envenenado, sufre por causa de falsas acusaciones.

enviado especial, ocasiones irrepetibles.

envidia, lucha entre colegas, insatisfacción.

envidiado, *serlo,* exceso de vanidad.

envidioso, periodo desafortunado;
serlo, sabe salir al encuentro de un periodo difícil.

envolver, deseo de proteger o de ocultar.

enyesar, un periodo de inmovilidad;
ser enyesado, iniciativas bloqueadas.

epiglotis, violentas discusiones.

epígrafe, *escribirlo,* quisiera dejar una señal de su paso;
leerlo, desea ser recordado positivamente.

epifanía, espera feliz.

epilepsia, siente miedo a perder el control.

epílogo, *escribirlo,* ha concluido su carrera;
leerlo, ha llegado a su fin un periodo agradable.

epístola, véase *carta*.

epitafio, *ver el propio,* deseo de gloria.

equilibrio, no se preocupe, ha elegido el camino adecuado;
estar en equilibrio, situación inestable;
perder el equilibrio, deberá elegir de forma definitiva.

equilibrista, el valor y la habilidad no son suficiente para elegir de una vez por todas.

equipaje, presagio de que se va a realizar un viaje.
perderlo, empobrecimiento personal;
tener demasiado equipaje, dificultad para alejarse de casa.

equipo, matrimonio cercano, gusto por la actividad en grupo;
formar parte de un equipo de fútbol, la solidaridad conduce al éxito;
prepararlo, alguien en la familia se casará pronto;
ver un equipo de fútbol, discusiones y chismes familiares.

equivocación, algunos errores pueden resultar caros.

equivocar, miedo a ser puesto a prueba;
un cálculo, algunas interpretaciones erróneas pueden llevarlo hacia un camino equivocado;
una valoración, grandes desilusiones.

era, una fiesta alegrará el fin de semana;
con el grano, buen presagio.

eremita, *ser un eremita,* vida tranquila, amor por la soledad;
verlo, momento de confusión mental, ideas peligrosas.

erguido, *caminar erguido,* poca sociabilidad.

erizo, desconfianza y contrariedad;
capturar un erizo, sensación de rechazo;
darle caza, utiliza un sistema equivocado para conocer a una persona muy tímida;
tocar un erizo, mala experiencia con una persona que es muy desconfiada;
verlo, una persona difícilmente sociable.

errante, *andar errante,* se siente vacío y sin objetivos.

errar, falta de objetivos;
equivocar, véase *error.*

error, *cometer un error,* sentido de culpa;
corregir un error, tiene la impresión de ser superior;
de ortografía, inseguridad, miedo a no estar a la altura de las circunstancias;
ver un error de impresión, se mantiene alerta para no involucrarse.

eructar, una persona sin control propio;
eructar en público, quedará mal, todos se fijarán en usted;
oír eructar, odia a quien no se preocupa de los demás.

erupción, *cutánea,* una tensión oculta estallará con toda su violencia;
permanecer sepultados a causa de una erupción, ha salido perjudicado de una provocación;
tener una erupción, enfermedad;
ver una erupción volcánica, demostrará a todos la fuerza de sus recursos.

esbirro, véase *guardia*.

escabel, un apoyo de poca monta; *roto,* su única ayuda se ha mostrado inútil.

escafandra, necesita de una protección oportuna.

escalador, una persona que no se da nunca por vencida; *ser un escalador,* exceso de confianza en sí mismo.

escalar, deseo de alcanzar el éxito; *una montaña,* véase *montaña.*

escaldar, *a alguien,* comprensión y afecto; *escaldarse,* un momento de soledad ha quedado superado.

escalera, representa su carrera; *bajar de una escalera,* presagio de pérdidas financieras; *con escalones altos,* destacar requiere grandes esfuerzos; *de caracol,* su éxito no será inmediato; *de madera,* algunas mejoras son debidas a su voluntad; *de piedra,* progresos duraderos; *descender velozmente una escalera,* renuncia ante las primeras dificultades; *peldaño de una escalera,* objetivos precisos y bien visibles; *si falta un escalón,* interrupciones y dificultades que serán superadas; *si no es lo suficientemente larga,* imprevistos que interrumpirán su carrera;
subir a una escalera, éxitos determinados por la perseverancia.

escalofrío, *de frío,* miedo, soledad; *tener un escalofrío,* siente una pasión incontrolable.

escalón, un pequeño obstáculo; *sentarse sobre un escalón,* antes de actuar considere atentamente la situación; *superar un escalón,* el camino es difícil pero seguro; *tropezar con un escalón,* un obstáculo bloqueará momentáneamente la acción.

escándalo, es muy intolerante; *provocar un escándalo,* le gusta dar que hablar; *ser objeto de escándalo,* tiene problemas de incomprensión en su propio ambiente.

escapar, deseo de evasión; *de una prisión,* véase *evadido.*

escapatoria, *encontrarla,* no se evada mentalmente.

escarabajo, símbolo afortunado; *aplastar un escarabajo,* venganza inútil; *que vuela,* momentos de alegría.

escarapela, su posición le lleva a ser bien considerado; *tener una,* una discusión en público.

escarbar, pérdida de tiempo; *en el corral,* se hace notar cuando no debería hacerlo;

ver pollos que escarban, personas que pierden el tiempo inútilmente.

escarcha, *ver escarcha en los prados,* espíritu helado.

escarlatina, momentos de impaciencia;
contagiar la escarlatina, contagia su impaciencia a los demás;
ser contagiados de escarlatina, alguien le comunica su ansiedad;
tener la escarlatina, periodo de temores y susceptibilidades.

escarnio, momentos embarazosos.

escena, *de teatro,* ilusiones;
desmontar la escena, conseguirá desenmascarar a una persona muy falsa;
golpe escénico, gusto por las cosas imprevisibles.

escenario, le gusta hacerse notar;
recibir aplausos en el escenario, destacará sus méritos;
subir al escenario, exhibicionismo.
ver un escenario desde lejos, envidia a quien ha tenido éxito.

escenificación, proyectos a largo plazo.

escenógrafo, cuidado con los engaños;
serlo, tiene poder de decisión.

esclavo, no se respeta su independencia;
comprar un esclavo, es posesivo y autoritario;
serlo, desea librarse de obligaciones muy duras;
ver un esclavo, una persona que trabaja sin remuneración.

escoba, un trabajo molesto.

escobar, *la calle,* éxito lento pero seguro;
la propia casa, buena señal, novedades agradables;
una habitación, necesidad de aclarar algunos puntos.

escobón, encontrará dificultades en el camino.

escofina, decisión y seguridad.

escoger, indecisión.

escolar, debe superar pruebas difíciles, regresión a la infancia;
desobediente, no obedece las órdenes sin un verdadero motivo;
ver muchos escolares, asumirá un papel de dirección en el mundo laboral.

escollo, una seguridad peligrosa;
aflorando, peligro por personas mal intencionadas;
ir a dar en un escollo, encuentro con una persona muy fuerte;
ver un escollo lejos, sabe que puede contar con alguien.

escolta, *perder la escolta,* falta de apoyo;
tener escolta, se siente protegido;
verla, sentir temor ante un grave peligro.

escombro, *pescado,* esperanzas pasajeras;
comerlo, inactividad.

escombros, una persona arruinada;
caminar entre los escombros, falta de confianza en los demás;
recogerlos, sabe sacar buen provecho de la fortuna ajena.

esconder, inseguridad;
a un niño, sensación de culpa;
a una persona, celos injustificados;
algo, falta de sinceridad y sentimiento de culpa;
dinero, desconfianza total;
esconderse, es necesario afrontar las situaciones difíciles.

escondido, *estar escondido,* falta de valor para afrontar una situación;
ver escondido a alguien, tiene un gran sentido de la justicia.

escondrijo, pequeños secretos;
dormirse en un escondrijo, ansia y preocupaciones;
oscuro, secretos molestos;
poner algunos objetos en un escondrijo, un periodo olvidado.

escopeta, véase *fusil*.

escoplos, ideas confusas;
hacer escoplos, poca decisión, falta de ideas.

escoriación, pequeña molestia.

escorpión, cuidado con las malas amistades;
ser picados por un escorpión, se siente aterrorizado por un peligro inminente;
verlo, signo del zodiaco.

escribano, se intimida ante personas importantes;
tener un escribano, delega en otros la parte menos interesante del trabajo.

escribir, voluntad de comunicar;
a máquina; comunicaciones rápidas;
bien, facilidad de expresión;
con errores, se interpretarán erróneamente sus palabras;
de derecha a izquierda, una decisión retrasada desde hace bastante tiempo;
un diario, véase *diario*;
una carta, véase *carta*;
ver a alguien que escribe, miedo a que se trame algo en contra suyo.

escrito, una orden precisa;
leer un escrito, debe saber bien lo que tiene que hacer;
tarea escrita, demostrará su eficiencia.

escritor, alguien interpretará sus problemas;
ser un escritor, se siente portador de experiencias comunes.

escritorio, un trabajo lento y decidido.

escroto, *para un hombre,* periodo destructivo, muchas ideas nuevas;
para una mujer, deseo sexual.

escrutar, desconfianza;
a una persona, no confía en nadie;
un lugar, teme traiciones y desengaños.

escualo, un peligro latente;
verlo, le atemoriza una persona sin escrúpulos.

escuchar, falta de autosuficiencia y de decisión;
escondido, véase oír;
música, le desean muchas personas.

escudilla, *llena,* ningún problema económico;
llenar una escudilla, los negocios comienzan a mejorar;
romper una escudilla, decisiones precipitadas, un momento difícil;
vacía, un periodo de dificultad;
verla, seguridad para el futuro.

escudo, buenas defensas;
perderlo, falta de protección.

escuela, recuerdos de la infancia;
acompañar a los niños a la escuela, sentido de responsabilidad;
elemental, deseo de volver a la infancia.
estar en la escuela, experiencias útiles;
frecuentar la escuela, añoranza de los amigos de la infancia;
ir a la escuela, no se siente a la altura de la situación.

esculpir, modifica las cosas en su provecho, perderá su buena reputación;
una estatua, no podrá negar sus acciones.

escultor, gentileza y reconocimientos;
serlo, quiere cambiar la realidad a su gusto;
verlo, es posible que le adulen.

escultura, su imagen no cambia fácilmente;
de un amigo, tiene una idea fija que no quiere cambiar.

escurridizo, véase *nudo.*

escurrir, *un nudo,* véase *nudo*;

esencia, le atraen los aspectos más superficiales de las cosas.

esfera, representa la perfección;
de cristal, no confíe en quien le condicione;
verla, equilibrio interior.

esfinge, *tocarla,* miedo y alteraciones;
verla, mal augurio.

esfuerzo, dificultad para tomar una decisión;
físico, su salud no es óptima.

esgrima, pensamientos enfrentados;
ver un lance de esgrima, asistirá a una desafío formal y correcto.

esmalte, *objeto de esmalte,* se deja llevar por las apariencias;
para las uñas, egocentrismo;
pintura, las cosas cambiarán pero sólo superficialmente.

esmeralda, grandes esperanzas que pueden realizarse;

comprar una esmeralda, no tiene preocupaciones;
llevar una esmeralda, alcanzará sus objetivos;
recibir una esmeralda en donación, cambios de vida, sobre todo en lo económico.

esmerilar, *los cristales del coche,* falta de seguridad y de autocontrol;
los cristales de una ventana, se imagina las cosas mejor de lo que son.

esófago, *tener el esófago cerrado,* impotencia e incapacidad para actuar;
verlo, problemas digestivos.

espacio, *no tener espacio para moverse,* se siente oprimido y controlado;
verlo, sensación de libertad.

espada, decisión, agudeza.
afilarla, se prepara para actuar;
amenazar con una espada, desea demostrar su fuerza a los demás;
desenvainar una espada, una situación en la que deberá mostrarse decidido;
herirse con la propia espada, su impulsividad le ocasiona problemas;
perder la espada, oportunidad perdida, malos negocios;
romperla, ha osado demasiado;
ser golpeado por una espada, cesiones y enfermedad;
tener una espada en la mano, cree que puede conquistar lo que quiera;
usarla, obtendrá lo que desea.

espagueti, *comerlos,* no pide más de lo que tiene.

espalda, *doblar la espalda,* acepta un trabajo muy duro;
doliente, teme perder su resistencia física;
sana, no tiene problemas de salud;
tener la espalda rota, un trabajo agotador;
volver la espalda, un elección de cambio.

espaldera, *para la gimnasia,* quiere ponerse a prueba.

espantar, se siente amenazado;
espantarse, no se fíe de una promesa.

espanto, *sentirlo,* dolores difíciles de olvidar.

España, lazos con la tradición.

español, *lengua,* sensación de estar a gusto;
persona, situación de igualdad.

esparadrapo, pequeños defectos escondidos;
poner esparadrapo sobre una pequeña herida, sufre por sus propios defectos.

esparaván, una persona sin escrúpulos;
ver volar un esparaván, se siente amenazado.

espárrago, necesidad de dulzura.

especialista, véase *médico.*

espectáculo, momentos agradables y extraordinarios;
participar en un espectáculo, buena integración social;
verlo, juzga, pero desearía participar.

espectadores, *formar parte de los espectadores,* está observando atentamente a una persona;
verlos, todo lo que hace es observado y juzgado.

espectro, véase *fantasma.*

especular, negocios poco limpios.

espejo, vanidad de enamorados;
deformante, agiganta sus miedos;
romper un espejo, mala suerte, desilusiones en todos los campos;
ver a otra persona en el espejo, no está satisfecho de sí mismo;
verse en un espejo distinto de como se es, conflictos con la conciencia;
verse en un espejo, las alabanzas y adulaciones le perjudican;

espera, está a punto de recibir buenas noticias.

esperar, una persona a la que no ha olvidado;
a un amigo, es quisquilloso y enseguida se siente ofendido;
algo bonito, carácter bondadoso, optimismo;
un tren, las ocasiones llegarán siempre en el momento equivocado;
una cosa imposible, a la larga se sentirá desilusionado;
unas vacaciones, quisiera poder vivir sin trabajar.

espía, se siente perseguido.

espiar, *a alguien,* indiscreciones peligrosas;
ser espiado, se siente condicionado por alguien.

espigas, símbolo de fortuna;
de grano, está al llegar algún dinero
pisar espigas, desprecia su trabajo;
recoger espigas, trabajo satisfactorio;
triturar espigas, se está perjudicando;
verlas crecer, valora sus ganancias;
verlas enfermas, un trabajo que no se le pagará jamás.

espina, una pequeña molestia;
tenerla en la garganta, advertirá demasiado tarde sus errores.

espinacas, buena salud y energía.

espino, dolores y molestias, se siente triste y marginado;
eléctrico, peligros que tiende a no considerar;
herirse con un espino, introversión y momentos tristes en el amor;
ser pinchados con un espino, aprenderá a valorar a las personas;
verlo, sabe que la persona que le ama puede hacerle sufrir.

espolear, comunica su valor a los demás;

ser espoleados, le influirá una persona emprendedora.

esponja, su comportamiento negativo causa antipatía;
usar una esponja, aprovecha sin esfuerzo una determinada situación.

esponsales, véase *matrimonio*.

esposado, *estar,* debilidad y enfermedad.

esposar, futuro seguro;
a un ladrón, se arrepentirá de decisiones precipitadas.

espuelas, arrogancia y crueldad;
perderlas, ya no puede dominar a una persona;
tenerlas, éxito con medios desleales.

espulgarse, véase *pulgas*.

espuma, volubilidad;
de afeitar, autocomplacencia;
de baño, placeres a los que no sabe renunciar;
del mar, una situación algo compleja;
verla, tiene frecuentes cambios de humor.

espumoso, alegría y éxitos.

esputar, una reacción decidida;
junto a alguien, impulsividad y agresividad;
sangre, véase *sangre*;
si alguien esputa cerca, será ofendido en una discusión violenta;

verse esputar, un trabajo duro e ingrato.

esquela, se une a un proyecto.

esqueleto, un peligro;
desenterrar un esqueleto, disgustos provocados por cuestiones olvidadas;
para un enfermo, un presagio muy negativo;
para una persona sana, el miedo a la muerte es injustificado, de todos modos sufrirá grandes disgustos.

esqueleto de un animal muerto, temor a la vejez.

esquí, habilidad y destreza;
ponerse un esquí, se enfrentará a la situación con agilidad;
romperlo, será bloqueado.

esquilar, *ser esquilado,* pérdida económica;
una oveja, se aprovecha de la situación.

esquirol, es demasiado individualista.

esquivar, véase *evitar*.

establecimiento, véase *fábrica*.

estación, serios problemas causados por la indecisión.
acompañar a quien parte, conocerá a una persona interesante;
encontrarse en una estación, un momento importante y confuso;
llegar a una estación, renuncias y desilusiones, retorno a las viejas costumbres;

ser acompañados a una estación, se avecina una despedida que le hará sufrir;
si se parte, buen augurio, encontrará un negocio rentable.

estación término, desesperanza, no ha encontrado lo que estaba buscando.

estadio, sentimiento de colectividad;
ir a un estadio, posibilidad de violentas discusiones.

estafa, *descubrir una estafa,* una alegre fiesta familiar;
estafar a alguien, sentido de culpa;
sufrir una estafa, le engañará un amigo.

estafeta, *formar parte de una estafeta,* su comportamiento influirá en la suerte de sus amigos;
verla, sabe que la fuerza de sus oponentes es la solidaridad.

estampa, *antigua,* gran interés por la cultura.

estancia, *encontrar una estancia vacía,* aprovechará cualidades que creía no tener;
llena, no consigue razonar con lógica;
pasar de una estancia a otra, cambios de humor;
véase *habitación.*

estanco, momentos agradables, pero breves;
antiguo, nostalgia de placeres pasados.

estanque, indecisión e inmovilismo;
con cisnes, suerte, probable boda;
sentarse al borde de un estanque, proyectos para un periodo de reposo e inactividad.

estanquero, tiene un carácter demasiado débil.

estaño, *metal,* un periodo negativo, un gran escándalo.

estatua, *convertirse en una estatua,* pésimo augurio;
de barro, profunda inseguridad;
de mármol, buenas ganancias, solidez económica;
de oro, honores y fortuna;
de piedra, amor no correspondido;
que se mueve, profundas alteraciones;
rota, alguien quiere perjudicar su imagen.

estenógrafo, persona minuciosa;
serlo, posee una gran memoria.

estepa, un lugar que no ofrece ninguna oportunidad;
perderse en la estepa, vaya donde vaya no encuentra el camino de salida.

estera, simplicidad;
dormir sobre una estera, situación provisional.

esteticista, *ir a la esteticista,* deseos de modificar la imagen;
serlo, deseo aparente de mejorar a los demás.

estético, *tener sentido estético,* desearía tenerlo pero carece de él.

estiércol, suerte, riqueza;
amontonar estiércol, analice sus ganancias;
de buey, buen augurio;
de caballo, preocupaciones molestas;
dormir en el estiércol, momento desafortunado;
ensuciarse en el estiércol, discusiones violentas entre familiares;
esparcirlo, cuidado con los enfrentamientos arriesgados;
estar cubierto de estiércol, un trabajo productivo;
humano, ganancias a la vista;
tirar estiércol a alguien en la cara, periodo desafortunado, pérdidas.

estilográfica, véase *pluma*.

estímulos, *no tener estímulos,* necesita que alguien le anime;
sexuales, no tendrá relaciones durante un largo periodo.

estipendio, véase *paga*.

estirar, amor por la perfección;
estirarse, se prepara para actuar.

estival, *ponerse un vestido de verano,* deseo de libertad.

estómago, capacidad de reacción frente a los acontecimientos;
dolorido, existen cosas difíciles de soportar.

estorbo, *serlo,* parte de una posición de desventaja, pero sabrá hacerse valer;
verlo, mala suerte, una discusión puede resultarle cara.

estornino, está solo, pero no se desespere.

estornudar, eliminar algo difícil de soportar.

estrábico, *serlo,* una situación poco clara.

estrangular, neutraliza a un adversario;
a alguien, provocará males económicos a sus adversarios;
ser estrangulado, alguien provocará una gran crisis, periodo de inactividad.

estratega, *serlo,* nuevos proyectos realizados minuciosamente;
verlo, una persona siempre activa.

estrella, equilibrio y armonía;
alpina, es solitario y reservado, no ama la vida de sociedad;
cayendo, mala suerte y peligro;
fugaz, momentos de alegría sencilla;
marina, una persona inalcanzable;
que se mueve, señales, advertencias;
tocar una estrella, se cumplirá un sueño que creía imposible;
ver brillar una estrella, una persona que toda la vida estará a su lado;
ver rielar una, un amor destinado a acabar;
verla brillar en el cielo, buena señal, éxito en los negocios.

estremecer, un momento de temor;
por el frío, expresa su soledad;
por el miedo, no oculta sus preocupaciones.

estremecimiento, *de horror,* profunda turbación por una experiencia pasada;
tener un estremecimiento, necesidad de experiencias emocionantes.

estreñimiento, avaricia.

estrépito, un momento peligroso;
hacer estrépito, se expresa de un modo desordenado;
oír un estrépito, de voces, le piden ayuda demasiadas personas.

estribera, autocontrol;
perder la estribera, un momento de extravío y de impulsividad;
tenerla en los pies, sabe controlarse a la perfección.

estuario, *de un río,* no habrá obstáculos en el camino;
navegar hasta el estuario, llevar a término felizmente una empresa.

estuche, deseo sexual;
lleno, acuérdese de mantener los secretos;
vacío, siente un vacío a su alrededor, amistades poco sinceras.

estuco, un remedio provisional;
descostrado, puntos débiles;
quitar el estuco, descubrirá la verdadera naturaleza de una persona.

estudiante, gran sentido crítico;
ser estudiante, libertad de acción, tiempo libre.

estudio, interés y atención por los fenómenos del entorno;
lugar de trabajo, preocupaciones de trabajo.

estufa, *apagada,* abandono de los amigos a causa de un malentendido;
caliente, la familia está unida, buenos éxitos en el trabajo;
comprarla, algunas preocupaciones familiares se resuelven;
fría, momentos de gran desconsuelo;
quemarse con la estufa, ha contado demasiado con los afectos familiares;
verla, sentido de la familia, una mujer afectuosa.

estufilla, deseo de afecto;
usarla, es decidido pero no impulsivo.

estupideces, *decirlas,* teme no estar a la altura de las circunstancias;
oírlas, una compañía superficial poco estimulante.

estuprar, véase *desflorar.*

estupro, sexualidad violenta;
sufrir estupro, temor a los hombres y a la sexualidad en general.

etapas, *de un viaje,* interrupciones útiles;
hacer muchas etapas, inseguridad y titubeos.

éter, sensaciones alegres.

eterno, *soñar serlo,* gran amor por la vida.

ética profesional, no se deja corromper.

etiqueta, *comportamiento,* es muy formal;
marca, se deja influir por la opinión ajena.

eucalipto, un viaje agradable;
plantarlo, curación inmediata.

eunuco, presagio desafortunado, cuidado con los peligros;
serlo, frustraciones.

eva, tentaciones, necesidad de una excusa.

evadido, *serlo,* superación de un problema;
verlo, sensación de peligro.

evangelio, necesidad de buenos consejos;
leer el evangelio, alguien le dará buenos consejos.

evasión, conseguirá salir de un atolladero;
diversión, debilidad física.

evitar, prudencia en los movimientos;
un obstáculo, no quiere enfrentarse a la situación;
un peligro, intuye las situaciones peligrosas.

exaltarse, una brillante idea.

examen, se refiere a una dificultad presente;
asistir a un examen, no puede ayudar a un amigo en dificultades;
estar abocados a un examen, fracasos, frustraciones;
estar cerca de un examen, resolverá los problemas molestos;
hacer un examen, está atravesando un momento difícil;
no saber responder a un examen, se enfrenta a una prueba que está por encima de sus posibilidades;
ser aprobados en un examen, seguridad en sí mismo.

examinador, *serlo,* estar en condiciones de juzgar a los demás;
verlo, miedo a no estar a la altura de las circunstancias.

excavación, *estrecha,* obstáculos en el camino;
permanecer bloqueado en una excavación, dificultad para madurar;
salir de una excavación, renacimiento, completa madurez;
verla, fuerte sentimiento de inmadurez.

excavadora, tendencia a las soluciones radicales;
accionar una excavadora, poder y voluntad de destruir;
verla, alguien puede quitarle todo lo que tiene;
verla en movimiento, todo tipo de disgustos.

excavar, *el suelo,* trabajo duro y con pocas satisfacciones;
una fosa, véase *fosa.*

excéntrico, *ser excéntrico,* soledad, necesidad de atraer la atención de los demás;
ver a una persona excéntrica, odia las exhibiciones.

excepción, *hacerla para alguien,* quiere el reconocimiento de un amigo;
hacerla para uno mismo, egocentrismo.

excitación, *en general,* una situación agradable e imprevista;
sexual, vida sexual desafortunada.

excitar, deseo sexual.

exclamación, estupor, sorpresa.

excluido, *ser excluido de algo,* alguien desea mantenerlo al margen.

excomunión, buen augurio, buena suerte.

excrecencia, *tenerla,* atraerá la atención, una situación desagradable.

excrementos, suerte imprevista;
ensuciarse con excrementos, infantilismo;
ser ensuciado por excrementos, miedo a que se descubran algunos secretos.

excursión, *asistir a una excursión,* presagio de suerte;
participar en una excursión, emoción por una determinada aventura.

excusa, *buscar una excusa,* no admite sus errores;
pedir excusas, es temeroso y condescendiente;
recibir excusas, es lo que desea.

exequias, véase *funeral.*

exhausto, *estar,* tormentos y dificultades alteran el sueño.

exhibicionista, se siente infravalorado;
sexual, timidez o inseguridad.

exhibirse, *en un espectáculo,* está convencido de su capacidad.

exigir, *algo,* carácter autoritario;
obediencia, su autoridad dentro de la familia está decreciendo.

exilio, se siente rechazado por la familia;
estar en el exilio, ruptura de amistades preciosas;
ir al exilio, deseo de olvidar un pasado poco satisfactorio;
mandar a alguien al exilio, odia a una persona y desea mandarla lejos;
volver del exilio, las relaciones con los amigos están mejorando.

éxito, *alcanzarlo,* grandes ambiciones;
alcanzarlo para un pobre, mejora de posición;
alcanzarlo para un rico, la ambición será su ruina;
menguante, no es capaz de conservar la posición alcanzada.

éxodo, *participar en éxodo,* se verá obligado a partir;

verlo, tristeza por la partida de algunas personas queridas.

exorcismo, *hacerlo,* un odio incontenible.

exorcista, *ser un exorcista,* se siente débil e inseguro, no cree poder resolverlo todo;
verlo, debe resolver sus propios problemas.

expatriar, un viaje importante.

expedición, *organizarla,* muchas personas dependen de usted;
participar en una expedición, momentos de evasión en lugares distintos a los habituales.

expedir, *un paquete,* alguien descubrirá sus secretos;
un regalo, una discusión acabada felizmente;
una carta, véase *echar.*

experiencia, *soñar que no se tiene experiencia,* nostalgia de la juventud;
soñar que se tiene mucha experiencia, deseo de madurar deprisa.

expiar, *los propios pecados,* periodo difícil que cree merecer;
una culpa, sentimiento de culpabilidad;
una pena, véase *pena.*

expirar, véase *morir.*

explicar, *algo,* una situación embarazosa;
hacerse explicar algo, una situación poco clara.

explorar, deseo de evasión, de aventuras;
acompañados por un guía, representa la conciencia;
un territorio virgen, un momento importante de crecimiento y madurez.

explosión, un acontecimiento sorprendente;
cerca, es fácil de convencer;
estar en el centro de una explosión, tendrá complicaciones;
oír una explosión, un escándalo que dará mucho que hablar;
oír una explosión lejana, una situación peligrosa que no le concierne;
provocar una explosión, descubrirá secretos escandalosos;
verla, buenas noticias.

explosivo, peligro inminente.

explotar, sentimiento de culpa;
a alguien, teme algún engaño;
ser explotados, sensación de estar trabajando inútilmente.

exportar, *armas,* conseguirá colaboración para proyectos de riesgo;
objetos, quiere compartir sus ideas con los demás.

exposición, deseo de darse a conocer;
al sol, necesidad de claridad;
de cuadros, quiere dar a conocer sus proyectos;
no ir a una exposición, no encuentra su lugar en la sociedad;
ser invitado a una exposición, capacidad de estar al día.

expreso, *café,* necesidad de un estímulo fuerte,
ofrecerlo, ofrecer estímulos, empujar.

exprimir, una ocasión aprovechada al máximo;
limones, pequeños disgustos.

expropiar, *la casa,* desea crearse una situación sólida a expensas de alguien;
muebles, quiere arrebatar algo a un amigo;
objetos, egoísmo.

expugnar, *en sentido militar,* conquistas en el ámbito afectivo o laboral.

exquisitez, alegrías que durarán poco;
comer exquisiteces, se consuela con cosas materiales;
prepararlas, desea conquistar a una persona.

éxtasis, *sentirlo,* gran alegría producida por un amor.

extender, gestos afectuosos;
paños, véase *paños;*
una pomada, véase *pomada.*

extenuado, *estar extenuado,* ya no tiene fuerza de voluntad.

exterior, *ver el exterior de un objeto,* debe profundizar su análisis;
ver el exterior de una casa, siente preocupación por su aspecto.

extinguir, *una deuda,* un problema se resolverá lentamente.

extinto, *ver un animal extinto desde hace tiempo,* deseo de revivir una situación pasada.

extirpar, quiere eliminar algo a toda costa;

extorsionar, deseo de mostrar su poder;
dinero, falta de escrúpulos, tiene muchos enemigos.

extracción, una ganancia imprevista;
de un diente, véase *dientes.*

extranjero, señal de buenos negocios;
serlo, se siente muy distinto de las personas con las que vive;
véase *expatriar.*

extraño, se siente rechazado por los amigos.
encontrarlo, si no desconfía tendrá encuentros interesantes;
sentirse extraño en familia, incomprensión;
tener en casa personas extrañas, miedo, malestar, tensiones.

extraterrestre, *hablar con uno,* una persona que aparentemente era inaccesible se ha convertido en amiga;
serlo, se siente aislado y distinto a los demás;
verlo, alguien le parece inalcanzable.

extravagancia, aparente ruptura de los esquemas;
serlo, se cree distinto pero no propone nada nuevo;

ver a una persona extravagante, siente atracción por las personas que se distinguen de las demás.

exuberante, *ser exuberante,* alegría, irreflexión;
ver a alguien exuberante, envidia su alegría.

exultar, experimenta una alegría incontenible;
por una victoria, su trabajo actual le dará muchas satisfacciones.

exvoto, deberá pedir lo que desea.

F

fábrica, *estar en una,* se siente a disgusto en el ambiente de trabajo;
poseer una fábrica, realizará sus planes con muchos esfuerzos;
ver la fábrica en la que se trabaja, preocupación por la dureza del trabajo;
ver una fábrica, el trabajo le dará muchas satisfacciones;
verla enorme si es pequeña, no sobrevalore sus posibilidades.

fabricante, el exceso de actividad le puede llevar a hacer más de lo necesario.

fábula, *contarla,* es necesario ser más sincero;
escribirla, proyectos inútiles;
oírla, una propuesta realizable.

fachada, *de una casa,* representa la importancia dada al aspecto externo de las cosas;
ver una fachada sin nada detrás, simulación de un modo de vida que no le es propio;
ver una fachada muy hermosa, considera fundamental el aprecio de los demás;
ver una fachada vieja y en ruinas, es la imagen que reciben los demás de nosotros.

factor, cuidado con aquellas personas que traban con usted, porque no vigilan sus intereses.

factoría, la independencia llegará a costa de mucho trabajo.

factura, *comercial,* sea siempre claro y observe las reglas;
hacer una factura, odio secreto;
recibirla, alguien que le odia habla mal de usted.

faisán, *comerlo,* peligros inminentes;
verlo, vanidad.

falange, *de un pie,* periodo de inmovilidad;
de una mano, su trabajo se verá impedido por una pequeña molestia.

falda, símbolo de feminidad;
corta, para una mujer, audacia, anticonformismo;
larga, para una mujer, timidez, inseguridad;
llevar una falda, para un hombre, comprende el punto de vista de su compañera;
pegarse a la falda, indecisión, gran dependencia de la familia;
verla, atracción física por una mujer.

falla, *vía de agua en una barca,* un contratiempo obstaculizará sus proyectos;
verla en una nave, su principal objetivo se ha esfumado.

fallo, *cometerlo,* actuación sin escrúpulos;
ver a alguien que comete un fallo, temor a que los demás no respeten las reglas convenidas.

falsario, *serlo,* falta de sinceridad para con los demás;
verlo, una persona de comportamiento poco claro.

falsete, *cantar en falsete,* deseo de hallar la verdad aunque en el fondo no es sincero.

falsificador, *de dinero,* una persona poco sincera, hace promesas que no puede mantener.

falsificar, situación económica difícil;
billetes de banco, mala suerte, periodo de miseria;
documentos, está en peligro.

falta, *de la propia pareja,* necesidad de un punto de apoyo seguro;
tenerla, siente un cierto miedo por su salud.

fama, *tener una buena fama,* ese es su deseo;
tener una mala fama, en realidad sus amigos le creen.

familia, *abandonar la familia,* graves discusiones con pésimas consecuencias;
no tener familia, soledad, desesperación;
subir una familia, buen presagio, matrimonio inminente;
ver a la propia familia, persona feliz;
verla mientras discute, un pequeño conflicto arruinará la serenidad familiar.

familiares, véase, *padre, madre, hermano,* etc.

fanático, *serlo,* comportamiento demasiado intransigente;
verlo, alguien que le parece muy exagerado.

fanega, necesidad de modernizar las ideas.

fanfarrón, se aprovecha de alguien;
verlo, alguien se aprovecha de usted.

fangal, momentos de confusión, fantasía desenfrenada.

fango, *caer en el fango,* se verá involucrado en una situación peligrosa;
caminar por el fango, una situación desagradable;
cogerlo con la mano, no teme las insidias;
enfangarse caminando, miedo a la suciedad moral.

fantasear, necesidad de evasión.

fantasma, miedo, fácilmente impresionable;
blanco, riqueza, buen auspicio;

combatir contra un fantasma, superación de las dificultades;
de un difunto, larga vida;
negro, miseria, pobreza;
que habla, es conveniente escuchar los consejos de las personas sabias;
que le llama, se siente culpable.

faquir, deberá esmerarse para no causar una desilusión.

fardo, *cargar con un fardo,* responsabilidades pesadas;
ver muchos, miedo a no poder hacer frente a las propias decisiones;
verlo, una decisión que ha sido tomada.

farmacéutico, tiene necesidad de ayuda;
ser farmacéutico, desea ayudar a los demás.

farmacia, una pequeña decisión molesta;
comprar algo en la farmacia, debe enfrentarse a los imprevistos sin miedo;
poseerla, miedo a las enfermedades.

fármaco, véase *medicina.*

faro, *de día,* demasiado miedo y prudencia;
del automóvil, deseos de sinceridad y claridad;
habitar en un faro, es un punto de apoyo para muchos amigos;
ver un faro roto, de noche, miedo, indecisión, sensación de estar perdido;

verlo de día, dificultad aparente;
ver un faro encendido, situación difícil que pronto se verá resuelta.

farol, una guía segura;
apagado o roto, dificultad para alcanzar sus objetivos;
ver muchos faroles, el camino elegido no será difícil.

fascinación, *ser fascinados por alguien,* sensibilidad, se deja influir por las apariencias;
tener capacidad para ejercer la fascinación, es su deseo.

fascinar, *a alguien,* superficialidad.

fastidio, insatisfacción;
morir de fastidio, crisis y falta de interés.

fauces, *estar en las de un animal,* mal presagio, está en manos de una persona malvada;
ver las de un animal, un peligro amenazador.

fauno, un encuentro extraño;
serlo, mucha fantasía, debe dominar sus instintos;
verlo en un bosque, los consejos recibidos no son buenos.

fecunda, *sentirse fecunda,* maternidad próxima;
ver la tierra fecunda, desea profundamente la maternidad.

felicitaciones, *darlas,* una buena noticia que puede verse enturbiada por la envidia;

recibirlas, satisfacción familiar, temor a los aduladores.

feliz, *serlo,* equilibrio interior, momento favorable para tomar decisiones importantes;
ver una persona feliz, envidia su seguridad.

felpilla, la dulzura ayuda a olvidar las penas.

feminidad, *para un hombre,* traumas y angustias, dudas sobre la propia virilidad;
para una mujer, momento de crecimiento interior;
soñar que tiene mucha feminidad, inseguridad, dudas, miedo a no ser lo suficientemente femenina.

feminista, *para un hombre ver una feminista,* temor a la pérdida de poder;
para una mujer, ser feminista, quisiera tener más decisión en ciertos aspectos.

fémur, *roto,* su debilidad condicionará los negocios;
sano, sus actividades van a toda vela, buena salud.

fénix, *ave,* se realizan sus deseos;
que vuela, elevación de los sentimientos.

feo, *sentirse,* falta de confianza en uno mismo;
ver una persona fea, miedo, inseguridad.

féretro, véase *ataúd.*

fermentación, euforia, agitación;
del vino, alegría incontenible, a veces maduración.

ferrocarril, *verlo,* deseo de partir;
viajar en ferrocarril, negocios seguros.

ferroviario, *serlo,* deseo de conocer el camino seguro;
verlo, los obstáculos serán superados sin dificultad.

ferry-boat, *ser transportado en ferry,* algo que parecía complejo resultará muy sencillo;
subir a un ferry, oportunismo, capacidad para aprovechar las ocasiones;
trasladarse en ferry, da facilidades a quien no las necesita;
verlo, sabe que puede contar con un amigo.

fertilizar, *un campo,* el trabajo bien organizado da buenos resultados.

festejar, se deja llevar por la alegría general.

fetiche, no se debe bromear con las cosas serias.

feto, *humano,* presagio nefasto;
verlo, pensamientos tristes.

feudo, no se abre a las novedades;
poseerlo, mentalidad intransigente y superada.

ficción, quiere mostrarse distinto a como es.

fichar, juzga de un modo decidido y no se olvida de nada;
ser fichados, está convencido de que alguien le odia.

fidelidad, no traicione las decisiones tomadas;
a la pareja, necesidad de seguridad;
a los propios principios, valora la propia coherencia.

fiebre, conflictos interiores;
alta, los conflictos ocasionan angustia;
medir la fiebre, desea descubrir la causa de su angustia.

fieltro, es deseable pasar desapercibido.

fiera, afronta las situaciones con mucha agresividad;
comprar una fiera, no haga adquisiciones inútiles;
feroz, tiene cerca alguien muy cruel;
vencer a una fiera, negocios con amigos;
visitar a una fiera, curiosidad, encuentros interesantes.

fiesta, alegría y negligencia;
bailar en una fiesta, la timidez ha quedado vencida;
de baile, posibilidad de encuentros agradables;
organizar una fiesta, deseo de reunir a los amigos;
participar en una fiesta, momentos de alegría;
ver la fiesta nacional de un país, admiración por quien se sabe divertir con poca cosa.

figura, *tener buena figura,* exceso de seguridad en sí mismo;
tener mala figura, relaciones embarazosas con los demás.

fila, dificultad para destacar;
estar en fila, intemperancia, impaciencia;
ser el primero de la fila, seguridad de tener éxito;
ser el último de la fila, falta de confianza en sus posibilidades.

filete, *comerlo,* no teme los aspectos más duros de la vida;
comer un filete cocido, seguridad, independencia;
comerlo crudo, se dejará impresionar fácilmente;
rechazar un filete, miedo latente de origen sexual.

filigrana, *de un papel,* capacidad para apreciar el valor profundo de las cosas;
observar la del billete de banco, resulta muy sospechoso.

film, contiene referencias a su situación;
comedia, abundantes imprevistos, pero en conjunto vida agradable;
de aventuras, los imprevistos pueden bloquear el trabajo;
trágico, un acontecimiento triste alterará su vida.

filmación, temor a que la vida se le escape de las manos.

filósofo, *escucharlo,* llegará la respuesta a algunas preguntas importantes;

leer lo que ha escrito, problemas existenciales;
serlo, deseo de mostrar la propia cultura.

filtrar el agua, mostrar una gran desconfianza.

fin, deseo de cambio;
del concurso, cansancio, necesita reposo;
del mundo, gravísimos problemas interiores.

finalidad, *alcanzarla,* buenos propósitos.

fingir, mentir sería cómodo, pero requiere valor;
fingirse enfermo, deseo de compañía.

firma, *con la sangre,* pacto importante con un amigo;
hacer la de otro, un enredo le costará caro;
hacer la propia firma, una promesa que mantener;
no saber hacer la firma, significa sentirse con poca preparación cultural.

firmar, véase *letra de cambio*.

fiscal, problemas económicos.

física, dificultad para organizar las propias acciones.

físico, *tenerlo bello,* narcisismo;
tenerlo feo, no seguir la moda.

fisioterapeuta, *ir a uno,* preocupación por la salud;
serlo, no puede resolver sus problemas de salud sin ayuda, por sí mismo.

fisura, *abrirla en el muro,* curiosidad;
verla en el muro, miedo a ser espiados.

flagelar, quiere vengarse de una ofensa sufrida, es muy cruel;
ser flagelados, sentimiento de culpa, deseo de recibir castigo.

flagrante, *ser cogido en flagrante delito,* miedo a ser descubierto, vergüenza, humillación.

flamenco, *verlo,* se mantiene por encima de las dificultades.

flanco, punto débil;
herido, miedo y sensación de extravío;
que duele, debilidad imprevista;
ser golpeado en el flanco, un disgusto le debilitará psicológicamente;
tener alguien al flanco, sensación de protección, tranquilidad.

flauta, *oírla,* siente debilidad por las personas volubles;
tocar la flauta, volubilidad.

flautista, una persona interesante e imprevisible.

flebitis, *tenerla,* ansia, depresión.

flecha, una noticia llegada indirectamente;
en el corazón, un amor imprevisto;

lanzar una flecha, devolverá los golpes recibidos;
ser alcanzado por una flecha, una mala noticia imprevista.

fleco, un agradable lazo sentimental;
hacer un fleco, con habilidad se pueden obtener buenos resultados;
llevarlo, poca espontaneidad.

flexiones, *soñar con hacerlas,* se verá obligado a realizar un gran esfuerzo físico.

florecer, *ver florecer una flor,* se realizará un deseo;
verse florecer a uno mismo, cambio del carácter o de la salud para mejorar.

flores, representan la vida y los distintos aspectos del carácter;
arrancarlas, la impaciencia ha desbaratado su labor;
cogerlas, ha obtenido la riqueza que tanto deseaba;
cultivarlas, puede cultivar tanto riqueza material como un sentimiento de amor;
ofrecerlas, grandes sentimientos de afecto;
para cada tipo de flor, véase *rosa*, *violeta*;
plantarlas, se prepara para alcanzar honores y riquezas;
recibirlas, invitación de una persona que le ama;
ver muchas, vida serena y económicamente tranquila.

florete, una discusión educada pero peligrosa.

floricultor, *serlo,* paciencia, sentido estético.

flota, *combatir contra una flota,* discusiones entre familiares;
verla, reunirse con las personas de su familia.

flotar, buena resistencia a las dificultades;
en alta mar, la fuerza de ánimo le servirá de ayuda en los momentos difíciles.

flujo menstrual, retraso de las menstruaciones.

fobia, *tenerla,* refleja sus miedos diurnos.

foca, una situación embarazosa que se le escapa;
ser una foca, dificultad en las relaciones con los demás.

fogonero, *de una locomotora,* vencerá a los adversarios.

folio, *blanco,* todavía es tiempo de actuar;
de color, dejarse llevar por una fantasía sin límites;
escrito, ya se han tomado las decisiones importantes;
negro, dificultad para encontrar solución a los problemas.

folleto, credulidad mezclada con fantasía.

fonda, posición económica discreta;
comer en una fonda, satisfacciones agradables.

fondo, *verlo,* descubrirá las causas de su comportamiento;
ver el fondo a través del agua limpia, buen momento para analizar su interior;
verlo a través del agua oscura, el análisis será difícil.

fontanero, *serlo,* situaciones imprevistas;
verlo, una ayuda en los problemas diarios.

forma, *ver una forma desconocida,* temor ante los imprevistos.

forrar, disensión en la familia.

fortaleza, *entrar en una fortaleza,* conocerá a una persona con un carácter muy difícil;
habitar la fortaleza, una vida marcada por la desconfianza;
verla, sensación de miedo;
verla destruida, pérdida de seguridad.

fortuna, *no tener fortuna,* agotamiento, descorazonamiento;
tenerla, cuidado con no perder buenas ocasiones.

forzado, sensación de agobio por las decisiones tomadas;
ser condenados a trabajos forzados, no cree que el trabajo le pueda dar satisfacciones;
verlo, no desea participar en las decisiones ajenas.

fosa, *cubrirla de tierra,* un problema ha quedado olvidado;
excavar una fosa, está meditando una venganza;
excavar una fosa para un muerto, ha cumplido su venganza.

fosforescente, *un objeto fosforescente,* algo importante habitualmente ignorado.

fósforo, *apagar un fósforo,* periodo desagradable;
comer un fósforo, necesidad de inteligencia para salir adelante;
encender un fósforo, una fortuna está al llegar;
regalar un fósforo, pronóstico de suerte;
ver un fósforo encendido, suerte.

fotografía, un juicio definitivo;
colgar una fotografía, un punto de referencia en la vida;
en blanco y negro, una situación triste;
en color, recuerdos alegres;
regalar una fotografía, no se cambiaría por la persona a quien se la regala.

frac, *llevarlo,* pretensión de seriedad;
verlo, una situación casi cómica.

fracasado, *ser un fracasado,* los demás le ven así, pero usted sabe que tiene muchas posibilidades;
ver un fracasado, miedo a la pobreza.

fracaso, superación de un problema;
sentirlo, preocupación por el exceso de recriminaciones.

fracturarse, un momento peligroso;

un brazo, incapacidad e imposibilidad de actuar;
una pierna, apatía tras una ruptura.

fragua, un trabajo duro y pesado;
con fuego, tendrá más trabajo y más satisfacciones.

fraile, signo favorable;
encontrar un fraile caminando, los buenos consejos le ayudarán a conquistar la fortuna.

frambuesas, *comerlas,* alegría de breve duración;
verlas, momentos de alegría.

fratricida, *serlo,* dispondrá de mucho tiempo.

freír, deterioro de una amistad;
alimentos, castigó impunemente a una persona que no lo merecía;
con aceite, es consciente de su error;
con mantequilla, no percibe que se equivoca.

frenar, intento de disminuir los riesgos;
bruscamente, se verá obligado a trabajar menos;
delante de un obstáculo, debe limitar su impulsividad;
en bajada, una decisión imprevista puede ser peligrosa;
en subida, está demasiado inseguro y asustado;
frenar sin querer, alguien le impide actuar.

frente, *alta,* se considera muy inteligente;
baja, sobrevalora sus posibilidades;
en sentido militar, ha tomado una posición definitiva;
estar en el frente, exposición al peligro;
herida en la frente, alguien le impide expresar su inteligencia;
parte del cuerpo, momento de meditación;
tener algo escrito en la frente, no consigue ocultar nada.

fresa, amor poco maduro;
comerla, infantilismo;
recogerla, tendrá una aventura sentimental.

fresco, unas dotes poco corrientes le harán destacar.

fricción, un pequeño conflicto.

friccionar, *a alguien,* gracias a la diplomacia alcanzará buenas posiciones;
las manos, consideraciones positivas;
los pies, está preparándose para actuar;
friccionarse, golpe mal asimilado;
ser friccionados, alguien quiere convencerle de algo con buenas maneras.

frígida, *conocer una mujer frígida,* quiere justificar su fracaso;
ser frígida, miedo a estropear una relación.

frío, soledad, necesidad de afecto;
sentirlo, sufre por el alejamiento de una persona.

233

fritada, armonía entre amigos;
comer una fritada, reunión entre amigos;
hacerla, cuidado con la prisa, puede estropearlo todo.

frontal, *encuentro frontal,* una discusión muy dura tendrá graves consecuencias.

frontera, un obstáculo en su camino;
pasarla, valor y fuerza de espíritu.

frotarse las manos, está meditando una acción incorrecta.

frustrar, *las esperanzas de alguien,* provocará una gran desilusión;
ser frustrados, graves insatisfacciones y desilusiones personales.

fruta, deseos eróticos o de riqueza;
aplastar una fruta, discusiones con la persona amada;
comer fruta, placer físico;
comerla verde, una pasión que pronto se convertirá en un lazo desagradable;
comprarla, deseo de obtener ventajas económicas;
recogerla, sensaciones agradables;
tirarla, cólera, graves desavenencias;
ver fruta del tiempo, sensualidad;
verla fuera de temporada, desgracias;
verla en la planta, riqueza insegura difícil de alcanzar;
véase *manzana, pera,* etc.

frutero, desearía que una persona que le atormenta le dejase en paz;
serlo, le gusta hacer felices a los demás.

fuego, personalidad muy activa, espíritu fuerte, posibilidad de peligro;
alimentar el fuego, no quiere olvidar una gran pasión;
apagarlo, pequeña crisis en el campo sentimental;
encender fuego, en general buen augurio, creatividad en todos los campos;
encender un fuego grande, peligro, alguien quiere perjudicarle;
encender uno pequeño, pequeñas novedades;
pararse a contemplar el fuego, amor, gran interés por una persona;
quemarse, malestar, salud precaria;
ser quemados, sentimiento de culpabilidad, deseo de expiar las culpas;
ver un fuego apagado desde hace tiempo, insensibilidad y desconfianza;
ver fuego en el cielo, sentirse amenazado por una persona importante;
véase *incendio.*

fuegos de artificio, sentimientos contradictorios.

fuelle, una persona le anima;
agujereado, intentos inútiles de animar;
usar un fuelle, está estimulando a una persona.

fuente, véase *manantial.*

fuga, angustia, frustración;
de gas, animo atormentado.

fugitivo, *dar hospitalidad a un fugitivo,* demasiada confianza en los demás puede ser perjudicial;
ser un fugitivo, temor y venganzas;
verlo, se reconoce que una persona no tiene la posición que se merece.

fulminar, *con la mirada,* tiene el poder de dar miedo;
quedar fulminado por la corriente eléctrica, una noticia terrible.

fumar, momentos de evasión;
en pipa, véase *pipa;*
muchos cigarrillos seguidos, inestabilidad, inseguridad;
se ha prohibido fumar, molestia;
un cigarro, momentos agradables y de tranquilidad, incluso económica.

funámbulo, muévase con cuidado y circunspección;
serlo, elección de un camino difícil.

función, *religiosa,* se siente en dificultades y busca ayuda.

funcionario, un trabajo repetitivo.

funda, intento de aislamiento, también puede significar un matrimonio inminente;
de un arma, evitará reacciones impulsivas.

fundamentos, *descubrirlos dañados,* debe volver a empezar desde el principio;
poner los fundamentos de un edificio, inicio de una importante empresa.

fundir, deseo de cambiar y debilitar algo;
mantequilla, una operación muy sencilla;
metales, se avecina un cambio posible;
piedras, intenta una empresa desesperada;
un anillo, deseo de desligarse de una promesa.

funeral, *asistir,* peligro, situación desfavorable;
asistir al propio funeral, buen augurio, éxito en los negocios;
de la pareja, desgracia, deseo de sepultar el pasado;
formar parte del cortejo fúnebre, signo positivo, posibilidad de riquezas.

funicular, superará una dificultad sin darse cuenta.

furor, sensación de impotencia;
calmar a alguien furioso, deberá encontrar razones válidas para justificar sus errores.

fusil, poder, posesividad;
apuntar con el fusil, amenaza para poder obtener una confesión;
tener un fusil en la mano, se siente seguro y en posición de mando.

fusilar, alguien le atormenta y quisiera que le dejara en paz;

a prisioneros, no soporta la injusticia;
a un traidor, reacciones impulsivas;
ser fusilados, será aislado y expulsado de un grupo;
ver fusilar a alguien, asiste a un acontecimiento luctuoso en el que no puede intervenir y se siente impotente.

futuro, *soñarlo,* esperanzas y ambiciones;
verlo claramente, realizará pronto sus proyectos con mucha voluntad.

G

gabán, defensa excesiva;
llevar un gabán, alberga grandes temores.

gabinete, la liberación llegará después de superar los conflictos interiores;
dormir en un gabinete, su única ocupación es el análisis interior; *estudio,* véase *estudio*;
ver un gabinete, debe resolver sus problemas usted mismo, sin ningún tipo de ayuda.

gacela, elegancia y carácter tímido.

gafas, no crees en lo que ves;
llevar gafas, búsqueda de la verdad;
romperlas, periodo de inseguridad.

gafe, la superstición no ayuda a resolver los problemas.

gajo, pequeños gastos, algo de avaricia;
de ajo, fisgarán en su cuenta;
de naranja, complicaciones de poca monta.

galante, *ser galante,* nadie aprecia su cortesía;
ver a un hombre galante, se deja llevar por el aspecto externo.

galeote, demasiadas maledicencias excitan los nervios;
ver un galeote, una persona despreciada y temida.

galera, se siente perseguido por culpas no cometidas;
estar en, dificultad para responder a las acusaciones hechas;
ver a un amigo, descarga en él sus sentimientos de culpabilidad.

galería, posición de prestigio, momentos difíciles de atravesar;
de cuadros, posibilidad de ampliar el propio patrimonio cultural;
en minería, excavará en su interior, el trabajo será duro pero le reportará grandes satisfacciones económicas.

galga, un lazo momentáneo;
rota, pequeñas molestias.

galgo, inteligencia rápida.

galleta, periodo de sacrificio;
comer una galleta, con un poco de adaptación, la situación desfavorable no será demasiado duradera.

gallina, pensamientos molestos;
con polluelos, suerte en todos los sentidos;
criar una gallina, con sus medios alcanzará una situación acomodada;
que come, ganancias;
que escarba, una vida sin preocupaciones;
si es delgada, periodo de miseria;
si es gorda, riqueza.

gallina clueca, deseo de proteger a los hijos de los peligros;
con polluelos, debe ocuparse con más atención de los hijos;
que empolla, próxima maternidad.

gallinero, *con pollos volando,* altercados y discusiones;
dormir en un gallinero, alguien hablará mal de usted;
entrar en un gallinero, acepta los chismes en su haber;
verlo, vida confusa y de pocas satisfacciones.

gallinita ciega, *juego,* intuición, velocidad, inteligencia.

gallo, discusiones, problemas familiares;
coger un gallo, un encuentro desagradable;
comer un gallo, recibirá buenas noticias;
matar un gallo, fin del periodo afortunado;
que canta, suerte, satisfacción en el trabajo, ganancias;
que pone huevos, deseos irrealizables.

galopar, un periodo de éxitos en el trabajo.

gamo, con rapidez podrá controlar a sus enemigos;
acariciarlo, timidez;
verlo correr, debe prepararse para lo peor.

gamuza, sin darse cuenta superará cuestiones que creía insolubles;
piel de gamuza, sacrifica a los demás en aras de su felicidad.

ganancia, *incierta,* muchas dudas y algo de desconfianza;
inmerecida, sentimiento de culpabilidad por una pequeña estafa;
merecida, tras muchos esfuerzos recoge el fruto de su trabajo;
segura, el optimismo le conducirá a actuar correctamente.

ganar, seguridad en sí mismo;
dinero, momentos de euforia;
ganar para vivir, sentido de independencia;
terreno, éxito y mejora de posición;
tiempo, prisa angustiosa;
un premio, está convencido del valor de lo que hace;
una partida, está decidido a hacer lo mejor.

ganchillo, mal augurio;
tener un ganchillo en la mano, acciones poco correctas;
usarlo, falta de escrúpulos y arrepentimiento;
verlo, preocupaciones que se creían superadas.

ganzúa, una oportunidad poco honesta;
usar una ganzúa, encontrará lo que busca abandonando sus escrúpulos.

garaje, ha llegado al final de sus esfuerzos.

garbanzos, abundancia y sencillez;
comerlos, pronto llegará mucho dinero.

gardenia, un amor que perdura.

garduña, peligrosas traiciones, probablemente de una mujer.

garfio, pequeño inconveniente;
colgar un garfio en la pared, poca libertad en la familia;
de una espina, una pequeña advertencia;
para arrastrar, se verá obligado a seguir a alguien;
que sangra, el mal es de poca monta pero causa sufrimiento;
tener muchos garfios, sufrirá pequeños males.

garganta, *coger por la garganta,* graves amenazas verbales;
herida, alguien habla mal de usted;
parte del cuerpo inflamada, imposibilidad de expresarse claramente;
permanecer bloqueados, sin compromiso no se resuelven los problemas;
precipitarse por una garganta, tras un periodo de cansancio está dispuesto a partir.

garita, teme ser espiado;
estar en guardia, está controlando a alguien.

garito, conocerá personas muy importantes.

garra, *de águila,* los cambios de humor de sus superiores causan problemas;
de animal feroz, sensación de estar injustamente criticado por una persona poderosa.
de gato, discusiones frecuentes entre amantes.

garrafa, *de agua,* los años pasarán con serenidad;
de vino, futuro alegre y emocionante;
rota, han sido desperdiciadas las mejores ocasiones;
vacía, no agote los recursos.

garrafón de vino, momento de madurez psicológica;
beber de uno, es demasiado exigente consigo mismo;
vacío, ha despilfarrado sus riquezas interiores;
volcar un garrafón, un movimiento equivocado ha estropeado un largo trabajo.

garrapata, alguien se aprovecha de usted.

garrapatear, ideas expresadas de un modo confuso;
un texto para hacer burla, infantilismo, falta de madurez.

garrote, sufrirá una venganza injustificada;

ser golpeados con un garrote, recibirá una gran desilusión.

garrucha, fantasía que utiliza en su provecho.

garza, símbolo negativo, cuidado con los hurtos;
que vuela, intentos inútiles para evitar la mala suerte.

garza real, llegarán noticias lejanas;
que vuela, es probable que le engañen.

gas, sensación de incomodidad;
emitir gas, hace sentir su presencia;
sentir asfixiarse, enfermedad del aparato respiratorio;
sentir el olor de gas, un pequeño malestar.

gasolina, a veces se siente lleno de energías, y otras agotado.

gastar, periodo difícil;
los vestidos, momentos difíciles;
los zapatos, le espera un largo viaje;
poco, sensación de culpa a causa de unos gastos injustificados.

gasto, *hacerlo,* piensa en las necesidades reales.

gatas, *avanzar a gatas,* siempre teme hacerse notar.

gatillo, *apretarlo,* decisión de golpear a alguien;
verlo, posibilidad de atacar a una persona.

gato, mucha fantasía, a veces exceso de irracionalidad;
acariciar un gato, pasión;
alimentar un gato, la persona amada no merece su amor;
capturar un gato, cuidado con los impulsos;
doméstico, independencia, autonomía;
luchar con un gato, cuidado con los ladrones;
matarlo, romperá una relación peligrosa;
negro, cuidado con la maldad de algunas personas;
que ronronea, un amor correspondido;
rabioso, una relación tempestuosa;
salvaje, con frecuencia su independencia se transforma en agresividad;
ser mordido por un gato, se enamorará a pesar suyo;
verlo, traiciones.

gaviota, una agradable tranquilidad;
verla volar, libertad en el trabajo y en los sentimientos.

gelatina, proyectos para el futuro.

gema, un lazo sentimental que le da seguridad;
recibirla, alguien le declarará su amor;
regalarla, desea el amor de una persona.

gemelos, no se deje impresionar por las apariencias, confusión, dudas;

hermanos, una situación poco clara;
tener un gemelo, rivalidad en la familia;
signo zodiacal, doble personalidad.

gemir, miedo, deseos.

genciana, alguien puede aprovecharse de su ingenuidad.

gendarme, véase *guardia*.

general, valor, energía;
serlo, tiene la posibilidad de demostrar sus capacidades;
verlo, timidez, inseguridad.

género, nueva amistad.

genitales, indican vitalidad, energía, periodo de actividad.

gente, simboliza el ambiente que le rodea;
amenazadora, los amigos proyectan algo en su contra;
desconocida, se siente extraño en su propio ambiente;
mucha gente, véase *multitud*.

gentilhombre, es ambicioso y exigente consigo mismo.

genuflexión, pide ayuda a quien tiene poder;
en la iglesia, momento de recogimiento;
veloz, respeto sólo formal por la autoridad.

geografía, *estudiarla,* para usted resulta muy difícil cambiar de ambiente aunque debe intentar superar el miedo.

geranio, carácter voluble, inestabilidad.

germen, temor ante los contactos con personas o cosas desconocidas.

germinar, *ver una planta que germina,* carácter optimista, no teme las novedades.

gestante, buen augurio, posible maternidad en el futuro.

gesticular, intenta hacerse comprender inútilmente;
ver a alguien que gesticula, finge no comprender una situación que está clara.

gigante, *ser amenazados por uno,* sensación de culpa;
ser un gigante, riqueza y poder irán en aumento;
ver un gigante, le amenaza una persona importante;
verlo en casa, buen augurio.

gimnasia, fuerza y equilibrio;
al aire libre, iniciativas nuevas e interesantes;
en la palestra, tan sólo actúa en su ambiente.

gimnasio, una actividad interesante;
frecuentarlo, satisfacciones por el futuro.

girar, *las colchas,* afecto y comprensión;

241

las mangas, se prepara para un periodo de trabajo.

girasol, *cultivar girasoles,* no se deja alterar por comportamientos vanidosos;
ver un campo de girasoles, se mueve en un entorno exhibicionista;
verlo, desconfíe de una persona de apariencia virtuosa.

giro, pérdida de tiempo;
de palabras, oculta algo, incluso a sí mismo;
del mundo, un viaje muy cansado.

gitano, *ver un gitano en la puerta de casa,* una persona de su confianza le engañará;
verlo, vigile a los que quieren perjudicarle.

gladiador, conflictos con un adversario, lucha sin reglas.

glicinas, un viaje útil;
recogerlas, una amistad sincera.

globo, véase *mapamundi*.

gloria, grandes éxitos;
alcanzarla, algo que ahora es difícil de comprender será la clave del éxito futuro.

glotón, persona que sabe disfrutar de la vida.

gnomo, amor inconstante.

gobernante, posee autoridad y sabiduría;
ser cuidado por un gobernante, deseo de una guía segura;
serlo, altruismo, seguridad personal.

gobernar, deseo de poder;
animales, hace valer su autoridad sobre los más débiles;
la casa, preocupaciones familiares;
una ciudad, desea grandes cambios sociales y gloria personal.
la cocina, incomprensiones familiares.

golondrina, retorno de una persona amada;
en el nido, alegrías familiares;
matar una golondrina, una persona que no volverá jamás;
oír una golondrina, buenas noticias;
verla volar, posibilidad de un viaje deseado desde hace tiempo.

golosina, vive de pequeñas satisfacciones.

goloso, *ser goloso,* temor ante la miseria;
ver comer a una persona golosa, considera la educación muy importante;
véase *glotón*.

golpe, un pensamiento obsesivo.
dar golpes hablando, deseo de hacerse notar.

golpear, quiere vengarse de una injusticia sufrida;
a la mujer, cometerá un gran error;
a la puerta, indiscreción; petición de ayuda

a la ventana, grandes novedades;
a los hombros, traición;
a sí mismo, se considera culpable y sufre mucho;
a un amigo, acciones de las que se arrepentirá, la amistad no es sincera;
a un familiar, cuestiones familiares que se complican;
a una puerta abierta, formalidad;
al corazón, deseo de destruir la vida de alguien;
al marido, deseo de venganza;
animales, alguien intuye sus secretos;
el grano, bienestar, riqueza;
el tambor, esperanzas sin fundamento;
en grupo, busca en los demás el valor para actuar;
la acera, véase *prostituta*;
las manos, alegría, véase *aplaudir*;
los dientes, sensación de abandono;
oír llamar a la puerta, están por llegar noticias;
ser golpeado, recibirá el castigo que desea;
ser golpeado hasta sangrar, profundo sentido de culpa, teme por el futuro;
un desconocido, le gusta mostrarse fuerte y decidido;
un pájaro, astucia y violencia.

golpearse, deseo de ser castigado.

góndola, espíritu romántico;
ir en góndola, grandes sueños de amor.

gorila, desconfianza, desprecio por un hombre tosco.

gorjeo, forma de expresión muy romántica;
de pájaros, sensibilidad, dulzura de espíritu.

gorrión, encontrará quien le ayude en el trabajo;
dejar migajas a los gorriones, generosidad frente a quienes le ayudaron;
ver muchos gorriones, muchos amigos sinceros.

gota, pequeñas molestias, egoísmo, insensibilidad;
de sudor, trabajo duro con frecuencia no recompensado;
tener gota, su egoísmo será castigado.

gotear, las consecuencias de un gran problema;
pieza de tela que gotea, son los últimos momentos delicados.

grabadora, *comprarla,* teme olvidar cosas importantes;
oírla, vuelven los problemas;
verla, alguien se lo recuerda todo.

gracia, necesita mucha ayuda;
conceder una gracia, ausencia de sentimientos de venganza;
obtenerla, le será perdonado un error;
pedirla, confía en la bondad de una persona.

gradería, *descender por una gradería con gran fatiga,* su fuerza se

verá gravemente afectada por un fracaso;
descenderla triunfalmente, éxito, grandes novedades;
subirla, buena señal, progresos en todos los aspectos.

grado, *de latitud,* representa su posición en el mundo;
de temperatura, mida el calor o la frialdad del carácter;
militar, sentido de la jerarquía;
tener, parte de una posición de ventaja.

graduación, *alcohólica ligera,* desea conocer todas las consecuencias de sus gestos.
estar en los últimos puestos de graduado, pesimismo y un cierto grado de desconfianza;
estar en los primeros puestos de graduado, optimismo, espera ayudas del exterior.

grama, un momento desafortunado, pérdida en los negocios;
arrancarla, procura salvar lo que puede;
cultivarla, está en el camino equivocado.

gramática, deseo de aprender;
estudiarla, perfeccionismo.

granada, *lanzarla,* una noticia explosiva;
recibirla encima, se verá envuelto en un gran escándalo.

granadero, deseo de fortaleza y grandeza;
armado, será agredido y le sucederá lo peor;
verlo, siente un profundo miedo ante un rival.

granado, sensaciones controvertidas;
comerlo, confusión y falta de objetividad;
ver la fruta, dulces disgustos.

granero, pobreza;
con ratas, se verá perjudicado por alguien que le engaña;
destruido, una desgracia imprevista arruinará sus negocios;
lleno, está orgulloso de sus éxitos;
vacío, cuidado con los malos negocios.
véase *buhardilla.*

granito, dureza, inflexibilidad;
mesa de granito, decisiones irrevocables;
persona de granito, solidez, coherencia de carácter.

granizo, algunas dificultades imprevisibles;
ver caer granizo, miedo al futuro;
ver cómo entra en casa, tristeza.

granja, tranquilidad familiar, nostalgia del pasado;
comprarla, buenos negocios;
venderla, preocupación por el futuro.

grano, prosperidad, suerte en el amor;
campo de, felicidad que durará largo tiempo;
de arroz, alegría;
de trigo, abundancia;

segarlo, es el momento de recoger los frutos del trabajo;
sembrarlo, está trabajando para conseguir el éxito.

grasas, *comerlas,* enfermedad;
ver una persona muy gruesa, advertencia para no ceder al lujo;
verse más gordos, periodo de apatía;
véase *engordar.*

grata, *persona grata,* se jacta de sus buenas acciones.

gratis, *tener algo gratis,* deseo de enriquecerse sin esfuerzo;
ver algo gratis, cuidado con los malos negocios.

gravidez, suerte, momento positivo;
difícil, miedo de no estar a la altura de las circunstancias;
ver una mujer encinta, envidia de una mujer casada.

graznar, una persona desagradable da consejos no requeridos;
oírse graznar, percibe que a veces es pendenciero y molesto.

grieta, pequeña cesión;
ver una grieta sobre la pared, está gravemente amenazada la solidez de la familia;
ver una grieta sobre el pavimento, pequeños problemas en los negocios.

grifo, *abierto,* decisión, pero posibles pérdidas económicas.
cerrado, periodo muy desafortunado.

grillo, pequeños disgustos que durarán poco;
oírlo, muchos consejos inútiles;
matarlo, quiere actuar de forma razonable.

gripe, *curada,* momentos positivos;
tener la gripe, presagio de enfermedad.

gris, periodo de tristeza.

gritar, luchar contra algo;
desesperadamente, una situación angustiosa;
sin emitir sonidos, nadie le ayudará a resolver sus problemas;
venganza, no quiere reconocer que está enojado consigo mismo.

grito, solicitud de ayuda;
desesperado, una amigo está en peligro, no ignore su solicitud de ayuda;
sofocar un grito, carácter débil, no es capaz de manifestar sus sentimientos.

grosella, recuerdo para una persona amada;
coger una grosella, procurará reconquistar a una persona;
comerla, futuras aventuras sentimentales;
ofrecerla, está disponible para emprender las aventuras que se presenten.

grotesco, miedo a la exageración.

grúa, una ayuda fundamental le servirá para mejorar su posición;
accionarla, dispone de medios para conseguir el éxito.

grulla, huye de los problemas sin resolverlos.

grumo, algo no se ha conseguido perfectamente;
de sangre, recuerdo de un daño sufrido.

gruñir, carácter pésimo;
oír a alguien que gruñe, no quiere darle explicaciones.

grupa, *montar a una persona en la grupa,* prefiere no tomar decisiones personales;
montar sobre la de un animal, un trabajo le resultará poco cansado.

grupo, *de amigos,* no está seguro de ser apreciado;
de colegas, sentimiento de marginación;
de personas desconocidas, miedo a que los demás decidan por usted;
estar en grupo, una buena adaptación social.

gruta, necesidad de comprensión;
angosta, periodo de tranquilidad, pero también de problemas económicos;
entrar en una gruta, huye de las dificultades;
marina, una decisión imprevista;
refugiarse en una gruta, evita las complicaciones de la vida;
vivir en una gruta, revive una situación simple y tranquila.

gruta subterránea, debe dejar más libertad a los instintos.

guantes, placer que no durará demasiado;
colocárselos, momentos agradables;
de goma, miedo a una intervención quirúrgica;
de seda, elegancia que oculta algún complejo;
llevar siempre guantes, deseo de ocultar algunos defectos;
para los hombres, deseo de ocultar defectos;
sucios, secretos y sensación de culpa.

guardabarros, ayudas, advertencias;
golpear contra un guardabarros, arriesgarse demasiado lleva a la falta de equilibrio;
sentarse sobre un guardabarros, un viaje desagradable;
verlo, su autonomía es limitada.

guardabosques, una persona que le ayudará en las situaciones difíciles;
serlo, unión con la naturaleza.

guardarropa, hechos y personas familiares;
bien equipado, vida rica en experiencias, y acaso también de secretos;
mirar el de otro, está espiando a alguien;
robar algo del guardarropa, envidia por la situación de otra persona;
vacío, la familia no le produce satisfacciones.

guardería, *ir a una,* recuerdos poco agradables de la infancia.

guardia, falta de libertad;
hacer guardia, resulta muy sospechoso;
llamar a un guardia, gran sentido de la justicia;
personal, miedo, deseo de protección;
ser arrestado por un guardia, está arrepentido por algún acto deshonesto cometido en el pasado;
ser seguido por un guardia, sensación de culpa;
ser guardia, es muy rígido en sus juicios.

guardia civil, miedos ocultos.

guardián, posee confianza en sí mismo;
serlo, no se fíe de nadie, puede verse involucrado en una situación peligrosa;
temerlo, gran sentimiento de culpa;
verlo, no tendrá preocupaciones, sus haberes están seguros.

guardián de una casa, alguien protege a su familia;
serlo, le ha sido confiada una gran responsabilidad.

guarnición, *de soldados,* tiene muchos enemigos;
hacerse proteger por una guarnición, exceso de miedo y pesimismo.

guerra, contrariedad psicológica;
de trinchera, tensiones latentes le consumen;
estar en una guerra, problemas interiores, ansias, miedo, relaciones difíciles con los demás;
provocar el fin de una guerra, percibe que tiene grandes responsabilidades en el nacimiento de un grave conflicto;
verla en el exterior, no quiere admitir un conflicto interior.

guerrero, *ver muchos guerreros,* exceso de individualismo, debe aprender a actuar en grupo;
verlo, sentido del deber.

guerrilla, un conflicto oculto y poco claro.

guía, confía en quien tiene más experiencia.
buscar en la guía telefónica, debe encontrar a una persona;
de montaña, problema difícil que no podrá superar por sí mismo;
telefónica, alguien le llama;
turístico, poco espíritu de observación.

guiar, disciplina, sentido de la responsabilidad;
un animal, seguridad y decisión;
un automóvil, progreso en los negocios;
un automóvil de carreras, es demasiado exigente consigo mismo;
un camión, un trabajo duro le proporcionará satisfacciones;
una motocicleta, decisión, gusto por la aventura;
una persona, seguridad y decisión.

guijarro, un discurso muy pesado;
golpear con un guijarro, una acusación difícil de olvidar;

que le golpea, será acusado con dureza;
que rueda, ha dado comienzo a una discusión imparable.

guillotina, deseo de venganza;
ser guillotinado, castigo por haber *perdido la cabeza* por una persona;
verla, sentido muy exagerado de la justicia;
ver la guillotina en acción, está efectuando su venganza.

guinda, carácter muy dulce.

guiñar, seguridad en uno mismo y desprecio ante el miedo ajeno;
el ojo, acuerdos superficiales.

guiño, *hacerlo,* se ve lanzado a un desafío;
verlo, se siente amenazado.

guirlache, dulces dificultades.

guirnalda, *de flores,* noticias agradables;
véase *corona.*

guisantes, discusiones familiares;
comer guisantes, discusiones numerosas e inútiles;
desgranarlos, todavía no está preparado para dejar la familia;
plantarlos, hará progresos muy rápidos;
recogerlos, se presentarán algunos contratiempos pero alcanzará sus deseos;
secos, matrimonio lejano;
verdes, matrimonio controvertido.

guitarra, procure no engañar a nadie;
fabricar una guitarra, está buscando el modo correcto de expresarse;
tañerla, manifestación de los propios sentimientos;
tañerla mal, momentos de locura.

guitarrista, *serlo,* deseo de actividades manuales;
verlo, sentimiento de aprecio por aquellas personas que crean objetos siguiendo las tradiciones.

gusano, sufrirá grandes daños;
matar gusanos, ganancias;
ver muchos, varias personas le perjudican.

H

habas, *comer habas,* si se conforma con su situación será feliz; *frescas,* nuevos deseos; *secas,* nuevos chismes.

hábil, *en el trabajo,* excesiva seguridad en sí mismo.

habitación, representa los sentimientos;
comedor, la familia se reunirá pronto;
de hotel, escasa perseverancia;
desordenada, algo ha alterado su existencia;
dormitorio, armonía entre marido y mujer;
entrar en una habitación, deseo de establecer contactos y nuevos lazos;
ordenada, racionalismo;
sucia, espíritu turbado.

habitante, *de ciudad,* tendencia a la premeditación;
del campo, deseo de un amor romántico.

hábito, *de monja,* tan sólo piensa en la familia;
llevar hábito de fraile, no hace nada por cambiar su destino;
verlo, habilidad y astucia.

hablar, *con un amigo,* discusiones desagradables;
con un animal, dificultad en hacerse comprender;
con una mujer, asuntos discretos;
de negocios, el trabajo le molesta;
en público, deseo de éxito y notoriedad;
en voz alta, se siente amenazado por un peligro;
en voz baja, necesidad de confiar algunos secretos;
oír hablar, temor a que alguien hable mal de usted.

hacha, una amenaza latente;
apoyarse en un hacha, es capaz de salir adelante solo;
comprarla, confía en sí mismo y busca las mejores condiciones para actuar;
cortar con un hacha, deseo de romper una vieja relación;
estar debajo del hacha, son otros los que deciden por usted;
tenerla en la mano, agresividad;
usar un hacha, satisfacciones en el trabajo;
verla, puede llegar una ayuda.
verla en la mano de alguien, una persona confusa puede ser peligrosa.

hacienda, *ir a una hacienda,* periodo positivo para el trabajo; *propia,* espíritu de iniciativa.

hada, quedará fascinado por una mujer; *ser un hada,* deseo de poder y libertad de acción.

halcón, la persona amada no es sincera; *verlo volar,* descubierto el engaño, se alejará de la persona amada.

hambre, deseo de madurar y de adquirir experiencia; *morir de hambre,* periodo muy negativo, ningún estímulo; *no tener hambre,* madurez y autosuficiencia; *rechazar la comida,* deseo de olvidar algún aspecto de la vida; *saciar el hambre,* madurez alcanzada en poco tiempo, presagio positivo, crecimiento interior; *ver a personas que mueren de hambre,* se lamenta de la situación de algunos amigos pobres.

harapiento, *serlo,* pronto se hallará en la miseria; *verlo,* un amigo le pide ayuda.

harapo, ignora algunas formalidades importantes; *llevar harapos,* desorden exagerado.

harina, abundancia, tranquilidad económica; *amasarla,* construcción de su futuro económico; *tamizarla,* cuidado, no se deje sorprender por los imprevistos.

hartazgo, *darse un hartazgo para un pobre,* buena señal; *darse un hartazgo para un rico,* falta de control.

hayas, los amigos fieles no le abandonan.

hebilla, algo representa su seguridad.

hecatombe, *llevarla a cabo,* perjudica voluntariamente a algunos amigos; *ver una hecatombe,* alteraciones psíquicas.

heces, suerte *hacer analizar las heces,* con un poco de método hará fortuna; *notar el olor de las heces,* momento de inseguridad; *tocar las heces,* pronto tocará la riqueza con sus manos.

hechicera, instinto, libertad; *fea,* no se deje atraer por sueños peligrosos; *guapa,* engaños y pequeñas artimañas; *joven,* una mujer seductora; *que baila,* malas noticias; *desear ser una hechicera,* decisión y astucia, nada le asusta; *ver muchas hechiceras,* peligro; *vieja,* encuentros peligrosos.

hechicero, una persona equívoca de la que es mejor desconfiar; *serlo,* su falta de sinceridad alejará a los amigos.

heder, algo provocará muchas sospechas.

hediondo, rechazo hacia una persona.

hedor, feos presentimientos;
sentir un fuerte hedor, sospechará de alguien.

hegemonía, *conquistarla,* está perdiendo fuerza;
perderla, conflictos con los compañeros de trabajo.

helada, un negocio fracasará.

helado, momento favorable sólo en apariencia;
comer un helado, pronto se cansará de estar solo;
hacerlo, espera el momento oportuno para actuar;
ver que se deshace un helado, es inútil tener paciencia.

helar, miedo a la soledad;
sentirse helar la sangre, algo le aterroriza.

helecho, alguien le declarará su pasión.

hélice, una situación incontrolable.

helicóptero, cree que puede actuar como quiera;
conducir un helicóptero, no teme a los obstáculos.

hemicránea, véase *jaqueca.*

hemorragia, *para un hombre,* continua pérdida en los negocios;
para una mujer, miedo a una gravidez indeseada.

hendidura, *caer en una hendidura,* grave crisis, alguien le ha engañado;
en las manos, preocupación por el trabajo;
no ver el fondo de una hendidura, se siente completamente perdido;
ver a alguien en una hendidura, cuidado con el peligro;
ver el fondo de una hendidura, una dificultad quedará superada;
verla, enfermedad de poca monta.

heno, riqueza, abundancia;
quemarlo, provocará una situación de miseria;
segarlo, los negocios serán óptimos;
tumbarse sobre el heno, bienestar;
ver arder heno, riqueza efímera.

hepatitis, *estar enfermo de hepatitis,* miedo a los contactos desagradables.

herbolario, confianza en los remedios naturales;
serlo, desea convencer a los demás de la utilidad de los tratamientos naturales.

heredar, *de un amigo,* cree que están en deuda con usted;
de un familiar, pobreza, miseria.

heredero, *ilegítimo,* no quiere reconocer sus responsabilidades;
tener un heredero, confianza en el futuro.

herejía, *decirla,* sus ideas provocan un conflicto;
oírla, intolerancia.

herencia, *darla,* traición de un amigo.

herida, sufrimiento;
curarla, necesita llegar a la raíz de los conflictos;
mortal, está en juego su equilibrio psíquico;
que se cierra, un problema psicológico superado con rapidez;
ver una herida abierta, persiste el sufrimiento por algún conflicto que creía superado.

herir, conflicto interior;
involuntariamente, ser causante de un gran disgusto;
ser herido, conflicto psicológico.

herirse, la causa de sus molestias y sufrimientos es usted mismo.

hermafrodita, *serlo,* falsedad, doblez;
verlo, temor ante lo que no aparece claro.

hermana, representa el carácter y los problemas propios;
soñar con la propia hermana, presagio desafortunado;
soñar tener muchas hermanas, es un periodo afortunado.

hermanastro, un amigo sincero.

hermano, con frecuencia representa un aspecto de nosotros mismos;
discutir con el hermano, una discusión familiar;
hablar con el hermano, intento de buscar un compromiso en la familia;
verlo, algunos problemas interiores parecerán más claros;
verlo muerto, tendrá larga vida, en realidad teme por usted.

hermético, *un hombre,* no confíe en nadie;
una mujer, celo de los propios secretos.

hernia, un dolor insoportable le impide reaccionar.

héroe, *serlo,* delirios de grandeza;
verlo, envidia por las acciones de un amigo.

herradura, viaje tranquilo y seguro.

herramienta, debe considerar cualquier ayuda para construir una relación más sólida.

herrero, graves conflictos afectarán a su personalidad;
que trabaja, está obligado a un cambio interior.

herrumbrarse un hierro, la pérdida de tiempo puede redundar en ganancia.

hervir, con energía y voluntad podrá cambiar algunos aspectos de su carácter.

hidratar, *a alguien,* le hará un gran favor;
ser hidratado, gran satisfacción.

hidroavión, *pilotarlo,* pocas posibilidades de mejorar la situación;
subir a uno, poca suerte;

verlo en el cielo, obtendrá ganancias fáciles.

hidrofobia, falta de autocontrol.

hidromiel, una situación nueva y emocionante;
beberla, desinhibición.

hiel, presagio de dolor;
beberla, una experiencia muy triste;
darla a beber, su comportamiento provocará tristeza.

hielo, frialdad de ánimo debido a la soledad;
correr sobre el hielo, camina sobre un terreno peligroso, un error puede ser su ruina;
deslizarse sobre el hielo, momento desafortunado, un imprevisto perjudicará su carrera;
en cubitos, momentos agradables en compañía;
en invierno, está acostumbrado a las derrotas;
en verano, grandes desilusiones;
pista de hielo, peligros creados artificialmente;
romper el hielo, ha tomado una decisión largamente meditada;
romperlo y hundirse en el hielo, demasiado riesgo, será inevitable un incidente.

hiena, algunas personas se aprovechan de usted;
que come un cadáver, alguien se enriquece con su derrota;
que ríe, alguien que conoce le ha perjudicado y ahora se burla de usted.

hierba, *cortarla,* reprime sus momentos de espontaneidad;
estar tumbado sobre la hierba, periodo de tranquilidad y contacto con la naturaleza;
hoja de hierba, un recuerdo que provoca nostalgia;
seca, mal presagio, las energías disminuyen;
verla, frescura, dulzura.

hierro, *alambre,* lazo tenaz y seguro;
golpear un hierro incandescente, si insiste en sus ideas tendrá molestias;
para rizar cabellos, estar a la espera de una fiesta;
ver que el hierro se funde, se está consolidando una alianza;
ver un hierro herrumbroso, la situación empeorará con el tiempo.

hígado, *de animales,* está por llegar una herencia;
el propio que duele, disgustos;
ver el propio muy grande, está orgulloso de su valor.

higos, *comer muchos,* felicidad, grandes alegrías;
hoja de higuera, inseguridad, vergüenza;
recoger higos, mala suerte en los negocios;
secos, acusación injusta;
ver una higuera, enorme desilusión.

hija/o, preocupaciones económicas;
soñar que se tienen hijos, discusiones familiares;
ver los hijos de otro, periodo de bienestar;

ver los propios hijos pequeños, señal positiva, ninguna preocupación económica.

hilandería, *tenerla,* buenos negocios si se trabaja con serenidad;
ver una hilandería, siente admiración ante quien trabaja serenamente.

hilar, *paciencia,* espíritu tranquilo, buena voluntad.

hilaridad, pérdida momentánea del control;
tener un momento de hilaridad, cuidado con los aspectos desagradables.

hilo, lazos débiles;
cortarlo, ruptura voluntaria con antiguos lazos;
deshacer los nudos de un hilo, encontrará respuesta a sus problemas;
enredado, una situación compleja parece insoluble;
enrollar un hilo, la situación se controla con calma;
roto, ruptura sentimental.

hilvanar, un procedimiento provisional.

himno, *nacional,* necesidad de solidaridad;
religioso, falta de sinceridad.

hinchar, la exageración puede provocar un grave daño;
hincharse, presagio de enfermedad física;
un balón, está exasperando a una persona;

hinchazón, una pequeña enfermedad.

hinojo, ganará mucho dinero;
comerlo, llegará pronto la buena suerte.

hipnotizar, *a alguien,* conquistará a una persona;
ser hipnotizados, vivencia de un gran amor.

hipo, mucho ruido y pocas nueces.

hipócrita, *serlo,* inseguridad personal;
soñar con una persona hipócrita, desconfíe de los amigos.

hipódromo, una gran duda;
ir al hipódromo, se acercan días inciertos.

hipopótamo, lentitud de reflejos.

hipotecar, *bienes,* contratos desventajosos;
la propia casa, sufrirá tensiones familiares.

histérico, *tener algo que ver con un histérico,* es bueno controlar las palabras;
serlo, temor ante las explosiones de ira.

historia, *contarla,* necesidad de atraer la atención;
escucharla, no es bueno creer todo lo que se oye.

hocico, carácter;
tener el hocico de un animal, no está satisfecho con su imagen;

ver el hocico de un animal, afecto, comprensión.

hogar, representa la familia;
 con fuego apagado, falta de afecto familiar;
 con fuego encendido, sentirse estimado.

hogaza, véase *pan.*

hoguera, sentimientos violentos;
 hacerla, sentimiento de enojo;
 ver un cadáver en la hoguera, aplicará castigos inmerecidos;
 ver una hoguera, falta de control de los impulsos;
 verse sobre una hoguera, autodestrucción;
 véase *fuego.*

hoja de un cuchillo, agresividad;
 afilarla, deseo de herir psicológicamente a alguien;
 despuntarla, una mala actuación no ha dado buenos resultados;
 tener un cuchillo por la hoja, ha caído en el error.

hojas, *amarillas,* suerte inmerecida;
 amontonarlas, deseo de olvidar el pasado;
 que caen, enfermedad inminente;
 quemarlas, ha cortado los puentes con el pasado;
 secas, muchas desilusiones y llantos;
 verlas, una vida serena sin preocupaciones.

hojear, *un libro,* búsqueda superficial.

holgazán, *serlo,* momentos de indecisión;
 verlo, se complace sintiéndose cansado.

hollín, una situación poco clara;
 estar sucios de hollín, todo queda determinado por una situación implacable.

hombre, *afectuoso,* necesidad de ayuda y protección;
 bueno, no debe existir ninguna preocupación;
 desconocido, para una mujer, aventuras;
 malo, es desconfiado por principio.

hombros, *anchos,* la seguridad conduce al éxito;
 doloridos, el peso de la responsabilidad;
 estrechos, sentimiento de debilidad, enfermedad;
 hinchados, problemas familiares;
 verlos, consideraciones sobre el carácter de una persona.

homicida, homicidio, véase *asesino.*

homónimo, *conocer a una persona homónima,* miedo a ser sustituido.

homosexual, *serlo,* sensación de estar reprimido;
 verlo, juzga antes de conocer.

honda, cuidado con los golpes imprevistos;
 usarla, pequeña venganza sin objetivo claro.

hongo, cuidado con las trampas;
comerlo, se tienden trampas en su contra;
encontrarlo, una sorpresa agradable;
recogerlo, lo que parecía positivo puede volverse peligroso.

honorarios, deshonestidad;
cobrarlos, sólo piensa en el dinero;
pagarlos, reconoce el trabajo de los demás;
pedirlos, carácter infiel.

honores, *hacerlos a una persona,* actúa por interés;
militares, éxito obtenido sin escrúpulos;
recibirlos, se siente poco apreciado.

hora, *mirarla,* ansiedad y temor;
preguntarla, peticiones poco importantes.

horadar, *un objeto,* deseo de perjudicar.

horario, importantes obligaciones;
consultar una tabla horaria, estar a la espera de algo importante;
cumplir el horario, equilibrio y seguridad;
llegar fuera de horario, ansia e inseguridad.

horca, buen augurio;
estar colgado en la horca, honores y reconocimientos;
ver a un amigo colgado, felicidad por los éxitos conseguidos;
ver a un enemigo colgado, envidia de los éxitos ajenos.

horma, necesidad de protección y ayuda para mejorar su posición.

hormiga, debe ser previsor, cuidado con la salud;
aplastarlas, desprecio ante el trabajo de los demás;
ver a muchas hormigas trabajando, necesidad de reposo.

hormigón, el equilibrio da la fuerza.

hormigueo, una situación molesta.

hormiguero, considera su situación desde un único punto de vista.

hornero, *serlo,* fuerza, laboriosidad, honestidad;
verlo, la prudencia es una virtud necesaria;
verlo sucio de harina, mucha suerte, probable victoria.

horno, *apagarlo, para un hombre,* una amor pasado le deja indiferente;
apagarlo, para una mujer, olvida la familia;
cocer el alimento en un horno, amor por la familia;
encender un horno, amor por una mujer.

horóscopo, suerte.

horquilla, *de campesino,* una persona instintiva y peligrosa;
usarla para golpear, ofensa que no merece una respuesta exagerada.

horrorizar, ante todo, recuerdo de un trauma pasado;
causar horror, no es bueno exagerar con las provocaciones.

hortalizas, siente pequeñas molestias;
comerlas, satisfacciones de poca monta;
regalarla, falsas promesas.

hortensia, proyectos irrealizables;
cogerla, renegar de los buenos propósitos;
regalarla, falsas promesas.

hospicio, sensación de abandono;
ir al hospicio, pérdida de los familiares.

hospital, temor causado por el estado de salud;
con otros enfermos, la salud está en peligro grave;
encontrarse en un hospital, sufre aprensiones ilógicas;
encontrarse solo, miedo al abandono por causa de los propios defectos;
ver un amigo en el hospital, en realidad se preocupa por sí mismo;
visitarlo, teme por la salud familiar;
vivir en el hospital, larga enfermedad.

hostelero, encuentro entre amigos;
pedir vino a un hostelero, estar a la búsqueda de amigos alegres;
serlo, periodo desafortunado.

hostería, amistades poco recomendables;
ir con amigos, horas agradables a las que seguirán algunas preocupaciones;
ir solos, aislamiento, frustraciones.

hostia, fe y esperanza;
comerla, véase *comunión*;
consagrada, suerte, fidelidad de su pareja.

hoyuelo, *en el rostro,* un amor caprichoso.

hoz, *usarla,* con trabajo es posible superar un periodo difícil;
verla, mala suerte, preocupaciones.

hucha, gastos preocupantes;
llenarla, autodisciplina;
regalarla, prudencia en los gastos;
romperla, un gasto imprevisto;
ver a alguien que rompe la hucha, desconfía de todos;
ver una hucha, confianza en las pequeñas ganancias.

huelga, insatisfacciones;
de hambre, deseo de atraer la atención hacia sus sacrificios;
no participar en la huelga, individualismo extremo;
participar en la huelga, sentimientos de rebeldía;
permanecer bloqueado por la huelga, temor ante lo imprevisto.

huella, *borrarla,* temor a que alguien le descubra;
dejar muchas huellas, necesidad de hacerse notar;

dejar huella, temor a las consecuencias de las propias acciones;
ver la huella de otro, temores y aprensiones;
ver la propia, volver a pensar en los gestos realizados.

huérfano/a, sensación de soledad;
cuidar a un huérfano, llegada de un nuevo amigo;
serlo, sensación de abandono, falta de respeto con uno mismo;
verlo, compadece a una persona sola.

huerto, no se deben dejar pasar las buenas ocasiones;
cultivarlo, cultivo de amistades peligrosas;
grande, un amigo poderoso trata de perjudicarle;
poseerlo, se presentan muchas oportunidades, manténgase activo;
verlo arder, sus posibilidades se han esfumado.

hueso, *encontrarlo,* dificultades;
escupirlo, rechazo de la personalidad de la persona amada;
roerlo, periodo de pobreza;
tener un hueso en la boca, pequeñas desilusiones;
tirarlo lejos, aceptación serena de las virtudes y defectos de la persona amada;
trabajarlo, obligaciones desagradables;
verlo, se evidenciarán los aspectos negativos de una persona.

huesos, *de animales,* final de la abundancia;
de hombres muertos, mal augurio;
descubrir huesos en la propia casa, secretos familiares;
véase *esqueleto.*

huéspedes, sociabilidad;
echar a los huéspedes de casa, traición a algunos amigos;
esperarlos, momentos de aprensión, en general tranquilidad de espíritu;
ser huéspedes, cambios en la forma de vida;
ser huéspedes indeseados, temor a que los amigos le excluyan;
tener huéspedes, amistad sincera.

huevo, es el símbolo de la vida y de la perfección;
blanco, suerte y felicidad;
cocido, suerte duradera;
comer huevos, se aprovechará de una situación favorable;
duro, satisfacciones pasajeras;
fresco, buenas noticias;
pasado, desilusiones y preocupaciones;
rotos, mala suerte y desgracias;
ver muchos huevos, es merecedor de la riqueza que posee.

huir, puede tener sentido de liberación;
con sensación de angustia, se siente amenazado;
de casa, comienzo de una vida más tranquila y libre;
de un animal, búsqueda de nuevas experiencias;
de un peligro, nuevas amistades le devolverán la serenidad;
de una persona, fuerte deseo de ruptura.

humedad, periodo bastante desafortunado.

humillación, *ocasionarla,* insensibilidad, actuación incorrecta;
sufrirla, algunos antiguos problemas todavía se mantienen en el recuerdo.

humo, actividad simulada;
blanco, un acuerdo tomado;
echar humo a la cara de otro, intento de confundir;
tenerlo en los ojos, alguien le está engañando;
vender humo, posibilidades inexistentes;
verlo, alegrías efímeras;
verlo salir de una chimenea, señal de tranquilidad familiar.

hundir, humillación por parte de una persona hostil;
en el barro, mala conciencia por una acción cometida;
hundirse con una embarcación, desconfianza en las propias posibilidades.

huracán, discusiones familiares;
verlo, incomprensión y crisis.

hurón, estratagemas infantiles.

hurto, alguien le está hurtando las energías;
asistir a un hurto, desearía más valor para llevarlo a cabo;
cometerlo, periodo desafortunado desde todos los puntos de vista;
de animales, deseo de perjudicar los negocios de un adversario;
de dinero, deseo de acumular riqueza;
de joyas, amor por el lujo;
sufrir un hurto, falta de sinceridad por parte de los amigos.

husmear, *un animal,* exceso de confianza en el instinto;
un alimento, comportamiento infantil.

huso, problemas cotidianos;
pincharse con un huso, incidente de poca monta.

I

ibis, armonía, recato.

icono, gran imaginación.

ictericia, problemas sin resolver;
tenerla, dificultad para hacerse comprender.

idea, *tener una idea importante,* algún problema quedará resuelto;
tener una idea, gran creatividad;
no tener ideas, sensación de falta de originalidad.

ideal, *pareja,* insatisfacción;
social, problemas de inserción.

identificarse, *con alguien,* la persona vista en sueños sintetiza los aspectos de su carácter.

ideología, *tenerla,* falta de flexibilidad mental.

idilio, deseo de una relación sin problemas.

idiota, infravalora a alguien;
tener aspecto de idiota, siente gran temor ante el desprecio de los demás;
sentirse un idiota, complejo de inferioridad.

idolatrar, falta de sentido de la mesura;
a una persona, escasa personalidad.

ídolo, timidez y falta de seguridad;
de madera, superación de conflictos;
de oro, presagio de desventuras;
de plata, aparece su sentido crítico;
ver un ídolo monstruoso, falta de madurez.

iglesia, *casarse en una iglesia,* algunos de sus puntos de vista no son comprendidos;
consagrada, su matrimonio será feliz;
huir de una iglesia, sentimiento de engaño;
ir a una iglesia, sensación de que falta algo;
oír cantar en una iglesia, una situación gratificante;
sin bancos, se siente pobre y abandonado de todos;
sin consagrar, falta de seguridad.
vacía, sentimiento de soledad en familia;
ver una iglesia quemarse, gran tristeza interior.

iglesia mayor, véase *catedral*.

ignominia, algo le ha golpeado profundamente.

ignorante, *creer que alguien es ignorante,* sentimiento de superioridad;
ser juzgado de ignorante, una grave ofensa persiste en la memoria;
ser ignorante, sensación de no estar a la altura de las circunstancias para poder superar una prueba difícil.

ignorar, *algo importante,* alguien le mantiene alejado de la verdad.

igualar, *una partida,* no guarde rencor tras una discusión.

iguana, cuidado con quien se esconde.

ilegalidad, *vivir en la ilegalidad,* sensación de no ser socialmente aceptado.

ilegítimo, *acto,* arrepentimiento por un error cometido;
hijos ilegítimos, profundo arrepentimiento;
poder ilegítimo, sensación de culpa, percibe no ser merecedor de su posición;
sentirse hijo ilegítimo, no se siente aceptado en familia.

iluminación, alguien le hará comprender la situación en que se encuentra;
iluminación tenue, situación económica estable;
imprevista, suerte, momento feliz;
suprimir la iluminación, periodo de tristeza.

iluminar, debe tranquilizar a una persona querida;
el rostro de alguien, deseo de comprender mejor su carácter;
la luna, mejor comprensión del carácter de una mujer;
un bosque, resolución de los complejos;
una calle, se puede ir adelante tranquilamente;
una casa, procure comprenderse mejor;
una nave, para no correr riesgos relaciónese con quien tiene el poder.

ilustración, *sólo con palabras,* es difícil hacerse entender;
de un libro, dificultad en comprender los conceptos.

ilustrar, ideas muy claras.

imagen, *de la pareja,* larga separación;
de los padres, dependencia respecto a la familia;
religiosa, presagio favorable.

imán, atracción por un desconocido.

imberbe, *serlo un hombre,* sensación de inmadurez;
serlo un niño, deseo de crecer y de conquistar una posición.

imitación, percibe su falta de originalidad.

imitar, sentimiento de fascinación por las personas importantes;
jugando, espíritu de observación, sentido crítico;
una expresión, poca potencialidad.

impaciencia, pérdida de buenas ocasiones.

impar, inseguridad.

impedido, alguien le obstaculiza.

impedimento, la inseguridad puede bloquear las acciones.

impermeable, quiere protegerse de incidentes imprevistos;
comprarlo, prevención de problemas;
llevarlo, evita complicaciones;
quitarlo, afronta los riesgos de la situación.

impertinente, *serlo,* falta de discreción;
verlo, desagrado ante los comportamientos informales.

imperturbable, *serlo,* se emociona con facilidad;
ver una persona, sorpresa ante el cinismo de una persona querida.

implorar, necesidad de ayuda;
a un amigo, autoconmiseración;
al padre, graves problemas familiares, incomprensión;
perdón, ha comprendido sus errores.

impopular, *serlo,* carácter introvertido, problemas sociales.

importancia, *adquirirla,* éxitos de breve duración;
perderla, equilibrio, la situación no cambiará;
tenerla, es lo que más desea.

importar, está satisfecho de sí mismo.

importunar, *a alguien,* con un poco de decisión tendrá encuentros interesantes;
ser importunados, sentimiento de superioridad.

impotente, *para un hombre,* pérdida de la autoridad en familia;
para una mujer, pérdida de poder de decisión.

imprecar, una situación que requerirá mucho autocontrol.

impresionarse, *por cualquier cosa,* descubrimiento de un detalle sorprendente.

impresor, véase *tipógrafo*.

imprimir, *periódicos,* buena utilización de la información recibida;
ver imprimir, otros se han aprovechado de haber hablado en exceso.

impronta, véase *horma*.

improvisar, *con éxito,* confianza en la propia capacidad;
con pésimos resultados, aprender requiere una participación activa;
una exhibición, angustia por no poder hacer un buen ensayo.

impúdico, demasiada decisión puede ser perjudicial para las relaciones sentimentales.

impuesto, *pagarlo,* las preocupaciones acabarán pronto;
ventanilla para pagarlo, superar un obstáculo resultará cansado.

impuestos, discusiones, problemas económicos;
pagarlos, se suavizarán los desacuerdos.

impugnar, *un testamento,* asuntos familiares poco claros.

impulso, *actuar impulsivamente,* en realidad es muy calculador.

inapetencia, enfermedad nerviosa.

inauguración, *asistir,* encuentros interesantes;
invitar a una inauguración, buenas relaciones sociales;
ser invitados, inserción en un ambiente interesante.

inaugurar, una iniciativa prometedora;
una carretera, será el primero en explorar un sector prometedor;
una exposición, posibilidad de mostrar sus cualidades.

incendiar, peligro de autodestrucción;
el automóvil, estancamiento;
la casa, deseo de abolir los lazos con la familia;
un bosque, intento de olvidar los conflictos que le atormentan;
un campo cultivado, ruina.

incendio, muchos enemigos, vida intensa, conflictos;
de árboles, pérdida de las mejores amistades;
en casa, un peligro cercano, conflictos con los familiares;
en el dormitorio, gran pasión o gran crisis conyugal;
en la buhardilla, enfermedad mental.

incensario, armonía familiar.

incesto, problemas afectivos;
con hermanos y hermanas, sensación de no significar nada para los demás;
con el padre, hay celos entre mujeres;
con la madre, dependencia afectiva.

incidente, *en la calle,* imprevista pérdida de seguridad;
ferroviario, cuidado con los largos viajes;
mortal, una profunda desilusión;
véase *choque.*

incienso, satisfacciones;
en la iglesia, momentos de autoanálisis;
quemarlo, manifestará sus ideas.

incisivo, *diente,* agresividad de breve duración;
perderlo, debilidad, comportamiento pasivo.

inclinarse, deberá trabajar solo;
ante el padre, sumisión a la autoridad paterna;
ante el superior, demasiado obsequioso;

ante la madre, dependencia afectiva;
ante la pareja, papel pasivo en la relación;
frente a alguien, es consciente de la superioridad de otro;
para tomar algo, trabajo bien pagado;
ver a alguien que se inclina, recibirá ayuda de otros.

incorruptible, *hacer negocios con una persona incorruptible,* falta de diálogo;
serlo, deseo de ser justo en sus decisiones.

incredulidad, no se arriesgue si le falta seguridad.

incriminar, véase *acusar.*

incubar, los hijos le necesitan;
un sentimiento, obsesión;
ver un pájaro que incuba, sentimiento de afecto por los hijos.

inculpar, *a alguien,* falta de objetividad;
a sí mismo, necesidad de proteger a alguien;
véase *acusar.*

indecentes, *realizar actos indecentes,* autoconformismo peligroso;
ver actos indecentes, realizará comentarios poco adecuados.

indeleble, *ser ensuciados por un barniz indeleble,* no es bueno olvidar las experiencias negativas.

indemnizar, *a alguien,* un gasto imprevisto;
ser indemnizados, una ganancia imprevista.

independencia, falta de decisión para alejarse de la familia.

indicar, *algo,* un amigo necesita ayuda;
hacerse indicar algo, inseguridad, indecisión.

indiferencia, es mejor no juzgar hasta estar seguro de lo que se dice.

indigente, véase *pobre.*

indigestión, *tenerla,* existen demasiadas cosas que no consigue explicarse.

indignación, indignación fingida;
provocarla, está seguro de sus ideas.

indignarse, falta de reacción ante las ofensas.

indigno, *de desposar a una persona,* falta de sinceridad;
serlo, se juzga duramente.

indios, personas no alcanzables;
ser atacado por unos indios, exceso de sensibilidad.

indulto, ha quedado libre de remordimientos.

industria, véase *fábrica.*

inédito, *publicar una novela inédita,* una idea original y afortunada.

inercia, seguir adelante por la fuerza de la inercia y falta de objetivos.

inerme, véase *desarmado*.

infancia, necesidad de protección;
feliz, nostalgia del pasado.

infanticidio, *soñar realizarlo,* graves problemas en la educación de los hijos.

infección, miedo inconsciente;
atacarla, temor a dar mal ejemplo;
contagiosa, desconfianza en los demás.

infeliz, *ser infeliz en el sueño,* descubre la causa de su sufrimiento.

infidelidad, discusiones con la pareja.

infiel, falta de coherencia;
no cristiano, sentimiento de ser excluido de un grupo;
ser infiel, insatisfacción;
tener una pareja infiel, preocupaciones inútiles.

infierno, discusiones, conflictos;
estar en el infierno, sentirse influido por acontecimientos tristes;
estar en el umbral del infierno, se debe tomar una decisión difícil;
mandar al infierno, odio mal reprimido;
salir del infierno, tras muchos problemas llega un periodo de tranquilidad.

inflación, miedo a perder los propios haberes.

inflamarse, pasión, excitación.

influencia, *sufrir la influencia de los padres,* deseo de independencia;
sufrir la influencia de un amigo, es bueno escuchar los consejos de quien está cerca.

informarse, sensación de estar poco preparado.

infracción, *cometerla,* un comportamiento poco honesto.

infusión, está a punto de nacer un amor;
beberla, pronto se verá alterado por una pasión;
hacerla, deseo de enamorar a alguien;
volcarla, no se deje influir.

ingeniero, orden, vida programada;
serlo, la obstinación puede conducir al fracaso;
verlo, acepte los consejos y entre en el mundo de los negocios.

ingle, *que duele,* peligro para la salud;
tocar la ingle, una situación equívoca.

inglés, *estudiarlo,* preparación de un viaje;
hombre inglés, gentileza, autocontrol.

ingratitud, *acusar de ingratitud,* deseos inagotables;

ser acusado de ingratitud, ha olvidado un gran asunto.

ingrato, *serlo,* esfuerzos por mantener buenas relaciones.

ingredientes, *alinearlos sobre la mesa,* un plano de acción muy común;
equivocarse de ingredientes, actuar con precipitación;
olvidar un ingrediente, un imprevisto puede resultar perjudicial;
para una comida, proyectos para el futuro;
ver estropearse los ingredientes, la espera ha resultado excesiva.

iniciación, entablará nuevas relaciones.

iniciales, *ver las del propio nombre,* gran sentido de la propiedad;
ver sobre el pañuelo las de otro, muchos equívocos.

injusticia, *presenciar una injusticia,* un odio oculto;
realizarla, venganzas;
sufrirla, oposición a la autoridad.

inmaculado/a, *serlo,* conciencia limpia.

inmersión, un periodo de gran concentración.

inmolar, sacrificios inútiles;
inmolarse, momentos difíciles, una decisión muy grave;

inmorales, *actos,* la razón ayuda a apartar los malos pensamientos;
cometerlos, liberación interior de los peores instintos.

inmortal, *ser inmortal,* miedo a la muerte;
ver a alguien inmortal, se tiene en gran estima.

inmóvil, *quedar inmóviles,* insensibilidad, incapacidad para arriesgarse.

inmovilizar, *a alguien,* amenazas peligrosas;
ser inmovilizado, un contrato se convertirá en una grave obligación.

inmueble, situación económicamente estable;
comprar un inmueble, adquisición de riqueza duradera;
venderlo, se presenta un periodo difícil e inseguro.

inmundicia, *tenerla en casa,* la nostalgia juega sucias bromas;
tirarla, se verá libre de personas y cosas inútiles.

inmune, *ser inmune ante un contagio,* sentimiento de seguridad incluso en una situación peligrosa.

inocente, *declararse inocente,* alguien habla mal de usted.

inquietarse, prevaricaciones.

inquieto, *sentirse inquieto,* problemas sin resolver.

inquietud, se siente falto de seguridad.

inquilino, *tener un inquilino,* discusiones familiares;
serlo, problemas económicos.

inquisición, gran sentimiento de culpa.

inscribir, *a alguien,* aceptación de un nuevo amigo;
en la escuela, nuevas responsabilidades;
inscribirse, ingreso en un nuevo círculo;
un hijo en la escuela, pesar por la separación.

insectos, avatares de la vida;
matarlos, riqueza;
que pican, personas enfadadas;
vérselos encima, molestias;
véase *abeja, avispa, hormiga,* etcétera.

insensato, véase *loco.*

insensible, *serlo,* en realidad es hipersensible;
ver a alguien insensible, sentimiento de incomprensión.

insepulto, *ver el propio cuerpo,* miedo a la muerte.

insinuarse, maniobra engañosa.

insípido, poco sentido crítico.

insolencia, alguien se inmiscuirá en sus negocios;
sufrir una insolencia, discusiones familiares.

inspección, pronto se descubrirán algunas excusas;

hacerla, desea el control del poder;
sufrirla, dificultad para mantener algunos secretos.

inspector, *escolar,* se dirige a quien le puede considerar correctamente;
que le encuentra sin billete, mala conciencia, temor a ser descubierto;
serlo, sentido de la justicia muy desarrollado;
verlo, su posición está por encima de sus méritos.

inspirarse, momento positivo para las nuevas ideas.

instalación, *instalar calefacción,* cultive las amistades sinceras;
realizar una instalación eléctrica, precisión, habilidad.

institución, modelos estables;
cultural, profundización en la propia;
no respetar las instituciones, salir de la norma acarrea dificultades.

instituto, deseo de seguridad;
construirlo, afirmación de la seguridad;
para los bachilleres, nostalgia de la adolescencia;
para todos los demás, deseos de aumentar la propia cultura;
verlo agrietarse, falta de seguridad.

instrucción, *de soldados,* peligro aparente;
no tener instrucción, complejo de inferioridad;

tenerla, sentimiento de superioridad.

instructor, normas que dan buenos resultados;
deportivo, decisión que acarreará muchas satisfacciones.

instruir, véase *enseñar.*

instrumento, *de cocina,* deseo de tener más poder sobre la familia;
de percusión, un trabajo repetitivo le satisfará;
de trabajo, véase *utensilios;*
musical, conversación con la persona amada;
oír sonar un instrumento, discursos agradables.

insubordinación, respeto excesivo por las jerarquías;
hacia usted, pérdida de poder.

insultar, falsa decisión.

insulto, provocará el alejamiento de una persona;
recibirlo, ha recibido una profunda ofensa.

intelectual, *serlo,* deseo de supremacía;
verlo, miedo a no estar a la altura de las circunstancias.

intemperie, le obligarán a renunciar a sus proyectos.

interceder, *por alguien,* sensación de proteger a alguien.

interceptar, *una carta,* tenga cuidado: conocer algunos secretos puede resultar peligroso para usted y su familia;
una comunicación telefónica, descubrirá importantes secretos.

intereses, *percibirlos,* poco trabajo, situación segura;
producirlos, un trabajo bien organizado.

intermediario, *entre dos grupos,* exceso de responsabilidad;
entre dos personas, aceptación de los compromisos.

interpretación, cuidado con los detalles.

interpretar, busca una respuesta para todo.

intérprete, confía en otros para explicar sus actos;
serlo, mediará entre dos personas.

interrogatorio, preguntas provocadoras;
hacerlo, curiosidad nociva;
padecerlo, necesidad de confesar algo.

interrumpir, *a una persona que habla,* momentos de tensión;
un viaje, no se halla en disposición de partir;
una comunicación, momentos de extravío.

interrupción, *de una carretera,* dificultad imprevista.

intervención quirúrgica, véase *operación.*

intervenir, *en algo,* envidia por el trabajo de un adversario.

intestino, *comerlo,* deseos instintivos;
ver los propios intestinos, se ocupará de pagar una deuda;
verlos enfermos, periodo de debilidad;
verlos sanos, buena salud.

intoxicarse, mala influencia de algunos amigos.

intriga, personalidad atormentada;
caer en una intriga, tormentos interiores.

intrigar, pequeñas venganzas;
contra una persona, no acepta que no le aprecien;
contra la propia pareja, relaciones poco claras.

introducción, *de un libro,* búsqueda de una opinión autorizada;
de una persona, véase *presentar;*
escribir una introducción, quiere decir la suya.

intuir, exceso de racionalidad.

inundación, problemas y complicaciones;
de aguas tranquilas, buen augurio, pequeños cambios;
de la propia casa, la familia se separará;
en el campo, se desvanecerán las esperanzas de éxitos amorosos;
en la casa, maduración y crecimiento lento;
en una ciudad, sus enemigos procurarán perjudicarle;
ser alcanzado por una inundación, falta de resistencia ante una personalidad atrayente;
violenta, desequilibrio económico.

inundar, *ser inundado,* las preocupaciones desencadenan malestar;
véase *sumergir.*

inválido, *convertirse,* abandono del trabajo;
serlo, sentimiento de inutilidad;
verlo, tiene muchas preocupaciones por su estado de salud actual.

invasión, *de animales,* instintos mal reprimidos;
de personas enemigas, ansia y miedo;
de saltamontes, pérdida de riqueza.

invencible, *considerar a alguien invencible,* pesimismo, falta de equilibrio psíquico;
serlo, aparente confianza en sí mismo aunque teme a los adversarios.

invención, *patentarla,* se le reconocerán algunos méritos;
véase *fábula.*

inventar, capacidad creativa;
una excusa, personalidad poco clara;
una historia, mucha fantasía;
una mentira, intento de defensa;
una solución, dificultades.

inventario, un momento de análisis interno;
hacerlo, se debe considerar la situación antes de actuar.

invernadero, una protección agradable;
con flores, preocupaciones de poca monta;
encontrarse en un invernadero, exceso de protección;
ver a alguien en un invernadero, envidia su seguridad.

investigador, desconfianza en las personas;
serlo, su deber es descubrir la verdad.

investigar, deseo de aclarar las ideas.

invierno, periodo de cansancio;
fuera de temporada, profunda soledad.

invisible, *desear ser invisible,* necesidad de huir de los juicios;
serlo, gran seguridad en las acciones.

invitación, *a cenar,* relaciones formales;
a comer, amistad;
hacerla, disponibilidad hacia el prójimo;
recibirla, supone su gran deseo.

invitado, buena inserción social;
tenerlo en casa, veladas mundanas;
ser el único invitado, vanidad exagerada;
ser un invitado, se complace en ser valorado por la sociedad.

invocar, *la ayuda de alguien,* momentos de gran tristeza.

invulnerable, *intentar golpear a una persona invulnerable,* enemigos demasiado fuertes;
ser invulnerable, las experiencias duras llevan a la maduración.

inyección, *hacérsela poner,* se impondrá la influencia de alguien;
ponerla, involucra a la fuerza a un amigo;
tener miedo de las inyecciones, hacer un drama de un pequeño malestar.

ira, *estar iracundo,* proyectos llevados a cabo con fatiga;
ver a alguien preso de ira, sensación de impotencia, de debilidad.

ironía, *hacerla,* hiere a una persona;
ser motivo de ironía, sentimiento de ofensa.

irrigar, mejora de la situación económica;
terrenos de otros, está favoreciendo a un amigo.

irritar, *a alguien,* se complace con las amistades;
ser irritado, intenta convencerse de que una empresa no es arriesgada.

irritarse, una situación incomprensible.

isla, *descubrir una isla virgen,* conquista de nuevos espacios;
desierta, insatisfacción, desesperación;

encontrarse en una isla, deseo de soledad;
peatonal, puede contar con momentos de tranquilidad;
ser abandonado en una isla, soledad;
ver una isla en medio del mar, una ayuda fundamental.

itinerario, *seguirlo,* miedo a los imprevistos;
turístico, confía en la opinión de los demás.

izquierda, tiende a tomar decisiones de una manera instintiva, lo cual no siempre es conveniente.

J

jabalí, vigila las explosiones de ira;
ser seguido por un jabalí, ha exasperado a un amigo querido.

jabón, trampas en las que es fácil caer;
burbuja de jabón, véase *burbuja*;
comer jabón, una situación desagradable;
lavarse con jabón, fuerte deseo de olvidar los errores cometidos en el pasado;
que se disuelve, se presentará una situación peligrosa;
ver la espuma, una situación fácil de resolver.

jacinto, cuidado, llega un periodo poco afortunado para el juego.

jaguar, un adversario temible.

jamón, periodo incierto, aspira a demasiado;
comerlo, ya no es tan activo como antes, pérdida económica;
comprarlo, se concede algunas satisfacciones.

jaqueca, confusión mental, tiene ciertas dificultades para coordinar las ideas.

jardín, *con hierbas, desordenado,* a la larga el egoísmo perjudica;
cubierto de nieve, exceso de pesimismo, ya vendrá un momento más favorable;
cultivado con verduras, riqueza, posiblemente una herencia;
ordenado, con flores, existencia tranquila, laboriosidad;
pasear, un amor que nunca se realizará;
rodeado de un muro, espíritu árido;
zoológico, angustia ante situaciones inmutables.

jardinero/a, orden, limpieza, armonía con la naturaleza;
serlo, sus cualidades le ayudarán a conquistar el éxito;
verlo trabajar, necesidad de orden mental.

jarretera, *desatarla,* pasión, deseo;
enlazarla, no quiere comprometerse demasiado;
verla, un amor afortunado.

jarrón, *antiguo,* gran valoración del pasado;
con flores, un amor nuevo;
de cristal, una situación inestable;

de oro, ha encontrado lo que buscaba;
grande, ama demasiado;
pequeño, insatisfacción;
romperlo, contratiempos;
verlo, tranquilidad y afectos familiares.

jaspeado, *serlo,* una situación angustiosa y preocupante.

jaula, limitación de libertad;
con animales feroces, alguien muy temido ya no representa ningún peligro;
con pájaros, la situación familiar es preocupante;
de animales, instintos reprimidos;
escapar de una jaula, sensación de libertad, conciencia tranquila;
estar preso en una jaula, alguien trama algo a sus espaldas;
ver animales que escapan, armonía entre razón e instinto.

jazmín, periodo desagradable, pequeñas sorpresas;
perfume, deseo de encontrarse con la persona amada.

jefe de estación, quisiera estar informado de las llegadas y partidas de la familia.

jefe de policía, una autoridad temida;
serlo, sensación de autoridad y poder.

jengibre, una persona provocadora.

jergón, véase *cama.*

jeringa, petición de ayuda;
tenerla en la mano, no será fácil tener lo que se desea.

jersey, la independencia llega gracias a una ayuda;
comprarlo, previene los problemas;
de lana, seguridad psicológica y económica;
llevarlo, pronto se sentirá seguro;
tejer un jersey, trabaja para sentirse protegido.

jesuita, falta de control;
serlo, una situación problemática.

jilguero, felicidad en su pequeño mundo.

jinete, no se fíe de los amigos;
serlo, consejos peligrosos.

joroba, suerte, aumento de riquezas;
tocarla, aumento de fortuna.

jorobado, *mujer jorobada,* mala suerte;
ver un jorobado, aumento imprevisto de fortuna en la familia;
verse, deseo de riqueza y suerte, a veces complejos físicos.

joven, gran potencialidad;
hombre, suerte, si actúa con inteligencia;
mujer, algún imprevisto;
ver jóvenes, deseo de éxito para los hijos;
volver a ser, grandes responsabilidades.

joyas, encontrará personas importantes para el futuro;
con piedras preciosas, ambiciones, grandes deseos y posibilidad de realizarlas;
de oro, riqueza, tranquilidad económica y moral;
de plata, ocasión desaprovechada;
falsas, la vanidad es un defecto que perjudica;
llevarlas, miedo a mostrar la propia riqueza;
verlas, periodo de suerte.

joyería, no es bueno contentarse con los éxitos aparentes.

joyero, *serlo,* la suerte se acabará pronto;
verlo, aspira a atesorar grandes riquezas.

judería, sentimiento de marginación;
refugiarse en una judería, sólo se encontrará a gusto entre las personas de su clase;
vivir en una judería, la falta de amistades y la inseguridad pueden provocar manías persecutorias.

judías, *blancas,* algún malentendido inútil;
cocerlas, mejora de las condiciones económicas;
comerlas, vendrá algún momento difícil;
recogerlas, el optimismo ayuda a superar algunas situaciones difíciles;
rojas, mostrará su carácter decidido.

juego, rechazar las preocupaciones no produce satisfacción;
de azar, no es bueno aceptar riesgos demasiado elevados;
de prestidigitación, favores obtenidos con el engaño;
verlo, alguien quiere procurar distracción en torno a cuestiones importantes.

juez, expresa la conciencia;
ser juez, dificultad para resolver un problema personal;
severo, sentimiento de culpabilidad;
sonriente, falta de culpabilidad, espíritu sereno;
ver un juez, deseo de someterse a las reglas.

juez de línea, ha sido elegido para juzgar una situación;
verlo, procure no cometer errores de valoración.

jugador, deseo de enriquecerse en poco tiempo, es necesario tener paciencia.

jugar, espíritu sencillo;
a cartas, complicaciones, engaños;
a dados, véase *dados;*
a la lotería, cuidado con los signos premonitorios;
a los caballos, intento de destacar;
al ajedrez, confrontación de inteligencia y habilidad con un adversario;
al balón, vitalidad e inteligencia;
con juguetes, ingenuidad, espíritu todavía infantil;

con niños, poca responsabilidad, nostalgia de la infancia.

juglar, sentirse distinto a los demás.

juglares, no es bueno explicar los asuntos familiares.

jugo, véase *salsa*.

juguetes, pasatiempos poco importantes.

junco, no sea riguroso y adáptese a la situación.

jungla, *caminar por una jungla,* preocupación ante un problema espinoso;
perderse en una jungla, perdida de control de la situación;
verla, temor ante una situación compleja.

juntar, búsqueda de compromiso, deseos de paz.

jurado, dudas ante una elección;
formar parte del jurado, se orientará hacia una posición precisa;
verlo, temor ante el juicio y reprobación de los amigos.

jurar, no tiene credibilidad;
en falso, una situación peligrosa;
pedir a otro que jure, desconfianza, facilidad para entrar en problemas.

jurista, confíese al juicio de un experto;
serlo, se considera muy objetivo.

justicia, conflictos morales muy fuertes;
palacio de justicia, véase *tribunal*.

justificación, *aceptarla,* superación de un conflicto que puede arruinar la convivencia familiar;
darla, dificultad para reconocer los errores.

juzgar, no es bueno ocuparse de los negocios ajenos;
mal a alguien, se sabe imprudente al emitir juicios;
por las apariencias, superficialidad;
un espectáculo, cuidado con abusar del sentido crítico;
un libro, principios morales muy rígidos;
ser juzgados, síntoma de inseguridad.

L

laberinto, una situación muy compleja;
aprisionar a alguien en un laberinto, confusión y vaguedad voluntarias;
encontrar la salida, el análisis es el primer paso para resolver los problemas;
encontrarse en un laberinto, gran confusión mental;
no conseguir salir, dificultad para aclarar las ideas;
ver a alguien en un laberinto, un amigo está pasando un mal periodo.

labios, *azules,* padecerá una grave enfermedad;
cortados, traiciones;
morder los labios, arrepentimiento;
ofrecer los labios, deseo amoroso;
pálidos, debilidad;
rojos, seguridad afectiva;
secos, periodo dificultoso.

laboratorio, periodo de búsqueda;
poseer un laboratorio, muchas personas le ayudarán a resolver sus problemas;
trabajar en un laboratorio, trabajar arduamente.

laca, situación de inmovilismo;
cera, véase *lacre*;
ponerla sobre el cabello, no desea cambiar.

lacayo, excesiva dependencia;
serlo, no sabe imponerse;
tenerlo, desea ser servido.

lacerar, *un pedazo de carne,* agresividad, frustración.

lacre, sabe mantener sus opiniones;
romper un sello de lacre, cambios de parecer demasiado rápidos;
sellar con lacre, jamás se retracta de lo dicho.

lacrimógena, *bomba,* un momento muy peligroso.

lactante, *criarlo,* los hijos se le parecerán;
verlo, sentido de protección.

lácteos, *productos,* energía y salud.

ladrar, estar frente a un grave peligro.
oír ladrar y aullar, los aduladores se revelarán pronto como falsos amigos;

un perro durante el día, queda neutralizado el peligro;
un perro durante la noche, peligro de muerte;
un perro rabioso, recibirá ofensas e insultos;
una persona, un amigo pide ayuda desesperadamente.

ladrón, amistades poco sinceras;
ser robado por un ladrón, abandono por parte de un amigo;
ser un ladrón, amistades sinceras;
tenerlo en casa, desconfíe de los familiares.

lagarto, negligencia;
que cruza la calle, no se deben olvidar las advertencias;
sin cola, recibirá una herida grave;
tomando el sol, alguien de aspecto inocente le tiende una trampa.

lago, símbolo positivo;
bañarse en un lago, la mala suerte está al acecho;
estar en la orilla de un lago, periodo positivo para los amigos y para el trabajo;
navegar por un lago, viajes tranquilos y poco importantes;
vivir en el lago, calma, falta de estímulos.

lágrimas, necesidad de ser consolado;
sobre el propio rostro, se autocompadece;
sobre el rostro de otro, ha ocasionado un gran dolor;
verlas caer, pronto llegarán momentos de alegría.

laguna, calma forzada;
laguna en calma, situación segura;
tener lagunas, ignorancia sobre temas importantes;
ver una laguna, la escasez de iniciativas conduce al fracaso.

lamentarse, la situación es buena, pero la insatisfacción está demasiado arraigada;
con alguien, sólo actuando conseguirá lo que desea;
oír a alguien lamentarse, desprecio por las personas que no saben actuar.

lamento, se encierra en sí mismo;
oírlo, alguien pide ayuda;
por una ocasión perdida, exceso de autocompasión y falta de reacción.

lamer, *a alguien,* de nada sirve adular al enemigo;
algo, sensaciones agradables;
lamerse los labios, le esperan grandes satisfacciones;
ser lamidos, intentan corromperle;
un caramelo, nostalgia de la infancia.

lámina, simplicidad.

lámpara, necesidad de amistad y comprensión;
apagarla, renuncia a la amistad;
encenderla, búsqueda de afectos;
llevarla, búsqueda de claridad.

lamparilla, grandes ayudas;
rota, falta de ideas.

lana, una protección segura;
  comprarla, tiene apoyo suficiente para emprender un nuevo trabajo;
  hilarla, véase *hilar*;
  torcerla, riesgos inútiles;
  verla, un trabajo muy lento;
  vestidos de lana, alguien le protege sin que lo advierta.

lancha, ayuda preciosa;
  de salvamento, sabe con qué contar en caso de peligro;
  motora, gran riqueza interior;
  no tenerla cuando se necesita, sensación de estar perdido ante las primeras dificultades;
  verla en el agua, miedo de no poder salir de una situación.

langosta, una persona malvada.

languidez, *sentirla,* falta de afecto.

lanza, *arma,* peligros insidiosos;
  lanzarla, objetivos precisos.

lanzallamas, una persona muy peligrosa.

lanzamiento, iniciativas imprevistas;
  atrapar un lanzamiento, se empieza a superar un periodo de indecisión y pesimismo;
  de jabalina, véase *lanza*;
  de disco, no es bueno actuar por instinto.

lanzar, *algo,* una decisión impulsiva;
  con el paracaídas, véase *paracaídas*;

  lanzarse hacia alguien, un encuentro muy duro;
  piedras, protestas inútiles.

lapicero, mala valoración de los problemas;
  escribir con un lapicero, hablar al vacío;
  para los ojos, vanidad.

lapidar, *a alguien,* es demasiado vengativo;
  asistir a una lapidación, oculta una traición;
  ser lapidados, ha provocado profundas ofensas.

lápida, arrepentimientos;
  conmemorativa, un personaje inolvidable;
  leer la propia lápida, miedo a no ser recordados;
  leer una lápida, sentimientos de afecto y de culpa que se confunden.

larva, situación completamente pasiva.

lastre, está obligado a no cambiar de idea;
  llevarlo, equilibrio forzado;
  soltarlo, será libre de hacer lo que quiere.

latido, *de un reloj,* la prisa lleva a realizar gestos equivocados;
  del corazón, aumenta la debilidad.

látigo, es arrogante y utiliza injustamente su poder;
  usarlo, es autoritario y represivo;

verlo, miedo a los castigos; véase *verga.*

latín, no comprende una forma de expresión;
estudiarlo, dificultad en comprender a una persona;
hablar en latín, desea ser incomprensible.

latir, lamentos débiles.

latón, muestra una riqueza que no tiene;
abrillantar el latón, es usted muy vanidoso;
mate, no puede seguir presumiendo de una riqueza inexistente;
verlo brillante, se complace en sí mismo.

laurel, el buen sentido ayuda a tomar decisiones;
corona de laurel, éxito cercano.

lava, una situación explosiva;
que se desliza, se implicará en una situación peligrosa;
ser envuelto, mal presagio;
sólida, situación estable e inmutable.

lavabo, intento de prolongar el sueño.

lavanda, pequeñas satisfacciones;
perfume de lavanda, interés por cosas insignificantes.

lavandera, tiene posibilidad de mejorar;
serlo, armonía familiar.

lavandería, trabajo menos duro.

lavar, satisfacciones familiares;
a alguien, altruismo;
a los hijos, el trabajo en casa aísla;
en aguas limpias, serenidad;
en aguas sucias, desilusiones;
los platos, pocas satisfacciones en el trabajo.

lavarse, mejora de la situación económica;
el rostro, claridad, honestidad;
la cabeza, encuentros muy importantes;
las manos, renuncias;
los pies, suerte y espíritu de iniciativa.

lazo, algo le angustia y sofoca;
coger al lazo, un amor inesperado;
estar atado con un lazo, imposibilidad de actuar;
tenerlo al cuello, cuidado con las amenazas;
véase *apretar.*

leal, *tener un amigo leal,* gran seguridad;
serlo, complacerse uno mismo.

lección, consejos en el aire;
asistir a una lección, alguien se preocupa por usted;
impartirla, presta ayuda a algunas personas;
perderla, ha faltado a un encuentro útil.

lechal, véase *lactante.*

leche, riqueza y salud;

beberla, pronto vivirá una bella historia de amor;
comprarla, posibilidad de riqueza;
ir de mala, es necesario actuar;
volcarla, periodo de dificultades.

lechera/o, una persona que conforta y da seguridad.

lecho, imprevista necesidad de reposo;
construir un lecho provisional, brusca interrupción del trabajo.

lecho de un perro, sensación de ser maltratado;
dormirse en uno, le echarán de casa.

lechón, suerte;
comerlo, bienestar y serenidad;
ver muchos lechones, hará negocios provechosos.

lechuga, *comerla,* un pequeño disgusto;
verla, novedad y suerte.

lechuza, mal presagio;
en casa, los negocios domésticos empeorarán;
en una noche de luna llena, los peligros están conjurados;
mujer que hace la lechuza, no debe fiarse de las apariencias.

lectura, *sala de lectura,* momentos de concentración.

leer, búsqueda de información;
cartas, buenas noticias;
en voz alta, deseo de involucrar a los demás en problemas personales;
libros, sensación de estar poco preparado;
mal, miedo a manifestar la propia falta de preparación;
manifiestos, noticias poco importantes;
periódicos, véase *periódico.*

legado, pide una ayuda económica;
dejarlo, buenas relaciones familiares;
rechazarlo, valora en gran manera la independencia económica;
recibirlo, alguien piensa en usted.

legumbres, periodo desafortunado;
comerlas, la situación económica empeorará.

lencería, secretos en familia;
comprarla, prepárese para el matrimonio;
de cama, enfermedades graves;
de mesa, fiesta inesperada;
planchada, aspecto óptimo;
sucia, es un maniático de la limpieza;
tendida, no complique a los vecinos en sus discusiones.

lengua, comunicación;
atada, dificultad para hablar;
con pelos, discreción;
de salmos, negocios poco importantes;
hablar una lengua extranjera, elasticidad, prontitud;
hinchada, enfermedad al acecho;

larga, dificultad para mantener los secretos;
mordérsela, arrepentimiento;
mostrar la lengua a otro, ofensas de poca monta;
oír una lengua extranjera, desorientación;
sana, negocios afortunados.

lenguado, una persona en la que es preferible no confiar.

lenitivo, una ayuda le hará olvidar sus preocupaciones.

lente, *comprarla,* desea tener una visión más clara de las cosas;
de aumento, la situación se hace comprensible;
romper una lente, mala suerte.

lentejas, suerte, dinero;
cocerlas, una situación de espera;
comerlas, pronto llegará un dinero inesperado.

lentejuelas, falta de madurez.

lentes, *de los anteojos,* situación aparentemente confusa;
perderlas, gran pérdida;
romperlas, prudencia.

leña, *apagada en la chimenea,* mal presagio;
montones de leña, buenas oportunidades;
quemarla, fortuna pasajera;
recogerla, necesidad de ser previsor.

leñador, necesita hacer gala de su fuerza y decisión;
que trabaja, gusto por las manifestaciones de fuerza física;
serlo, un trabajo duro y sin escrúpulos;
verlo, admiración por una persona decidida.

leñera, *llena,* solidez prosperidad;
vacía, periodo difícil.

leñero, véase *leñador.*

león, equilibrio e impulsividad;
enjaulado, ofenderá a un amigo o a un familiar;
que avanza, miedo a ser guiado por los instintos;
ser asaltados por un león, discusiones con una persona muy orgullosa;
vencer a un león, buen presagio, saldrá vencedor de una dura lucha;
verlo, orgullo por haber alcanzado la madurez.

leona, seguridad, fiereza;
con los cachorros, extrema defensa de los propios haberes.

leopardo, injusticia, agresividad;
matarlo, golpeará a una persona malvada.

leotardos, protección.

lepra, *tenerla,* no comprende que le excluyan del grupo;
ver un leproso, no soporta la visión de una persona.

lesbiana, *para un hombre,* pocos éxitos en amor;
para una mujer, amistad sincera.

letanía, *escucharla,* es necesario escuchar los consejos de las personas sabias;
recitarla, sus consejos son algo repetitivos.

letargo, *estar en letargo,* periodo de ocio;
ver un animal en letargo, envidia a los que no hacen nada.

letra de cambio, inquietud;
firmar una letra, proyectos para el futuro;
pagar una letra, debe tener en cuenta las decisiones tomadas;
vencida, el optimismo excesivo se convierte en estupidez.

letra de imprenta, *escribir en letra de imprenta,* necesita ser claro.

letrero, intenta comprender la situación;
escribirlo, está ayudando a los demás;
leerlo, una información útil;
no comprenderlo, gran desorientación.
perderlo, teme perder la capacidad de reconocer lo que posee.

letrina, problemas psicológicos.

levadura, potencialidad;
comprarla, está dispuesto a utilizar sus posibilidades;
para las mujeres, deseo de quedar encinta;
poner levadura en un alimento, satisfacciones laborales.

levantarse, ha tomado una decisión importante que supondrá el comienzo de una nueva actividad;
levantar algo, decisiones voluntarias.

levitar, *ver levitar algo,* final de un periodo de tensión.

ley, *enseñarla,* sigue esquemas pasados;
respetarla, miedo y sentido de justicia.

leyenda, *leerla,* algo parece no estar muy claro;
escribirla, sabe que no se explica bien.

lezna, iniciativas arriesgadas;
trabajar con la lezna, tome una iniciativa.

liana, una solución rápida pero improbable;
permanecer agarrados a una liana, lo que parecía ser una gran ayuda se ha convertido en un incómodo obstáculo.

libélula, incoherencia y ligereza.

liberar, *a alguien,* se vanagloria de sus influencias;
a un animal, abastecimiento razonable.

libertad, deseo de independencia;
concederla, es lo que quiere obtener;
obtenerla, pagará cara su autonomía;
pedirla, obtendrá confianza en su ámbito.

libertino, *serlo,* se jacta de sus éxitos.

librería, representa sus conocimientos;
 en desorden, ideas confusas;
 en orden, racionalidad, equilibrio;
 llena de libros, ampliará su cultura;
 vacía, pobreza cultural.

librero, una persona que sabe dar consejos óptimos;
 serlo, se considera muy sabio.

libro, *abierto,* acepta los consejos;
 cerrado, cerrazón mental;
 comprarlo, nuevos conocimientos;
 de firmas, invitaciones importantes;
 escribirlo, véase *escribir*;
 no encontrarlo en la librería, necesidad imperiosa de conocer un hecho;
 perder un libro, olvidos graves;
 quemarlo, rechazo de los buenos consejos.

licencia, *acreditación para actuar,* algunas dudas, pequeñas sensaciones de culpa;
 militar, momentos de pausa.

licenciamiento, inseguridades personales;
 licenciar a alguien, alejamiento definitivo de una persona que supone un lastre;
 pedirlo, valor, deseo de novedad;
 ser licenciados, inseguridad que inhibe las acciones y las iniciativas;
 ver rechazar una solicitud de licenciamiento, excesiva estima de sí mismo.

licenciosidad, *tenerla,* método equivocado.

licor, confusión mental;
 beber un vasito de licor, momentos agradables, ligera ebriedad;
 comprar una caja de licor, periodo poco productivo;
 hecho en casa, confusión familiar;
 muy fuerte, energía que se agotará pronto;
 volcar el licor, deseo de mantener la lucidez.

liebre, *comerla,* dura venganza;
 dispararle, no intente conquistar a alguien por la fuerza;
 seguirla, esfuerzos inútiles.

lienzo, *colgarlo,* pronto se hará notar;
 verlo, una situación clara.

liga, algo provisional.

ligadura, *estrecharla,* un afecto se transformará en amor;
 romperla, graves modificaciones en la vida.

ligereza, poca atención, pequeños remordimientos;
 sensación de ligereza, será más libre.

lila, *color,* romanticismo;
 flor, instantes cargados de sentimiento;
 perfume, recuerdo de un amor lejano.

lima, un trabajo lento y poco satisfactorio;
para barrotes, dificultad para obtener buenos resultados;
para las uñas, pequeñas pérdidas de tiempo.

limar, intento de convencer.

límite de velocidad, *superarlo,* corre riesgos de forma voluntaria;
verlo, una preciosa advertencia.

limón, *comer limón,* el amor tendrá momentos amargos;
exprimirlo, afronte con valor alegrías y penas;
verlo, evite pequeños disgustos.

limonada, momentos de alivio;
beberla, mucha sed, probablemente debida a comidas secas.

limosna, sentimiento de superioridad;
hacerla, felicidad, satisfacción;
pedirla, humillación, vergüenza;
vivir de limosna, inseguridad, miedo al futuro.

limpiaparabrisas, deseo de ver claramente lo que se está haciendo;
roto, momentos de duda e inseguridad.

limpiar, respeto por las apariencias;
algo, deseo de ver clara una situación;
el automóvil, le gusta que le vean en forma;
la casa, un momento positivo;
los cristales, necesita una mayor claridad de visión;
los vestidos, cambiará su imagen;
los zapatos, no soporta las decisiones atolondradas.
ser limpiado, no se sabe juzgar.

lince, hostilidad, trampas;
matarlo, eliminación de dudas e inseguridades.

linchar, *a alguien,* odio incontrolable;
ser linchados, cuidado con ofender a personas muy sensibles.

línea, *curva,* indecisión, dulzura de carácter;
de partida, está a la espera de una dura prueba;
quebrada, cambios bruscos de humor;
recta, carácter rígido.

lingote, véase *oro.*

lino, *planta,* cuidando el trabajo pueden llegar muchas satisfacciones;
tejido, limpieza, honestidad.

linterna, superación de las dificultades del momento;
buscar algo con una linterna, intentos inútiles;
de aceite, falta de método;
mágica, sufrimiento a causa del exceso de ingenuidad.

liquidación, *esperarla,* periodo de molestias, falta de recursos;
recibirla, finalmente el trabajo será recompensado.

lírica, *componer una obra lírica,* deseo de expresar los propios sentimientos románticos.

lirio, espiritualidad;
recogerlo, desea la pureza de la mujer amada;
véase *lis.*

lirón, tendencia a la pereza aunque sea capaz de gran actividad;
verlo que duerme, una situación inevitable.

lis, *flor de lis,* pensamientos honestos, comportamiento impecable.

lisonjas, *atraer con lisonjas,* falta de argumentos convincentes;
ser atraídos con lisonjas, la vanidad juega bromas pesadas.

lista, proyectos y programas;
de espera, está al llegar un buen periodo;
de gastos, es un buen momento para hacer adquisiciones;
de invitados, está analizando la sinceridad de sus amigos;
electoral, escrúpulos, sentido social;
hacerla, nada se le escapa;
leerla, sabrá muchas cosas por mérito de otros.

litera, sensibilidad y atención.
dormir en una litera, situación precaria.
ser transportado en una litera, situación de absoluta tranquilidad;
ver a alguien en litera, envidia a los que no tienen responsabilidades.

literatura, deseo de adquirir conocimientos;
estudiarla, gratas experiencias culturales;
leer un texto de literatura, preciosos consejos.

litografía, interés por el lado histórico de todo;
comprarla, empleos muy inteligentes.

litro, bebe de un modo exagerado.

llaga, malos recuerdos;
poner un dedo en la llaga, no hace nada para evitar el sufrimiento;
que se vuelve a abrir, una antigua cuestión vuelve a generar sufrimiento;
tener muchas llagas en el cuerpo, periodo de grandes disgustos.

llama, una pasión violenta;
véase *fuego.*

llama, *animal,* demasiada paciencia puede ser perjudicial.

llamada a las armas, se presentan los primeros problemas importantes, para quien ha hecho el servicio militar significa un aumento de responsabilidad.

llamar, dificultades;
a alguien, cree que los demás pueden resolver sus problemas;
a un muerto, en este momento nadie podrá ayudarle;
a uno mismo, es el momento de hacer un poco de autocrítica.

llano, *terreno,* seguridad en la propia situación.

llanura, periodo desfavorable;
habitar en la llanura, existencia tranquila y sin preocupaciones;
verla, ninguna dificultad a la vista.

llave, conocimientos importantes le abrirán puertas;
abrir con la llave, nuevas experiencias positivas;
cerrar con llave, quiere cambiar de método;
del automóvil, posibilidad de ir lejos;
encontrar las llaves, dispone de los medios para hacer carrera;
falsas, no está a la altura de las circunstancias;
perderlas, pérdida de una oportunidad que se creía segura.

llegar, *a casa,* es un momento en que es mejor estar solo;
de un viaje, le ocurrirá algo insólito.

llevado, *en brazos,* dependencia total de los demás;
ser llevado, alguien se ocupa de usted.

llevar, es responsable de muchas personas;
objetos, está prisionero de sus responsabilidades;
objetos pesados, periodo difícil, todos cuentan con usted;
un hábito, necesita protección;
un vestido negro, tristeza, melancolía;
una capa, momento peligroso.

llorar, gran sensibilidad, recepción de buenas noticias;
de alegría, ha terminado un periodo muy triste;
por la muerte de alguien, el periodo es favorable;
por los propios errores, comportamiento pasivo y predisposición a la renuncia;
por nada, tristezas y disgustos.

lluvia, abundancia, riqueza;
con sol, situación difícil aunque se advierte el camino de salida;
ligera, dificultades pasajeras, melancolía;
mojarse con la lluvia, se sitúa en el centro de todos los problemas;
ver la lluvia, falta de solidaridad con los problemas ajenos;
violenta, se presentan todo tipo de preocupaciones.

lobo, posibilidad de venganza;
alejar a un lobo, tiene más fortaleza psíquica que sus enemigos;
licántropo, sensación inútil de culpa;
lobezno, juegos peligrosos;
matar un lobo, adquisición de seguridad;
que corre, pequeñas represalias;
ser asaltados por un lobo, padecimientos, perjuicios ocasionados por personas malvadas.

lóbulo, *de oreja,* un pensamiento tierno.

local, *conocido,* ninguna novedad;
desconocido, probabilidad de encuentros interesantes;
nocturno, deseo de distracción.

loción, *comprarla,* intento de mejorar moralmente;
usarla, está cambiando rápidamente.

loco, una persona imprevisible;
enloquecer a alguien, insiste con las provocaciones;
hablarle, ideas nuevas;
oírlo, descubrirá la verdad;
ser tratado como un loco, graves incomprensiones;
serlo, ve las cosas desde un punto de vista distinto;
verlo, desprecio hacia aquellas personas que no conoce.

locomotora, viajes muy útiles;
corriendo, se aproximan momentos de suerte;
parada, los complejos bloquean e impiden actuar;
que descarrila, muchas desgracias.

locura, valor recompensado;
hacer una locura, una decisión le llenará de suerte.

locutorio, *de un convento,* discursos reservados;
de una cárcel, le cansa expresarse;
estar en un locutorio, no puede decir lo que piensa.

lodo, véase *fango.*

lombriz, pequeñas trampas que debe evitar.
criarlas, desea conseguir riquezas sin cansancio.

longevo, *serlo,* temor al envejecimiento.

lotería, luchas desiguales;
jugar a la lotería, confianza en sí mismo.

loto, *comer loto,* olvidará los anhelos;
ver la planta, deseo de olvidar.

loto, *jugar a la loto,* la indecisión no le traerá suerte;
perder, sentimiento de incomprensión;
vencer, alguien envidia sus éxitos.

lubrificante, necesidad de algunas facilidades.

lucha, *con animales,* tensiones y miedos, se debate entre dos elecciones;
con un amigo, no quiere admitir algunas divergencias de carácter;
con un desconocido, necesita desahogar su rabia;
con un familiar, presagio de discusiones;
con un niño, mal presagio, problemas familiares;
con una persona muerta desde hace tiempo, no ha perdonado algunos errores;
cuerpo a cuerpo, se trata de una cuestión importante;
perder la lucha, seguirá atormentado por el rencor;
vencerla, superará las divergencias.

luchador, *serlo,* se complace en provocar luchas;
verlo, confianza en una persona fuerte.

luciérnagas, ilusiones;

capturarlas, intentos inútiles de forzar el destino;
verlas, tristes desilusiones.

lucifer, véase *diablo.*

lucio, su fuerza de ánimo le ayudará a tener lo mejor;
comerlo, no sabe administrar sus riquezas;
pescarlo, un negocio ha llegado a buen puerto.

lugar, puede representar su ambiente ideal;
habitado, desagrado ante las relaciones forzadas con extraños;
iluminado, se siente preparado para decidir;
vacío, momentos de desorientación.

lúgubre, *algo,* periodo negativo;
una persona, se ve influido por su tristeza.

lujo, deseos irrealizables;
vivir lujosamente, será poco práctico.

lujurioso, *serlo,* instintos incontrolables.

luna, símbolo femenino;
clara, algún momento triste;
con nubes, una pasión le hará sufrir;
creciente, negocios positivos;
llena, felicidad y riqueza;
menguante, momentos problemáticos.

lunares, véase *pecas.*

lúpulo, prosperidad, riqueza.

lustrar, véase *pulidor.*

lustroso, será engañado por las apariencias;
zapato, gran estímulo.

luto, algo se agota en su interior;
de viudez, se ha agotado el amor por la pareja;
en la familia, un miembro de la familia se alejará definitivamente de casa;
nacional, desconfianza ante el estado en que vive;
vestido de luto, momento triste, arrepentimiento.

luz, ideas claras;
apagarla, deseo de mantener un secreto;
encenderla, alguna buena idea;
imprevista, ilusiones momentáneas;
véase *lámpara.*

M

macarrones, diversión;
comerlos, salud y prosperidad;
prepararlos, cuidado con las cosas pequeñas.

macedonia, *comerla,* discusión pacífica entre amigos;
prepararla, reunión entre personas muy distintas.

madeja, racionalidad amenazada;
buscar el cabo de la madeja, la solución de un problema que nos preocupa está está lejos;
devanarla, buen momento, está progresando en todos los campos;
enredarla, intenta complicar las cosas voluntariamente;
liada, dificultad para encontrar una solución.

madera, poca decisión;
carcomida, cuidado con los pequeños problemas que está acumulando;
llevar objetos de madera, confiando en las personas adecuadas conseguirá su objetivo.

madrastra, celos en la familia.

madre, símbolo de dependencia;
con niños pequeños, vuelven a surgir los celos de la infancia;
lejana, miedo a ser abandonado por la familia;
moribunda, presagio de desgracias;
que amamanta, riqueza, prosperidad;
que juega, nostalgia de la infancia;
que le abraza, busca un estímulo para sus proyectos;
que llora, malas noticias, se acerca un periodo difícil;
que sonríe, sabe que puede contar con un afecto sincero;
si sueña a menudo con la madre, incapacidad para construir una vida propia;
ver a la madre, se siente inseguro más allá de las paredes domésticas.

madrina, un apoyo seguro.

madurar, es su deseo;
para un anciano, miedo a envejecer.

madurez, hacer examen de, no se siente a la altura de la situación;
ser promovidos en el examen, quiere una confirmación de su valor;
ser reprobados, no cree merecer su posición.

maestro/a, siguiendo una buena guía, conseguirá sus objetivos;
convertirse en un maestro, mala suerte;
de baile, una persona le enseñará a moverse en su ambiente;
de esgrima, afrontará una grave discusión;
de matemáticas, debe afrontar las cosas de un modo más racional;
de música, satisfacciones artísticas;
de primaria, sabe que tiene mucho camino que recorrer.

maestro albañil, tiene sólidas bases económicas;
serlo, se está construyendo un futuro responsable.

mafia, una situación peligrosa y de difícil solución;
formar parte de la mafia, secretos de grupo.

maga, una mujer que hace falsas promesas;
serlo, deseo de resolver fácilmente una situación.

maganel, se sirve de los demás.

magia, *hacerla,* aumentará su poder de forma inesperada;
verla, escepticismo acerca de las capacidades de una persona.

magistrado, teme los problemas con la justicia;
serlo, se considera equilibrado e imparcial.

magnetizar, *algo,* este objeto resulta muy atrayente;
con la mirada, se considera irresistible.

mago, periodo de inseguridad y de inquietud;
hablar con un mago, no se deje arrastrar por la astucia de otros;
serlo, cree tener mucho poder;
verlo, desearía tener capacidad para hacer magia.

mal augurio, temores irracionales.

mal vestido, *ir mal vestido,* complejo de inferioridad;
ver una persona mal vestida, cuida demasiado las apariencias.

mala costumbre, *combatirla,* principios muy rígidos.

mala hierba, obstáculos que comprometen la productividad;
arrancarla, descubre rápidamente lo que le perjudica.

malaria, *contraerla,* las malas compañías son perjudiciales;
vacunarse contra la malaria, seguridad y autocontrol.

maldecir, *a alguien,* réplicas;
ser maldecidos, miedo a ser influidos por el odio a los demás.

maleante, véase *malhechor.*

maledicencia, escucharla, falta de sentido crítico;
hacerla, odia en secreto.

maleficio, *lanzarlo,* no tiene valor para vengarse personalmente;
recibirlo, cree que le odian.

malentendido, *crearlo,* está creando confusión voluntariamente;
sufrirlo, una situación embarazosa.

malestar, *sentirlo,* enmascara hábilmente sus pequeños complejos.

maleta, se siente preparado para las novedades;
hacer la maleta, un periodo definitivamente concluido;
tenerla en la mano, cambios en el trabajo o en la familia.

malformación, *tenerla,* en general es una exageración de un defecto.

malgastar, *algo,* pérdida de buenas ocasiones.

malhechor, condena de grupo;
serlo, juzga sus actitudes reprobables.

malhumor, pesimismo.

maltratar, *a alguien,* la respuesta ha sido excesiva;
ser maltratados, algo le ha causado gran sufrimiento.

malva, *beber una infusión de malva,* precario equilibrio psicológico;
flor, buen augurio;
perfume de malvas, una situación delicada.

mamá, deseo de dulzura.

mama, véase *madre.*

mamarracho, a veces se siente ridículo.

mamas, símbolo de madurez y bienestar.
con leche, buena salud;
de animal, aumento de las ganancias;
chuparlas, necesidad de afecto.

mamut, situación ya vieja y estable.

maná, *esperarlo,* el fatalismo no ayuda.

manada, riquezas abundantes;
comprar una manada, un negocio le obligará a trabajar mucho;
de bueyes, no es el único que debe tener paciencia;
de búfalos, fuerzas incontenibles;
de caballos, la inteligencia y la rapidez ayudan;
encontrarse en medio de una manada, una situación amenazadora;
ser pisoteado por una manada, falta de capacidad para tranquilizar a los contendientes.

manantial, frescura y pureza, una sorpresa difícil de asimilar;
bañarse en un manantial, suerte;
beber el agua, buena salud;
encontrar un manantial, adquirirá nuevas energías;
seco, el exceso de gasto le ha llevado a la ruina;
verlo, un momento muy positivo.

mancharse, *involuntariamente,* un error no deseado;

manchar a alguien, no olvide una ofensa;
voluntariamente, sentimiento de culpa, desea autocastigarse.

manchas, miedo a manifestar los propios defectos;
de aceite, una situación peligrosa;
de sangre, mal augurio;
de tinta, acciones que dejan rastro
indelebles, una culpa imperdonable;
lavarlas, intenta olvidar;
sobre el rostro, culpa de tipo moral;
sobre los vestidos, deberá dar explicaciones.

mandadero, están por llegar novedades agradables.

mandarina, pequeños golpes de suerte;
árbol, energía y salud;
beber zumo de mandarinas, es imprevisible;
comerla, está al llegar una buena temporada;
perfume, novedades simpáticas.

mandíbula, fuerte personalidad;
débil, incapacidad de afrontar algunas situaciones;
moverla, nerviosismo;
prominente, se impone a todos;
que castañetea, gran miedo;
rota, periodo de extrema debilidad;
verla, salud.

mando, *tomar el mando,* le satisface su gran personalidad.

mandolina, romanticismo;
oírla, sensibilidad a las alabanzas;
tañerla, declara su amor.

manga, es su modo de juzgar;
estrecha, utiliza medios demasiado duros;
larga, bondad, indulgencia.

mango, su potencialidad;
de escoba, utiliza sus armas de un modo inútil;
de un cuchillo, pérdida de buenas ocasiones;
de una cazuela, volver a hacer las paces con una mujer;
roto, no sabe cómo enfrentarse a una situación;
tener en la mano tan sólo el mango de un objeto, intentos inútiles de hacer algo.

manguito, función de mediador.

manía, *tener una manía,* algo le obsesiona.

maníaco, *serlo,* percibe algunas exageraciones;
verlo, miedo incontrolable.

maniatar, *a un desconocido,* intento de frenar los impulsos sexuales;
a un hombre, independencia y decisión;
a una mujer, indecisión, debilidad.

manicomio, carácter incontrolable;
estar en el manicomio, se considera distinto y peligroso;

mandar a alguien al manicomio, quiere restar credibilidad a un enemigo;
salir del manicomio, supera una situación muy confusa.

manifiesto, manifieste sus ideas;
colgarlo, da a conocer su proyecto;
romperlo, está en un ambiente intolerante.

manija, poder de decisión;
bajarla, ha decidido intentar algo;
empuñarla, está a punto de tomar una decisión.

manillas, aspiraciones bloqueadas;
ponerlas, reducirá a un amigo a la impotencia;
tenerlas, le impiden actuar;
ver a los demás con manillas, se siente libre de actuar.

maniobra, está trabajando con poca claridad;
con un vehículo pesado, dificultad para cambiar de ideas;
en automóvil, con frecuencia cambia de parecer;
militar, es relacionado con acciones poco claras.

maniobrar, *un automóvil,* habilidad en el propio campo.

maniquí, *serlo,* quisiera cuidar más de sí mismo;
verlo, admira la perfección.

manivela, desconfíe de sus fuerzas;
de arranque, necesita estímulos para comenzar;
girarla, ha concluido un trabajo.

mano, representa su trabajo;
derecha, poder equilibrado;
izquierda, irracionalidad;
perderla, crisis laboral:
sucia, mala conciencia;
tener ambas levantadas, es un símbolo claro de rendición;
tener ambas manos cortadas, un grave desastre financiero;
tener las manos hinchadas, enfermedad;
tener las manos sangrando, ha obtenido sus deseos a costa de otros;
tener una mano levantada, promesa solemne.

mano de mortero, un trabajo largo y repetitivo.

manojo, coherencia, unidad;
de cartas, tienta la suerte;
de flores, una sorpresa simpática, desea manifestar sus sentimientos;
de verdura, sus sentimientos son débiles.

mantear, no se preocupe por las molestias de los demás;
ser manteados, una persona le ocasionará imprevistos desagradables.

mantel, *limpio,* buen augurio, un amor poco sincero;
manchado de vino, buena señal, éxito;
sucio, contratiempos difíciles de superar.

mantequilla, se siente relajado, todo irá como la seda;
 deshacerla, alguien interrumpirá su reposo;
 extenderla, quiere alcanzar un equilibrio entre reposo y actividad.

mantis religiosa, agresividad que está oculta.

manual, *consultarlo,* búsqueda de seguridad.

manubrio, equilibrio, orientación;

manuscrito, noticias de otros tiempos;
 escribirlo, falta de sentido práctico;
 leerlo, curiosidad con respecto al pasado.

manzana, desilusiones amorosas;
 comer muchas manzanas, salud;
 comer una manzana, pequeño consuelo;
 comerla ácida, disgustos;
 cogerla, aprovecha una situación;
 cortarla, separación inevitable;
 descorazonarla, conocerá mejor a una persona;
 manzanas cocidas, mala salud;
 marchita, una sorpresa desagradable.

manzano, *cargado de fruta,* será recompensado por lo que tiene;
 en flor, la amistad causa satisfacciones;
 ver un manzano, un amigo sincero.

mañana, vitalidad, energía;
 muy temprano, jornada afortunada;
 serena, optimismo, buena voluntad;
 temer que llegue enseguida, le esperan duras pruebas.

mapa, *del tesoro,* consejos muy útiles para obtener dinero;
 dibujarlo, debe ser claro en la exposición;
 leerlo, ha recibido indicaciones precisas.

mapamundi, *hacerlo girar,* falta de objetivos precisos;
 verlo, desea realizar un largo viaje.

máquina, un trabajo muy importante;
 de coser, un trabajo personal;
 de escribir, una correspondencia preciosa;
 fotográfica, no confíe en la memoria;
 ser cogidos por los engranajes de una máquina, grandes esfuerzos laborales.
 véase *automóvil.*

mar, *agitado,* vida agitada, probables derrotas;
 calmado, tranquilidad interior;
 caminar sobre el mar sin hundirse, gran seguridad en uno mismo;
 echar algo al mar, un aspecto de su carácter se ha revelado como superficial;
 estar en alta mar, percibe que está alejado de la solución de algunos problemas;

nadar en el mar, vuelta al periodo prenatal;
navegar, grandes cambios;
oscuro, equilibrio amenazado.

marabú, elegancia, refinamiento.

maratón, *abandonar la carrera,* renuncias;
asistir a una maratón, las personas de su entorno están haciendo un gran esfuerzo;
ganarla, obtendrá buenos resultados tras duros esfuerzos;
participar, un prolongado cansancio.

marca, *de sello,* compromisos burocráticos;
poner una marca, reafirmar un concepto de propiedad;
verla sobre un objeto, es muy influenciable.

marcar, *a un animal,* se siente celoso de lo que posee;
a una persona, comparte la mala opinión sobre una persona;
el ritmo, posición de mandato;
ser marcado, golpes que nadie olvida;
un producto, quiere aumentar sus méritos.

marcha, un trabajo lento y cansado;
forzada, debe terminar un trabajo en breve tiempo;
fúnebre, presagio funesto;
militar, sigue dócilmente las órdenes.

marchar, constancia en el empeño.

marchitar, final de un periodo favorable;
ver marchitar algo, ha perdido buenas oportunidades;
verse marchitar, está perdiendo un tiempo precioso.

marea, *que baja,* periodo tranquilo;
que sube, no puede abandonar una obligación.

maremoto, situación dramática.

mareo, rechaza por principio todo cambio.

marfil, sentido artístico;
un anillo de marfil, pronto recibirá una carta de amor.

margarita, búsqueda de compromisos, inocencia;
cogerla, conquistará la amistad de una persona ingenua;
deshojarla, amor no correspondido;
regalar un ramo de margaritas, sencillez.

marginado, *serlo,* la timidez perjudica las relaciones sociales;
verlo, miedo a perder contactos importantes.

marginar, quisiera sustraerse de sus obligaciones.

marido, *bueno, para una mujer,* tranquilidad familiar;
malo, no consigue llegar a un acuerdo con su pareja;
para los casaderos, deseo de casarse;

para los célibes, busca la independencia de la familia;
para un hombre, tiene un adversario en amor;
para una mujer, deseo de una guía;
que parte, preocupaciones familiares.

marinero, momentos inciertos pero plenos de novedad;
en la nave, están al llegar buenas noticias;
oficial de marina, seguridad y reconocimientos;
ser marinero, independencia y cambio.

marioneta, falta de autonomía;
jugar a las marionetas, quisiera controlar todo el poder;
moverla, le gusta poder decidir;
serlo, humillaciones.

mariposa, infidelidad de la persona amada;
capturarla, un amor de poca duración;
ser una mariposa, inconstancia e inseguridad;
seguirla, acude a un amor incierto e imprevisible.

mariquita, una niña le pondrá de buen humor con su dulzura;
verla volar, aprecia la ingenuidad.

mariscal, principios muy rígidos.

marmita, *de cocina,* preocupaciones familiares.

mármol, carácter fuerte;
esculpirlo, véase *esculpir;*
estatua de mármol, véase *estatua;*
tocarlo, sensación de fría soledad;
verlo, advierte la insensibilidad de una persona.

marmota, pereza;
cazarla, búsqueda de momentos de paz;
matarla, tiene algo que ocultar;
piel de marmota, deseo de protección.

marrón, calma, naturaleza.

marroquí, conocerá personas muy distintas a usted.

marta, prontitud, astucia;
brocha de afeitar de marta, problemas diarios;
cibelina, una mujer cruel y muy poderosa.
piel de marta, desea ocultarse.

Marte, serenidad, espera mucho del futuro;
caminar sobre Marte, es demasiado ambicioso.

martillazo, una noticia explosiva;
darlo, proporcionará un gran disgusto;
recibirlo, le entristecerán noticias terribles.

martillo, *usarlo,* impulsos violentos;
verlo, pasiones fuertes.

mártir, *serlo,* se siente sacrificado;

verlo, una persona cercana es incomprendida.

martirizar, *a alguien,* su insistencia no tiene límites.

máscaras, personas poco seguras.

masoquismo, alteraciones psíquicas.

masticar, dudas, consideraciones;
algo amargo, preocupaciones;
chicle, comportamientos infantiles;
mal, no consigue olvidar una ofensa;
tabaco, comportamientos masculinos;
veneno, un gran disgusto.

mastín, agresividad a su servicio;
andar con un mastín, colaboradores fuertes, de confianza y valerosos;
ser perseguidos por un mastín, miedo a la agresividad de una persona.

masturbar, *a alguien,* problemas sexuales;
masturbarse, insatisfacción, soledad, periodo desafortunado.

matadero, *encontrarse en un matadero,* asistirá a escenas espeluznantes;
trabajar en un matadero, trabajo difícil, duro y lleno de imprevistos;
verlo, se encuentra en una posición peligrosa.

matanza, miedos inconscientes;
de animales, no soporta que se encarnicen con quien no se puede defender;
de personas, la familia se verá envuelta en una grave crisis;
hacer una matanza, el odio y la venganza le llevan a perder la razón.

matar, *a alguien sin quererlo,* estado depresivo;
a la madre, teme un fracaso en los negocios;
a la mujer, tiene pocos estímulos para actuar;
a un animal, mal augurio;
a un malhechor, exceso de dureza y rigor en los juicios;
a un niño, no soportará sus responsabilidades;
a un superior, su venganza será inútil;
a una persona, quiere aprovechar al máximo cada situación;
a una persona importante, mal augurio, sus acciones tendrán consecuencias serias;
al marido, inseguridad;
animales, lucha contra personas débiles;
animales grandes, se cansará, pero obtendrá lo que desea;
en legítima defensa, cuidado con los falsos amigos;
moscas, pereza;
serpientes, superará una situación peligrosa;
véase *asesino.*

matemáticas, *estudiar,* debe ser más preciso y racional.

matorral, algo le impide ver claramente la situación;

en flor, la situación aparentemente oscura no es peligrosa;
espinoso, si intenta comprender la verdad tendrá muchos disgustos;
ocultarse en un matorral, procura evitar los problemas;
rodearlo, renuncia a comprender;
saltarlo, superará los problemas de incomprensión.

matrícula, se siente el último en llegar;
universitaria, nostalgia de juventud.

matrimonio, alegrías de breve duración.
asistir a uno si se está desposado, nostalgias, recuerdos;
asistir al de un amigo, envidia;
casarse con una persona desconocida, desea escapar de su ambiente a toda costa;
civil, es refractario a las grandes ceremonias;
convenir un matrimonio, teme que esto le suceda al suyo;
de conveniencia, grandes preocupaciones económicas, insensibilidad;
religioso, tradicionalismo;
ver al propio cónyuge que se casa, matrimonio poco duradero;
ver el propio matrimonio, insatisfacción de la situación presente.

matrona, sueños de nobleza.

maullido, una persona le desea;
no ver al gato, no comprende quien le está llamando;
oírlo repetido, llamadas insistentes de una persona quejumbrosa.

mayor, *hermano,* competitividad familiar;
oficial, carácter autoritario.

mayor de edad, *ser,* no está tan maduro como quisiera.

mayordomo, *serlo,* formalismo, corrección;
verlo, alguien se ocupa de la familia en su lugar.

mayoría, *formar parte de la mayoría,* le conforta la opinión de los demás.

mayorista, ampliará su actividad.

mayúsculas, *escribir en letras mayúsculas,* da demasiada importancia a un problema.

mazapán, momentos preciosos;
comerlo, dulzura excesiva.

mazorca, éxito en el amor;
roer una mazorca, momentos tiernos y dulces.

mecánico, suerte, éxito;
serlo, buenas posibilidades de vencer;
verlo, envidia a una persona que conoce los mecanismos del éxito.

mecanismo, *desmontado,* una ayuda completamente inútil;
desmontar un mecanismo, busca una explicación para todo;

roto, dificultades en todos los aspectos;
verlo funcionar, buen augurio.

mecenas, *serlo,* gastos incontrolados;
verlo, busca ayudas imposibles.

mecer, preocupaciones por la salud de los hijos;
hacerse mecer, necesidad de afectos y de comprensión;
un niño, tiene sentimientos muy dulces.

mechón de cabellos, refinamiento;
darlo, ama profundamente a una persona;
pedir un mechón, la persona amada partirá hacia un largo viaje.

medalla, aprecios, reconocimientos;
comprarla, se autogratifica;
darla, reconocimiento;
de oro, se tiene en gran estima;
recibirla, sus méritos no son reconocidos;
ver el dorso de una medalla, consideraciones meticulosas respecto a una cuestión.

medallón, se acuerda de alguien.

mediador, *hacer de mediador,* está convencido de tener que ayudar a dos personas.
serlo, se juzga muy equilibrado;
verlo, no se fía de sí mismo.

medialuna, una situación provisional.

mediano, una situación favorable;
serlo, tiene buenos apoyos.

medias, su arma es la fascinación;
de seda, refinamiento;
desparejadas, dos aspectos opuestos de su carácter;
estar sin medias, no se preocupa por los detalles;
ponérselas, necesita de un amigo de verdad.

medicar, *a alguien,* siente haber obrado mal;
ser medicados, autoconmiseración.

medicina, busca una solución a sus problemas;
comprarla, no está convencido de lo que hace;
tomarla, confía ciegamente en lo que le dicen.

médico, presagio de enfermedad;
cirujano, véase *cirujano*;
de cabecera, una persona que da seguridad;
especialista, da demasiada importancia a simples alteraciones;
que le visita, procura atraer la atención;
que prescribe una medicina, grandes disgustos.

Medievo, *vivir en el Medievo,* siente el peso de una sociedad cerrada.

mediodía, grandes proyectos para un viaje.

medir, es desconfiado y tendencioso;
la calle, le asustan sus obligaciones;
las palabras, lo que dice puede ser mal interpretado;
tejidos, es inútil desconfiar ante adquisiciones tan pequeñas;
terrenos, mucho cuidado en concluir un negocio.

meditar, *en las propias palabras,* ha hablado precipitadamente;
sobre algo, es aconsejable no actuar precipitadamente.

medusa, *ser afectados por una medusa,* no consigue evitar las molestias causadas por una persona algo pesada.

megáfono, *usarlo,* frenará sus impulsos de hablar;
ver utilizarlo, alguien intenta por todos los medios que oiga algo que no quiere escuchar.
ver un megáfono, deseo de hacerse oír;

megalómano, *serlo,* se jacta demasiado de sí mismo;
verlo, no soporta a quien se alaba.

mejillas, *acariciarlas,* deseo de besar;
con colorete, procura gustar a alguien;
descarnadas, enfermedad inminente;
redondas, salud;
verlas, persona amada.

mejillón, véase *mítilo*.

mejorana, sentimientos sencillos.

mejorar, *el propio carácter,* es muy duro en el propio análisis;
el sueldo, las preocupaciones económicas absorben todas sus energías;
la posición económica, con empeño todo es posible.

melancolía, *sensación,* insatisfacción, soledad difícil de admitir.

melaza, energía, vitalidad, también una persona indiscreta;
comerla, buena salud.

melisa, carácter dulce.

melocotón, astucia, pequeños engaños.

melocotonero, periodo de reposo;
con frutos, es tímido y reservado, dificultad para comunicar con la pareja;
en flor, descanso antes de un periodo de actividad.

melodía, *componerla,* quiere expresar sentimientos dulces.
oírla, momento de equilibrio psicológico;
tocarla, creatividad.

melodrama, *representarlo,* exagera demasiado;
verlo, percibe que alguien está exagerando.

melón, engaños;
comerlo, se deja engañar por falsas apariencias;

recogerlo, le espera una gran desilusión.

membrillo, *dulce,* aspectos inmaduros del carácter;
mermelada, maduración.

memoria, *aprender de memoria,* existe algo que no debe olvidar;
perderla, quiere olvidar algo;
recuperarla, superación de un conflicto.

mendigo, es necesario tener confianza en uno mismo, desconfía de todo;
embriagado, ha perdido de vista los principales objetivos;
que pide caridad, tranquilidad económica;
que pide comida, comparte los problemas de alguien;
que pide limosna, le persigue la mala conciencia;
ver muchos mendigos, suerte, riqueza.

menisco, *romper el menisco,* desgracia grave.

mentira, *decirla,* se defiende de un modo equivocado;
oírla, se cree muy astuto.

menopausia, *para una mujer joven,* miedo a envejecer.

mensaje, consejos a escuchar;
recibirlo, son necesarias innovaciones importantes.

mensajero, noticias de lejos;
mandarlo, preocupaciones por la persona querida;
serlo, resulta útil a muchas personas.

menstruación, miedo a un embarazo;
soñar que no viene, deseo de un embarazo.

ménsula, un punto de apoyo;
fijarla en la pared, se asegura una ayuda fuerte;
que cae, debe despreciar una ayuda.

menta, sencillez, frescura;
jarabe de menta, placeres legítimos.

mentir, *a extraños,* teme las consecuencias de un juicio aventurado;
a los familiares, lo que sabe se descubrirá pronto;
involuntariamente, no hable de lo que no conoce;
voluntariamente, se defiende de un modo equivocado.

mentón, carácter;
con barba, se considera muy sabio;
prominente, carácter fuerte;
sin barba, no le toman en serio.

mercado, gran libertad de elección;
comprar en un mercado, grandes perspectivas;
con pocos objetos, no intente hacer negocios;
de animales, empleos inteligentes;
de fruta y verdura, gasto de poca monta;

de pescado, si no finaliza los negocios tendrá un revés financiero;
estar solos en el mercado, es momento de hacer grandes adquisiciones;
negro, negocios deshonestos;
trabajar en el mercado, deseo de hacer negocios.

mercancía, *abaratarla,* procura recuperar tanto como sea posible;
sin vender, pocas ganancias;
verla, preocupaciones de trabajo.

mercenario, una persona sin escrúpulos;
tener relaciones con un mercenario, deseo de un poder completo;
serlo, insatisfacción en las relaciones sentimentales.

merengue, una situación exagerada a propósito;
comerlo, desilusiones;
prepararlo, quiere causar una gran impresión.

merienda, un momento de pausa agradable;
comerla, recuerdos de infancia;
prepararla para los hijos, preocupación por su salud.

mermelada, deseo de dulzura;
comerla, momentos agradables;
ofrecerla, expresa su dulzura;
tarro de mermelada, paréntesis agradable en su vida.

mes, *final de mes,* proyectos de compra.

mesa, odia compartir algo con los demás;
comer en la mesa, rutinas;
de madera, proyectos de construcción;
destrozada, soledad y miseria;
preparada, signo de armonía familiar;
vacía, momentos de soledad.

mesita, afán en el trabajo y en el estudio.

meta, *imposible,* el poco sentido práctico le perjudica;
llegar a la meta, ya tiene el éxito en la mano;
no alcanzarla, exagerado pesimismo;
no tener meta, desorientación;
tenerla, buena suerte.

metamorfosis, deseo de novedad;
convertirse en mujer, momentos de debilidad;
convertirse en otra persona, envidia su situación;
convertirse en un animal, los instintos prevalecen sobre lo racional;
convertirse en un hombre, pesadas responsabilidades;
envejecer, vida muy intensa;
rejuvenecer, nostalgia del pasado.

meteorito, una persona escurridiza;
que cae, ha perdido una oportunidad de una duración muy corta.

metro, considera las cosas con atención;
usarlo para medir, juzga atentamente una cosa.

metrópoli, distintos impulsos, confusión;
vivir en una metrópoli, deseo de calma y claridad.

metropolitano, deseos inexpresados;
tomarlo, conocerá el secreto de una persona;
verlo, quisiera conocer algunos secretos.

mezcla, debe valorar atentamente la situación;
prepararla, está proyectando algo secreto.

mezclar, *agua y fuego,* dos caracteres incompatibles;
agua y vino, posibles relaciones entre dos personas distintas;
los colores, fantasía creativa;
venenos, está tramando algo terrible.

mezquita, atracción por lo desconocido;
visitarla, amplíe sus intereses culturales.

microbio, un engaño invisible;
verlo, obsesiones, alucinaciones.

micrófono, pronto será oído atentamente;
hablar por un micrófono, notoriedad, éxito;
roto, incapacidad para hacerse escuchar.

microscopio, formalismo;
usarlo, escrupulosidad extrema en toda investigación.

miembro, *cortado,* disgustos, pobreza;
en erección, deseo;
inerte, incapacidad de demostrar el propio valor;
muy pequeño, inútil complejo de inferioridad;
tener más de uno, no se siente sexualmente normal;
tenerlo, para una mujer, envidia del sexo masculino.
véase *brazos, piernas.*

mieses, *comer las mieses,* enfermedad;
esparcirlas, quiere ocultar un error, embarazo;
verlas, escasez de medios a su disposición.

migaja, la situación económica es difícil, pero no desesperada;
recoger migajas, modérate en los gastos.

migración, *de pájaros,* desplazamientos fáciles y veloces;
verla, se alejan muchas personas que conoce.

migraña, véase *hemicránea.*

mijo, *cereal,* preocupaciones de poca monta;
comerlo, serias restricciones económicas.

mil, una obligación o algo muy comprometido;
billetes de banco de mil, pequeñas ganancias, pequeños gastos.

milagro, está esperando un acontecimiento inusitado;

hacerlo, quiere demostrar que es una persona excepcional;
verlo, desconfía de todo.

milano, trampas;
verlo volar, deberá esperar engaños y traiciones.

milímetro, desplazamientos insignificantes;
medir hasta el milímetro, increíble formalismo.

militar, se deja impresionar por las apariencias;
zona militar, fuertes prohibiciones.

millones, *perderlos,* negocios posiblemente desventajosos;
tenerlos, teme hurtos y complicaciones.

mimbre, molestia, poco interés por el trabajo;
trenzarlo, cuestiones complejas.

mimo, apariencias engañosas;
que le imita, alguien le toma el pelo;
ser un mimo, se explica perfectamente en todas las situaciones;
verlo, alguien quiere sugerirle algo, pero no puede hablar.

mimosa, pequeñas dulzuras;
regalarla, comprensión, afecto, estima.

mina, *ideas oscuras,* una amenaza oculta;
de oro, está convencido de estar en el momento adecuado para hacer fortuna;
descubrir una mina de oro, desconfíe de ganancias demasiado fáciles;
encontrarse en una mina, busca solución a sus problemas;
permanecer bloqueado en una mina, extremo pesimismo, la situación le parece irresoluble.

mina, *caminar sobre un campo minado,* temor ante la traición de algunos amigos;
desactivarla, ha evitado un grave peligro;
encontrarse una mina, busca solución a sus problemas;
flotante, una amenaza indefinida;
hacer estallar una mina, graves daños en todos los aspectos;
ponerla en el terreno, es muy peligroso, quiere vengarse.

minador, momento difícil, no consigue ver un camino de salida.

miniatura, da poca importancia a la realidad que le rodea;
comprarla, quiere controlar una situación, incluso aunque sea pequeña;
hacerla, minimiza todos los problemas, posibles males.

ministril, negligencia momentos en compañía;
ser remunerado para hacer de ministril, sus amigos no le merecen;
serlo, capacidad de animar un grupo.

ministro, la ilusión durará poco;
serlo, cambiará trabajo por deseo de grandeza.

minoría, *estar en minoría,* no se siente apoyado por los amigos.

miope, *serlo,* para poder juzgar debe alejarse de las cosas.

mira, *infalible,* confía en sí mismo, determinación;
mala, no sabe establecer un objetivo por anticipado;
seleccionar el punto de mira, tiene un objetivo;
ser punto de mira, tiene un enemigo que no consigue olvidar;
tener a alguien en el punto de mira, tiene un enemigo que no consigue olvidar.

mirador, necesidad de reposo.

mirar, curiosidad;
atentamente, no deje pasar preciosas experiencias;
fijamente a una persona, debe tomar una decisión que hace referencia a aquella persona;
mirar alrededor, miedo, inseguridad incluso en el ambiente más cercano.

mirlo, no se preocupe demasiado por los chismorreos;
enseñar a hablar a un mirlo, se impone de un modo equivocado;
matarlo, quiere hacer callar a una persona que sabe demasiado;
que canta, noticias frívolas;
que habla, no sea demasiado ingenuo.

mirto, tesón y resistencia;
en flor, honestidad y valor.

misa, tranquilidad psicológica;
cantar en misa, participa con el grupo;
ir a misa, deseo de mejora;
negra, obligaciones tristes;
solemne, comunicaciones importantes.

miserable, *serlo,* trabajo de escasa responsabilidad, miedo a pérdidas financieras;
tratar con un miserable, se lamenta de una ayuda poco cualificada;
verlo, considera muy poco aquella persona.

miseria, situación económica precaria;
estar en la miseria, desconfianza en las propias posibilidades.

misil, confianza en el progreso;
de guerra, temor de un gran conflicto.

misionero, *serlo,* grandes ideales;
verlo, cree que no merece recompensa.

misiva, véase *carta.*

misterio, situación inexplicable;
aclararlo, después de mucho trabajo llegará a la conclusión adecuada.

mitilo, placeres naturales.

mito, falta de realismo.

mitra, *dirigida en contra,* situación de extrema inseguridad;
tenerla en la mano, amenazas convincentes;

verla, situación peligrosa por diversos motivos.

mixtura, consideraciones minuciosas.

moción, propuesta;
presentarla, tiene propuestas que hacer;
rechazarla, nadie le escucha.

moco, *impedir la caída del moco,* una situación embarazosa.

moda, es influenciable;
estar pasado de moda, alguien se ve distinto a los demás;
hacer un desfile de modas, deseo de seducción;
seguirla, no quiere destacar;
ver un desfile de modas, encuentros mundanos.

modelo, *serlo,* se considera perfecto;
verlo, deseo amoroso.

módulo, *compilarlo,* una pregunta difícil de expresar.

moho, *en casa,* las cosas negativas no se cambian;
sobre comida, pérdida de buenas ocasiones;
sobre los objetos, sensación de perder tiempo;
sobre objetos de trabajo, periodo sin trabajo;
sobre vestidos, se siente envejecer;
verlo, las cosas continúan moviéndose, para mejor o para peor.

mojado, *sentirse mojado,* la inseguridad le atormenta.

mojar, un momento feliz;
bizcochos, se enamorará;
pan, satisfacciones en el trabajo y en el amor.

moldura, cuidado con las apariencias;
de madera, recuerda a una persona;
lujosa, el contenido tiene escaso valor.

moler, ideas para utilizar algo;
café, precisión en la elección;
grano, no sabe controlar los gastos;
pimienta, situaciones desagradables.

molestar, véase *importunar.*

molestarse, en realidad es demasiado calmoso y tranquilo.

molestias, *darlas a alguien,* es inoportuno y no sabe conservar las amistades;
de estómago, enfermedad de poca monta;
tenerlas, un problema de salud.

molinero, trabajo activo y productivo;
serlo, se siente productivo.

molinillo, alguien actúa en la sombra.
de café, placeres de todos los días.

molino, símbolo de trabajo y suerte;
de viento, un trabajo que reporta muchas satisfacciones;

si el molino está parado, trabajo que se demora;
trabajar en un molino, hace de mediador en su trabajo.

molusco, inconsistencia, debilidad;
comerlo, se aprovecha de las personas débiles.

momia, descubrirá incomprensiones pasadas;
hablar a una momia, intentos inútiles de diálogo;
ser una momia, incapacidad de actuar;
ver muchas momias, está rodeado de indiferencia;
ver una momia, violentas discusiones.

mona, engaños que advertirá con facilidad;
matarla, no es necesario recurrir a la fuerza para reducir a un enemigo;
molestarla, se cree astuto pero no lo es;
poseer una mona, domine sus sentimientos;
ser mordidos por una mona, provocará a una persona joven e impulsiva;
ver una mona, alguien le está tomando el pelo.

monaguillo, precisa de un tiempo de paz, deje de lado los compromisos.

monarca, véase *rey*.

monarquía, una posición de poder;
absoluta, intolerancia;
hereditaria, no es merecedor de su posición.

monasterio, vida en comunidad, ayudas recíprocas;
vivir en un monasterio, sacrificios y satisfacciones;
visitarlo, quiere aprender a vivir en grupo.

mondadientes, molestias de poca monta.

moneda, buscar una en el bolsillo y no encontrarla indica que se padece una situación económica precaria.

monedas, posibilidad, potencialidad;
antiguas, proyectos que se han esfumado;
de cobre, melancolía;
de oro, deseos irrealizables;
de plata, tristeza y graves preocupaciones;
encontrarlas, una pequeña victoria;
falsas, ha comprendido que ha sido engañado;
gastarlas, tiene muchas preocupaciones.

monedero, véase *portamonedas*.

monja, vida aislada;
de clausura, completo aislamiento;
hacerse monja, elige renunciar a las cosas agradables;
ser monja, un periodo de renuncias;
verla, se siente protegido.

monje, vida dura con un objetivo concreto;
hacerse monje, aspira a una vida modesta pero serena;
verlo, envidia la serenidad de algunas personas.

monóculo, visión deformada.

monopolio, *perderlo,* sin cambio en los negocios;
tener el monopolio de algo, negocios buenos pero arriesgados.

monstruo, problemas momentáneos;
marino, un acontecimiento excepcional;
que le ataca, grandes problemas psicológicos;
ser un monstruo, reprobación moral;
verlo, momento desafortunado.

montaña, obstáculos para conseguir el éxito;
altísima, las dificultades le parecen insuperables;
descender de una montaña, posibles pérdidas financieras;
estar en la cima de una montaña, éxito, alegrías, riquezas;
ir de vacaciones a la montaña, periodo saludable y tranquilo;
subir a una montaña, ha decidido actuar y no debe perder el ánimo;
ver una montaña desde abajo, valora las dificultades que se va a encontrar.

montañés/a, una persona habituada a enfrentarse a las dificultades.

monte de piedad, situación difícil;
ir al monte de piedad, una ayuda inesperada;
retirar algo del monte de piedad, fortuna imprevista, herencia.

montero, es aconsejable no intervenir en problemas ajenos;
serlo, debe cuidar sus intereses.

montón, *de madera,* es muy previsor;
de objetos, advierte la inutilidad de lagunas adquisiciones;
de objetos preciosos, acumula riqueza;
de piedras, presagio funesto;
de tierra, impedimentos.

montura, *de las gafas,* accesorios fundamentales;
sin lentes, una ayuda inútil.

monumento, vanagloria inútil;
erigirlo para otro, manifiesta su gratitud;
ver el propio monumento, exhibicionismo.

morada, véase *casa*.

morado, indica un golpe que no ha olvidado;
descubrirse un gran morado, descubrirá la causa de su sufrimiento;
estar lleno de morados, sigue desconfiando.

moras, placeres inmediatos;
cogerlas, deseo de placer;
comerlas, glotonería y momentos dulces.

morcilla, buenas perspectivas de trabajo;
comerlas, nuevas energías.

morder, rabia e insatisfacción;
a alguien, venganza;
al amante, pasión desenfrenada;
carne, éxito sentimental;
fruta, gratificaciones en el trabajo;
las manos, piensa en las ocasiones perdidas;
morderse los labios, momentos de excitación;
ser mordidos, sufre un mal imprevisible.

morera, *árbol,* energía, fuerza;
fruto, un objetivo difícilmente realizable.

morir, larga vida y salud;
ver morir a alguien, desorientación por la pérdida de un amigo.

morral, responsabilidad;
llevarlo lleno, buen augurio, abundancia;
llevarlo vacío, no tiene preocupaciones ni satisfacciones.

mortero, decisión;
de artillería, obedece las órdenes de alguien;
usar un mortero, actúa de acuerdo con sus decisiones.

mosaico, debe organizar una situación compleja;
hacer un mosaico, habilidad, paciencia, éxito.

mosca, molestias, fastidio;
capturar una mosca, responderá a todas las acusaciones con prontitud;
matarla, eliminará la causa de las preocupaciones;
parada, está en un periodo improductivo;
que vuela, alguien habla de usted para perjudicarle.

moscardón, sensaciones contrapuestas;
examinarlo, pérdida.

moscatel, *vino,* ha tenido la idea adecuada en el momento adecuado.

moscón, cada vez tiene más molestias.

mosquito, *aplastarlo,* mala memoria;
en un ojo, molestias insoportables;
matarlo, neutralizará a alguna persona insoportable;
oír zumbar un mosquito, conoce algunos chismes;
ser picados por un mosquito, una ofensa que le afecta;
verlo, una idea poco importante.

mostaza, momentos de gran intensidad.

mosto, *beberlo,* aprovecha las ocasiones;
verlo, se está preparando para un periodo agradable.

mostrar, *la lengua,* ofensas infantiles.

motín, malas amistades le llevarán por el camino equivocado.

motocicleta, sensación de libertad de movimientos.

motor, una ayuda importante;
funcionando, facilidad para encontrar un objetivo;
roto, una ayuda inútil;
ver un motor, podrá asegurar su posición.

móvil, alguien le dará motivos para actuar;
no tenerlo, provoca sufrimientos inútiles;
tenerlo, no se deja atemorizar por nada.

movimiento, *poner algo en movimiento,* comienzo de una nueva actividad.

mozo, debe obedecer y dejar de luchar por conseguir una posición de mando;
serlo, odia estar subordinado a alguien;
tenerlo, le gusta mandar.

mozo de cuerda, *llamarlo,* descubrirá la falsedad de un amigo;
verlo, buenas noticias;
verlo transportando equipajes, acepta una buena oferta de trabajo.

mozo de equipajes, decisiones incómodas de tomar;
llamarlo, descarga las responsabilidades sobre los demás;
serlo, alguien descarga sobre usted las responsabilidades.

muchacha, *serlo,* momentos de inseguridad;
ver a una muchacha, periodo propicio;
volver a ser muchacha, no soporta la responsabilidad que tiene.

muchacho, negligencia, alegría;
serlo un hombre, buen augurio;
serlo un viejo, mal augurio;
ver a un muchacho, descubrirá la alegría de la sencillez;
ver muchos, alegría en la familia;
volver a ser muchacho, odia sus responsabilidades.

muda, cambio, regeneración;
ver la de un animal, posibilidad de mejora.

mudo, teme no tener valor para hablar;
hablar con un mudo, una persona que no puede satisfacerle;
quedar mudo, sabe mantener un secreto;
serlo, incapacidad para hacerse valer;
verlo, una persona que no puede perjudicarle.

muebles, *comprarlos,* inicia una nueva vida;
venderlos, separación;
ver que alguien los tira, alguien está tramando algo a sus espaldas;
ver muebles nuevos, racionalidad, claridad de ideas;
verlos viejos, no sabe cambiar, se encuentra bloqueado psicológicamente.

mueca, *hacerla,* se comporta de un modo extraño;
verla, un momento de suerte.

muela, posibilidad de cambiar las cosas;
usarla, modifica la situación en su favor.

muelle, buena capacidad de adaptación;
mecánico, reacciona con prontitud;
sentir los muelles de la cama, molestias.

muérdago, matrimonio.

muerte, *buscar la muerte,* grave crisis interior;
hablar con la muerte, ha superado sus temores;
para el que está enfermo, pronta curación;
para los artistas, éxito y notoriedad;
para quien está casado, dejará la familia;
para quien tiene hijos, preocupación por la salud de los hijos;
ser salvados de la muerte, exagera una ayuda de poca importancia;
soñar la propia muerte, buen augurio, matrimonio y salud;
verla, gran suerte.

muerto, pronto llegarán buenas noticias;
en el ataúd, final de un peligro;
en la cama, es inseguro e impresionable;
que camina, una gran crisis financiera;
que habla, escucha sus palabras;
que resucita, un acontecimiento que hará hablar mucho;
que se muestra hostil, alguien ha descubierto su doble juego;
velar un muerto, inútil sensación de culpa;
ver muchos muertos, suerte;
véase *difunto.*

muestra de un objeto, se preocupa de que no le engañen.

muestrario de tejidos, gran posibilidad de elección.

mugir, llama la atención de un modo equivocado.

mujer, símbolo de la dulzura, de la maternidad;
bella, armonía familiar;
con rostro amenazador, discusiones con la pareja;
de otro, traiciones;
desconocida, deseo de aventura;
enferma, tristeza por algunas incomprensiones;
fea, preocupaciones y crisis;
muerta, desgracia, mala suerte;
para un hombre, representa los aspectos más dulces del carácter;
para una mujer, representa la feminidad inconsciente;
que se casa con otro, no está seguro de sí mismo;
que se parece a la madre, lazos familiares muy fuertes;
tomar mujer, discusiones familiares en el matrimonio;
tomar mujer para un soltero, dinero, suerte;

ver muchas mujeres, timidez para el hombre, celos para la mujer.

mujeriego, *serlo,* deseo de estar más seguro de uno mismo.

muleta, no conseguirá salir adelante solo.

muletas, *caminar con muletas,* mejora económica por medio de ayudas exteriores;
tener las muletas rotas, se siente bloqueado;
ver las muletas, buen augurio.

mulo, fuerza, obstinación;
arrastrarlo, intenta convencer a una persona muy decidida;
cargarlo, transfiere sus obligaciones a una persona más decidida.

multa, está considerando sus errores;
aceptarla, admite sus culpas;
darla, descarga su culpa sobre los demás;
negarse a pagarla, no admite sus errores;
pagarla, desea remediar todos sus errores.

multiplicar, *algo,* deseo de ampliar las riquezas;
las ganancias, sueños de éxito;
los gastos, periodo crítico.

multitud, momento de pánico;
de insectos, pequeños problemas le causan mal humor;
de pájaros, buen augurio;
de serpientes, un grupo de personas está tramando algo contra usted;
en movimiento, se verá obligado a elegir;
formar parte de la multitud, debe renunciar a los objetivos personales;
que amenaza, se enzarzará en una violenta discusión;
que le ignora, siente mucho la soledad;
que le trastorna, se siente inseguro y cambia de idea con facilidad;
que se burla, frustraciones, graves complejos.

municiones, posibilidad de salida;
acabarlas, sensación de impotencia;
comprarlas, prevé ganancias;
hacer acopio de municiones, se prepara para un momento difícil;
tener municiones, se siente preparado para cualquier cosa;
tener algunas que no funcionan, imprevistos difíciles de superar.

muñeca, deseo de maternidad;
jugar con una muñeca, deseo de relaciones sexuales;
rota, pérdida de la virginidad.

muñeco, persona poco decidida;
de nieve, persona fría y estática;
tenerlo en la mano, su pareja tiene poca personalidad.

muñón, oportunidades perdidas.

muralla, *construirla,* intenta protegerse;
estar rodeado por una muralla, seguridad y protección;
superarla, superará grandes dificultades.

murciélago, enfermedad;
en casa, preocupación por la salud de los familiares;
que vuela sobre su cabeza, enfermedad en los ojos;
ver volar un murciélago, grandes disgustos.

murmurar, odia a alguien pero no quiere admitirlo;
alguien que murmura, los demás le parecen superficiales e insatisfechos.

muro, un obstáculo en su camino;
abatirlo, la determinación le conducirá al éxito;
blanco, seguridad;
construirlo, crea obstáculos imaginarios;
de casa, protección y tranquilidad;
de papel, dificultades aparentes;
encontrarse contra el muro, está en una posición difícil;
muy alto, sensación de impotencia frente a las dificultades;
negro, opresión;
que rodea la ciudad, sensación de aislamiento;
rodear un muro, encuentra solución fácil a sus problemas;
subirse a un muro, se ha producido lo que creía imposible;
verlo, se da cuenta de las dificultades.

músculos, capacidad de actuar;
doloridos, pocas posibilidades;
estirarlos, quiere valorar su capacidad;
no tener músculos, sensación de impotencia.

museo, situación estática pero interesante;
visitarlo, informaciones interesantes;
volver a verlo, recuerdos del pasado.

musgo, mejoras inconsistentes.

música, emotividad, sensibilidad;
oírla, felicidad, satisfacciones;
oírla desde lejos, buen presagio;
producirla, quiere llamar la atención;
tocarla bien, equilibrio y armonía interior;
tocarla mal, encontrará muchas dificultades.

músico, *ejecutante,* una persona sociable y alegre;
serlo, desea una compañía abierta y simpática;
verlo, admiración por una persona madura.

muslos, *de animal,* una comida maravillosa;
de mujer, grandes ideas y nuevos deseos amorosos;
de un hombre, estabilidad;
delgados, estrecheces;
gruesos, abundancia;
heridos, disgustos familiares.

mutación, *mutar para mejorar,* carácter optimista;
mutar para empeorar, teme las consecuencias de una acción.

mutilación, *hacerla,* causará daño a una persona querida;
sufrirla, una enfermedad le impedirá actuar.

N

nabab, sueños de lujo y riqueza.

nabos, una persona tosca e insensible;
comer nabos, está condenado a soportar muchas estupideces;
cultivarlos, se rodea de amigos que no le merecen.

nacer, suerte, mejoras;
ciego y mudo, atribuye su mala suerte al destino;
de un modo dulce, todas las preocupaciones han quedado olvidadas;
dolorosamente, superación de una crisis laboral;
pobre, pesimismo, autoconmiseración;
prematuramente, sentimiento de desamor y falta de aceptación;
rico, no desea conquistar el dinero;
ya adulto, ha renegado de su infancia.

nacimiento, momento favorable;
aniversario de nacimiento, véase *cumpleaños*;
asistir a un nacimiento, es partícipe de un momento de alegría;
de gemelos, el momento es muy desfavorable;
de un hijo, esperanzas, alegrías;

de una flor, sensibilidad, participación en un acontecimiento agradable;
de una persona enferma, mal augurio, muerte;
de una persona querida, momento de regeneración compartido;
difícil, no es fácil comenzar una nueva vida.

nacionalidad, *tenerla,* sensación de inseguridad, falta de inserción;
tomar una nacionalidad extranjera, se avecina un gran cambio.

nadar, se mueve con facilidad;
contra corriente, alguien le creará dificultades;
debajo del agua, un periodo difícil que durará poco;
en agua alta, seguridad en uno mismo;
en agua baja, preocupaciones inútiles;
en aguas agitadas, peligros inminentes;
en aguas tranquilas, tranquila superación de las dificultades;
en la piscina, seguridad en las relaciones sociales;
en el mar, véase *mar*;
en oro, suerte y riqueza;
no saber nadar, incidentes desagradables.

naftalina, *comerla,* autolesionarse;
sentir olor de naftalina, pérdida de tiempo por una persona que no lo merece;
usarla, conservación de cosas inútiles;
verla, una situación que dura desde hace tiempo.

nana, una persona repetitiva y poco fantasiosa;
cantar una nana, pobreza de medios expresivos.

napa, sensibilidad;
vestido de napa, gusto y delicadeza.

naranjas, situación agradable aunque persiste alguna molestia;
cogerlas, el poder puede ser perjudicial;
comer naranjas ácidas y ásperas, su impaciencia le perjudicará;
comprar naranjas, amor correspondido;
desearlas, está dispuesto a arriesgar, pero quiere enriquecer su vida;
preparar y beber un zumo de naranja, desea lo mejor, con el menor esfuerzo.

naranjada, despreocupación de los asuntos domésticos;
consumirla, aceptación sin protestas;
prepararla, familia numerosa.

naranjo, prosperidad, abundancia;
en flor, matrimonio inminente.

narciso, es egoísta y vanidoso;
recogerlo, acepta el amor de un narcisista;
regalarlo, le esperan alabanzas;
verlo, persona que se autocomplace.

narcóticos, periodo de inconsciencia;
ingerir narcóticos, no conseguirá olvidar las molestias;
ingerir muchos narcóticos, autodestrucción.

nardo, sentir el perfume, mal augurio;
verlo, mal augurio.

nariz, representa la sensibilidad y la intuición;
modificarla, cambio de personalidad;
no tenerla, incapacidad para tomar decisiones;
que sangra, grandes disgustos;
tenerla grande, intuición en los negocios;
tenerla muy fea, inseguridad en las relaciones con los demás;
tenerla pequeña, cometerá errores de valoración.

nasa, una situación poco clara;
llena, engaño conseguido;
llevarla, está engañando a alguien;
vacía, la trampa preparada no ha funcionado;
verla, alguien le engaña.

nata, momentos de placer;
comer nata montada, situación demasiado agradable para ser verdadera, pronto llegarán los engaños;

montar nata, cuidado con los detalles;
tomarla, alegrías sin cansancio;
verla, espera dulzura y comprensión por parte de la pareja.

natalicio, tranquilidad familiar;
esperar un natalicio, estar a la espera de una reunión familiar;
festejarlo, buen augurio, regalos inesperados;
vigilia de Navidad, ingenuidad.

naturaleza muerta, *dibujo,* periodo sin novedades.

naufragar, una situación peligrosa;
con otros muchos, es un periodo difícil para todos;
en aguas bajas, falta de reacción ante el peligro;
en aguas profundas, teme perder todo lo que posee;
salvar los propios haberes, sólo piensa en el dinero;
salvarse de un naufragio, buen augurio;
solos, le persigue la mala suerte;
ver, peligro para el propio matrimonio.

náufrago, *serlo,* acaba de salir por sí mismo de una situación muy difícil;
verlo, persona capaz de reaccionar ante la mala suerte.

náusea, insatisfacción;
tener náuseas, no soporta a una persona que invade su espacio;
tener náuseas comiendo algo, repetición de un acontecimiento frecuente.

navaja de afeitar, agresividad incontrolada;
herirse con la navaja, lides y discusiones familiares;
usarla, quiere perjudicar a alguien.

nave, actividades descubiertas;
a vapor, debe aceptar las ideas modernas;
anclada a puerto, decisión de no arriesgarse;
anclada en medio del mar, se enfrenta a los peligros con determinación;
con mar agitado, inconvenientes fácilmente superables;
con mar tranquilo, no encontrará ningún obstáculo;
construir una nave, prepara su porvenir;
de guerra, mal augurio;
embarcar en una nave, es probable un breve malestar;
en peligro, obtendrá lo que desea;
grande, ideas irrealizables;
mandarla, autodeterminación;
que arde, miedo a iniciar nuevas empresas;
que navega, suerte;
que se hunde, un peligro inminente;
sobre tierra firme, interrupción de los negocios;
verse encima de una nave, negocios seguros.

nave espacial, sueña con una empresa extraordinaria;
estar en una nave espacial, convencimiento de hacer algo nuevo.

navegar, decisiones en el trabajo y en la vida;

a lo largo de la costa, miedo a perder una situación segura;
a motor, gran seguridad;
a remo, un trabajo duro y difícil que afrontará solo;
a vela, de un momento a otro pueden flaquear las fuerzas;
con el viento a favor, una ayuda inesperada;
contra viento, no hay obstáculo que impida continuar;
en aguas oscuras, una situación difícil;
en alta mar, nuevas experiencias comportan algún riesgo.

navío, espíritu romántico;
de guerra, cuestiones de honor;
en alta mar, es demasiado tarde para renegar de un propósito;
en construcción, ilusiones infantiles;
hundido, sueños que no se realizarán.

necesidad, sentimiento de autosuficiencia;
de ayuda, todavía se hacen sentir pequeños traumas infantiles;
de dinero, si no se conforma nunca estará satisfecho.

necrológica, mal augurio.

necrópolis, vive en un ambiente vacío y triste;
visitarla, atracción por el pasado.

negar, *algo,* una posición de defensa difícil.

negocio, *abierto,* posibilidad de hacer negocios;
cerrado, periodo difícil para los negocios;
clandestino, aumento considerable de los negocios;
complicado, competidores en los negocios;
comprar algo, tranquilidad económica;
con mucha variedad, amplia posibilidad de elección;
de lujo, derroche de dinero;
desguarnecido, pocas oportunidades.
muchos negocios, habilidad y sagacidad;
participar en un negocio, buena relación con los colegas;
pocos negocios, agitación;
verlo abandonado, los negocios irán produciendo cada vez más;
verlo destruido, pérdida del trabajo.

negro, una persona muy distinta a usted;
serlo, es un error considerarse distinto;
ver a una persona negra, tendrá una gran sorpresa;
volverse negro, se distinguirá de los demás.

nene, véase *niño.*

nenúfar, sentimientos delicados;
cogerlo, se enamorará de una mujer;
regalarlo, discursos de amor.

neonato, una situación nueva;
en la familia, comienza un nuevo periodo;
hijo de amigos, comparte los sentimientos de alegría;

muerto, situación negativa;
para una mujer, deseo de maternidad;
ver muchos neonatos, preocupaciones económicas.

nervio, *verlo,* aprensión;
verlos descubiertos, es un periodo de extrema tensión.

neumático, posibilidad de desplazamiento;
cambiar uno, para seguir adelante deberá cambiar algo de sí mismo;
roto, pérdida de una gran oportunidad;
tener un neumático en el suelo, debe hacer un buen análisis para encontrar una solución a la pérdida de capacidad de acción.

neutral, *serlo,* el desequilibrio puede resultar caro.

neutralizar, *a alguien,* confía en sus posibilidades;
los efectos de un error, buen augurio, la situación mejorará.

nicho, protección de los peligros;
dormir en un nicho, completo abandono;
esconderse en un nicho, profunda alteración;
verlo, búsqueda de seguridad.

nidada, familia numerosa.
de polluelos, ternura.

nido, afectos familiares;
cogerlo con la mano, involuntariamente estropeará la atmósfera familiar;
con huevos, están por llegar momentos de alegría;
con pájaros, disfrutará de la serenidad familiar;
construir un nido, deseo de crear una familia;
de avispas, relación con personas peligrosas;
de serpientes, periodo de preocupaciones;
romper un nido, ruptura familiar definitiva;
vacío, la familia no le da satisfacciones.

niebla, inseguridad, desorientación;
buscar a alguien en la niebla, alguien le crea inseguridad;
perder algo en la niebla, momento de confusión que puede resultar caro;
perderse en la niebla, negocios mal acabados;
verla llegar, se aproximan momentos difíciles.

nieve, pureza, novedad;
amontonarla, suerte, ganancias;
bola de nieve, véase *muñeco;*
caminar sobre la nieve, estancamiento en los negocios;
fuera de estación, imprevistos peligrosos;
hundirse, ha actuado con precipitación;
librarse de la nieve, periodo negativo de breve duración;
que se deshace, se aproximan momentos favorables;
quitar la nieve con pala, tenacidad al afrontar los imprevistos;
ser sepultado por la nieve, dificultades en todos los ámbitos.

ninfa, búsqueda de cosas imposibles, falta de sentido de la realidad;
que huye, percibe que pide poco.

niñería, tranquilidad, pequeños conflictos con la madre.

niño/a, deseo de paternidad o maternidad;
feo, disgustos;
que juega, siente compasión por la infancia;
que juega con usted, recuerda la sencillez y la ingenuidad;
que se divierte, salud óptima;
suyo, véase *hijo/a*;
triste, sentimiento de desilusión;
ver muchos niños, obstáculos y dificultades en la vida;
ver caer un niño, preocupaciones en el campo afectivo;
volverse niño, mejorará su carácter.

nísperos, no es comprendido por la persona amada;
comerlos, intento de explicarse.

nivel, *controlar el nivel del agua,* miedo al agua;
paso a nivel, detención oportuna de la actividad;
sentirse en un nivel inferior, sentimiento de olvido;
sentirse en un nivel superior, reniega de las amistades pasadas.

nivelar, *algo,* orden y sentido práctico;
un terreno, una gran iniciativa puede hacerle rico.

noble, tener algo que ver, miedo a no estar a la altura de una persona;
serlo, se tiene en alta consideración;
volverse, percibe que ha mejorado en su forma de ser.

noche, reaparecen viejos temores;
clara, superará un momento de extravío;
en lugar del día, cambios que desorientan;
encontrar personas durante la noche, temor ante la venganza de alguien;
lluviosa, sufrimientos;
oscura, infelicidad y soledad;
oír rumores nocturnos, miedo inconsciente;
perenne, creciente desesperación;
tener visitas durante la noche, inseguridad y falta de preparación.

noción, *perder la noción del tiempo,* momentos de gran confusión mental.

nodriza, deseo de afecto;
que acaricia, sensación de haber crecido aprisa;
que amamanta, es mejor alejar la responsabilidad;
que pasea, sentimiento de inutilidad;
ser nodriza, resulta agradable para los que le rodean.

nogal, *madera de nogal,* relaciones duraderas;
plantarlo, trabajará para la seguridad de la familia;

sentarse a la sombra de un nogal, disfrutará de un periodo tranquilo y positivo;
ver un nogal, seguridad.

nómada, *hacerse,* profunda inseguridad;
serlo, busca un punto de referencia;
verlo, envidia la libertad de movimiento de una persona.

nombre, *cambiarlo,* giro definitivo en su vida;
cambiarlo para una mujer, deseo de casarse;
no recordar el propio nombre, crisis de identidad;
perderlo, temor a que los hijos se alejen.

nostalgia, arrepentimiento por las ocasiones perdidas.

nota, *escribirla,* moderación y sensibilidad;
musical, equilibrio y armonía duraderos;
oír muchas notas, declaración de amor;
tomar notas en la escuela, miedo al castigo;
ver una nota, es aconsejable ser equilibrados.

notario, dinero;
hablar con un notario, resolverá los problemas financieros;
pagarle, pagará los consejos muy caros;
ser notario, seguridad en los negocios;
verlo, preocupaciones económicas.

noticia, espera;
darla, curiosidad exagerada;
leer una noticia, algo le ha asustado;
recibirla, alguien habla mal de usted.

novedades, comunicaciones importantes;
leerlas, deseo de ser informados.

novela, *con páginas en blanco,* percibe sus ilusiones;
comprar una novela, deseo de aventuras;
escribirla, pocas ganancias;
escucharla, satisfacciones efímeras;
leerla, identificación con el personaje.

novicia, un periodo nuevo;
serlo, las desilusiones le han empujado a buscar nuevos caminos.

nubes, estado de ánimo;
altas, los momentos malos están lejos;
bajas, están por llegar preocupaciones;
blancas, periodo sereno y feliz;
caer de las nubes, de improviso descubrirá una dura realidad;
caminar por las nubes, cambios rápidos de humor;
grises, melancolía;
negras, graves preocupaciones;
rojas, momentos de rabia;
rosas, dulzura y romanticismo.

nublado, véase *nubes.*

nublarse el cielo, véase *oscurecerse.*

nuca, recuerda a una persona lejana.
golpear en la nuca, un dolor que dejará marca;
herida en la nuca, preocupación por quien le ha dejado.

nudo, obligaciones;
corredizo, imprevistos peligrosos;
de marino, seguridad ante las dificultades;
deshacer un nudo, resolverá brillantemente una situación compleja;
en el pañuelo, le persigue un pensamiento;
hacer un nudo, tendencia a crearse problemas;
muy enredado, un problema irresoluble;
no conseguir deshacer un nudo, se rinde a las dificultades.

nueces, ambición;
comer muchas nueces, ganancias fáciles;
comer pocas, pequeñas alegrías;
recogerlas, pronto accederá a sus deseos;
regalarlas, llevará la suerte a las personas que las reciban;
romperlas, problemas al realizar sus proyectos;
ver muchas nueces, riqueza y deseos satisfechos.

nuera, discusiones familiares.

nueve, autoridad y seguridad.

nuez de la garganta, *para una mujer,* envidia la condición de hombre;
tenerla, para un hombre, quiere expresar su virilidad;
verla, un hombre que le atrae.

numerar, *objetos,* precisión en los negocios.
páginas, organización inteligente en el trabajo.

números, suerte;
cancelarlos, no confía en su suerte;
escribirlos, tienta la suerte;
leerlos, números afortunados.

nupcial, *participar en el cortejo nupcial,* matrimonio en la familia;
ver un cortejo nupcial, una fiesta muy formal.

nupcias, *de oro,* matrimonio feliz y larga vida;
de plata, matrimonio feliz;
segundas nupcias, desilusiones y reflexiones.

O

oasis, un momento agradable;
buscarlo, cansancio y desconfianza;
encontrarse en un oasis, vivirá momentos felices;
si es un espejismo, no se haga ilusiones porque su vida no va a cambiar;
ver un oasis, todo le parece mejor que lo que tiene.

obedecer, *a alguien,* sensibilidad hacia las personas autoritarias;
a todos, falta de personalidad;
a un inferior, humillaciones;
a un superior, disciplina y firmeza de carácter.

obelisco, negocios ambiciosos;
que cae, los negocios se han convertido en humo.

obeso, sentimiento de limitación y lentitud en las decisiones;
hablarle, recibirá óptimos consejos;
serlo, ambiciones;
verlo, siente desprecio por una persona poco decidida.

objetivo, *alcanzarlo,* pronto llegarán muchas satisfacciones;
de la máquina fotográfica, firmeza y precisión.

objeto, *ligero,* negocios inconsistentes;
no identifica el objeto que ve, da poca importancia a lo que posee;
pesado, periodo cansado;
tirar un objeto, falta de atención en los negocios.

oblea, una sorpresa agradable.

obligación, reconocimiento;
en el sentido de préstamo, empleo conveniente.

obligar, *a alguien a hacer algo,* exceso de autoritarismo;
a un adversario, se tomará la revancha;
a un animal, debilidad;
para las personas débiles, reforzamiento de la personalidad.

oboe, declaraciones de una persona muy seria.

obra, *comprar las entradas,* es mejor desconfiar;
comprarla, negocios honestos;
de arte, amor por la creatividad;
de teatro, situación confusa;
mano de obra, busca ayuda;
obra piadosa, sensibilidad;
venderla, aprovéchese de las circunstancias.

obscenidad, alguien ha resultado ofendido por su comportamiento;
decir obscenidades, complejos y problemas sexuales;
escucharlas, alguien le ha causado desilusión;
hacerlas, se creará enemigos.

observatorio, secretos a desvelar;
estar en un observatorio, desvelará un secreto que le intrigaba desde hace tiempo;
verlo desde lejos, alguien le está espiando.

obsesión, malos recuerdos, temores injustificados.

obstáculo, encontrarlo, es temeroso y prevenido;
estar bloqueado por un obstáculo, negocios interrumpidos;
superarlo, periodo positivo.

obtener, *algo,* deseo de ser más decidido;
algo que se deseaba desde hace tiempo, con fuerza de voluntad puede conseguirlo.

oca, presagio de suerte;
comerla, se aprovecha de las personas ingenuas;
matar una oca, se rompe una amistad con una persona estúpida;
que alborota, desoiga las habladurías inútiles;
ver muchas ocas, está rodeado de personas superficiales;
ver una oca, gozará de un buen periodo laboral.

ocarina, alusión grosera;
oírla, momentos alegres;
tocar la ocarina, se le apreciará por su humor.

ocasión, *aprovecharla,* falta de compasión, sin escrúpulos puede llegar lejos;
perderla, nostalgia y recriminaciones.

ocaso, un negocio concluido sólo momentáneamente;
véase *sol.*

océano, *atravesarlo,* después de un largo viaje se enfrentará a una nueva vida;
verlo, futuro incierto;
verlo en fotografía, ardientes deseos de viajar.

ocho, discusiones;
escribirlo, contrastes y discusiones;
leerlo, acuerdos obtenidos.

oculista, le asaltarán algunas dificultades;
ir al oculista, preocupación ante la dificultad para valorar la situación;
serlo, persisten los rencores adormecidos.

ocultar, véase *esconder.*

ocupar, *el lugar de otro,* hará carrera;
el propio lugar, temor a perderlo.

odalisca, deseos irrealizables.

odiar, siente impotencia frente a las injusticias sufridas;

a todos, percibe que tiene mal carácter;
ser odiados, complejo de persecución.

odioso, *serlo,* es débil consigo mismo;
relacionarse con personas odiosas, experimenta un cierto miedo a ser robado.

odre, *lleno,* muchas satisfacciones;
vacío, insatisfacción.

ofender, no tiene el valor de protestar;
ser ofendidos, tormento por recuerdos desagradables.

ofensa, oculta su odio;
véase *ofender*.

oferta, generosidad;
hacerla, recibirá una ayuda de manera inesperada;
recibirla, dará una ayuda.

ofertorio, se siente indispensable para los demás.

oficial, *de marina,* ocasiones favorables;
ebrio, un escándalo que dará mucho que hablar;
ser oficial, aspira al éxito;
verlo, buena suerte.

oficio, decisiones y responsabilidad de trabajo;
encontrarse, una situación preocupante;
hacer el propio, tiene planes precisos;
insólito, arriesga mucho.

ogro, amenazas inexistentes;
serlo, se siente poderoso y malo;
verlo, mitifica a una persona.

oído, *bueno,* está procurando comprender algo;
malo, no comprende nada.

oír, miedo a ser engañado;
pasos, véase *paso*;
un ruido, véase *ruido*;
una explosión, véase *explosión*.

ojear, véase *espiar*.

ojeras, cansancio;
tenerlas, necesidad de reposo;
verlas, ha ocasionado cansancio a alguien.

ojo de la aguja, pequeñas dificultades.

ojos, *abiertos,* conocimiento, momentos de tensión;
bonitos, felicidad y éxito;
cerrados, se deja llevar por los acontecimientos;
dolor en los ojos, una pasión delirante;
enfermos, desilusión en los negocios;
feos, riesgo de grandes errores;
no conseguir abrirlos, deseo de ignorar la realidad;
no conseguir cerrarlos, constante aprensión;
perder los ojos, desgracias;
tener uno solo, juicios aventurados.

olas, momentos peligrosos;
altas, se halla inmerso en dificultades;

bajas, momentos de inseguridad pronto superados;
nadar entre las olas, superación de las dificultades;
ola de gran altura, impresión de encontrarse en una situación desagradable;
ser envuelto por las olas, se avecina un momento terrible.

oleandro, propuestas inusitadas;
en flor, falsa simpatía;
ver las hojas, cuidado con las insidias tendidas.

oler, intento de comprender bien una situación;
flores, percibe las diferencias de carácter;
todos los alimentos, desconfianza.

olivas, buena suerte;
comerlas, periodo feliz;
recogerlas, periodo de grandes fatigas;
verlas en el árbol, a la espera del momento favorable.

olivo, tranquilidad y seguridad;
con frutos amargos, está por llegar un buen momento;
con frutos maduros, buena suerte;
en flor, periodo de libertad.

olla, representa a la familia y en particular a la mujer;
con agua hirviendo, imprevistos y contratiempos;
destaparla, busca algo;
en el fuego, espera algo;
lavada, desperdicio de energías;
llena, tranquilidad familiar;
muchas ollas en el fuego, visitas inesperadas de familiares;
pesada, solidez de afectos;
vacía, ciertas desilusiones matrimoniales.

olmo, constancia y fuerza de espíritu;
abatirlo, hiere a un amigo fuerte y sincero.

olor, percepción de una presencia;
agradable, buenas relaciones con los demás;
desagradable, deseo de soledad;
dulce, presagio de suerte;
no sentir ningún olor, carácter insensible;
notar el propio olor, sabe lo que hace.

olvidar, se avergüenza de sus sueños inconscientes;
involuntariamente, en realidad quiere olvidar;
los hijos, no se siente a la altura de las circunstancias;
un número de teléfono, desea romper las relaciones con una persona;
un objeto en acción, este objeto le recuerda algo extremadamente desagradable;
un objeto en casa, intenta ser autosuficiente;
un sueño, sentimiento de culpabilidad;
una cita, temor a asumir pesadas responsabilidades;
una maleta, tiene miedo de viajar;
una persona, provocará el alejamiento de una persona.

ombligo, origen vital;
enfermo, problemas y recriminaciones;
sano, buenos progresos.

omitir, véase *olvidar.*

ónice, pérdida económica;
comprar un objeto de ónice, ideales inalcanzables;
romper un objeto de ónice, desilusión y arrepentimiento.

ópalo, sabiduría y sensibilidad;
comprarlo, atracción por una persona equilibrada y fantasiosa;
regalarlo, instintos nobles;
venderlo, deshonestidad.

operación, *hacerla,* intenta cambiar a una persona;
quirúrgica, momentos delicados;
sufrir una operación, desea cambiar algo.

operario, buena voluntad;
contratar un operario, suerte y éxito;
en huelga, crisis en los negocios;
que descansa, actividad interrumpida;
que trabaja, momento propicio para los negocios;
ser un operario, buen momento para el trabajo;
verlo, envidia de quien está siempre activo.

opinión, *cambiarla,* cambio de la situación;
compartir la opinión de otro, es muy influenciable;
tener opinión, seguridad.

opio, fatalismo y falta de decisión;
fumarlo, mejoras ilusorias;
verlo, deseo de cambiar todo sin trabajo.

oponerse, *a algo,* escrupulosidad y valor;
a alguien, indecisión.

opresión, planes contradictorios;
física, miedo a desobedecer las órdenes;
psicológica, crisis interior, deseo de rehuir la autoridad.

oprimir, *a alguien,* imposibilidad de hacerlo.

oración, deseo de congraciarse con alguien;
fúnebre, sentimiento de culpa;
recitar una oración, intento de alejar los temores.

oráculo, miedo al futuro;
consultarlo, confianza excesiva en las previsiones de los demás;
que predice desgracias, temores infundados;
serlo, se cree muy sabio y previsor.

orador, *escucharlo,* cuidado con los discursos engañosos;
serlo, desea expresarse de un modo convincente.

orden, *darla,* pronto será odiado por sus amigos;
de caballería, tiene una alta opinión de sí mismo;
imponer el orden, le altera la falta de racionalidad;

monástica, elecciones duras e irrevocables;
recibir una orden, no sabe oponerse a los superiores.

ordenador, comprarlo, está a la altura de las circunstancias;
usarlo, cree tenerlo todo a su disposición;
verlo, sensación de quedar superado por los jóvenes.

órdenes, conoce perfectamente las reglas del juego;
dar órdenes, racionalidad y claridad;
leerlas, intento de mejorar;
no obedecerlas, ha lanzado un desafío peligroso.

ordeñar, *animales salvajes,* método de trabajo equivocado;
una cabra, ganancias poco satisfactorias;
una vaca, véase *vaca.*

orégano, pequeñas satisfacciones.

oreja, sensibilidad y contactos con los demás;
cortada, desgracia y mala suerte;
enferma, la mala información provoca juicios improvisados;
herida, alguien quiere hacerle cambiar de idea;
limpiársela, intenta comprender una situación;
perderla, hará malos negocios;
sana, coherencia y respeto;
taparse las orejas, no acepta la realidad.

orfebre, la riqueza le resulta un estorbo;
ir al orfebre, grandes gastos;
serlo, con paciencia ganará mucho dinero.

orfebrería, desea algo ardientemente;
tenerla, satisfacción de los deseos.

organillo, pocas posibilidades de salida;
oírlo, nostalgia por una persona;
tocarlo, un modo desesperado de atraer la atención.

órgano, *oír un órgano que suena,* tras un periodo triste, se sentirá mejor;
tocarlo, proporcionará alegrías a amigos y familiares;
verlo, un momento feliz.

orgasmo, insatisfacción en la vida sexual;
alcanzarlo, un momento de gran excitación.

orgía, problemas sexuales;
asistir a una orgía, disgustos relacionados con el sexo;
participar, deseos insatisfechos.

orientarse, *bien,* seguridad interior;
mal, extravío e inseguridad.

orilla, véase *ribera.*

orina, desprecio y rechazo.

orinal, recuerdos de la infancia;

ornamento, superficialidad.

ornar, *algo,* vanidad aparente;
ornarse, deseo de conquistar a alguien.

oro, *adquirirlo,* alguien habla mal de usted;
en lingotes, riqueza duradera;
en monedas, véase *monedas;*
encontrarlo, pérdida de todas las posesiones;
fundirlo, decisión y claridad respecto a los deseos;
mostrarlo a otros, falta de seguridad en sí mismo;
perderlo, malos negocios;
regalarlo, poca agudeza en los negocios;
recibirlo en donación, poca esperanza de hacer fortuna por uno mismo.

orquesta, personalidad compleja y armónica;
dirigirla, es escuchado por muchas personas;
escucharla, confía en la opinión de alguien sabio y equilibrado.

orquídea, vanidad;
regalarla, ostentación de riqueza.

ortiga, padecimientos y disgustos;
comerlas, desgracia;
hacer una decocción de ortigas, aprovechamiento de las experiencias negativas;
recogerlas, mala suerte;
tocarlas accidentalmente, males pasajeros;
ver muchas, atravesará un momento difícil.

orza, de inmediato puede hacerse público algo secreto;
romperla, se descubrirán sus secretos.

osamenta, *ver la de otro,* valora el poder de una persona;
ver la propia, solidez y firmeza.

osario, echa de menos una persona lejana;
visitarlo, momentos de tristeza.

oscurecerse, *el cielo,* preocupaciones a la vista.

oscurecimiento, situación económica que está empeorando;
imprevisto, dificultad para que le tomen por sorpresa.

oscuridad, miedo a lo desconocido,
encontrarse en la oscuridad, debe tomar una decisión importante, sin recursos para valorar la elección;
esconderse en la oscuridad, cree que nadie advierte sus errores.

oscuro, periodo de ansia y de inquietud;
si este sueño aparece con frecuencia, periodo melancólico.

oso, desconfíe de los amigos;
molestarlo mientras duerme, provocaciones peligrosas;
polar, un viaje muy largo;
ser atacado por un oso, sentimiento de persecución;
ver un oso en el zoo, fuerza reprimida.

ostentación, alguien le acostumbrará a gastar por encima de sus posibilidades;

ver la de otro, tiene otros objetivos que alcanzar.

ostentar, necesidad de llamar la atención.

ostras, ganancias, muchas ganancias;
comerlas, disfrute de sus riquezas;
pescarlas, ganancias imprevistas.

otitis, véase *oreja*.

otoño, periodo de melancolía.

oveja, tranquilidad, resignación;
comer carne de oveja, graves problemas familiares;
negra, mal augurio;
perder una oveja, un hijo se alejará de casa;
poseerla, pérdida en el juego;
ver muchas ovejas paciendo, seguridad y vida equilibrada.

ovillo, *devanar un ovillo,* no dé definiciones superficiales.

P

pabellón, un trabajo provisional;
verlo, descubrimientos interesantes;
visitarlo, amistades influyentes.

pacer, *los propios animales,* aumento de haberes y de suerte.

pachá, tranquilidad y riquezas;
serlo, economía saneada.

paciencia, está a la espera de buenas ocasiones;
demostrar paciencia, el éxito llegará en el momento oportuno;
perderla, acciones desconsideradas.

pacifista, *serlo,* odia todo tipo de discusiones.

pactar, hará de mediador;
pactar el precio de algo, es avaro por naturaleza.

pacto, reconciliación con la pareja;
romper los pactos, sentimiento de culpabilidad por una promesa no mantenida.

padecer, *frío,* gran soledad;
hambre, temor ante una crisis en los negocios;
sed, necesidad de ayuda.

padrastro, véase *padrino.*

padre, *a punto de morir,* preocupaciones y momentos de ansia;
convertirse en padre, confianza en el matrimonio;
discutir con el padre, periodo desafortunado;
enfermo, no es un buen momento, actúe con cuidado;
hablarle, consejos útiles para hacer fortuna;
muerto, ayuda inesperada;
muy autoritario, ofensa ante la que no sabe cómo reaccionar;
que le golpea, castigos injustos de personas importantes;
que parte, disgustos y sufrimientos;
ver al padre más pequeño de lo que es, madurez interior;
verlo mayor de lo que es, falta de madurez.

padres, *hablar con ellos,* urgente necesidad de consejo;
verlos, sentido de la autoridad que protege;
verlos enfermos, sensación de abandono ante cierta disminución de la autoridad;
verlos muertos, madurez profunda, la salud de los padres es óptima.

padrino, prejuicios equivocados;
hablar con el padrino, indiscreciones;
verlo, cambiará sus opiniones.

paga, recompensas;
dar la paga, reconoce los méritos de una persona;
recibirla, espera un reconocimiento por sus méritos;
recibirla más alta de lo usual, cree merecer más de lo que tiene;
recibirla más baja de lo usual, sentido de culpa por un trabajo no realizado.

pagar, ha hecho algo que le produce satisfacción;
en lugar de otro, todas las culpas recaen sobre usted;
por un placer, capta la falta de sinceridad de los amigos;
por una culpa, es el único modo de eliminar los remordimientos.

página, *buscarla,* ha olvidado algo importante;
volverla, cambios radicales.

pagoda, atracción por los viajes.

país, *desconocido,* vive con aprensión y cambios de ambiente;
desierto, soledad interior;
habitado, vida social muy animada;
natal, nostalgia peligrosa;
perdido, tiene pocos contactos y pocas oportunidades;
volver al propio país, reunión familiar.

paisaje, recuerdos de situaciones pasadas;
conocido, nostalgia por un periodo pasado;
pintado, espíritu sereno.

paja, *cargarse de paja,* obligaciones pesadas pero poco interesantes;
darla a los propios animales, cuidado y atención por los propios haberes;
dormir sobre la paja, miseria, prisión;
que arde, miseria, mala suerte;
recoger la paja, pequeño incremento de riquezas;
verla, pocas ganancias.

pajarita, véase *corbata de lazo.*

pájaros, pensamientos y propósitos negativos;
alimentarlos, buenas relaciones con los amigos;
aves rapaces, peligro;
capturarlos, ganancias inmediatas;
en la jaula, sentimiento de opresión y falta de libertad;
matarlos, periodo desafortunado;
muertos, presagio de enfermedad;
nocturnos, crisis en los negocios;
pájaro que canta, buena señal, salud;
que huyen, reconquistará la independencia;
que incuban, presagio de matrimonio;
que saltan, indecisión que le lleva a algunos fracasos;
que vuelan, desea realizar un largo viaje;

ver muchos pájaros juntos, cuestiones sin sentido.

paje, una persona servicial;
tenerlo al servicio, total falta de autonomía;
serlo, espíritu gentil y buena disposición.

pajilla, *para una bebida,* quiere gustar la vida a pequeños sorbos.

pala, tesón en el trabajo;
usarla, superará los problemas con energía y valor.

palabra, empeño, promesa;
darla, alguien confía en usted;
de honor, honestidad y respeto;
faltar a la palabra, engaños que tendrán repercusiones;
olvidar la palabra, está excluido de un tratamiento de favor;
palabras cruzadas, véase *crucigrama*;
palabras para dar órdenes, buenos conocimientos, ambiente favorable.

palacete, deseo de sistematización.

palacio, *construirlo,* es ambicioso y está haciendo fortuna, no arriesgue demasiado;
destruirlo, esperanzas que se han esfumado;
señorial, aspira al éxito;
viejo y decadente, necesidad de renovación.

paladar, *inflamado,* decisiones apresuradas;
sano, es atento y algo sospechoso.

paladín, defiende a alguien;
serlo, se siente indispensable para alguien;
verlo, búsqueda de protección.

palafito, una situación incómoda y peligrosa;
construirlo, no sea impulsivo al iniciar una actividad;
vivir en un palafito, vida incómoda y precaria.

palanca, *asta de hierro,* sorteará una situación desagradable;
asta de madera, inútiles intentos de cambiar;
usar una palanca, un cambio de costumbres.

palangana, *de cobre,* sentido de la realidad, responsabilidad;
de cristal, el equilibrio de sus negocios se puede romper;
de oro, ganancia en el juego;
de plata, concluirá lo que desde hace mucho tiempo tiene en la mente.

palestra, *hacer gimnasia en la palestra,* se aísla del mundo exterior;
verla, teme por su salud.

paleta, ideas nuevas y gran fantasía.

palidecer, enfermedad, malas noticias;
ver palidecer a alguien, no sea demasiado brusco al comunicar una mala noticia;
verse palidecer, una desgracia imprevista.

pálido, *estar pálido,* temor ante una enfermedad;

335

ponerse pálido de improviso, tendrá una noticia triste.

palma de la mano, claridad y honestidad.

palmera, discusiones y muy mala suerte;
comprarla, pérdidas financieras;
quemarla, suerte y alegría;
recogerla, fuertes discusiones familiares;
ver muchas palmeras cortadas, buen periodo para los negocios;
ver una palmera en el suelo, lamenta amargamente las ocasiones perdidas.

palmo, visión limitada;
medir con un palmo, le gusta actuar a corto plazo.

palmoteos, véase *aplaudir.*

palo, seguridad, puntos de referencia;
apoyarse en un palo, una persona le enseña a ser coherente y seguro;
caído, ha perdido algo de seguridad.

paloma, la situación cambiará rápidamente;
que arrulla, alguien le hace la corte;
ver una paloma, están al llegar buenas noticias.

palomar, momentos de alegría en la pareja.

palpar, está valorando la situación.

palpitación, la razón no tiene nada que ver con los sentimientos.
de susto, algún miedo olvidado todavía le causa sufrimiento.

pámpanos, situaciones poco convenientes.

pan, mejora, madurez interior;
blanco, suerte inminente;
caliente, es impaciente y su salud peligra;
cocerlo, tendrá muchas satisfacciones;
comerlo, buen augurio;
desmigarlo, compartirá sus proyectos con otros;
negro, suerte para las personas pobres;
prepararlo, laboriosidad y buenos sentimientos;
tirarlo, mal augurio.

panadería, buenos propósitos;
entrar en la panadería, se aprovecha del trabajo de los demás;
trabajar en una panadería, situación favorable que no debe impedir que se esfuerce.

pandilla, vigile las amistades que le pueden ocasionar problemas.

panecillo, pequeñas interrupciones del trabajo;
comerlo, recuperación de energías;
relleno, satisfacciones.

panorama, observe su entorno.

pantalla, cuidado con las sorpresas.

pantalones, aspira a tener poder de decisión;
cortos, se siente infravalorado a causa de su juventud;
de algodón, optimismo;
de lana, protección para afrontar los cambios de humor de la pareja;
planchados, exhibicionismo fuera de lugar;
para una mujer, autonomía y decisión;
rotos, algo resquebrajará su seguridad.

pantano, *estar en un pantano,* situación estática y desagradable;
verlo, obstáculos engañosos.

pantera, una persona fascinante;
encontrarla, peligrosa fascinación;
matarla, ha conseguido lo mejor de una persona violenta e instintiva;
ser atacados por una pantera, una mujer violenta y apasionada.

pantomima, situación pública;
representarla, aparecerá públicamente un aspecto desagradable de su personalidad;
verla, alguien se lamentará públicamente de usted.

pantorrilla, decisión e independencia;
ser mordido en la pantorrilla, ha suscitado la envidia de alguien;
tenerla herida, sus planes serán controvertidos.

paño, tiene una gran necesidad de afecto y protección;
comprarlo nuevo, espera algunas novedades;
usarlo para limpiar, se liberará de algunas molestias.

paños, *coserlos,* remedia los errores pasados;
lavarlos al aire libre, maledicencias en el aire;
lavarlos en casa, está celoso de los secretos familiares;
ponerse los de otro, intenta ponerse en su lugar;
retirarlos, es demasiado tarde para evitar las murmuraciones;
tenderlos, los vecinos descubrirán sus secretos.

pañuelo, periodo de tristeza;
cogerlo mientras se llora, debe controlarse más;
de seda, se comportará correctamente, incluso en los momentos tristes;
perder el pañuelo, signo desafortunado;
prestarlo, proporcionará un gran disgusto a un amigo;
regalarlo, augura lágrimas.

papa, autoridad, bondad y equilibrio;
oírlo hablar, recibirá importantes consejos;
verlo, necesita ayuda.

papá, sensación de ser protegido como cuando se es niño;
véase *padre*.

papagayo, una persona poco fiable;
darle de comer, usted mismo alimenta los chismorreos;

enseñarle a hablar, pierde el tiempo con una persona insulsa;
oírlo hablar, muchos chismorreos a sus espaldas;
verlo, teme la maledicencia.

papel, *de copia,* no se puede retractar de las decisiones tomadas;

papelería, pequeños gastos.

papelero, se deja llevar por quien sabe menos que usted.

papeleta, sentido del orden;
ver muchas papeletas, miedo a ser controlados.

paperas, miseria, pobreza;
tener paperas, siempre será marginado.

papilla, sencillez y tradicionalismo;
comerla, familia serena y sana.

paquebote, buen periodo para los comerciantes;
verlo desde lejos, deseo de emprender algunos negocios.

paquete, pequeños secretos;
abrirlo, secretos desvelados;
de cigarrillos, debilidades personales.
viajar con un paquete, un viaje imprevisto.

parábola, ejemplos útiles;
contar una parábola, se considera sabio y es algo paternalista;
escucharla, alguien debe comunicarle algo, pero no puede hablar abiertamente;
leerla, aprende de la experiencia de los demás.

parabrisas, protección de los peligros;
roto, pérdida de seguridad.

paracaídas, *cerrado,* presagio de desventura;
roto, imprevistos, lo mejor es ser muy prudentes;
verlo, seguridad, incluso en los momentos de peligro;
verlo abierto, confía en sí mismo.

paracaidista, valor, temeridad;
serlo, corre riesgos inútiles;
verlo, admiración por las personas valerosas.

parachoques, para los golpes desafortunados;
perderlo, recaerán sobre usted todas las responsabilidades;
tenerlo, está protegido por alguien.

parada, *bajar en una parada,* observe el lugar donde baja, puede ser muy significativo;
esperar en la parada, no lo puede tener todo de inmediato;
ver la parada del autobús, un momento de pausa necesario.

parada, *militar,* manifestación de agresividad;
participar en una parada, quiere asestar un golpe a alguien;
verla, no se deje impresionar por los exhibicionismos.

paraíso, vida tranquila y muy agradable;

ir al paraíso, cree ser merecedor de alegría y tranquilidad;
ser expulsados del paraíso, sensación muy profunda de culpa;
vivir en el paraíso, placeres efímeros.

páramo, dolorosa soledad;
perderse en un páramo, dificultad en encontrar amigos;

parangón, *hacerlo entre dos personas,* envidia mal disimulada;
entre usted y otra persona, es celoso de sus éxitos.

parar, *un golpe,* peligro conjurado.

pararrayos, una situación peligrosa;
buscarlo, busca a quien le impone grandes responsabilidades;
verlo, descarga las responsabilidades sobre alguien.

parasol, no quiere destacar;
estar a la sombra de un parasol, temor y sospecha.

parecerse, *a algo,* da mucha importancia a los objetos que posee;
a alguien, se deja influir fácilmente;
a un animal, envidia su libertad.

paredes, *abatirlas,* evasión, cambios de vida;
construirlas, búsqueda de protección y seguridad;
de la propia casa, opresión y falta de libertad.

pareja, *serlo con alguien desconocido,* un encuentro imprevisto;
serlo con el marido o la mujer, buena armonía en familia.

parientes, *enfermos,* probable herencia;
hablar con los parientes, cuestiones familiares sin resolver;
sanos, tranquilidad familiar.

parir, momentos de alegría y buena suerte;
para un hombre, creatividad al máximo;
sentir los dolores del parto, superará las dificultades con brillantez.

parlamento, pareceres opuestos;
estar en parlamento, escuchará pareceres muy distintos;
formar parte del parlamento, luchar para hacer prevalecer las ideas.

párpados, *abiertos,* conciencia y seguridad;
cerrados, indiferencia peligrosa;
no conseguir bajarlos, preocupación y tensiones.

parque, *con mucha gente,* jornadas en compañía;
desierto, gusta de estar solo;
verlo, tranquilidad y relax.

parral, una situación perfecta.

parranda, momentos de relax, tendencia a la exageración.

parricidio, envidia de una persona poderosa.

partera, desea un hijo;
serlo, gran responsabilidad;

339

ver a la partera en la propia casa, nacimiento inminente.

participaciones, *escribirlas,* desea ardientemente casarse;
recibir una participación de boda, pronto tendrá noticias de una boda.

partida, enfrentamiento con armas iguales;
de cartas, ambiciones;
ganada, ambiciones alcanzadas;
perdida, desilusiones.

partir, cambios;
con amigos, momentos agradables pero poco productivos;
solo, probable mejora en los negocios.

partitura, una orden precisa;
leerla, obedece las órdenes.

parto, *asistir a un parto,* momentos dramáticos con final feliz.

pasa, abundancia que no se merece.

pasador, *tenerlo en los cabellos,* ligereza, vanidad.

pasamanos, necesidad de un pequeño apoyo.

pasaporte, viajes largos o cortos;
encontrarlo, su curiosidad se verá castigada;
mostrarlo, periodo desafortunado;
no entregarlo al propietario, se verá envuelto en un negocio turbio;

pedirlo, periodo positivo para el trabajo;
perderlo, insidias peligrosas.

pasar, superará un obstáculo;
los exámenes, ha sido puesto a prueba;
un río, véase *atravesar.*

pasatiempo, escasa actividad;
encontrar un nuevo pasatiempo, ocio prolongado;
habitual, conseguirá encontrar algunos momentos libres.

pascua, renacimiento interior;
con lluvia, mejoras pesadas;
con sol, mejoras fáciles y agradables;
festejar la pascua, celebra algunos cambios que todavía no han llegado.

pasear, periodo positivo, tranquilidad económica;
con la pareja, relación equilibrada y duradera;
en compañía, buenas relaciones con los amigos;
solos, serenidad y autonomía.

paseo, se avecina una situación muy favorable;
por una llanura, ningún obstáculo a los proyectos;
por una montaña, las dificultades serán agradables de superar;
recorrer un paseo, ausencia de dificultades.

pasillo, *de hospital,* vigile los pequeños incidentes;
estar en uno equivocado, desorientación.

pasión, pérdida del autocontrol;
estar presos de una pasión, alegría y sufrimientos.

paso, momentos de transición;
a nivel, espera imprevista;
pedirlo, véase *autostop*;
prohibido, alguien obstaculizará sus planes;
verlo, todavía queda una salida.

paso subterráneo, mal momento transitorio;
pararse en el paso subterráneo, falta de reacción ante el infortunio;
salir del paso subterráneo, lo que parecía un obstáculo se ha revelado como una ayuda.

pasta, *comerla,* ha sacado partido de algunos pequeños problemas;
escurrir la pasta, debe elegir la situación que le resulte más favorable;
sosa, deseos insatisfechos.

pastel, la persona amada le parece llena de dulzura, vigile los engaños;
comerlo, deseo de dulzura.

pastelería, deseos voluptuosos;
comprar muchos dulces, plena satisfacción;
entrar en una pastelería, agota todos los deseos;
tener una pastelería, quisiera no tener deseos.

pastelero, persona fantasiosa y agradable;
serlo, gusto y sensación de la mesura.

pastelillo, pequeñas satisfacciones.

pastilla, pequeños cambios;
tomar muchas pastillas, cambiará la situación.

pasto, posibilidad de ganancias;
con muchos animales, lenta mejora económica;
seco, existen pocas posibilidades de salida;
verde, momento excelente.

pastor, felicidad en la familia;
con muchas ovejas, familia numerosa;
con pocas ovejas, familia reducida;
protestante, autoridad sin discusión;
que busca una oveja, uno de sus hijos abandonará la familia;
serlo, se considera un buen cabeza de familia;
verlo, consideraciones acerca de la estabilidad de la propia familia.

pastoral, simboliza el poder y la autoridad;
tenerla en la mano, intenta conquistar el poder.

pastorcilla, una mujer útil y atenta.

pata, *de animal,* persona poco diplomática;
tenerla, prepotencia, egoísmo.

pataca, *moneda,* reconocimiento de poco valor;
colocarla en un vestido, vanidades inútiles;

recibirla como premio, desilusiones.

patalear, no consigue controlarse.

pataleo, *sentirlo,* el miedo le persigue.

patán, tiene miedo de no saber comportarse correctamente.

patatas, periodo difícil;
cocinarlas, pocas ganancias;
comerlas, momentos difíciles para la familia;
cultivarlas, oficio equivocado;
fritas, problemas de salud;
pelarlas, descubrirá la verdad sobre algunas personas;
ver muchas patatas, saldrán a la luz muchos detalles desagradables.

patentar, gran fantasía;
notificar una patente, advierte que sus métodos serán superados.

patíbulo, castigos, sufrimientos;
subir al patíbulo, ha recibido graves amenazas;
ver a alguien en el patíbulo, quiere vengarse de alguien;
verse en el patíbulo, sufrirá una venganza.

patillas, vanidad;
blancas, se deja pisotear;
largas, quiere ser respetado a toda costa;
negras, prepotencia.

patinaje, obligaciones de poca importancia;
artístico, derroche de fantasía.

patinar, no desperdicie su tiempo;
ver a alguien patinando, una persona muy superficial.

patines, superficialidad.

patraña, véase *mentira.*

patria, representa la familia;
amarla, ama a su familia.

patriarca, familia tradicional;
serlo, se siente el centro de la familia;
verlo, teme la autoridad paterna.

patrimonio, ganancias sin trabajo;
dividirlo, negocios poco ventajosos;
heredarlo, esperanzas inútiles;
perderlo, es importante dentro de la familia.

patrocinio, grandes responsabilidades;
gratuito, dificultades momentáneas;
tener el de un ente público, tiene responsabilidades sobre otras personas.

patrulla, se siente perseguido;
formar parte de una patrulla, objetivos precisos;
ser seguidos por una patrulla, convencimiento de tener muchos amigos.

pausa, interrupción no deseada;
breve, es tiempo de decidir;
hacer una pausa, falta de sinceridad con los demás;

prohibición de parar, sabe que es peligroso permanecer parado.

pavesas, hacerlas, su inteligencia y prontitud son admiradas;
verlas, momentos emocionantes.

pavimento, situación real;
estar sentados sobre el pavimento, situación estable y segura;
limpio, vida equilibrada;
sucio, dificultades diarias;
ver cuartearse el pavimento, un grave trauma alterará su vida.

pavo, se siente amenazado por una persona agresiva;
comerlo, un acontecimiento familiar.

pavonearse, la vanidad le puede perjudicar.

pavo real, orgullo;
pluma de pavo real, se atribuye méritos que no son suyos;
que abre la cola, una persona se jacta de sus conquistas;
verlo, tendrá muchas satisfacciones laborales.

payaso, en el sueño el significado se invierte, indica tristeza;
en un circo, distracciones que no le hacen olvidar los problemas;
serlo, quiere atraer la atención sobre usted;
vestir de payaso, negligencia, alegría.

paz, hacer las paces, deseo de reconciliación;
romper la paz, pronto surgirán nuevas discusiones.

peaje, está obligado a sufrir;
cabina de peaje en la autopista, tomará decisiones importantes, cuidado con los imprevistos;
pagarlo, acepta sufrir pasivamente;
pedirlo, se toma una venganza.

peana, una posición relevada;
bajar de la peana, empeoramiento del nivel de trabajo;
estar en una peana, ascenso social.

peatón, *atropellarlo,* grave sensación de culpa por causa de un error cometido;
serlo, impotencia, debilidad, sólo contará con sus fuerzas;
ser peatón si se usa siempre el coche, perderá toda ayuda.

peca, un reclamo sexual;
tener pecas, pequeños defectos que resultan atractivos a los demás;
verlas en otra persona, atracción inmediata.

pecador, atracción por una persona reprobable.

pecar, no vale tanto como sus acciones.

pecas, atracción por los pequeños secretos.

pecera, verá a muchas personas desafortunadas;
poseerla, negocios improrrogables.

pecho, emociones, sentimientos;
 enfermo, periodo de insatisfacción;
 femenino, véase *seno*;
 herido, sufrimiento a causa de una historia de amor;
 medirse el perímetro del pecho, inseguridad;
 para un hombre, tener el pecho bonito, éxito con las mujeres.

pecio, *de una nave,* algunos cambios se han esfumado;
 estar sobre un pecio, estará involucrado en una empresa desafortunada;
 que se hunde, debe olvidar el pasado;
 recuperar un pecio, vive de recuerdos;
 verlo, es lo que queda de un periodo agradable.

pectoral, se siente en competición con alguien.

pedagogo, atención, sensibilidad;
 serlo, busca consejos para la educación de los hijos.

pedal, *de arranque,* inicio de una actividad;
 de una bicicleta, todo depende de la fortaleza de espíritu;
 del acelerador, quiere mejorar su posición con rapidez;
 del freno, véase *freno*;
 ver un pedal, una acción a considerar atentamente.

pedalear, debe moverse rápidamente;
 con fatiga, realizará un gran esfuerzo.

pederasta, *serlo,* teme serlo;
 verlo, no acierta a comprender las diferencias.

pedestal, una posición favorable;
 descender de un pedestal, afrontará los problemas con sentido práctico;
 estar sobre un pedestal, no quiere afrontar ningún tipo de riesgo.

pediatra, amor por los niños;
 serlo, no se siente a la altura de su papel de padre;
 verlo, preocupaciones por la salud de los hijos.

pedicuro, *ir al pedicuro,* excesivo respeto por todo lo externo;
 serlo, manía por los detalles.

pediluvio, jornadas intensas;
 hacer un pediluvio, satisfacción por haber olvidado algunos disgustos.

pedir, necesidad de ayuda;
 ayuda, graves aflicciones y sensación de soledad;
 perdón, quiere que le consuelen;
 un consejo, no sabe tomar decisiones por sí mismo.

pedradas, *recibirlas,* causa daño a personas impulsivas;
 tirarlas, golpeará violentamente a un adversario;
 véase *lapidar*.

pedregada, recibe diversas provocaciones;
 sufrirla, está en el centro de un áspero debate.

pedrusco, súbita potencialidad;
hacerlo rodar, usa sus poderes de un modo peligroso;
levantarlo, demostraciones de fuerza inútiles;
ser aplastados por un pedrusco, le amenazan fuerzas incontrolables.

pegamento, acepte sólo lo que le sirva.

peinado, *cambiarlo,* ha recibido una gran desilusión;
el de siempre, las cosas continuarán como siempre.

peinador, pronto tendrá vacaciones;
mojado, no se siente a gusto.

peinar, sentido del orden;
los bigotes, quiere destacar;
peinarse, todo cambiará;
ser peinados, alguien le está adulando.

peine, no debe ser impaciente;
sin dientes, hace esfuerzos inútiles por cambiar.

pelagra, *tener pelagra,* temor ante un periodo de pobreza.

pelar, desea ver clara una situación delicada;
patatas, descubrirá algunos secretos;
patatas hervidas, situación asfixiante.

pelarse, véase *gastar.*

pelea, *física,* un acontecimiento le ha trastornado profundamente;
psicológica, ha recibido una gran desilusión.

peletería, ayudas importantes;
estar en una peletería, poder y protección.

pelícano, una persona que se aprovecha de todas las situaciones.

película fotográfica, deseo de tener muchos recuerdos.

peligro, se siente en dificultades frente a la vida;
buscarse los peligros, falta de valor y atrevimiento;
correr un peligro, con un poco de decisión se pueden resolver los problemas;
estar en peligro, falta de seguridad en sus posibilidades.

pelliza, procura conquistar la felicidad;
comprarla, gran momento de satisfacción;
llevarla, prestigio y vanidad;
verla, contrastes y obstáculos le crean insatisfacción.

pellizcar, provocación;
sentirse pellizcar, será provocado;
sentirse pellizcar las manos, actuará violentamente.

pelo, *bolsa peluda,* una sistematización provisional;
de animales, incapacidad para encontrar el equilibrio.

pelos, aspecto instintivo de toda persona;

depilarse, quiere moderar su impulsividad;
para una mujer, modere sus comportamientos masculinos;
sobre el rostro, para un hombre, búsqueda de la virilidad;
tener muchísimos pelos, actúa por instinto y corre peligros;
tener pocos, equilibrio entre racionalidad e instinto;
tenerlos en la lengua, no confía en nadie;
tenerlos sobre el estómago, valor y decisión.

pelota, *jugar con una pelota,* la inseguridad puede perjudicar los negocios;
que sube y baja, periodo incierto;
tirarla lejos, rechaza algunas responsabilidades.

pelotear, cambios de responsabilidad.

pelotón, se siente amenazado;
de ejecución, quiere expiar una culpa;
formar parte de un pelotón, castigará a un enemigo.
soldados, amigos fieles le darán una ayuda preciosa en el momento del peligro.

peluca, *descubrir que alguien lleva una peluca,* descubrirá la verdadera identidad de esa persona;
llevar peluca, se muestra distinto a como es;
llevar peluca un hombre, debilidad;
verla, está pensando engañar a alguien.

peluquero, cambios provisionales;
ir a la peluquería, modificaciones superficiales de su carácter;
ser peluquero, influye en las personas que le conocen;
si se hace afeitar, indecisión en sus elecciones;
si se hace cortar los cabellos, pérdida de fuerza y decisión.

pena, momentos de crisis;
capital, véase *condena a muerte*;
expiar una pena, sufre por una pasión;
ser condenados a una pena, impaciencia y odio.

penacho, *tenerlo en la mano,* quiere atraer la atención;
verlo, alguien se jacta demasiado.

penar, véase *sufrir*.

pender, una situación precaria.

pendiente, un modo de expresar la personalidad;
llevar muchos pendientes, desea atraer la atención;
llevar un pendiente, tiene una fuerte personalidad;
perderlo, pierde un aspecto de su carácter;
regalarlo, cuidado con una persona determinada.

péndulo, *del reloj,* obligaciones improrrogables.

pene, véase *miembro*.

penetrar, *en algún lugar,* éxitos obtenidos con muchos riesgos.

península, condición de semiaislamiento;
recorrer una península, descubrirá un camino de salida para los problemas.

penitencia, sufrimientos y renuncias;
hacerla, le esperan duras pruebas;
hacerla por juego, pequeños disgustos;
infligir una penitencia, dureza e irritabilidad.

penitenciario, véase *prisión*.

pensar, *en un proyecto,* algo le molesta.

pensión, *estar en una pensión,* abandonará provisionalmente a la familia;
ir a una pensión, temor ante la inactividad forzada.

pensión de jubilación, *perderla,* teme no poder llevar a cabo un negocio;
recibirla, su trabajo es positivo y reconocido;
recibirla antes de tiempo, no está seguro de su capacidad;
tenerla en la mano, es un buen momento para concluir una iniciativa.

penumbra, una situación tranquila;
salir de la penumbra, alcanzará la fama lentamente.

penuria, aunque no sabe que es siente que le falta algo.

peña, posición de defensa, desconfianza.
asediarla, hace esfuerzos para vencer a una personalidad fuerte;
destruirla, exceso de impulso, sus proyectos están equivocados;
expugnarla, ha encontrado el punto débil de una persona;
tirarse de una peña, el exceso de impulso puede ser perjudicial;
verla, consideraciones acerca de alguien que le permite acercarse.

peñasco, un peligro amenazador;
caerse de un peñasco, véase *caer*;
subir a un peñasco, fuerza de espíritu y valor;
véase *pedrusco*.

peón, pequeños pasos;
de dama, busca encasillar a alguien;
mover los peones del ajedrez, movimientos cautelosos.

peonía, alguien intenta declararle su amor;
plantarla, cultiva un gran amor;
regalarla, una declaración en toda regla.

pepino, tolera poco a las personas indiscretas.

pera, buena posición económica;
comerla, éxito conquistado poco a poco;
pelarla, se prepara cuidadosamente para el éxito.

peral, un amor complicado;
cargado de peras, obstáculos y molestias en la vida amorosa.

percibir, *créditos,* esperanzas desilusionadas, pequeñas entradas de dinero;
dinero, ilusiones.

percutir, véase *golpear.*

perder, ocasiones desperdiciadas;
algo precioso, pérdida de una amistad;
dinero, dificultad para hacer economías;
en el juego, afrontará riesgos inútilmente;
los vestidos, situación embarazosa.

pérdida, inseguridad, dudas;
de un objeto precioso, periodo muy triste;
perderse, antes de encontrar lo que desea tendrá muchos disgustos;
perderse entre la multitud, no sabe cuidar de sí mismo.

perdiz, buenas posibilidades de ganancias;
muerta, un periodo afortunado ha tocado a su fin.

perdón, sentimiento de culpabilidad;
pedirlo, admisión de culpas.

perdonar, *a alguien,* no quiere preocuparse por otros problemas;
ser perdonados, el final de una discusión ha resultado insatisfactorio.

peregrinación, *hacerla,* desea congraciarse con alguien;
ver a quienes la hacen, se niega a pedir favores.

peregrino, *serlo,* está a la búsqueda de ayuda y consuelo;
verlo, alguien espera su apoyo.

perezoso, *serlo,* quisiera serlo, está trabajando en exceso.

perfección, *alcanzarla,* ideales inalcanzables.

perfidia, *de alguien,* temor ante una persona inofensiva;
suya, quisiera ser más decidido.

perfiles, *ponerse de perfil,* carácter complejo pero sólo superficialmente;
ver un perfil, conocerá mejor el carácter de un amigo.

perforación, un trabajo pesado;
hacerla, un trabajo difícil que dará buenas satisfacciones;
verla, admira la laboriosidad y las conquistas de alguien.

perforar, *algo,* ni siquiera sabe lo que busca;
perforarse, buena señal, empeños que llevará a buen fin;
ser perforados, una persona le causa sufrimiento, pero no consigue abandonarla;
una pared, curiosidad insatisfecha.

perfume, se concentra en sí mismo;
perfumarse, engañará a la persona amada;
oler un perfume, será atraído por tentaciones peligrosas;

volcar un frasco de perfume, dificultad para olvidar una aventura pasada.

pergamino, leerá un escrito importante;
encontrar un pergamino, un testamento, un negocio importante;
escribir sobre pergamino, tiene algo importante que comunicar.

periferia, está aislado por los amigos;
de una ciudad desconocida, no consigue aproximarse a la persona amada;
dejar la periferia, volverá a formar parte de su grupo de amigos;
visitarla, estará momentáneamente fuera del grupo;
vivir en la periferia, vive una situación de soledad y de marginación.

perímetro, *medirlo,* no sabe llegar a fondo en una cuestión;
verlo, superficialidad.

periódico, *comprarlo,* curiosidad frente a un hecho secreto;
diario, noticias recientes;
leerlo, buenas noticias;
semanario, se plantea preguntas sobre hechos pasados;
tenerlo en la mano y no conseguir leerlo, una situación difícil.

periodista, cuidado con las bromas de mal gusto;
serlo, curiosidad, valor, inteligencia.

peripecias, le gusta la vida aventurera;
superarlas, quisiera actuar de forma que se le considere valiente.

periplo, protección imprevista.

perjudicado, *verlo,* prevención frente a una persona.

perlas, *comprarlas,* futuro incierto;
ensartar perlas, seguridad en sí mismo;
perderlas, la situación mejora rápidamente;
pescarlas, éxito en el amor;
recibir perlas en donación, tendrá grandes disgustos;
regalarlas, causará un disgusto;
venderlas, hará malos negocios;
verlas, desilusiones y tristeza.

permiso, sensación de extrañeza;
militar, falta de libertad de movimiento;
pedir permiso antes de entrar, timidez, poca confianza.

perno, una simple ayuda;
usarlo, se le facilitarán las cosas.

perorar, defiende a un ser querido.

perpetua, una ayuda sincera y duradera.

perra, una situación difícil de comprender;
con cachorros, tendrá muchas ideas nuevas;
que escapa, una amiga le abandona.

perrera, necesita algo de paz y tranquilidad.

perro, nunca olvide a sus amigos;
  atarlo, no confíe plenamente en quien tiene cerca;
  de caza, obtendrá grandes éxitos compartidos;
  de guardia, los amigos le protegerán de los peligros;
  manchado, los amigos serán algo descorteses;
  mestizo, no se deje impresionar por las apariencias;
  que ladra, cuidado con los peligros;
  que muerde, un amigo le puede traicionar.
  tener un perro, le complace que los demás se comporten como desea;

persecución, cree que le buscan de forma interesada.

perseguir, desea causar mal a una persona, pero no tiene motivos para ello.
  a alguien, búsqueda de comprensión;
  a un animal, actúa por instinto;
  a un automóvil, se sobrevalora;
  a un pájaro, deseo de libertad;
  ser perseguido, sufre de manía persecutoria.

persianas, *abrirlas,* deseo de tener más contactos con el exterior;
  cerrarlas, es muy reservado y solitario.

persona, *amiga,* buen augurio, tranquilidad de espíritu;
  conocida, representa un aspecto de su carácter;
  desconocida, imprevistos, nuevos conocimientos;
  enemiga, periodo difícil, se siente perseguido.

personalidad, *cambiarla,* renegará de sus principios;
  tener una personalidad débil, debe ser autoritario;
  tenerla fuerte, es su deseo.

pértiga, facilidades;
  subir por una pértiga, tiene un alto objetivo que alcanzar;
  verla, tiene la posibilidad de salir fácilmente.

perturbación, *atmosférica,* están por llegar momentos difíciles.

perverso, *ser perverso,* no comprende algunos de sus contrasentidos;
  ver a alguien perverso, persona a la que teme por lo imprevisible.

pesadez, *sentirla,* algunos problemas psicológicos.

pesadilla, ansia, agitación, conflictos interiores.

pesar, *algo,* es imprescindible reflexionar antes de actuar;
  mercancías, negocios llevados adelante con atención.

pescadero, una persona poco recomendable;
  serlo, se aprovecha de los engaños y trampas.

pescado, *coloreados,* contratiempos agradables;
  comer muchos pescados, intensa vida sentimental;

comer pescado, aventuras de breve duración;
grande, buenos éxitos;
pequeño, molestias;
rojo, tranquilidad, no cambiará sus costumbres;
tener un pescado en la mano, probablemente dejará pasar una buena ocasión;
ver muchos pescados, éxito inminente;
verlos en el agua, un amor afortunado;
verlos fuera del agua, una situación incómoda y peligrosa.

pescador, una persona poco sincera;
serlo, conseguirá éxito con mentiras.

pescar, conquistará a una persona;
con anzuelo, una trampa oculta;
con redes, no será el único en enredarse;
pescados grandes, una conquista importante;
pescados pequeños, pequeñas distracciones amorosas;
ver pescar, alguien le está traicionando.

pesebre, una situación irreal;
hacerlo, se hace muchas ilusiones.

peso, una pesada obligación;
hacer pesas en el gimnasio, se prepara para duras pruebas;
no conseguir sobrellevar un peso, será derrotado antes de actuar;
sobrellevarlo, afrontará con decisión sus obligaciones.

pesquisa, *hacerla,* quisiera controlar todo y a todos;
ver que hacen pesquisas en su propia casa, no tiene un mínimo de autonomía.

peste, terror, miedo a ser marginados;
curar la peste, mejora económica, encontrará de nuevo a sus amigos;
tener la peste, mal periodo para los negocios y amistades.

pestilencia, evite todo contacto con los demás;
conocer el origen de la pestilencia, descubrirá secretos desagradables.

pétalo, un sentimiento delicado;
que cae, no ha cuidado de una persona sensible.

petardo, sustos imprevistos, pero son sólo bromas;
hacerlo explotar, quiere impresionar a alguien.

petición, una necesidad que no se puede demorar;
de ayuda, tiene ciertos problemas que no puede resolver solo;
de dinero, sabe que puede contar con los amigos;
de informaciones, necesita confirmaciones urgentes.

petirrojo, una persona sociable y simpática;
oírlo cantar, chismes, discursos poco importantes.

petrel, un largo viaje por mar.

petrificarse, no anuncia sus cambios de ideas.

petróleo, *encontrarlo,* suerte inesperada;
venderlo, realizará buenas ganancias;
verlo, riqueza no utilizable.

petrolero, suerte y riqueza.

pez, peligro de permanecer viciados en un negocio turbio;
hirviendo, una ocasión a disfrutar de inmediato;
ser cubiertos de pez, graves daños y humillaciones.

pezón, valora mucho la figura materna.

pianista, persona que habla mucho pero no termina nada.

piano, expresión de los sentimientos;
tocar un piano, no deberá preocuparse por nada.

pica, arrogancia y agresividad;
plantar una pica, hace valer sus ideas por la fuerza.

picadero, todos sus movimientos serán inútiles;
ir al picadero, posibilidad de encuentros interesantes.

picadura, véase *inyección*;
de insectos, pequeñas venganzas convertidas en hitos.

pícaro, desconfianza en los demás.

pichón, vida tranquila pero poco satisfactoria;
capturarlo, conseguirá sus objetivos con éxito;
oírlo, oye las palabras dulces de dos amantes;
ver muchos pichones, personas poco astutas murmuran de usted;
ver una cría, siente envidia por los amigos que tienen pareja.

pico, una dura prueba que superar;
usarlo, está haciendo esfuerzos para obtener lo que quiere.

pico de pájaro, gran humildad;
de águila, prepotencia y exhibicionismo exagerados.

picota, *ser puestos en la picota,* miedo y humillaciones, mala conciencia;
ver a alguien en la picota, es un ejemplo, pero teme que pueda convertirse en realidad;
ver la picota, miedo a su propia conciencia.

picotear, *ver un pájaro que picotea,* las satisfacciones llegarán en pequeñas cantidades.

piedad, *suscitarla,* sentimientos de autoconmiseración;
tenerla, se arrepiente de algo.

piedra, insensibilidad;
poner una piedra sobre alguna cosa, quiere olvidar el pasado;
que rueda, un peligro inminente le obligará a modificar los planes;
ser de piedra, sabe perfectamente que nada le conmueve;

ser golpeados por una piedra, una persona de carácter duro;
ver una piedra en la calle, alguien quiere desbaratar sus planes;
verla en la propia casa, peligrosas amenazas.

piedras, *hacer colección de piedras,* le gusta que alaben sus acciones;
perder una piedra, se siente defraudado;
preciosas, buen augurio;
recibir una piedra, ganancias inesperadas;
verla, no se fíe de las apariencias.

piel, aspecto externo;
clara, honestidad y sinceridad;
colgante, miedo a envejecer;
de animal, se vengará de una persona malvada;
enferma, sus problemas se reflejan en los demás;
fresca, le gusta mostrarse joven;
oscura, traiciones y engaños;
vestido de piel, sensación de estar protegido.

pielroja, *serlo,* se siente marginado;
verlo, una persona mal insertada socialmente.

pienso, los negocios prosperan;
comerlo, miseria;
verlo, posibilidad de aumentar la riqueza.

piernas, *artificiales,* grave angustia, desconfianza en las propias posibilidades;
heridas, un adversario le obstaculiza el camino;
no conseguir mover las piernas, problemas para seguir adelante con el trabajo;
romperlas, periodo de insatisfacción e indecisión;
sentir dolor en las piernas, puede ser un modo de justificar la pereza y la indecisión;
tener una pierna de madera, padece a causa de un defecto físico;
tener las piernas perfectas, satisfacciones en todos los aspectos.

pies, actividad e iniciativa;
pisar algo con los pies, humillará a sus enemigos;
rascárselos, periodo de inactividad;
tener los pies amputados, será excluido para siempre de los negocios;
tener los pies atados, alguien le obligará a renunciar a sus proyectos;
tener los pies doloridos, demasiada decisión lleva a correr riesgos innecesarios;
tener un pie enfermo, actividad parada;
tenerlos desnudos, actuar con más libertad le expone a muchos peligros;
tenerlos sanos, está a punto para enfrentarse a todas las dificultades;
tenerlos sucios, ha actuado sin freno, tendrá problemas familiares.

pieza, remedios inútiles;
poner una pieza en un vestido, intenta ocultar algo.

pífano, discursos fatuos;
mágico, capacidad para hacerse oír;
oírlo sonar, no se deje engañar por discursos superficiales;
tocarlo, está hablando inútilmente.

pijama, *estar en pijama,* le han pillado desprevenido;
quitárselo, afrontará el día con decisión.

pila, recursos secretos;
cambiar las pilas, reemprenderá intensamente la actividad;
comprar pilas, energía que deberá utilizar en el momento adecuado;
pila descargada, falta de energías.

pila bautismal, espera un nacimiento en la familia;
véase *manantial.*

pilastra, seguridad;
abatirla, vencerá a alguien que considera invencible;
apoyarse en una pilastra, alguien le ayudará a sentirse seguro;
verla, quisiera tener fuerza y estabilidad.

píldora, *darla a alguien,* su cabeza alberga malos propósitos;
escupirla, desconfía de los consejos de los demás;
tragar una píldora, sólo encontrará ayuda en su interior;
tragarse muchas, los malos consejos le han puesto en peligro;
venderla, búsqueda de un remedio.

piloto, autoridad y poder de decisión;
de avión, no se puede permitir ningún error;
de una nave, será responsable de muchas personas;
ser un piloto, quisiera tener más poder;
verlo, admira a una persona decidida e independiente.

pimienta, actividad exagerada;
comer un grano, el intenso trabajo puede provocar una crisis;
ponerla sobre los alimentos, un trabajo cansado e inútil.

pimiento, mal carácter;
cocinarlo, apreciará los aspectos buenos de una persona poco sociable;
comerlo, comprenderá el motivo de un mal carácter;
relleno, alguien le sorprenderá con cualidades ocultas.

pimientos picantes, excitación, ardor.

pincel, *de blanquear,* cambios domésticos;
de pintor, ambiciones y aspiraciones.

pincelada, intento de cancelar algo;
darla, olvidará un hecho desagradable.

pineda, *caminar por una pineda,* situación óptima de tranquilidad y relax;
verla, disfrutará de protección y serenidad.

pino, sus haberes no están seguros;
cortarlo, peligro conjurado.

pintada, *gallina,* una invitación importante.

pintar, creatividad, fantasía, alegría;
la casa, está a gusto en casa;
un cuadro, tiene muchas cosas nuevas que decir;
un paisaje, un lugar que no quiere olvidar.

pintor, se hace muchas ilusiones;
ser un pintor famoso, pronto deberá resolver algunos problemas económicos;
ser un pintor, con la fantasía no se consigue todo;
verlo, insistir en las ilusiones le traerá grandes disgustos.

pintura, nuevas experiencias culturales;
curso de pintura, aprenderá a expresar sus sentimientos.

pinza, por fin tomará la decisión definitiva;
usar una pinza, sabe lo que quiere y lo obtendrá.

pinzón, una persona locuaz y simpática.

piña, buenos negocios;
comerla con avidez, futuros disgustos.

piñas, *recogerlas,* piensa en el futuro;
verlas, negocios duraderos.

piojos, *matarlos,* se librará de personas malignas y sofocantes;
quitarlos uno a uno, es demasiado condescendiente con quien le quiere mal;
tener piojos, una situación imprevista en la que será atacado por varios lados;
verlos, percibe una situación que puede ser perjudicial.

pipa, placeres legítimos;
fumarla, necesidad de expresarse, timidez;
romperla, graves disgustos.

pipa de la paz, *fumarla,* quiere resolver algunos roces de una vez para siempre;
rechazarla, es rencoroso.

piquete, *formar parte de un piquete,* posición de fuerza;
ver un piquete, no podrá actuar libremente.

pira, mal agüero.

piragua, situación inestable;
navegar en piragua, cualquier obstáculo se puede convertir en insalvable.

pirámide, ambiciones perdidas;
construirla, se exige demasiado;
entrar en una pirámide, descubrirá importantes secretos;
ver la propia, no se haga ilusiones, no tendrá éxito;
ver una pirámide, quiere imitar a quien ha tenido éxito.

pirata, *ser atacado por los piratas,* mal periodo para los negocios;

ser un pirata, timidez e introversión, guárdese de los amigos;
verlo, admira a una persona sin escrúpulos.

pisapapeles, solidez de las decisiones tomadas.

pisar, *a alguien,* falta de escrúpulos, pronto los demás harán lo mismo con usted;
algo, insensibilidad;
ser pisado, sentimiento de incomprensión;
uva, una obligación gravosa le reportará satisfacciones.

piscina, periodo favorable;
nadar en la piscina, ningún imprevisto;
sin agua, insidias y traiciones;
zambullirse, tan sólo es decidido en las ocasiones favorables.

pisotear, *algo,* quiere obtenerlo todo por la fuerza;
dejarse pisar los pies, se deja atemorizar por las amenazas
en el sentido de oprimir, véase *golpear*;
los pies, sus recriminaciones son inútiles.

pista, *perderla,* ha perdido buenas ocasiones;
seguirla, sospecha de alguien.
véase *huella*.

pistola, agresividad;
de juguete, pequeñas bromas;
descargada, no tiene posibilidad de obtener lo que desea;
disparar una pistola, algunas decisiones le proporcionarán éxitos y disgustos, pero sabrá mantenerse firme;
disparar sin desearlo, no consigue controlar sus instintos;
sin el seguro, pérdida de valor;
tener una pistola en la mano, medita una dura toma de posesión.

pistón, reacciones en cadena.

pitar, quiere atraer la atención;
para manifestar una disconformidad, no consigue expresar su protesta con palabras.

pitón, un enemigo insidioso;
verlo, se siente amenazado por un hombre engañoso.

pizarra, *techo de pizarra,* se siente seguro en su ambiente.

placer, sentimientos apagados;
hacer algo muy placentero, cree con ilusión que todo está cambiando.

plagiar, falta de autonomía;
ser acusados de plagio, alguien se rebela frente a su falsedad;
ser plagiado, alguien amenaza su autonomía.

plancha para ropa, orden psicológico.

planchazo, se siente atormentado por un desagradable equívoco.

planes, *hacer planes,* medita algunas acciones inconvenientes;

planeta, esperanza para el futuro;

descubrir un planeta desconocido, está convencido de haber hecho un descubrimiento importante;
ver un planeta luminoso, la suerte está al llegar.

plantar, *algo en el suelo,* busca puntos de referencia;
árboles, véase *árbol;*
semillas, véase *sembrar.*

plasmar, *algo,* tiene unas ideas muy claras;
algo en yeso, alcanza sus deseos.

plata, *copas de plata,* satisfacción ante las victorias de la vida;
encontrar plata, buena suerte;
monedas de plata, se acercan importantes acontecimientos;
poseer plata, prestigio, refinamiento;
tener dientes de plata, buen augurio;
volverse de plata, saldrá postrado de una larga enfermedad.

plata labrada, comprar nueva, futuros problemas;
pulirla, valora mucho su imagen en sociedad;
recibirla como regalo, le gusta ser considerado como lo que es;
venderla, busque la sencillez.

plátano, decisión y suerte; representa el órgano sexual masculino;
comerlo, deseo sexual;
tirarlo, periodo de reflexión espiritual;
ver muchos plátanos, no vacile, se encuentra ante un buen momento.

platea, *estar en la platea,* su opinión no cuenta mucho;
verla, es juzgado por mucha gente.

platero, véase *orfebre.*

platos, todo tipo de deseos;
lavarlos, pequeños contratiempos;
romperlos, violenta discusión con la pareja;
ver platos llenos, deseos cumplidos;
verlos vacíos, insatisfacción.

playa, *desierta,* encontrará la paz buscada;
en invierno, tristeza debida a la soledad;
en verano, periodo de relax;
llena de gente, le persigue la idea de la multitud;
verla, realizará sus deseos de reposo.

plaza, *con mucha gente,* es el momento favorable para actuar, aunque deberá vencer a muchos adversarios;
de ciudad, será castigado si no respeta totalmente las normas;
de pueblo, conocimientos interesantes, encontrará un socio para los negocios;
desierta, necesita colaboradores en su trabajo, dificultades;
trabajar en una plaza, es imposible que consiga mantener un secreto.

plebe, se siente en posición desfavorable;
formar parte de la plebe, reivindica algunos derechos;

verla revuelta, sus decisiones son poco apreciadas.

pleito, una situación preocupante;
con amigos, las pequeñas discrepancias no romperán una vieja amistad;
con la pareja, el amor que les une es muy fuerte;
con un desconocido, necesita un periodo de calma;
en familia, tensiones latentes que se manifestarán pronto.

pliego, una cuestión candente;
abrir un pliego, satisfará su curiosidad.

pliegues, complicaciones;
tenerlos en los vestidos, no todo irá según lo previsto;
quitar los pliegues, ama la perfección.

plomo, preocupaciones y cansancio;
bala de plomo, resulta pesado a los demás;
dientes de plomo, destacará de forma negativa;
pies de plomo, es excesivamente prudente.

pluma, sentido práctico;
comprar muchas plumas, trabajará con cuidado y atención;
de pájaro, buenas noticias;
despuntada, pérdida de cualidades;
para escribir, dejará huellas de su paso;
que no escribe, no consigue comunicar una noticia importante.

plumas, *de pavo real,* es vanidoso y superficial;
de pájaros, chismes útiles en el aire;
estar cubierto de plumas, encontrará afecto y protección;
ver plumas por el suelo, descubrirá el punto débil de una mujer;
verlas en el aire, sueños irrealizables;
verlas volar, se distraerá por muchas cosas.

pobre, infelicidad pasajera;
serlo, espera ayuda de todos;
ver pobres, teme ser como ellos.

podar, *árboles,* amistad renovada;
setos, sería conveniente organizar una situación confusa;
vides, suerte y mejoras.

poder, *conquistarlo,* una decisión tomada le reportará fortuna;
perderlo, no se siente indispensable como antes.

poderoso, *combatirlo,* nada le atemoriza;
serlo, se siente mejor de lo que sus posibilidades le permiten;
volverse, sueños de gloria.

poesía, *escribirla,* describe su mundo ideal;
leerla, poco sentido práctico y mucha sensibilidad.

poeta, sentimiento de incomprensión;
serlo, su egocentrismo le reportará malos negocios;
verlo, cree ser comprendido por aquella persona.

polainas, un modo sencillo de defenderse y distinguirse;
llevarlas, personalidad poco clara.

polemizar, deseo de expresar la propia insatisfacción.

policía, temor ante la justicia;
formar parte de la policía, quisiera tener el poder de castigar a alguien.

polígamo, *ser acusado de poligamia,* se descubrirán todas sus insidias;
serlo, desea que otros le amen.

polígloto, *serlo,* se explica con precisión e inteligencia;
verlo, una persona que se sabe hacer comprender por todos.

polilla, personas desleales y oportunistas;
verlas estropeando los vestidos, pérdida de lo que se posee.

política, tan sólo hace esfuerzos de palabra;
hablar de política, ásperas discusiones entre amigos.

político, *serlo,* quiere convencer a todos de su opinión;
verlo, alguien le encanta con palabras.

póliza de seguros, *caducada,* teme por su familia;
de vida, se siente amenazado por un grave peligro;
suscribir una póliza, temor ante el futuro.

polizonte, una autoridad indiscutible;
serlo, decisión y autoridad.

pollera, las discusiones inútiles le exasperan;
con gallinas, le disgustan los chismes.

pollo, suerte pasajera;
cocinarlo, satisfacciones familiares;
comerlo, buena situación económica;
criar muchos pollos, vigila sus negocios de cerca;
desplumar un pollo, se vengará de las malas lenguas.

polluelo, una persona ingenua.

polo, un milagro inalcanzable;
alcanzarlo, se dejará llevar por ilusiones fáciles;
ir al polo, una empresa increíblemente difícil;
vivir en el polo, vida dura y pobre de afectos.

poltrona, una situación favorable;
balancearse, situación precaria;
comprar una nueva, su vida será más tranquila y serena;
cómoda, una mujer condescendiente;
dormirse, un huésped inesperado;
estar sentados en una poltrona, falta de actividad, preocupación por la salud;
frágil, la situación óptima no será duradera;
incómoda, discrepancias con la pareja.

polvareda, *levantarla,* deseo de confundir;
verla, alguien intenta sembrar la confusión.

polvo, confusión mental;
en la propia casa, momentos de gran incomprensión;
estar cubiertos de polvo, sensación de culpa ocasionada por la actividad;
sobre los vestidos, situación estática y triste;
tener polvo en la mano, percibe el peligro existente.

pólvora, una situación peligrosa.

polvorín, la situación se puede volver peligrosa;
entrar en un polvorín, busca problemas;
ver un polvorín que estalla, estallarán fuertes discusiones.

polvos, pone remedios poco radicales;
ponérselos, no está satisfecho con su situación.

pomada, tiene la esperanza de resolver la situación;
comprarla, piensa en acumular provisiones;
extenderla, remedios eficaces;
extenderla sobre alguien, una persona le estará reconocida;
hacérsela extender, alguien le ayudará mucho.

pómez, *piedra,* buena disposición a ceder sobre algunos puntos;
usar piedra pómez, rápidas mejoras.

ponche, una ocasión particular;
prepararlo, novedad en el campo afectivo.

poner la carne de gallina, el exceso de valor constituye un riesgo.

poner la mesa, una comida importante con amigos.

popa, no tome decisiones precipitadas;
estar a popa, se siente aventajado.

porcelana, refinada fragilidad;
adquirirla, decisiones difíciles de mantener;
romperla, está dominado por una gran inseguridad;
tenerla en la mano, una mujer a tratar con miles de atenciones;
verla, una situación delicada.

porcentaje, gastos imprevistos;
pagarlo, alguien le cubre los gastos;
pedirlo, actúa desinteresadamente.

porciones, *distintas entre sí,* preferencias y recomendaciones;
hacer porciones, comparte los méritos con otros;
iguales, tiene gran sentido de la justicia.

porqueriza, situación oscura;
llena, negocios conducidos con falta de honestidad;
vacía, falta de escrúpulos y desilusiones;
vivir en una porqueriza, desprecia a las personas de su entorno.

porquero, *serlo,* no se avergüence de sus orígenes humildes;
verlo, admira a un hombre que se ha hecho a sí mismo.

porra, quisiera ir más allá de las conveniencias;
usarla, utilizará su poder contra alguien.

portaaviones, *dirigirlo,* adquisición de poder y responsabilidad;
verlo, una situación nueva y estimulante.

portacartas, véase *cartero.*

portafolios, *encontrarlo,* riqueza inesperada;
lleno, seguridad en sí mismo;
olvidar el portafolios, está por llegar una herencia;
perderlo, pérdida de buenos negocios;
serle robado, completa desconfianza;
vacío, deseos insatisfechos.

portal, un problema fundamental;
abierto, una iniciativa que tendrá éxito;
cerrado, por sí solo no resolverá los asuntos que le afligen.

portamonedas, *lleno,* está al llegar una gran fortuna;
vacío, temor a que sus riquezas se agoten inútilmente.

portavoz, complejo de inferioridad, no se siente responsable de lo que dice;
oírlo, discusiones indirectas;
serlo, dificultad para hablar en público.

portería, *abrirla,* dudas ante algunos cambios;
cerrarla, ha decidido renunciar a un viaje.

portero, subterfugios y chismes;
hablarle, sus problemas serán pronto públicos.

pórtico, una protección aparente;
caminar bajo el pórtico, imprevistos sorprendentes.

portilla, pocas oportunidades para valorar la situación;
abierta, existe el peligro de no poder juzgar a nadie;
mirar fuera, juicios apresurados;
rota, grave peligro.

posada, un viaje imprevisto;
buscarla, lo que desea queda lejos de sus posibilidades;
confortable, está al llegar un periodo feliz;
dormir en una posada, una situación precaria;
en un lugar desconocido, su vida sufrirá un cambio decisivo;
ir a una posada, pronto tendrá una sorpresa;
nocturna, el entusiasmo se convertirá en desilusión;
sucia, le asustará un pequeño incidente.

posadera, gentileza aparente.

poseer, *casa,* solidez económica;
objetos diversos, tiene sed de poder;

personas, no da valor a los sentimientos;
terrenos, materialismo.

posición, *buena,* mejoras económicas;
incómoda, desea cambiar muchas cosas.

poste, *de la luz,* buenos puntos de referencia que le dan seguridad;
ver muchos en hilera, vida organizada y tranquila.

postigos, *abrirlos,* nuevas experiencias, nuevos conocimientos;
bloquearlos, largo periodo de soledad;
cerrarlos, aislamiento voluntario;
de la ventana, forma de comunicar con los demás.

postillón, tendrá la posibilidad de saber noticias con anticipación;
serlo, puede resolver la situación a su favor.

postración, intenta aparecer fuerte y seguro;
física, ha jugado todas sus cartas;
por una enfermedad, alguien ocupará su lugar.

potaje, necesidades diarias;
frío, tiene prisa, es decidido;
todos los días, situación económica preocupante.

potro, *jugar con un potro,* un hombre joven y poco maduro;
que salta, acciones que no son inmediatas;
ver un potro, alegría y energía.

pozo, una situación poco clara;
alcanzar el agua de un pozo, no le faltará nada;
asomarse a un pozo, tentaciones hacia una persona desconocida;
caer a un pozo, explorará lo imprevisto, situación peligrosa;
con agua envenenada, una grave traición;
con agua limpia, momento favorable;
con agua sucia, aparentes facilidades;
excavar un pozo, encontrará las energías perdidas;
sin agua, periodo desafortunado;
ver un pozo fuera de casa, una situación favorable.

practicante, sensación de estar poco preparado;
serlo, comenzará una nueva actividad.

prado, *caminar por un prado,* buenas posibilidades de salir adelante;
correr por un prado, fallo en los negocios;
en flor, padecerá una delicada enfermedad;
estar echado en un prado, no existe ninguna preocupación;
verde, ganancias de poca importancia.

preceder, *a alguien,* desea superar sus éxitos;
ser precedidos, desilusiones sentimentales.

preceptor, una persona que se opondrá a sus planes;

serlo, siente interés por los negocios ajenos.

precinto, un pacto imprescindible.

precio, *alto,* trabajará mucho para obtener algo;
pagarlo, se empeña en merecer lo que quiere;
verlo, sabe que tiene que conquistar algo.

precipicio, vigile los peligros;
caer de un precipicio, periodo de crisis, negocios erróneos.

precipitar, inestabilidad emotiva.

predicador, *serlo,* pierde tiempo en convencer a los demás.

predicción, *equivocada,* pérdida económica;
hacerla, preocupación por el futuro.

preferencia, *darla,* admite la superioridad de otro;
no darla, se impone a un superior;
si alguien le da la preferencia, autocomplacencia por la posición alcanzada.

preferencias, *hacerlas,* se creará muchos enemigos.

pregonero, gran confusión, no sabe si creer las noticias que le llegan.

preguntar, *a alguien,* sensación de estar bajo control;
en la escuela, procura quedar mal con alguien;
ser preguntados, le quieren poner en dificultades.

prelado, noticias sorprendentes.

premio, *darlo,* reconoce los méritos de los demás;
recibirlo, está convencido de que los suyos no son reconocidos.

prenda, *darla,* manifestación de un gran amor;
recibirla, un lazo duradero;
véase *monte de piedad.*

prensa, opresión, falta de libertad y falta de reacción;
usarla, se está aprovechando de alguien;
verla en acción, miedo a ser obligado a hacer algo.

preparar la mesa, desea definir su posición social.

preparativos, cambios a la vista.

prepotencia, quiere lo mejor a toda costa;
comportarse con prepotencia, no está en condiciones de hacerlo;
sufrirla, está convencido de ser tratado injustamente.

presa, *capturarla,* éxitos amorosos;
ser una presa, alguien le quiere conquistar.

prescribir, *algo,* quiere ser totalmente obedecido;
un medicamento, confía completamente en su juicio.

presentar, *a una persona,* ensanchará su círculo de amistades;
algo, es dueño de la situación;
presentarse, espíritu de iniciativa;
ser presentados, alguien le ayudará a hacer buenas amistades.

presidente, contrasta con la autoridad;
hablarle, amistades influyentes;
serlo, deseo de poder.

presidio, se siente atado a una persona para toda la vida;
condenar a presidio, quiere vengarse de su falta de libertad.

presión sanguínea, *medírsela,* preocupaciones por la salud.

préstamo, *concederlo,* tolerancia y comprensión;
hacerlo, tendrá molestias;
no pagarlo, no sabe hacer frente a sus obligaciones;
obtenerlo, confían en usted;
pagarlo, confía en sus posibilidades;
pedirlo, necesidad de apoyo.

prestar, *algo,* confianza en los demás;
dinero, malos negocios;
pedir prestado algo, obtendrá lo que quería de una persona;
vestidos, es informal y generoso.

prestidigitador, problemas complejos, quisiera resolver un problema que le aflige;
serlo, todo le parece fácil.

pretendiente, *para un hombre serlo,* tiene una gran dificultad para obtener lo que desea, pero con su esfuerzo lo conseguirá;
para una mujer verlo, miedo a la soledad.

pretor, discusiones familiares;
serlo, tomará importantes decisiones.

prevención, temor ante las consecuencias de una enfermedad;
contra alguien, conserva todavía rencores pasados.

primavera, nuevas energías, nuevos sentimientos.

primo/a, reunión familiar;
amar al primo, deseos poco corrientes.

primogénito, reconocimientos y responsabilidades;
ser primogénito en el sueño, será preferido a otro;
ser primogénito y soñar serlo, obligaciones gravosas.

princesa, *serlo,* se jacta de su posición social;
verla, una mujer a tratar con miles de atenciones.

príncipe, *hablarle,* buen presagio, ayudas influyentes;
serlo, exceso de altanería;
verlo, conocerá una persona importante.

principiante, no está preparado para enfrentarse a una situación.

prisa, es usted muy ansioso, tranquilícese;

caminar con prisa, está ansioso por una cuestión que considera importante;
tener prisa, no distingue la importancia de las cosas.

prisión, falta de libertad y acción;
estar en prisión, se siente oprimido por su culpa;
estar encadenado en la prisión, toda su acción está controlada;
salir de la prisión, sale de un periodo insatisfactorio.

prisionero, *estar,* alguien bloquea sus iniciativas;
ver a un prisionero, temor ante la imposibilidad de actuar libremente.

privación, alguien le necesita;
tener que soportar demasiadas privaciones, ha renunciado a demasiadas cosas por los demás.

privilegio, *perderlo,* ha desilusionado a quien contaba con usted;
tenerlo, apoyos importantes.

proa, viajes importantes.

probar, *alimentos,* una situación alegre;
bebidas, se siente feliz y confiado;
un vestido, no sabe cómo mostrarse en público;
una medicina, sufrirá las consecuencias de su precipitación.

problema, una pregunta que se plantea desde hace tiempo;
no conseguir resolver un problema, no se deje llevar por la inseguridad, siente una gran desconfianza en sí mismo;
plantear un problema, pondrá a alguien en problemas;
resolver un problema, seguridad en sí mismo, actúa con prontitud.

procesión, *participar en una procesión,* se han combatido las dificultades con fuerza de espíritu;
verla, ha evitado un grave peligro.

proceso, *asistir a un proceso,* se verá obligado a renegar de las amistades pasadas;
asistir como juez, reconquistará una amistad perdida;
ganar un proceso, su honestidad será puesta en duda, pero conseguirá lo mejor;
sufrirlo, cuestiona la moralidad de su comportamiento;
verlo, discusiones prolongadas.

proclama, un consejo que no se puede ignorar;
hacerla, exceso de generosidad en las confidencias.

procrear, un momento positivo para todos, especialmente para los artistas.

procurarse, *algo,* conquistará éxitos con dificultad;
la comida, dificultades diarias.

prodigio, credulidad y superficialidad;
asistir a un prodigio, un hecho que se puede explicar;
hacer un prodigio, periodo afortunado, no se presentarán dificultades;

niño prodigio, quiere mostrar sus imprevistos progresos.

proeza, *hacerla,* envidia a quien sabe destacar;
verla, comprenderá las razones del éxito.

profanar, *un lugar sagrado,* quiere destacar a toda costa.

profecía, *hacerla,* está habituado a no cumplir sus promesas;
oírla, sucederá lo que oye.

profesión, *la suya,* ningún cambio de programa en el trabajo;
desconocida, se presentan dificultades de manera imprevista.

profesor, le gusta ser oído;
de letras, necesidad de expresión;
de matemáticas, tiene problemas de administración;
de música, discursos abstractos que no servirán de nada;
ser profesor, solución momentánea a un problema.

profeta, le encantan las novedades;
serlo, está pensando en el futuro.

programa, decisiones importantes;
hacerlo, no es libre de actuar como cree;
leerlo, otros obstaculizan sus proyectos.

prohibición, aunque cansado, se ve obligado a continuar;
de fumar, sus costumbres molestan a los demás;
de giro, le cuesta cambiar de idea;
de paso, obstáculos insalvables;
recibir una prohibición, falta de valor para imponerse;
transgredirla, decisión y valor que serán de utilidad.

prohibido, se siente apartado por la familia.

prohibir, *algo,* insatisfacciones en todo los campos;
marchar, extremo apego a la familia;
por principios, tiene que superar muchos complejos.

prole, *numerosa,* responsabilidad y dificultades económicas.

prólogo, *escribirlo,* introduce un tema hábilmente;
leerlo, gran curiosidad.

prolongar, *la vida,* peligro de muerte;
un camino, quedará alejado de casa para siempre.

promesa, inseguridad, sensación de culpa;
hacerla, no ha mantenido su palabra;
mantenerla, no estará en condiciones de mantenerla;
recibirla, los amigos le desilusionarán.

prometerse, *para quien ya está casado,* posibilidad de quedarse viudo;

para un hombre, una decisión importante;
para una mujer, momentos de alegría.

prometido/a, *bailar con el propio prometido,* presagio de felicidad en el futuro;
verlo, deseo de contraer matrimonio;
verlo morir, largo matrimonio, larga vida.

promoción, reconocimiento de los méritos;
darla, reconoce siempre el trabajo ajeno;
obtenerla en el trabajo, tiene lo que cree que merece;
obtenerla en la escuela, éxitos y reconocimientos.

promontorio, dificultad que hay que superar;
superarlo, no se deje atemorizar por las dificultades.

propasarse, se ocupa de negocios que no le conciernen.

propiedad, exceso de materialismo;
comprarla, no intente negocios precipitados;
recibirla, buenas ganancias, posible matrimonio;
venderla, pérdida de seguridad;
vender todas las propiedades, tristeza e insatisfacción.

propina, *darla,* peligroso sentido de superioridad;
recibirla, no es bueno humillarse por pequeñas ganancias.

propósitos, *no respetarlos,* carece de autodisciplina;
tener demasiados, necesita de un momento de pausa;
tomarlos, momento positivo.

propuesta, ideas poco claras;
de matrimonio, quisiera decidir sin ningún tipo de duda;
galante, alguien le está tomando el pelo;
recibir una propuesta, deseos y esperanzas.

proseguir, *por un camino,* las dificultades no le detendrán.

prospecto, *hacerlo,* quiere aclarar sus ideas;
leerlo, tiene las ideas claras.

prosperidad, presagio ambiguo;
para un pobre, pequeñas mejoras económicas;
para un rico, gasta demasiado y desperdicia sus energías.

prostituta, *hablarle,* éxitos fáciles pero ambiguos;
ir con una prostituta, frecuenta ambientes ambiguos;
verla, relaciones superficiales.

protección, véase *proteger.*

proteger, *a alguien,* está proyectando sus intereses;
ser protegido, alguien se sirve de usted.

protesta, no sabe hacerse valer;
participar en una protesta, necesita ayuda para hacer valer sus opiniones;

manifestación de protesta, se reconocerán sus méritos;
ver una protesta, ha despreciado a alguien.

protestante, *cristiano,* falta de tolerancia;
iglesia, expresa opiniones distintas con respecto a quien le rodea.

proverbio, *escucharlo,* consejos viejos, pero siempre útiles;
leerlo, sabios consejos.

providencia, *esperarla,* extrema resignación, inactividad.

provisiones, *acabarlas,* momento de crisis en los negocios y en los afectos;
hacerlas, quiere recuperar el tiempo perdido;
mirarlas, se complace en lo que posee.

provocación, *hacerla,* quiere poner a prueba una amistad;
sufrirla, le costará mantener el autocontrol.

provocar, *a alguien,* deseo de obtener respuestas;
ser provocado, está obligado a responder.

proyectar, está pensando en actuar, pero le falta valor;
edificios, grandes ideas difícilmente realizables;
un viaje, dificultad en separarse de la familia;
una fiesta, desilusión por el presente;
ver un proyecto realizado, alguien ha actuado sin pedirle consejo.

proyectil, peligros difíciles de identificar;
que entra en casa, descubrirá demasiado tarde que está en grave peligro;
ser golpeado por un proyectil, enfermedad dolorosa;
tener un proyectil en la mano, decisión, en realidad no corre peligro;
verlo en el aire, vigile las insidias peligrosas.

prudencia, *olvidarla,* se verá envuelto en un asunto arriesgado;
tenerla, en realidad toma decisiones precipitadas.

prueba, *de valor,* temores infundados;
hacer una prueba, alguien le está juzgando;
teatral, asistirá a una función.

prurito, una situación incómoda empieza a ser muy molesta;
en la cabeza, pensamientos molestos.

psiquiatra, necesidad de ayuda inmediata;
hablarle, presenta una extrema confusión mental;
serlo, cree comprenderlo todo y a todos.

púa, *clavar una púa,* venganza y sentimientos;
ser pinchados con una púa, la elección será obligatoria;
verla, se siente amenazado.

publicar, hará famosos algunos asuntos personales.

publicidad, *hacérsela,* se alaba sin complejos;
ver publicidad, engaños y subterfugios.

público, *tener público,* alguien sigue sus progresos;
verlo, le gusta ser alabado.

pudor, algo bloquea sus pensamientos y acciones.

pueblo, *formar parte del pueblo,* quisiera distinguirse de los demás;
verlo desde fuera, se siente superior a todos.

puente, *atravesarlo,* todos los problemas quedarán resueltos;
caer de un puente, lo que parecía una ayuda se ha revelado como peligroso;
construir un puente, valor e iniciativa, nunca se da por vencido;
pasar por debajo de un puente, indecisiones, deberá empezar de nuevo;
puente pequeño, pequeños contratiempos que serán hábilmente resueltos;
ver un puente muy largo, superará grandes dificultades;
ver un puente, optimismo y confianza.

puerco, *ver muchos,* la indecisión no le permite encontrar amigos adecuados;
verlo, amistades poco honestas;
véase *cerdo.*

puercoespín, carácter introvertido y difícil;
verlo, no debe ser tan exigente consigo mismo.

puérpera, familia poco numerosa;

puerro, complejos y rencores ocultos;
comerlo, alguien quiere hacerle mal;
comprarlo, grandes discusiones familiares.

puerta, *abierta,* éxito y buenas oportunidades;
abrirla, decisión que llevará buenos frutos;
cerrada, tendrá que superar muchos obstáculos;
cerrarla, cierre peligroso, soledad;
cerrarla en la cara de alguien, grave litigio, ruptura de una amistad;
estar detrás de una puerta, conocerá muchos secretos;
estar fuera de una puerta, se siente excluido;
lanzarse contra una puerta, demasiada decisión puede ser peligrosa;
lanzarse contra una puerta abierta, corre riesgos inútiles;
romperla, obtención de algunos deseos de modo ilícito;
salir por la de servicio, secretos a ocultar.

puerto, *anclar en el puerto,* profundo paro en los negocios;
entrar a puerto, buen augurio;
salir del puerto, riesgos para los negocios;
verlo, posibilidad de reposo.

puesto de baratijas, *en el mercado,* debe estar atento y ser escrupuloso al tomar decisiones.

púgil, pocas ganancias;
serlo, cree poder obtenerlo todo por la fuerza;
verlo combatir, aprecia el valor y la agresividad.

pugilato, disgustos;
ver un combate, satisfacción sólo aparente.

pulgar, una posición destacada;
cortado, perderá un colaborador útil.

pulgar de los pies, se siente atormentado por cosas pequeñas;

pulgas, molestias y dificultades;
buscarlas, siente molestias por su culpa;
en una oreja, dudas imprevistas;
tenerlas, situación incómoda y peligrosa;
verlas, teme chismes y preocupaciones.

pulidor, *de muebles,* no confíe en sí mismo.

pulmón, *comerlo,* desilusiones;
enfermo, está asfixiado por los familiares;
herido, alguien le quiere eliminar;
sano, se siente libre e independiente.

púlpito, *subirse,* discursos poco creíbles;
verlo, alguien le quiere imponer su opinión.

pulpo, muchos recuerdos;
comerlo, eliminará un enemigo poderoso;
ser atacados por un pulpo, se siente atacado desde varios puntos;
verlo, apoyo incondicional a una persona.

pulsador, una elección con consecuencias precisas.

pulso, carácter;
débil, indecisión y timidez;
fuerte, decisión y valor;
herido, deberá luchar para conseguir lo mejor;
tomarlo, preocupación por la salud.

puntapié, *darlo a la suerte,* ha desperdiciado una ocasión;
darlo a un amigo, la amistad se ha convertido en un lazo insoportable;
darlo a un enemigo, finalmente ha decidido reaccionar;
recibirlo en la cabeza, alguien quiere hacerle cambiar de idea;
recibirlo en las piernas, alguien quiere bloquear sus iniciativas.

puntero, *usarlo,* tendrá lo mejor, pero sólo momentáneamente;
verlo, se defiende de manera equivocada.

punzada, *sentirla,* una gran preocupación;
sentirla en el corazón, sufrimiento a causa de un amor imprevisto.

puñal, agresividad mal disimulada;

empuñarlo, quiere lo mejor a toda costa;
ser herido con un puñal, ha recibido una grave ofensa;
usarlo, sólo obtendrá lo mejor a la fuerza.

puñalada, *sentirla,* un dolor que pasará con prontitud.

puñetazos, luchará duramente para destacar;
darlos, actúa por instinto, no tendrá éxito;
recibirlos, sufrirá un golpe bajo.

puños, *de hierro,* conflictos desleales;
mostrar los puños, fuerza y decisión.

puños de camisa, perfección exterior;
con gemelos, exhibicionismo;
limpios, cuida las apariencias;
sucios, un particular le traicionará.

purga, quiere olvidar los errores cometidos;
tomarla, conseguirá eliminar lo que no es de su agrado.

purgatorio, sabe que ha cometido errores;
encontrarse en el purgatorio, pagará sus errores y se quedará tranquilo.

purificarse, necesita un cambio, gran sensación de culpa.

púrpura, alcanzará el éxito, pero será aislado;
vestir de color púrpura, aspira al éxito y a la riqueza.

pus, *tenerlo,* enfermedad pasajera;
verlo, malas tentaciones.

pústulas, *tenerlas,* dificultad en las relaciones sociales;
verlas, juzga a una persona por su apariencia.

putrefacción, *estar en putrefacción,* gran desconsuelo, bloqueo en todos los aspectos;
verla, periodo de éxtasis peligroso.

Q

quebrar, *un vidrio,* una decisión que provocará muchas palabras; *una ley,* sentimientos de culpa; *tener el corazón quebrado,* amor no correspondido.

quebrarse, *las piernas,* véase *piernas*; *los brazos,* véase *romperse.*

quejarse, véase *lamentarse.*

quemaduras, sufrimiento por un problema que se creía superado.

quemar, se siente peligroso; *a alguien,* complicaciones en los negocios; *árboles,* sufrirá una pérdida; *los pies,* es necesario cambiar rápidamente de ambiente; *madera,* buena situación económica; *quemarse,* se siente bloqueado por experiencias negativas; *ser quemados,* los tormentos pasados no han servido de lección; *tener en la mano dinero que quema,* conciencia de haberlo obtenido de modo deshonesto; *vestidos,* enfermedad.

quemarse, *la cara,* falta de personalidad;
las manos, temor ante la inactividad;
los cabellos, ya no podrá contar sólo con la belleza;
los pies, algunos imprevistos le retendrán en casa.

querella, una serie de ofensas y de discusiones;
presentar una querella, dificultad para olvidar una ofensa de poca monta;
recibirla, desavenencias extrafamiliares.

queroseno, no gaste las energías inútilmente.

querubín, valora mucho la inocencia y la bondad.

queso, se reconocerán sus méritos;
comerlo, es mejor aprovechar inmediatamente las ventajas obtenidas;
negarse a comerlo, negación de los méritos propios;
venderlo, regala sus méritos a los demás.

quiebra, los negocios van bien pero en general está pasando un periodo desafortunado.

quieto, véase *tranquilo*.

quietud, superación de un periodo agitado.

quilla de una nave, afronta las situaciones con valor.

químico, cuidado con la salud;
estudiar química, procure no olvidar los detalles;
experimento, emprende una actividad original;
que trabaja, sería mejor no sumar de un modo aproximado.

quimono, siente la fascinación de los países orientales;
vestirlo, originalidad.

quiniela, *ganar,* le esperan grandes ganancias;
jugar, pone a prueba suerte y habilidad.

quinina, un amigo le ayudará a reponerse de un gran dolor que le aflige.

quiromántico, tenga mucho cuidado con las intromisiones de personas extrañas en su vida privada, porque la arruinarán.

quiste, situación normal que se revelará peligrosa.

quitanieves, alguien le ayudará en los momentos difíciles;
conducirlo, tiene fuerza para eliminar los obstáculos;
verlo en acción, será salvado de una situación de inmovilismo.

quitar las manchas, intentos de ocultar las consecuencias de un error;
de los vestidos, deseo de no ser reconocido como culpable.

R

rábanos, una situación aparentemente simpática;
comerlos, pequeñas provocaciones;
cultivarlos, habladurías a su alrededor.

rabia, imprevisibilidad, irracionalidad;
animal rabioso, persona con la que es imposible razonar;
enfermedad, falta de control, preocupación;
hablar con rabia, quiere hacer mal para vengarse;
sentir rabia, incomprensiones que degeneran en graves discusiones.

rabino, una persona insistente;
serlo, desconfía de todos;
verlo, si es prudente puede obtener buenas ganancias.

racimo, *comerlo,* muchas aventuras de poca importancia;
cortarlo, decisión de cortar con las pequeñas aventuras;
de uva, gozará de sus aventuras amorosas.

radar, perspicacia;
tenerlo, todo será más fácil;
verlo, quisiera adivinarlo todo.

radiactividad, desconfíe de lo que no comprende.

radiador, *caliente,* ha exigido demasiado, la situación es explosiva;
frío, actúa con calma y corrección.

radiar, *a alguien,* perderá una amistad;
ser radiado, sufrirá una grave ofensa.

radio, *cerrarla,* no quiere comprender;
hablar en la radio, comunicará algo a muchas personas al mismo tiempo;
no consigue cerrarla, desea olvidar algo;
oírla, escuche lo que tienen que decirle;
regalarla, no es reservado con sus problemas personales;
ser locutor de radio, gusta de hablar en público.

radiografiar, comprenderá a fondo a una persona;
ser radiografiados, alguien le comprenderá perfectamente.

ráfaga, *de proyectiles,* una serie de grandes disgustos.

hacerla con los faros, advertencias amenazadoras.

ráfaga de viento, un cambio imprevisto.

rafia, debilidad aparente.

ragú, deseos irresistibles;
guisar el ragú, preocupación por ocultar algo desagradable.

raíces, fuertes lazos con el pasado;
arrancar las raíces, rechaza sus tradiciones;
cocerlas, discusiones familiares;
comerlas, el ejemplo familiar le será de ayuda;
engancharse en las raíces, lucha con su pasado;
notarlas muy amargas, no comprende la importancia de algunas traiciones familiares;
plantar con las raíces, posibilidades de éxito;
ver las de un árbol, un amigo que nunca cambiará de idea.

raíles, *caminar por los raíles,* no puede cambiar su vida;
raíles cortados, un cambio de vida brusco;
ver los raíles, un recorrido definido.

rallador, hallará pequeños inconvenientes;
hacerse daño utilizándolo, ha arriesgado intentando descubrir la verdad;
usar un rallador, quiere descubrir la verdad sobre un hecho desagradable.

rama, posibilidad, oportunidad de actuar;
con fruta, seguridad interior, buenos proyectos;
cortar una rama, obstaculizará la energía y el valor de alguien.

ramas, intento de pasar inadvertido;
ocultarse tras las ramas, miedo e inseguridad preocupante.
secas, ha perdido toda su energía inútilmente;
verdes, comienza un nuevo periodo, su vitalidad le proporcionará muchas alegrías.

rana, persona entrometida y extrovertida;
comerlas, una vida sin preocupaciones;
matarlas, suerte y éxito;
oírlas, le molestan las habladurías inútiles de los amigos;
ver muchas ranas, está rodeado de personas aduladoras y poco sinceras;
ver una rana, una persona que habla demasiado.

rancio, *comida rancia,* la ocasión ha pasado y ya no se puede disfrutar.

ranúnculo, ocasiones raras y preciosas.

rapar, véase *rasurar.*

rapaz, *ave,* fuerza prepotencia y decisión;
que vuela por encima suyo, grave peligro, está cerca de una persona sin escrúpulos.

rapsodia, *oírla,* un discurso claro; *tocarla,* sabe bien lo que quiere decir.

rapto, *de una persona,* desea a una persona a toda costa;
por amor, dificultad para entenderse con la pareja;
por dinero, pensamientos que racionalmente rechaza;
ser raptados, resulta muy interesante para alguien.

raqueta, *de nieve,* una ayuda adecuada;
de tenis, espera buenos éxitos;
dejar caer la raqueta, renuncia a una competición;
rota, ha sido vencido.

raquítico, proyectos que quedarán en nada;
niño, inseguridad como padre;
serlo, no consigue realizar lo que piensa.

rareza, sabe valorar los negocios;
comprarla, buenos negocios;
encontrarla, grado óptimo de intuición;
venderla, sabe valorar inmediatamente las cosas.

rascacielos, grandes ambiciones;
habitar en un rascacielos, pérdida del contacto con la realidad;
subir a un rascacielos, escalada social.

rascar, dificultad para descubrir la verdad.

rascarse, algo resulta insoportable;
la cabeza, inseguridad;
la cara, ha llevado a cabo una mala acción;
las piernas, una breve enfermedad;
los pies, inmovilidad forzada.

rasgar, un alejamiento doloroso;
papel, ruptura de contratos;
vestidos, situación impuesta por la fuerza.

rasgo, momentos serenos y alegres.

raso, riqueza aparente;
vestidos de raso, ambiciones exageradas.

raspa, una gran desilusión.

rastrillo, una investigación peligrosa;
ser amenazados con un rastrillo, temor ante las consecuencias de una investigación cuidadosa;
usarlo, necesita claridad en todos los aspectos.

rasurar, *a alguien,* complicaciones;
hacerse rasurar, pérdida de energías y de posibilidades;
la barba, pérdida de prestigio;
la cabeza, un momento de humillación;
rasurarse, momentos de autocastigo.

ratero, *que roba,* preste más atención a los pequeños hechos de la vida.

ratón, no le devolverán un préstamo;

coger ratones, superará malentendidos desagradables;
en casa, suerte amenazada;
en la trampa, sus deberes le pesan;
matar muchos ratones, neutralizar a todos sus enemigos;
matar un ratón, un adversario eliminado;
muerto, se avecina una desgracia familiar;
ver muchos ratones, un periodo difícil;
ver un ratón, está amenazado en todo momento;
vivo, fidelidad del cónyuge;

raya, rigor mental;
ponerse en raya, ordene su vida.

raya, pescado, una empresa peligrosa;
comerla, novedades y sorpresas;
pescarla, buenos éxitos pero muchos peligros.

rayo, una situación nueva e imprevista;
a cielo sereno, peligro imprevisible;
durante un temporal, signo desfavorable, pérdida de riquezas;
ser alcanzados por un rayo, enamoramiento imprevisto;
ser fulminados por un rayo, dolores, enfermedad.

rayo, *de luz,* interesantes iniciativas;
de sol, una ayuda que le reconforta.

razonamiento, *hacerlo,* no se deja atemorizar por los imprevistos.

razones, *dar las propias razones,* no admite que se ha equivocado;
escuchar las razones de los demás, condescendencia.

reagruparse, véase *reunir.*

rebanada, *cortar en rebanadas,* compartirá una experiencia con alguien;
fina, debe conformarse con lo que tiene;
gruesa, suerte y abundancia.

rebanar, *embutidos,* es demasiado intransigente en los juicios;
pan, las emociones no le atraen.

rebaño, *conducirlo,* deseo de mandar sobre los débiles;
de caballos, éxito en el amor;
de ovejas, no se siente integrado en su ambiente;
poseerlo, personas poco decididas dependen de usted.

rebasar, *a alguien que corre,* confía en sus fuerzas;
de un modo peligroso, desea alcanzar el éxito sin importarle las consecuencias;
en automóvil, se siente fuerte con la ayuda de medios externos;
ser rebasados, alguien ha actuado mejor que usted y ha ocupado su lugar.

rebeco, timidez, prontitud e intuición.

rebelde, no es capaz de rebelarse;
verlo, una persona que vale tanto como sus acciones.

rebote, una ocasión propicia;
de un objeto de goma, situación imprevisible;
de una bola, una ocasión para tomarla al vuelo.

rebuscar, *el dinero,* una decisión importante a la que no sabrá hacer frente.

rebuznar, infravalora sus razones;
oír rebuznar, alguien le juzga mal.

recamar, se conforma con cosas pequeñas;
llevar vestidos recamados, ambiciones de poca monta;
vestidos preciosos, perfección en las pequeñas cosas.

recaudación, gastos injustificados.

recaudador, *serlo,* quisiera ganar haciendo trabajar a los demás;
verlo, una visita indeseada.

receta, *de cocina,* consejos claros y precisos;
escribirla, tiene mucha experiencia;
médica, véase *prescribir.*

rechazar, *algo,* sabe lo que quiere;
rechazar la comida, está demasiado seguro de sí mismo;
rechazar hablar con alguien, es decidido, a veces exagera en la dureza.

rechinar los dientes, está intentando defenderse de un modo equivocado.

recibimiento, *darlo,* volverá a ver viejos amigos;
verlo, se siente aislado, pocos contactos sociales.

recibo, situación peligrosa;
darlo, tiene lo que merece;
pedirlo, dificultades económicas, no se fíe de las personas con las que trabaja;
firmarlo, trata a los demás con superioridad.

recinto, está controlado;
desmontarlo, superará los obstáculos con valor;
estar en un recinto, se siente bloqueado en sus iniciativas;
para niños, protege a una persona débil;
ver un recinto, sabe que no puede superar determinados límites.

recipiente, abierto, todo está claro;
cerrado, siente curiosidad;
llenarlo, buenos éxitos;
para una mujer, posible gravidez;
ver un recipiente, posibles novedades.

recitar, comportamiento ambiguo;
con otros, vivir en un falso ambiente;
poesías, es muy influenciable;
plegarias, solicitud de ayuda;
solo, mantiene en pie una situación poco sincera.

reclamación, *hacerla,* en realidad no osa hacer una reclamación;
oírla, mala conciencia.

reclamar, en realidad no es capaz de hacerse valer;
un pago, los demás ignoran sus derechos.

reclamo, pesada ironía;
serlo, ofensas no olvidadas.

reclinatorio, escuche el consejo de las personas ancianas.

recluso, se siente impotente frente a todo.

recluta, tiene algo que ver con una persona poco experta;
serlo, todo es nuevo.

recoger, *algo,* está a la espera de los demás;
dinero, muchas personas confían en usted, no las puede decepcionar;
flores, sentimientos poco seguros;
fruta, no confíe en las cosas demasiado fáciles;
la basura, desaparecerán muchas cosas de su vida;
los propios vestidos, teme el juicio de quien no le conoce;
piedras, necesita pequeñas seguridades;
un objeto, no debe dejar pasar una buena ocasión;
un objeto perdido por otros, alguien le ayuda involuntariamente;
vestidos desparramados, se avecina un nuevo periodo de orden y equilibrio.

recolección, *de productos agrícolas,* es el momento de valorar lo que ha conseguido con su esfuerzo.

recomendación, no confía en sus fuerzas;
pedirla, pedirá ayuda inútilmente;
tenerla, no hace esfuerzos para seguir adelante.

recomendar, *a alguien,* le preocupa el futuro de alguien.

recomenzar, *algo,* nunca se dará por vencido.

recompensa, sacrificios poco reconocidos;
concederla, poca disposición para reconocer los méritos ajenos;
recibirla, espera reconocimientos que no llegan.

reconciliarse, *con alguien,* superará las contrariedades en poco tiempo;
con el cónyuge, está preparado para una reconciliación;
con los enemigos, el camino para la pacificación todavía es largo;
con los hijos, problemas económicos que harán cambiar su humor.

reconocer, *a alguien,* una persona que le rehuye;
a un hijo, tensiones en el interior de la familia;
a un viejo amigo, momentos de alegría.

reconocimiento, *sentirlo,* es demasiado generoso con los demás.

reconquistar, *a una persona,* un amor que renace.

reconstruir, confía en el futuro; *la casa,* comenzará un nuevo periodo.

recordar, *algo,* en este momentos no tiene estímulos; *a una persona,* es nostálgico y poco objetivo; *acordarse de algo,* intuición imprevista.

recorrido, *accidentado,* prevé grandes obstáculos y dificultades; *corto,* éxitos fáciles; *de un concurso,* tendrá muchos adversarios con los que deberá luchar; *largo,* trabajará mucho para salir adelante; *ver un recorrido,* se imagina lo que le espera.

recortar, dedica poco tiempo a los problemas; *papel,* considere tan sólo lo que es estrictamente necesario.

recorte, consideraciones simplistas; *de periódico,* juzga sin tener una visión general.

recostar, *un niño sobre la cama,* a pesar de las apariencias es afectuoso.

recreación, agradables aspectos del trabajo.

recriminar, errores sufridos pasivamente.

recta, *de carretera,* periodo de éxitos fáciles; *estar en la recta de llegada,* ha coronado un sueño; *geométrica,* buen augurio, va derecho al objetivo.

rector, autoridad que no da miedo; *serlo,* aumento de responsabilidad en el trabajo.

recuperar, *algo,* un periodo difícil del que no debe dejar escapar nada; *dinero,* será complicado, pero se dará cuenta a tiempo.

red, *de arrastre,* engaños peligrosos; *debatirse en la red,* quiere reaccionar ante una situación que detesta profundamente; *echarla al mar,* objetivos precisos que alcanzar; *entrelazarla,* está preparando una trampa; *estar preso en una red,* de improviso se encontrará en una situación sin salida; *izarla,* conclusión de negocios deshonestos; *romperla,* se librará de las molestias; *verla llena,* ha engañado a muchas personas; *verla vacía,* sus trucos no han funcionado.

redacción, *de un periódico,* colaboración y acuerdos; *trabajar en una redacción,* trabajo de grupo, pero las opiniones serán opuestas.

redada, una actividad ilícita;
realizarla, ha profundizado en una situación, sensación de culpa.

redención, la sensación de culpa le empujan a mejorar;
aspirar a la redención, está seguro de sus futuros éxitos.

redoblar, quiere tener éxito inmediato;
el dinero, espera la fortuna fácil;
la correspondencia, véase correo.

reducción, véase *descuento.*

reembolso, alguien desconfía de usted;
darlo, deberes a los que no puede hacer frente;
obtenerlo, se hará justicia usted mismo.

refectorio, comparte algo;
ir al refectorio, acepta la compañía de todos.

referencia, preocupaciones inútiles;
darla, confía en alguien;
leerla, fin de las aprensiones.
pedirla, desconfianza;
presentarla, el éxito no es totalmente mérito suyo.

reflector, sabe cómo destacar;
apagado, no sabe cómo destacar;
dirigido hacia usted, grandes satisfacciones o grandes peligros.

reflejar, impulsividad que le puede ocasionar problemas.

reflejo, *verlo,* una noticia conocida indirectamente.

refinado, *serlo,* es su aspiración.

reforma, *hacerla,* en realidad es contrario a los cambios;
pedirla, necesita algo.

reforzar, toma provisiones;
la puerta de casa, temores y miedo de todas clases;
reforzarse, nuevas ideas, nuevas energías.

refrescarse, una situación nueva y agradable.

refresco, momentos agradables en compañía;
ser invitados a un refresco, se jacta de sus amistades.

refrigerio, *probarlo,* final de las tensiones.

refugiado, un momento de estancamiento;
en el hospital, teme mucho por su salud;
en un hospicio, se siente solo y dependiendo de todos;
ser un refugiado, no sabe reaccionar en los momentos desafortunados.

refugiarse, *de la intemperie,* problemas momentáneos;
de un peligro, buenos recursos ante un peligro.

refugio, *aéreo,* peligros inevitables;
buscar refugio, necesidad de comprensión, futuro triste;

de montaña, aislamiento ante las dificultades;
dejar el refugio, está preparado para afrontar sus problemas;
encontrar un refugio, situación tranquila, periodo de reposo.

refunfuñar, *oír a alguien,* pronto tendrá pequeños problemas;
oírse refunfuñar, insatisfacción y pesimismo.

regadera, prudencia en los negocios.

regalar, *algo,* un modo de hacerse querer.

regaliz, no puede ocultar una acción realizada;
comer regaliz, buena salud.

regalo, un intercambio de intereses;
hacerlo, tiene intereses sentimentales o económicos;
recibir un regalo precioso, espera una ayuda importante;
recibir un regalo, un lazo definitivo.

regar, deseo de progresar;
el jardín, armonía familiar;
las flores, se acercan momentos de alegría;
los propios campos, aumento de la riqueza.

regata, *asistir a una regata,* ayuda de personas influyentes;
participar en una regata, sólo puede contar con sus fuerzas.

regazo materno, deseo de protección.

regimiento, orden y disciplina;
formar parte de un regimiento, nadie tiene en cuenta su personalidad.

reglamento, reglas morales precisas;
cambiarlo, sentido crítico que puede resultar perjudicial;
infringirlo, sentimiento de culpa;
seguirlo al pie de la letra, formalidad y conformismo.

reina, mujer de fascinación autoritaria;
serlo, se siente amado y respetado.

reino, ambiente familiar;
perderlo, pérdida de responsabilidad;
poseerlo, discusiones familiares.

reír, *por cualquier cosa,* una situación increíblemente extraña;
oír a alguien que ríe, alguien le comunica gozo y alegría;
ver reír, pequeños disgustos e incomprensiones.

reja, obstáculo molesto;
de la cárcel, dejará las amistades.

rejuvenecer, un nuevo recién nacido en la familia;
para un joven, pérdida de responsabilidad.

relación sexual, insatisfacción en la actual vida sexual.

relajarse, tensiones insostenibles;

durante una carrera, perderá de vista sus objetivos.

relámpago, véase *rayo.*

releer, *un libro,* sensaciones ya conocidas;
una carta, recuerdos de experiencias pasadas.

religioso, ha elegido algunas reglas que respetar.

reliquia, *tomarla en la mano,* se lamenta por lo que ha perdido;
verla, un recuerdo doloroso.

rellano, fuertes discusiones con los vecinos;
vivir en el rellano, discusiones en familia.

rellenar, *un recipiente,* buenos recursos, buena suerte.

reloj, pronto tendrá problemas financieros;
comprarlo, inquietud por un negocio importante;
darle cuerda, negocios importantes;
de péndulo, valora mucho el tiempo;
encontrarlo, precisión y puntualidad;
mirarlo, racionalidad y organización;
parado, crisis duradera;
perderlo, momento confuso, pérdida de buenas ocasiones;
que funciona, posibilidad de mejorar;
que se rompe, sufrimientos pasajeros.

relojero, lamenta el tiempo perdido;
ir al relojero, alguien le ayudará con delicadeza;
ser relojero, precisión y perfección;
verlo, recuerda las ocasiones perdidas.

remar, buenas posibilidades de alcanzar la meta deseada;
con otros, colaboración fructífera;
en una competición, necesidad de una guía;
solos, se siente algo sacrificado.

remedio, *buscarlo,* situación insostenible;
encontrarlo, afronta todas las situaciones de forma positiva.

remendar, busca soluciones fáciles;
medias, pierde el tiempo en detalles de poca monta;
ropa blanca, mejorarán sus dotes ocultas;
unos vestidos, una acción que se dará a conocer.

remendón, véase *zapatero.*

remesa, *de automóviles,* algunas interrupciones perjudiciales;
de dinero, espera un remedio imposible;
hacerla, sabe que pierde tiempo.

remo, oportunidad y potencialidad;
perder los dos remos, bloqueo de toda actividad;
perder un remo, periodo difícil;

roto, estancamiento en los negocios;
tener un solo remo, dificultad para seguir adelante.

remolacha, la madurez le llevará a la felicidad que buscaba.

remolcador, *guiarlo,* asume responsabilidades ajenas;
que conduce la nave sobre la que se está, apoyos influyentes;
ver un remolcador, confía en la ayuda de los más fuertes.

remolino, sensación de asfixia;
hundirse en un remolino, momento de pánico en el que pierde el control de la situación.

remolque, *tirar de un remolque,* está empeñado en un trabajo que no es el suyo;
verlo, alguien quiere que asuma responsabilidades que no le competen.

remontar, *algo,* un problema que ha creado usted.

remordimiento, *sentirlo,* inquietud y arrepentimiento.

renacer, nuevas perspectivas.

rendición, *inducirla,* posición de fuerza;
obtenerla, se complace con sus éxitos.

renegar, cambios de humor peligrosos;
de la familia, decisiones apresuradas de las que se arrepentirá;

de una amistad, pequeñas discusiones que degenerarán.

reno, oportunidad para que no le esquiven.

renovarse, estar a la espera de un periodo mejor.

renuncia, perderá oportunidades que difícilmente se volverán a presentar.

renunciar, *a algo,* no quiere luchar par obtener lo que desea;
a una persona, dificultades descorazonadoras.

reo, persona de poco fiar;
serlo, inútil sensación de culpa.

reparar, *algo,* se preocupa con retraso por sus errores;
una ventana, siente amenazada su intimidad.

repatriar, volverá a vivir la situación de siempre;
tras largo tiempo, las costumbres diarias le parecen nuevas.

repeler, *a alguien,* decisión;
a un enemigo, seguridad en sí mismo;
a un pretendiente, sabe bien lo que quiere.

repetir, *algo,* poca inventiva;
los propios pasos, la experiencia no sirve para nada;
un nombre, desilusiones sentimentales;
una frase, una cuestión muy importante;

una palabra, falta de credibilidad.

réplica, una situación ya conocida;
ver la réplica de algo, tendrá las ideas claras.

reposar, superación de un período difícil;
largo tiempo, preocupaciones por la salud.

reprender, desconfianza que quema;
a alguien, pérdida de tiempo;
ser reprendido, remordimientos inútiles;
si alguien le reprende por algo, reconoce su error;
por una culpa, deseo de venganza.

represa, poco sentido de la medida.

represalia, *participar en una represalia,* revancha que esperaba desde hace tiempo;
sufrirla, un castigo que cree no merecer;
verla, quisiera participar.

representante, una persona que puede ayudar mucho;
recibirlo, buenas relaciones sociales;
serlo, resulta importante para alguien.

reprimenda, constante insatisfacción;
oírla, engañará a alguien con éxito.

reprimir, *a alguien,* no sabe controlar su autoritarismo;
algo, intento de detener una situación peligrosa;
un caballo, sus impulsos se ven frenados;
ser reprimidos, incomprensión familiar.

reprochar, *a alguien,* las recriminaciones llegan demasiado tarde;
a un hijo, quisiera ser más severo;
recibir un reproche, toma demasiado en serio a una persona autoritaria;
reprocharse, falta de confianza.

reproche, escasa autonomía personal.

reproducir, véase *dibujar.*

reptil, *que ataca,* teme los ataques de personas engañosas;
ver muchos, está rodeado de personas engañosas;
verlo, una persona poco sincera.

repudiar, algo le escandaliza;
a la esposa, ásperos encuentros de viudas;
al amante, desprecia su comportamiento pasado.

repugnancia, es muy severo consigo mismo;
experimentarla por sí mismo, grave sensación de culpa;
hacia una persona, no acepta la diferencia;
sentirla hacia algo, le molesta conocer ciertas cosas.

requesón, frescura, juventud;
comerlo, ingenuidad y carácter débil.

requisar, *bienes,* toma lo que le sirve sin escrúpulos;
tener los bienes requisados, no puede reaccionar ante una situación angustiosa.

resbalar, falta de atención, peligro;
caminando, disgustos que se podrían evitar fácilmente;
resbalar sobre el hielo, véase *hielo*;
ver a alguien resbalar, ha hecho todo lo posible para poner a aquella persona en ridículo;
verse resbalar, se encontrará en una situación embarazosa.

rescate, *pérdida segura de dinero,* sensación de miedo;
hacerlo, sabe que no actúa honestamente;
pagarlo, no intente luchar contra una persona más fuerte que usted;
sufrirlo, tensión latente, probables discusiones.

reseda, *planta,* falsa modestia;
recogerla, descubrirá el lado ambiguo de una persona.

resentimiento, inseguridad personal;
sentirlo, odio inútil.

reserva, *de carburante,* pocas energías, no puede seguir con el mismo ritmo;
de caza, facilidades, encontrará lo que desea.

reservar, *algo,* proyectos para el futuro;
un viaje, desea cambiar de ambiente.

resfriado, discusiones que todavía no han concluido;
contagiar a alguien, envidia y pequeñas venganzas;
ser contagiados, alguien le descargará de una responsabilidad molesta;
tenerlo, tendrá disgustos y momentos difíciles.

resignarse, desilusión antes de empezar;
a la situación existente, no hará ningún progreso.

resina, *ensuciar los vestidos con resina,* mal agüero, ya no podrá ocultar sus errores;
tocarla, está totalmente involucrado, no puede dar marcha atrás;
verla, una situación peligrosa.

resistencia, difícilmente se deja convencer;
oponer resistencia, energía y valor frente a las imposiciones.

resolución, es decidido y poco habituado a la meditación;
persona resuelta, una persona que resuelve sus dudas.

resolver, un problema, espíritu de iniciativa;
una situación, tiene buenas probabilidades de resolverla.

respaldo, *apoyarse en un respaldo,* se siente seguro en su ambiente;

ver el de la cama, noticias poco importantes, chismorreos.

respiración, vitalidad;
ansiosa, momentos de inseguridad y debilidad;
falta de respiración, se siente oprimido y sin energías;
profunda, se está preparando para una acción decisiva.

respiradero, *abrirlo,* aprenderá a ser más optimista;
que se cierra, ilusiones que se desvanecerán pronto;
verlo, vislumbra un camino para salir de una situación turbia.

resplandeciente, apariencias poco fiables;
sol resplandeciente, espíritu sereno.

responder, *a una carta,* deseo de renovar los contactos;
a una demanda, necesita respuestas seguras;
al teléfono, quiere que le busquen;
mal, exceso de impulso.

respuesta, confía ciegamente en la persona que le habla;
tenerla, una noticia poco creíble.

restaurador, buenas capacidades para recrear situaciones pasadas;
serlo, cuidado con los detalles.

restaurante, independencia y libertad de acción;
administrarlo, familia numerosa, obligaciones y responsabilidades;

ir al restaurante, puede tener lo que desea;
ir al restaurante en compañía, momentáneamente abandonará a la familia;
ir solo al restaurante, no quiere lazos afectivos.

restaurar, *un objeto,* volverá a ver amigos perdidos desde hace mucho tiempo.

restituir, *cosas encontradas,* gran sentido de la honestidad;
cosas robadas, miedo a las responsabilidades.

resto, *de cigarrillo,* algo sin concluir;
recoger los restos, intento de recuperar algo.

resucitar, véase *resurrección.*

resumir, no ha olvidado el pasado.

resurrección, *la propia,* se sobrevalora;
verla, esperanzas perdidas.

retablo, gusto por lo bello;

retal, hará adquisiciones de poca monta;
comprarlo, se conforma con lo que tiene;
venderlo, se librará de objetos inútiles.

retama, dificultad imprevista.

retazo, tiene la impresión de ser despreciado.

retirada, se siente confiado aunque pase por un momento negativo.

retirar, arrepentimiento por una acción realizada;
dinero, gastos importantes.

retocar, algo hecho por otros, sólo confía en usted mismo;
algo propio, nunca está satisfecho de sí mismo.

retoño estéril, molestias de las que se librará con dificultad.

retoque, *hacerlo,* una decadencia improrrogable.

retornar, un cambio hacia personas o costumbres de la vida pasada;
a casa, necesita un punto seguro de reposo;
a la escuela, nostalgia de la infancia;
a lugares del pasado, sensaciones y emociones sentidas anteriormente.

retraso, *causar un retraso,* se considera culpable de todo;
de un tren, culpa a los demás de su pérdida de tiempo;
estar retrasados, angustia por la pérdida de buenas oportunidades;
recuperar el retraso, situación positiva, está en paz consigo mismo.

retrato, una persona que desea ver, con la que desea comunicarse;
de un antepasado, consejos vitales que hará bien en escuchar;
ver el de la persona amada, necesidad de comunicación, deseo de volver a ver a la persona amada;
ver mostrado el propio, ambición y notoriedad;
ver que se muestra el de otro, la persona representada tendrá larga vida y buena salud.

retrete, una situación desagradable y embarazosa;
ir al retrete, la salud es óptima;
limpio, no tiene problemas internos;
no encontrar el retrete, situaciones embarazosas;
sucio, algo le atormenta y asusta.

retribución, véase *paga.*

retroceder, huye de los riesgos;
por amenaza, no actúe por impulso, espere el momento propicio;
por un peligro, en realidad es demasiado decidido.

reumatismo, problemas de orden psicológico;
tenerlo, insatisfacción propia.

reunión, momento para hacer comparaciones;
de familia, cuestiones importantes que desea resolver;
entre amigos, volverá a pensar en los años pasados;
participar en una reunión, conocerá a personas con intereses comunes;
política, no cuenta participar, sino hacerse oír.

reunir, *objetos,* quiere ser dueño de la situación;
personas, soledad.

revancha, una lucha sin concluir todavía;
concederla, respeta a su adversario;
pedirla, veredicto injusto;
perderla, complejo de inferioridad.

revelar, provocará un pequeño escándalo;
la verdad, quiere ser creído a toda costa;
secretos, desea destacar.

revelar un secreto, véase *secreto.*

reventarse, *de risa,* felicidad incontenible.

reverencia, *hacerla,* sumisión;
verla, siente que no se conforma con nada;
verla dirigida a uno mismo, buen augurio, fama y riqueza.

reverenciar, *algo,* una decisión definitiva;
ser reverenciados, un problema le ocupará completamente.

revés, un periodo negativo;
de la medalla, véase medalla;
ponerse los vestidos del revés, quiere dar la vuelta a la situación.

revisión, *hacerla,* no confía en sus colaboradores.

revista, se le ocurriran nuevas ideas y proyectos;
deshojarla, estar a la búsqueda de novedades.

revista militar, orgullo y exhibicionismo;
pasar revista, buen momento para hacer un importante análisis.

revolución, un gran cambio;
hacerla, está decidido a tener lo que desea;
programarla, quiere cambiar muchas cosas;
verla, está cambiando bruscamente todo su entorno.

revólver, véase *pistola.*

revuelta, disgustos imprevistos;
asistir a una revuelta, alguien le asombrará y le dará un gran disgusto;
hacerla solo, se rebela inútilmente;
participar en una revuelta, insatisfacción, desilusión.

rey, mejora, adquisición de poder;
combatirlo, la lucha enseña, su adversario es demasiado poderoso;
hablar al rey, tendrá ayudas y recomendaciones;
serlo, sueños de gloria;
verlo, una persona influyente puede ayudarle.

ribera, *alcanzarla a nado,* tras muchos peligros se sentirá a salvo;
alejarse de la orilla, pérdida de seguridad;
caminar por la ribera, debe tomar una decisión importante;

del mar, se sentía perdido, ahora está tranquilo y seguro;
verla, una posición segura.

rico, ambiciones y envidias;
serlo, la ambición perjudica, tendrá grandes desilusiones.

ridículo, *serlo,* embarazo y timidez.

riendas, *dejarlas,* concede algo de libertad a los subordinados;
tenerlas en la mano, tiene la situación bajo control;
tirar de las riendas, alguien hará exactamente lo que desea;
verlas, debe controlar una determinada situación.

riesgo, profundas inseguridades;
correrlo, determinación imprevista;
en el juego, la suerte sólo depende de usted;
inútil, decisiones demasiado apresuradas.

rifa, *dirigir una rifa,* intento de ganar algo;
escuchar a un difunto que dice los números ganadores de la rifa, la suerte está de su parte;
jugar en una rifa, pérdida segura;
ver los números ganadores de la rifa en sueños, no existe la posibilidad de victoria.

rima, *hacerla,* un acuerdo perfecto;
oírla, alguien le copia.

rimbombo, *oírlo,* situación lejana que le causa sufrimiento.

rincón, temor ante las novedades;
esconderse en un rincón, prefiere retirarse de empresas peligrosas;
jugar a las cuatro esquinas, elasticidad y movilidad ayudan a evitar peligros.

rinoceronte, no analiza las consecuencias de sus acciones;
que nos sigue, difícilmente conseguirá eliminar a su adversario;
que pace tranquilamente, un enemigo en potencia;
verlo, decisiones impulsivas.

riña, tensión que desembocará en una discusión.

riñón, avidez;
cocinarlo, deseos muy materialistas;
comerlo, placeres materiales;
enfermo, futuros disgustos y enfermedades.

río, *ahogarse en un río,* las dificultades serán muchas y acabará por someterse;
atravesarlo en barca, con una ayuda oportuna superará los obstáculos;
atravesarlo a nado, alcanzará sus objetivos tan sólo con sus fuerzas;
bañarse en un río, si no se encuentran dificultades, presagio afortunado;
de aguas limpias, emprende sin miedo el viaje previsto;
de aguas tumultuosas, lo mejor es retrasar la partida;
encontrarse en un río, sensación de estar inmerso en dificultades insuperables;

navegar por el río, buenas posibilidades en los negocios;
tirar piedras al río, inseguridad, tómese tiempo antes de afrontar una empresa;
verlo desbordarse, buen augurio.

riqueza, *alcanzarla,* está a punto de perder lo que tiene;
perderla, no debe preocuparse demasiado;
tenerla, seguridad personal.

risa, *calmarla,* supere sus contradicciones;
participar, peligrosas contradicciones;
provocarla, la indecisión conlleva grandes disgustos;
verla, situación difícil, no pierde su equilibrio habitual.

ritmo, *cambiar de ritmo,* desea mostrarse distinto.

rito, *asistir a uno,* una costumbre extraña que no comparte.

rival, se enfrentará con valor a una prueba difícil;
en amor, envidia y debilidad;
en el trabajo, un estímulo para luchar.

rizar, *los cabellos,* si es artista es señal de buen augurio;
una peluca, los sueños de gloria no se realizarán.

rizarse, muchas promesas difíciles de mantener.

rizos, preocupaciones y complicaciones;
tener rizos, tiene en la cabeza demasiados problemas.

robar, desconfía de sí mismo, astucia peligrosa;
dinero, el peligro que le acecha será mayor cuanto mayor sea la cantidad robada;
los zapatos, quiere neutralizar a un adversario;
objetos sagrados, mal augurio;
un objeto, corre usted un grave peligro;
un secreto, su presencia de espíritu le ayudará a destacar;
vestidos, intento de presentarse a los demás de un modo distinto.

robín, una situación que se está deteriorando;
sobre el cuchillo, no es el momento de actuar por impulso;
sobre objetos de casa, falta de atención a los problemas familiares más urgentes.

robo, ha actuado por impulso, todavía lo puede remediar;
a mano armada, debe pagar las consecuencias de su osadía;
a un banco, le acucian los problemas económicos;
sufrir un robo, alguien se ha aprovechado de su buena fe.

robustecerse, está conquistando fuerza y equilibrio.

roca, *dureza,* insensibilidad;
altísimas, obstáculos insuperables;
caer una roca, ha arriesgado demasiado, una persona rígida e insensible le ha castigado;

puntiaguda, todos los movimientos le ocasionarán graves sufrimientos;
subirse a una roca, con una voluntad de hierro obtendrá lo que desea;
ver muchas rocas, dificultades a superar.

rociar, impulsividad, creatividad;
a alguien con agua, carácter muy vivo.

rocío, frescura y juventud;
sobre el prado, novedad en el campo de los afectos;
sobre las flores, apariencias engañosas.

rodear, cree que los demás no advierten sus maniobras;
un obstáculo, sea cauto;
ser rodeado, se da cuenta de que alguien le toma el pelo.

rodilla, *enferma,* estará largo tiempo inmovilizado;
fracturada, rotura de lazos;
herida, pérdida económica;
ponerse de rodillas, futuras humillaciones.

rododendro, sensibilidad, impulsividad y fantasía.

rogar, necesidad de ayuda;
a alguien, quiere pedir un favor pero le falta valor.
ser rogados, le gusta ser buscado y deseado.

rojo, pasión, provocación;
cabellos rojos, una persona maligna y poco fiable;
rojo claro, amenazas de poca monta;
rojo oscuro, sensación de culpa por las propias intenciones;
rojo vivo, pasión, rebelión;
vestido rojo, agresividad, decisión, afanes.

rollo, contradicciones insolubles;
de algodón, ingenuidad, ternura;
de hilo, ilusiones de larga duración;
de papel, acuerdo aparente.

romero, agradables distracciones;
en flor, pequeñas alegrías.

rompecabezas, una situación compleja y exasperante;
acabarlo, ha comprendido todo lo referente a una situación compleja;
hacerlo, intenta resolver una cuestión espinosa.

romper, cambio imprevisto de opinión;
el hielo, véase *hielo;*
un objeto precioso, pérdida de autocontrol;
una promesa, no osa hacerlo.

romper en pedazos, ideas peligrosas;
hacerlo, una decisión precipitada de la que se arrepentirá.

romperse, *la cabeza,* temor ante las preocupaciones;
las piernas, véase *piernas;*
los brazos, teme un periodo de inactividad.

roncar, completa inactividad;
oír roncar, le exaspera la pereza de una persona.

ronquera, dificultad de expresión.

roña, está preocupado por su salud;
sufrir, todo tipo de insatisfacciones.

roñoso, véase *avaro.*

rosa, grandes alegrías, pero también momentos de sufrimiento;
blanca, un matrimonio a la vista;
cultivar rosas, sueños muy románticos;
pincharse con las espinas de una rosa, pequeños problemas que se pueden agravar;
recibirlas de regalo, sinceridad en los afectos;
recoger rosas, placeres y pequeños disgustos;
regalar rosas, siente gran afecto y dulzura;
regalarlas a un enfermo, mal augurio;
roja, pasión;
sentir el perfume de una rosa, vive de momentos mágicos;
sin espinas, vive en una situación irreal.

rosario, temores intermitentes;
rezarlo, solicitud de ayuda.

rosca, *comerla,* satisfacciones;
prepararla, todo irá como desea;
que sale sin agujero, desilusiones, algo irá mal.

rostro, *alegre,* suerte y optimismo;
arrugado, preocupaciones familiares;
bello, salud y tranquilidad;
colorado, gozos y alegrías;
feo, enfermedad;
hinchado, enfermedad;
triste, proyectos dolorosos.

rozar, quiere actuar sin hacerse notar;
ver rozar, descubre un engaño perjudicial.

rubí, una persona que le atrae;
comprarlo, no se fíe de las apariencias;
perderlo, pierde una amistad sincera;
recibirlo, amor sincero.

rubio, *serlo,* falta de sinceridad.

rubor, teme que adivinen sus sensaciones.

rueda, una situación en continua evolución;
de automóvil, posibles cambios;
perder las ruedas del automóvil, mal augurio, pérdida de energía y de ocasiones;
que gira, se avecina un cambio de vida;
sustituirla, capacidad de reacción ante los imprevistos;
tener las ruedas rotas, cierto estancamiento;
ver una rueda parada, ningún progreso o mejora.

ruego, una pregunta insistente;
escucharlo, es comprensivo con quien le necesita.

rufián, ganancias deshonestas;
verlo, una persona que intenta aprovecharse de usted.

rugido, quiere atemorizar a alguien;
de un león, teme las personalidades agresivas;
oírlo, una persona que le amenaza.

ruibarbo, algunos expedientes poco agradables;
cogerlo, satisfacciones tras muchas humillaciones;
comerlo, sufrirá amarguras y disgustos;
prepararlo, hace proyectos sin tener en cuenta las dificultades presentes;
venderlo, buenas ganancias.

ruido, *amenazador,* profunda inseguridad;
oírlo, una advertencia.

ruina, *económica,* prudencia y temor a perderlo todo;
ver una casa en ruinas, situación familiar dramática.

ruinas, descubrimientos interesantes;
verlas, suerte y éxito inesperado;
visitarlas, quiere darse cuenta del valor de algunas cosas viejas.

ruiseñor, buena señal, encantos, matrimonio;
capturarlo, será feliz pero causará sufrimiento a alguien;
que canta, serenidad familiar.

ruta, proyectos precisos;
cambiarla, cambio imprevisto de idea;
equivocarla, sus planes se han revelado como equivocados;
seguirla, no gusta de los imprevistos.

S

sábado, está al llegar un periodo de reposo;
esperar el sábado, el trabajo le vuelve ansioso.

sábana, enfermedad o matrimonio próximos;
comprar una sábana, espera el matrimonio;
estar cubierto con una sábana, una herencia inesperada;
sucia, desacuerdos familiares;
tender una sábana, posibilidad de enfermedad.

sabañones, momentos desagradables.

sabio, se tiene en alta estima;
serlo, quisiera serlo pero le falta madurez;
verlo, acepte los consejos con humildad;
volverse sabio, percibe su falta de madurez.

sable, agresividad, virilidad;
desenvainarlo, comportamiento de ataque;
despuntado, temor ante un malestar físico;
ser amenazado con un sable, una persona agresiva tiene pretensiones sobre usted;
ser herido por un sable, una persona le dará grandes disgustos;
usarlo, energía que degenera en violencia.

sabor, *buen sabor,* acepta positivamente una nueva relación;
mal sabor, desconfianza;
no sentir el sabor, inestabilidad peligrosa.

sabotear, *algo,* tendencia a neutralizar a los adversarios;
ser saboteados, desconfianza en los propios esfuerzos.

sabueso, no consigue librarse de una persona;
que le sigue, se siente perseguido.

saca, *de golf,* cuidado con los imprevistos;
vacía, momentos negativos.

sacacorchos, nuevos invitados;
usarlo, pronto participará en una cena importante.

sacerdote, véase *cura.*

saciado, no necesita nada;
saciarse, necesita cierta independencia;

ser saciado, completa satisfacción.

saciar, generosidad;
saciarse para un pobre, mejora de la situación económica;
saciarse para un rico, la avidez juega malas pasadas.

saco, una ocasión preciosa;
agujereado, pérdidas imprevistas;
introducir las manos en un saco, será engañado;
lleno, gracias a su optimismo recibirá buenos apoyos;
meter algo dentro de un saco, engañará a alguien;
vacío, llegarán muchas desilusiones.

sacramento, momento difícil;
impartirlo, proporcionará alegrías y satisfacciones;
recibirlo, está en paz con todos, es un momento afortunado.

sacrificio, problemas que intenta resolver;
asistir a un sacrificio, se acaban las preocupaciones;
hacerlo, grandes esfuerzos;
ser sacrificado, perderá algo, pero conquistará la fama.

sacrilegio, gestos que pueden resultar peligrosos;
cometerlo, temor ante las consecuencias de una acción deshonesta;
verlo cometer, grandes encuentros a la vista.

sacristán, un momento difícil;
serlo, debe ser muy prudente.

sacristía, una búsqueda que llega a buen fin;
encontrarse en una sacristía, buenos resultados en los negocios.

sacudida, pérdida de seguridad, presagio de desgracias;
de la casa, la familia se dividirá;
de terremoto, falta de puntos de referencia;
de un árbol, incidentes imprevistos;
económica, momentos difíciles, perdida de bienes;
eléctrica, tensiones peligrosas;
física, grave enfermedad;
psicológica, sufre graves alteraciones psíquicas;
tenerla, inseguridad y angustia.

sacudidor, superficialidad.

sacudir, tendrá una sorpresa desagradable;
a una persona, quiere respuestas claras;
la cabeza, desilusiones;
la puerta, una discusión que tendrá graves consecuencias;
sacudirse, de improviso percibe claramente una situación;
un árbol, deseo de acaparar;
véase *golpear.*

saeta, una noticia imprevista;
en caso de que caiga cerca, buen augurio;
verla en el cielo, se encuentra frente a una situación muy extraña.

sal, buen augurio;
comerla, el exceso de ambición puede llevarle a grandes desilusiones;

si no la tiene, insatisfacción y desilusiones;
ver sal, ganancias fáciles;
volcarla, muy mala suerte.

sala, buenas perspectivas en el campo laboral;
de baile, apenas tiene preocupaciones;
de comer, placeres mundanos;
de tribunal, teme ser castigado por algo que no hizo;
de una escuela, gran falta de madurez;
desordenada, escándalos a la vista;
grande, bienestar y abundancia;
ordenada, proceda con orden y tendrá éxito;
pequeña, problemas económicos que ponen a la familia en dificultades.

salamandra, recibirá una ayuda preciosa de un desconocido;
tenerla en la mano, gran adaptabilidad, muchos recursos.

salar, gusta de las sensaciones fuertes.

salario, véase *paga*.

salchicha, *cocerla,* se avecinan buenos momentos;
comerla, satisfacciones de breve duración;
prepararla, equilibrio y tranquilidad.

salchichón, *comerlo,* satisfacciones en todos los aspectos;
cortarlo, su capacidad de decisión causa sufrimiento;

verlo, no se deje llevar por los impulsos.

saldar, *las cuentas,* quiere eliminar algunas preocupaciones.

saldo, preocupaciones de orden económico;
obtenerlo, tendrá lo que pide.

salero, amistad peligrosa.

salida de casa, véase *puerta*.

salinas, tranquilidad en el trabajo;
trabajador de unas salinas, ayuda a muchas personas.

salir, *de casa,* sus actividades serán fructíferas;
de la ciudad, novedades agradables;
de prisión, véase *prisión*.

salitre, malos discursos.

saliva, deseos irrealizables;
abundante, está seguro del éxito;
escasa, desilusiones.

salmo, un discurso pactado;
cantarlo, demanda realizada en grupo;
oírlo, petición de ayuda llevada a cabo con gran tranquilidad.

salmón, riqueza no exhibida;
comerlo, disfruta tranquilamente de lo que tiene.

salmonete, mala salud.

salmuera, esperar demasiado puede ser perjudicial;

alimentos en salmuera, ocasiones rechazadas.

salón, libertad de movimientos;
de la propia casa, se siente libre en familia;
en el que está solo, momentos de extravío;
lleno, deberá cuidar mucho su comportamiento en las relaciones sociales.

salsa, aprecio por los placeres pequeños;
comerla, gusto por la armonía;
prepararla, facilidad para armonizar diversos gustos.

salto, *bien hecho,* no teme los imprevistos;
dar un salto, evite un peligro imprevisto;
de altura, guarde las energías hasta el momento oportuno;
de longitud, situación difícil de mantener;
de obstáculos, controlará una situación peligrosa;
en el agua, desilusión tras descubrir un peligro;
mal hecho, sea cauto;
mortal, corre un grave peligro.

saludar, buenas relaciones sociales;
a los familiares, momento de reconciliación;
a personas desconocidas, procure vencer su timidez;
a un enemigo, pronto se convertirá en un amigo.

saludo, respeto y formalidad;
militar, no dé demasiada confianza;
responder al saludo, es correcto pero no demasiado extrovertido.

salvado, acciones sin sentido;
comerlo, escasas ganancias, buena salud.

salvaje, instintos incontrolados;
hablar con un salvaje, intenta comprender a una persona que no aprecia;
serlo, carácter impulsivo que provoca incomprensiones;
ver muchos salvajes, incomprensiones en el lugar de trabajo;
ver un salvaje, una persona imprevisible.

salvar, *un peligro,* las dificultades no le arredran;
a alguien, placeres no recíprocos;
las apariencias, preocupaciones de poca monta;
salvarse, dispone de muchos recursos;
ser salvados, una recompensa le costará cara.

salvavidas, una ayuda segura;
para flotar, prudencia y desconfianza;
subir a un salvavidas, necesita reflexionar.

salvia, *comerla,* salud óptima;
olerla, sensibilidad;
verla, pequeños disgustos.

sanar, véase *curar.*

sanatorio, estado de debilidad psicológica;
ir a un sanatorio, quiere mejorar, y esto le ayudará.

sandalia, ideas fáciles de intuir.

sándalo, falta de sinceridad;
esencia de sándalo, quiere librarse de los errores pasados;
madera de sándalo, fuerza y sentimientos preciosos.

sandía, no espere inútilmente a que todo vaya bien.

sangre, energía y vitalidad;
beber sangre, presagio de suerte, adquisición de nuevas energías;
darla, quiere ayudar a una persona en dificultades;
escupir sangre, periodo de graves sufrimientos;
estar sucio de sangre, preocupaciones por la salud, culpa;
no verla cuando se ha tenido una herida, no puede valorar la entidad de sus sufrimientos;
sangrar por la nariz, preocupaciones de poca monta;
ver una habitación sucia de sangre, superación de los problemas pero persistencia de la sensación de culpa;
verla manar de una herida, preocupación por los propios problemas interiores;
verla por el suelo, recuerda un sufrimiento pasado.

sangría, una pérdida monetaria;
hacerla, algo provocará un gran disgusto;
sufrirla, pasará en breve malos momentos.

sanguijuela, una mujer invasora;
quitársela del cuerpo, toma medidas contra todos aquellos que quieran aprovecharse de su trabajo;
ser atacado por sanguijuelas, se encontrará en una situación muy comprometida;
ver una sanguijuela, miedo a que se aprovechen de usted;
verla sobre el propio cuerpo, pérdidas imprevistas.

santo, *camposanto,* véase *cementerio;*
convertirse en santo, espera demasiado de sus mejoras;
que le habla, una persona irreprochable;
ser un santo, se cree perfecto;
verlo, exceso de optimismo.

santurrón, *hablar con uno,* aunque se crea moderno, sus ideas están superadas;
serlo, percibe que sus principios son demasiado férreos.

sapo, peligro;
matarlo, encontrará la tranquilidad;
que nada, disgustos y dificultades;
que salta, un peligro imparable;
ver un sapo en casa, se siente amenazado.

saquear, preocupaciones a la vista;
participar en un saqueo, conciencia intranquila, sabe que no merece lo que tiene;
una casa, envidia mal entendida.

saquito, búsqueda de ayuda;
lleno, ayuda obtenida con facilidad;
vacío, pocas iniciativas.

sarcófago, grave depresión;
abrirlo, temor ante las novedades;
antiguo, descubrirá importantes secretos;
estar en un sarcófago, superará una situación muy triste.

sarda, *comerla,* vida modesta pero tranquila;
verla, debe conformarse con lo que tiene.

sardina, dificultades momentáneas;
comerla, capacidad de adaptación sin problemas;
comprarla, periodo de escasas ganancias;
en lata, tendrá momentos de alegría.

sarmiento, *de vid,* signo de prosperidad y de abundancia.

sarna, *tenerla,* una situación desagradable;
verla, prevé serios problemas.

sartén, deseos familiares;
usarla para cocinar, discusiones con la pareja.

sastre, capacidad para valorar concienzudamente a todas las personas;
encargarle un traje, quiere distinguirse de los demás;
que le toma las medidas, sabe hacerse apreciar;
ser un sastre, cuidado con las discusiones familiares;
verlo, buena situación financiera.

sastrería, un lugar tranquilo pero susceptible a los cambios.

satanás, véase *diablo*.

satélite, una persona con mil ojos le mantendrá informado;
asistir al lanzamiento, una iniciativa le dará fama y notoriedad;
ver el lanzamiento de un satélite, impulsividad incontrolable.

sátira, comentarios y críticas peligrosas;
hacerla, aunque sean buenas, algunas de sus intuiciones le harán odioso;
leerla, se complace en las observaciones inteligentes;
recibirla, críticas refinadas.

sátiro, victoria fáciles;
serlo, insistencias poco oportunas;
verlo, cortejadores bromistas.

satisfacer, *los deseos de otro,* altruismo, generosidad;
los deseos propios, le falta algo para ser feliz.

sauce, disgustos;
caminar debajo de los sauces, tristeza, enfermedad familiar;
ver un sauce, sufrimientos que no puede confiar a nadie.

sayo, no toma nada por sí mismo;
llevar un sayo, ha decidido vivir una vida sin pretensiones;
quitárselo, está cansado de sufrir, vigile los impulsos;
verlo, quisiera ser más humilde y desinteresado.

sebo, malas condiciones económicas;
comerlo, satisfacciones económicas;
deshacerlo, espíritu de iniciativa;
fresco, suerte momentánea;
salado, gestión inteligente de los bienes;
verlo, buenos negocios.

secarse, *el sudor,* en realidad debe poner más interés en el trabajo;
las lágrimas, un momento de felicidad le consolará de tristezas pasadas.

secretario, depende de alguien;
serlo, un trabajo importante pero poco satisfactorio.

secreto, atracción por lo misterioso;
conocerlo, tiene un peso sobre la conciencia;
descubrirlo, enorme curiosidad;
desvelarlo, se sentirá más libre y más tranquilo;
ocultarlo, teme hablar.

secta, un grupo aislado;
formar parte, ideas que no quiere confrontar.

secuaz, persona profundamente influenciable;
serlo, profundas convicciones;
verlo, se maravillará de su ingenuidad.

secuestrar, no confía en sus posibilidades;
a una persona, obtendrá por la fuerza lo que desea;
bienes, complicaciones;
ser secuestrados, impotencia frente a una persona autoritaria.

sed, energías latentes;
calmarla, buen augurio, encontrará lo que busca;
no conseguir saciarla, dificultad para obtener lo que se desea;
tener mucha, ansia e insatisfacción;
ver agua y no beberla, no sabe lo que quiere.

seda, refinamiento;
comprarla, bienestar de breve duración;
llevarla, peligroso exhibicionismo;
vestido, se desenvuelve bien en todas las situaciones.

sedal, trampa;
tenerlo en la mano, intenta tender una trampa;
verlo, alguien le atrae hacia un engaño.

sedar, tranquilidad y autocontrol.

sedición, véase *revuelta*.

sediento, *dar de beber a un sediento,* es bueno aunque algo paternalista;
estar sediento, insatisfacción;
ver a un sediento, altruismo.

seducir, *a alguien,* inestabilidad, falta de decisión;
ser seducidos, caer en una trampa.

segar, se encuentra usted en un momento positivo;

en la temporada, mejora en los negocios;
fuera de temporada, contratiempos onerosos;
grano, obtendrá una gran suma de dinero.

segregar, obtiene lo que quiere por la fuerza;
a una persona, desconfía de sus posibilidades;
ser segregado, alguien le quita la libertad.

seguidor, *invisible,* complejo de culpabilidad;
verlo, alguien le resulta molesto.

seguir, inseguridad, no se fía de sí mismo;
a un animal, procure ser más decidido;
a un niño, siga sus instintos;
a una persona, representa la seguridad;
furtivamente, véase *espiar*;
la corriente, sigue el parecer de la mayoría;
ser seguidos, se considera experto y seguro;
ser seguidos furtivamente, teme algo.

segundo, *llegar segundo,* tiene un adversario definido al que ganar;
tener cosas de segunda mano, situaciones que se repiten.

seleccionar, orden operativo;
cosas, excesiva racionalidad;
personas, da juicios definitivos.

sello, honestidad, reserva y sentido de la propiedad;
coleccionar sellos, espíritu de observación y memoria;
de goma, algunos errores no se olvidan nunca;
pegar un sello, espera noticias de un amigo;
romperlo, conoces secretos que no debiera.

selva, problemas psicológicos;
encontrarse en una selva, problemas que no sabe resolver.

semáforo, *ámbar,* pequeños contratiempos;
rojo, obstáculos y preocupaciones;
verde, éxitos fáciles.

semana, un periodo a superar.

semanario, véase *diario.*

sembrador, satisfacción con las propias ganancias;
contratarlo, desea ampliar sus negocios;
serlo, falta de espíritu de iniciativa.

sembrar, inversión de futuro;
muchas semillas, tendrá un éxito seguro;
ver a alguien sembrando, envidia a quien sabe hacer buenas inversiones.

semental, fuerza, ardor, sexualidad prepotente;
verlo correr para un hombre, adversarios imprevisibles que nunca se dan por vencidos;
verlo correr para una mujer, un hombre apasionado y vital.

semillas, empleos satisfactorios;
comerlas, impulsividad, situación económica muy inestable;
comprarlas, deseos de éxito;
si alguien las come, pérdidas económicas;
si las comen los pájaros, imprevistos que pueden conducir a la ruina;
verlas, posibilidad de grandes éxitos.

seminario, tiene una guía segura;
estar en un seminario, buenos consejos pero escasa libertad de acción.

seminarista, buenos éxitos obtenidos en grupo;
serlo, sigue direcciones precisas.

sémola, falta de decisión;
comerla, gran capacidad de adaptación.

senado, autoridad paterna.

senador, cuidado con los engaños;
serlo, ambiciones;
verlo, una persona que no es de buena fe.

senda, un objetivo fácil de alcanzar.

sendero, proyectos mal organizados;
perderlo, ha perdido su única oportunidad;
recorrerlo, alcanzará el éxito por caminos indirectos;
tortuoso, reflexiones, dificultades;
verlo, no ha perdido las esperanzas.

seno, *abundante,* salud y prosperidad familiar;
enfermo, disgustos familiares, enfermedad;
para un hombre, riqueza;
túrgido, para un hombre, periodo difícil en los negocios;
túrgido, para una mujer, aventuras sentimentales y suerte;
véase *mamas.*

sensitiva, *planta,* una declaración de amor en toda regla.

sensualidad, carencias afectivas;
tenerla, deseo de relaciones sexuales.

sentarse, momentos de pausa;
en una silla, véase *silla.*

sentencia, ayudas improbables;
oírla, limítese a los hechos y no se preocupe demasiado;
pronunciarla, su opinión será valiosa.

sentimiento, *sentirlo,* insensibilidad ante los problemas ajenos.

señal, *perderla,* su seguridad se ha desvanecido;
seguirla, trabajará con tranquilidad si siguen las pautas establecidas;
ver una señal, evitará un peligro justo a tiempo.

señalar, *algo,* evitará malas experiencias a una persona querida;
un peligro, solidaridad.

señor, una persona que le puede ayudar.

señora, una mujer que le atrae.

separación, soledad dolorosa;
 de la persona amada, pérdida temporal;
 de un objeto, perderá aquel objeto;
 de una persona, aquella persona le dejará;
 deseada, reflexiones;
 legal, búsqueda de autonomía.

sepia, capacidad de apartarse de las dificultades;
 verla, superará sin problemas un periodo difícil, se librará de un escándalo.

sepulcro, dormirse en un, frustraciones, tristeza;
 ser metidos en un sepulcro, buen augurio;
 si se está vivo, castigo injusto, tristeza;
 ver sepultar a alguien, esperanzas de curación;
 ver un sepulcro roto, es un mal augurio.

sepultar, quiere olvidar algo desagradable;
 a alguien vivo, quiere ignorar una situación todavía presente;
 en un lugar público, busca fama y gloria;
 ser sepultados, buen augurio;
 sepultarse, periodo de grave depresión;
 un tesoro, suerte, victoria.

sepulturero, no realizará tareas desagradables;
 con caja, deberá aceptar tareas que no le conciernen.

sequedad, véase *sed.*

séquito, se preocupa por su reputación;
 no tenerlo, está solo en sus decisiones;
 tenerlo, influye sobre muchas personas.

serenata, manifestación de afecto y cariño;
 hacerla, quiere expresar sus sentimientos;
 oírla, cede ante las alabanzas.

sereno, véase *cielo.*

sermón, debe escuchar un discurso molesto;
 hacerlo, se impone a los demás de un modo equivocado;
 oírlo, consejos pedantes pero siempre útiles.

serpiente, traiciones;
 aplastarla, contradecir a los enemigos puede ser peligroso;
 coger una serpiente con la mano, no teme engaños y traiciones;
 criar una serpiente, no reconoce el carácter malvado de su hijo;
 estar rodeado de serpientes, pesimismo excesivo;
 matarla, buen augurio, vencerá a los amigos envidiosos;
 morder una serpiente, se vengará de los falsos amigos;
 oírla, no le sorprenderá un enemigo que oculta sus intenciones;
 ser enrollado por una serpiente, los adversarios le neutralizarán;
 ser mordido, enfermedad y mala suerte;
 verla, una persona aduladora.

serrar, satisfacciones laborales, preocupaciones por la salud;
hierro, es desconfiado por naturaleza;
madera, un trabajo que le puede dar éxito;
para una mujer, intenta olvidar el pasado;
piedra, problemas de salud.

servicio, *hacerlo,* espera inútilmente algún reconocimiento;
recibirlo, lazos molestos.

servir, diplomacia y adaptabilidad;
la cena, preocupaciones de poca monta;
la mesa, idealismo.

sésamo, *aceite de sésamo,* preocupaciones inútiles;
planta, se descubrirán sus secretos.

seso, periodo de inquietud;
comerlo, falta de escrúpulos.

seto, obstáculos que le bloquean;
saltarlo, alcanzará lo que desea con coraje y determinación;
verlo en el camino, camino incierto.

severo, *serlo,* debería serlo;
ver una persona severa, temores injustificados.

sibila, *olvidar lo que dice,* está muy inseguro sobre lo que debe hacer;
si responde, porvenir seguro;
si no responde, graves problemas futuros;
verla, mensajes incomprensibles.

sidra, tanta dulzura le costará muy cara;
beberla, gastos de los que se arrepentirá;
ofrecerla, quiere expresar su dulzura.

sierra, *rota,* falta de medios para resolver una problema;
verla, un trabajo fatigoso.

siervo/a, vigile los enemigos en la propia casa;
llamarlo, hace valer su superioridad;
serlo, pesadas obligaciones.

siete, es un número sagrado;
escribirlo, sentimientos que vencen el materialismo;
verlo, victoria segura.

signo, está muy atento a los consejos silenciosos;
de la cruz, tendrá graves inseguridades;
de vida, teme por la salud de una persona querida.

silabario, informaciones inútiles;
comprarlo, se siente poco preparado.

silabear, vacilaciones e indecisiones;
leyendo, falta de madurez y de preparación.

silbar, pequeñas victorias.

silbato, vigile.

silencio, presagio favorable;
amenazador, le persiguen los complejos de culpa;
ordenar silencio, teme muchas cosas;
romper el silencio, valor y determinación.

silla, una posición segura;
antigua, es reaccionario;
de lujo, posición buena y segura;
eléctrica, reacciona ante las amenazas;
sentarse en una silla, momentos agradables de relax;
verla, sentirse cansado.

silla de montar, tenerla en la mano, ha dejado de preocuparse por el trabajo;
usarla, ganancias óptimas;
verla, posible éxito.

sillón, vuelta a la infancia;
estar en un sillón, inmadurez, teme muchas cosas.

siluro, una trampa imprevisible.

simpatía, *sentirla,* busca nuevas amistades;
suscitarla, es su deseo.

simular, falsedad que deriva de inseguridades personales.

sinagoga, *estar en una sinagoga,* sorpresa y asombro ante nuevas sensaciones;
verla, un lugar que no reconoce.

siniestro, *serlo,* leve sentimiento racista;
verlo, no acepta la diferencia.

sinfonía, un acuerdo sorprendente.

síntoma, es muy intuitivo;
de una enfermedad, tendrá preocupación por la salud de los familiares.

sintonía, acuerdo con alguien;
ponerse en sintonía, una nueva amistad.

sirena, sueños de aventuras imposibles;
de una ambulancia, está muy preocupado;
de la policía, tiene mala conciencia.

soberano, véase *rey*.

sobre, *abierto,* alguien ha descubierto sus secretos;
con dirección, una persona importante se interesará por usted;
de carta, no confíe en los intermediarios;
mandarlo, quiere comunicar una noticia agradable;
perfumado, la persona amada no aprecia su romanticismo.
recibirlo, buenas noticias;
verlo, estar a la espera de algo.

sobreentender, *algo,* hablará de un tema difícil;
no comprender los sobreentendidos, se siente excluido de una discusión.

sobresaltado, *ser,* mal momento para los negocios;
ver a una persona sobresaltada, juzga a las personas sin conocerlas.

sobresaltar, próximos momentos de angustia.

sobresalto, percibe la gravedad de un problema.

sobretodo, *llevarlo,* intenta ocultarse;
verlo, prudencia, cautela;
viejo, no sea crédulo.

sobrevivir, confía en sus fuerzas;
a un peligro, nunca se da por vencido;
a una catástrofe, ese optimismo que le caracteriza le ayudará a volver a empezar.

sobrevolar, un problema que trata con sencillez;
la propia casa, ve las cosas muy lejanas;
un bosque, conflictos que no intenta resolver.

sobrino, lazos familiares;
serlo, ayudará a una persona anciana;
verlo nacer, familia sólida.

sociedad, *formar parte de una sociedad,* buena inserción en el grupo;
secreta, no le convencen ciertos comportamientos algo misteriosos de un conocido.

socio, *ser socio,* sabe que puede contar con muchos amigos;
verlo, una persona en la que confía.

socorrer, generosidad y seguridades personales;
a una persona en peligro, está convencido de ser indispensable.

socorro, *pedirlo,* le faltan fuerzas;
recibirlo, confía en los amigos.

sofá, vida tranquila y sin preocupaciones, pero es sólo un sueño;
estar sentados, goza de un periodo completamente sereno.

sofocar, *sentirse sofocado,* poca libertad y muchas decisiones.

sol, *cubierto de nubes,* momento difícil;
eclipse de sol, véase *eclipse*;
que inunda la casa, alegría familiar;
que sale, momento particularmente creativo;
que se pone, problemas y contratiempos;
sentirlo calentar, buen augurio para los negocios;
verlo, símbolo positivo de equilibrio en el tiempo;
verlo brillar, gran éxito en el amor.

solazarse, satisfacciones efímeras.

soldados, *en movimiento,* pronto ocurrirá algo importante;
heridos, mal agüero, males de todas clases;
parados, un peligro latente;
que atacan, siente el peso de duras amenazas;
verlos, estar a la defensiva.

soldar, *dos metales,* volverá a encontrarse con un amigo y no lo perderá más.

solfeo, *escucharlo,* envidia a quien sabe hacer proyectos de forma racional.

solicitud, una persona que no le deja indiferente;
de pago, decisión preocupante.

solidaridad, no existe entre usted y sus amigos.

soliloquio, soledad, aspectos amenazadores.

solitario, *brillante,* no debe desperdiciar la ocasión que se le presenta;
juego, no sabe que hacer para paliar la soledad;
perderlo, sus recriminaciones son inútiles.

sollozo, contrariedad;
tenerlo, malestar de corta duración.

soltarse, momento de libertad;
algo, sensación de abandono;
el cabello, véase cabello;
los pantalones, momento de tranquilidad;
los vestidos, liberación, cambios;
los zapatos, quiere sentirse a sus anchas.

soltero, libertad;
serlo, posibilidad de una nueva aventura;
si en la realidad está casado, en algún momento envidia a quien es libre;
soltero anciano, insatisfacción en el campo afectivo;

verlo, posibilidad de contraer matrimonio.

solución, *buscarla,* necesita consejo;
encontrarla, sentimiento de autosuficiencia.

sombra, consecuencias indirectas;
buscar la sombra, está cansado de exponerse a los peligros;
estar a la sombra de un árbol, alguien le protegerá;
estar siempre a la sombra, no consigue destacar;
ver la propia sombra, autoconciencia;
ver una sombra, crisis e inseguridad.

sombrero, no intente ocultar sus ideas;
antiguo, nostalgia del pasado;
comprarlo, está a la búsqueda de su identidad;
de colores, hipocresía;
de copa, véase chistera;
de marino, su sueño es la libertad de viajar;
militar, no sea demasiado rígido;
perder el sombrero, ha dado la espalda a sus amigos;
quitárselo, respete las ideas de los demás.

sombrero de paja, vanidad injustificada;
llevarlo, atrae la atención.

sombrilla, necesita de alguien que le defienda;
abrirla, dificultades;
cerrarla, seguridad;

rota, estará solo en los momentos difíciles.

someter, *a alguien,* deseo de acumular poder;
ser sometido, una mala situación ante la que no puede reaccionar.

sonámbulo, exceso de fantasía;
verlo, una persona que no distingue los sueños de la realidad.

sonda, *usarla,* descubrirá las cosas antes que los demás;
verla, posibilidad de conocer las cosas a fondo.

sonido, una advertencia;
agudo, problemas de conciencia;
de tromba, buenas noticias;
producirlo, quiere comunicar buenas nuevas.

sonreír, poner al mal tiempo buena cara;
ver sonreír, maledicencias.

soñar, sorpresas;
lugares, recuerdos que todavía le causan sufrimiento;
personas o lugares nunca vistos, le ilusiona conocer la situación de antemano;
situaciones pasadas, emociones que no ha superado.

sopa, buena salud, situación económica estable;
comerla, modestia;
mala, molestia familiar;
salada, pequeños altercados.

sopera, está satisfecho con lo que tiene.

sopesar, *algo,* desconfianza.

soplar, falta de decisión, agresividad controlada;
en la cara de alguien, falsa temeridad;
sobre el fuego, quiere provocar un escándalo.

soportar, *cosas desagradables,* no debe resignarse;
personas, su autonomía está en peligro;
pesos, responsabilidad desagradable.

soprano, una persona que sabe hacerse valer;
serlo, todos le escuchan atentamente.

sordina, *cantar en sordina,* se sobrevaloran sus actos;
tocar con sordina, un mensaje difícil de comprender.

sordo, *hablarle,* profunda incomprensión;
serlo, oye algo que no querría escuchar;
verlo, una persona excluida de sus temas.

sordomudo, *serlo,* no tiene posibilidades de competir con los demás;
verlo, una persona que no quiere comprender.

sorprender, espera coger a alguien en falta;
a alguien, le revelarán poderes ocultos;
a un ladrón, no confía en nadie;

al cónyuge con un amante, son sus sospechas las que estropean la relación;
sorprenderse, novedad violenta.

sorteo, *hacerlo,* deja aparte decisiones importantes;
verlo, espera sin actuar.

sortilegio, fatalismo peligroso;
ser víctima de un sortilegio, ha sido víctima de un engaño, ahora debe reaccionar.

sospechar, no ve las cosas con claridad;
ser motivo de sospecha, alguien descubrirá sus engaños;
ser sospechoso, es inocente pero debe demostrarlo;
sospechar de muchos, alarmismo.

sostén, una persona que le puede ayudar;
buscarlo, solo se siente perdido;
serlo para alguien, se sobrevalora.

sotana, mal augurio, disgustos;
llevarla para un hombre, pérdida de responsabilidad.

sótano, algo que se le mantiene en secreto;
ir al sótano, analice sus sentimientos más íntimos;
lleno de objetos, quiere olvidar el pasado.

subida, un éxito difícil de realizar;
muy escarpada, si supera un periodo muy difícil tendrá grandes satisfacciones.

subir, mejoras en todos los aspectos;
a un árbol, tan sólo encuentra alegrías y satisfacciones;
a una montaña, véase *montaña*;
las escaleras, progreso lento pero eficaz;
sobre una escalera, objetivos útiles que alcanzará fácilmente.

submarino, teme a los enemigos invisibles;
estar en un submarino, trabaja oculto;
verlo, descubrirá una insidia que le perjudica.

subordinado, *tenerlo,* gran sentido de la autoridad;
serlo, rencor hacia los superiores;
si no lo es en la realidad, complejo de inferioridad.

subrayar, quiere destacar detalles importantes;
un libro, cuestiones que otros consideran superficialmente;
una frase, ha descubierto detalles importantes.

subterfugio, vive de ficciones;
descubrir un subterfugio, sospechas fundadas;
recurrir a un subterfugio, por principio oculta sus actos.

subterráneo, presagio de dificultades;
caminar por un subterráneo, dificultades antes de conseguir su objetivo;
perderse en un subterráneo, una situación sin aparente camino de

salida;
salir de un subterráneo, tendrá suerte y reemprenderá los negocios.

suburbio, no ha conseguido llegar donde quería.

subyugar, *a alguien,* quisiera poder hacerlo;
ser subyugados, inseguridad, comportamiento pasivo.

sucesor, *serlo,* enfermedad de alguien próximo;
verlo, carrera bruscamente interrumpida.

suciedad, una situación desagradable, insidias y calumnias.

sucumbir, es pesimista, se da por vencido;
a los enemigos, no existe posibilidad de escapar;
después de una dura lucha, lo importante es no dejar de intentarlo.

sudar, preocupaciones por el trabajo y por la salud;
estar bañados en sudor, algo le convierte en ansioso y depresivo, es posible que le moleste el pago de algunas deudas;
sudar sangre, momento verdaderamente negativo, una decisión improrrogable.

sudario, mal augurio;
estar envueltos en un sudario, le molestan pensamientos lúgubres.

sudor, vislumbra un duro trabajo.

suegra, discusiones familiares.

suelas, *nuevas,* una actividad prometedora;
rotas, interrupciones, enfermedad.

sueldos, debe realizar renuncias; véase *dinero.*

sueños, necesidad de paz, de no pensar en los problemas de la jornada;
adormecerse, se siente muy relajado.

suero, teme peligros ocultos.

sufrimiento, experiencias negativas que creía olvidadas.

sufrir, incomprensión y equivocaciones que no consigue olvidar;
las penas de otra persona, tendrá un destino parecido al suyo.

sugerir, quisiera intervenir en negocios que no le conciernen;
recibir una sugerencia, alguien le quiere influir.

suicidarse, graves tensiones interiores le están perjudicando;
ver a alguien que se suicida, padece por una persona que se está arruinando.

sultán, se relaciona con alguien que cree tener todo en su poder;
serlo, no merece las riquezas que posee.

suma, preocupaciones de tipo económico.

sumergir, *algo,* desea olvidar algo que le hace sufrir;
sumergirse, tiene mucho miedo, se oculta.

suministrar, *un medicamento,* se considera un sabio consejero.

superar, fuerza de voluntad;
un obstáculo, véase *obstáculo;*
véase *traspasar.*

superviviente, *serlo,* una lucha muy dura que ha ganado venciendo a los demás;
verlo, perderá muchos amigos.

suplente, *serlo,* un trabajo provisional;
verlo, una persona que no le merece confianza.

suplicar, no confíe en ayudas externas;
que alguien le suplique, recibirá insistentes peticiones de ayuda económica.

suplicio, *infligirlo,* no se da cuenta de que hace sufrir a una persona;
sufrirlo, su situación empeorará por culpa de amigos desleales.

surtido, *de objetos variados,* tiene que dar al trabajo su justa importancia;
de zapatos, tiene demasiadas complicaciones, procure buscar momentos de ocio.

surtidor, *iluminado y muy complejo,* la riqueza aumentará gracias a su inteligencia y fantasía;

si el agua es limpia, vida tranquila y económicamente segura;
si el agua es sucia, muchos disgustos;
si mana mucha agua, abundancia y riqueza;
sin agua, pobreza y miseria;
ver manar un surtidor antes seco, buen augurio, señal de gran fuerza interior.

suscribirse, *a revistas o periódicos,* no admite la monotonía.

suspender, decisiones retrasadas;
en la escuela, odio mal entendido;
en los estudios, inseguridades y miedos;
un pago, tendrá que resolver problemas graves;
una búsqueda, se ha dado por vencido antes de tiempo;
ser suspendido, los fracasos le aterrorizan.

suspiro, se rinde al destino;
hacerlo, espera pasivamente el éxito de una cuestión;
oírlo, una persona que no actúa pero que sufre.

sustituir, necesidad de cambios;
a una persona, claridad de ideas;
un objeto roto, ha descubierto lo que le perjudica;
ser sustituidos, ofensas que no consigue olvidar.

susurro, *emitirlo,* un pensamiento que no quiere expresar claramente;
oírlo, escuchará palabras falsas.

T

tabaco, *comprarlo,* pequeños gastos;
fumarlo, placeres efímeros;
para aspirar, un periodo favorable para los negocios;
planta de tabaco, sueños irrealizables;
volcarlo por el suelo, alejamiento de los amigos.

tábano, una persona que puede dañarle;
ser picado por un tábano, amenaza convertida en huella;
ver muchos tábanos, está rodeado de personas desleales.

tabardo, falsedad, engaños.

taberna, proyectos con los amigos;
beber en una taberna, falta de control.

tabernáculo, una riqueza oculta;
en la iglesia, sentimientos religiosos.

tabla, le darán consejos que debe seguir;
compilarla, orden mental.

tabla de madera, es una persona modesta;
notar que falta una tabla, le falta alguien de la familia.

tablero de juego, el terreno de batalla.

tableta, comunicaciones importantes;
de chocolate, véase *chocolatina.*

tacaño, véase *avaro.*

taco de billar, decisiones premeditadas, deseos acuciantes;
roto, la impulsividad cuesta cara.

tacón, una forma de destacar;
alto, inseguridad y vanidad.

táctica, tiene planes y proyectos para llegar velozmente al éxito;
utilizar una táctica, con un programa lógico dejará atrás todos los errores del pasado.

tafetán, pequeñas alegrías personales.

tahúr, inquietud;
que juega, inquietud;
que pierde, cree profundamente en la honestidad.

tajo, trabajos peligrosos.

taladro, una cuestión analizada en profundidad;
verlo en acción, descubrirá muchas cosas.

tálamo, véase *cama*.

talento, ambiciones insatisfechas.

tálero, ganancias inesperadas de un trabajo extraño.

talismán, miedo a perder algo precioso;
poseerlo, tiene una gran confianza en sí mismo;
verlo, espera una gran novedad.

tallarines, celos injustificados.

taller, el trabajo le ayudará;
de reparaciones, recibirá una ayuda preciosa;
trabajar en un taller, periodo muy productivo.

taller tipográfico, *estar en uno,* trabajo intenso y ordenado.

talón, sensación de estar amenazado;
herido, llegarán grandes males.

talud, dificultades no ignoradas;
caerse por un talud, falta de sentido del equilibrio.

tambor, mal augurio;
golpearlo, éxitos muy poco duraderos;
oírlo, maledicencias que pueden resultar peligrosas;
tamborcillo, chismes de poca monta.

tamizar, búsqueda espasmódica;
la tierra, busca una fortuna fácil;
pasar por el tamiz, es muy selectivo.

tándem, colaboración con la pareja.

tapadera, *que falta,* caerá en una trampa;
verla, una iniciativa organizada con cuidado.

tapar, se avecina una situación de emergencia;
faltas, está en crisis e intenta superarla como puede;
taparse las orejas, es sordo a la realidad.

tapiar, *a una persona,* procurará no pensar más;
algo, quiere olvidarlo completamente;
una ventana, se ha desperdiciado una posibilidad.

tapicero, deberá buscar una ayuda útil;
serlo, valora mucho la casa y la familia.

tapiz, quiere vivir por encima de sus posibilidades.

tapizar, *una habitación,* muchas satisfacciones y pocas ganancias.

tapón, *usarlo,* sabe callar cuando es necesario;
verlo, debe mantener un secreto.

tapón de corcho, pequeños secretos que han sido revelados a todos;

roto, los chismorreos inútiles han causado mucho daño.

tarántula, alguien le ocasionará un gran dolor, le alejará de casa durante un largo periodo;
ser mordido por una tarántula, angustia y desilusión.

tarde, un momento de meditación;
muy oscura, temor ante algún peligro.

tarea, *en clase,* el futuro depende de una dura prueba;
en la escuela, deberá prestar atención y razonar con inteligencia;
hacerla, está frente a una prueba importante;
laboral, no le gusta la pasividad.

tarifa, gastos obligados;
pagarla, cumple con su obligación a disgusto.

tarot, *cartas del tarot,* surgen preguntas sobre el futuro;
echar las cartas, es un momento particularmente desafortunado;
hacérselo tirar, inseguridad peligrosa, exceso de calma.

tarta, momentos particulares;
comerse una porción pequeña, cree merecer más de lo que ha recibido;
cortarla en porciones, imparcialidad en el reconocimiento de méritos;
prepararla, se prepara para una fiesta;
regalarla, dulzuras sentimentales no correspondidas.

tartamudear, a veces es difícil hacerse comprender.

tasas, grandes gastos;
pagarlas, conciencia muy tranquila, cuidado con las pérdidas sufridas.

tatuaje, arrastra las marcas del pasado;
hacérselo, un momento inolvidable.

taxista, una persona disponible para moverse;
serlo, buena disposición hacia los demás aunque estos se aprovechan a veces.

taza, representa la feminidad;
de cristal, posibilidad de pequeñas rupturas familiares;
verla, una donación afectuosa.

tazón, los negocios disminuirán considerablemente.

te, serenidad;
beberlo, mejora de la salud;
volcarlo, pérdida de la tranquilidad.

tea, *apagarla,* esperanza fracasada;
tenerla en la mano, esperanza de ser amado;
ver una antorcha, una fiesta, una ocasión importante;
verla, situación desagradable que cambiará para mejorar.

teatro, nostalgia del pasado;
asistir a un espectáculo, ambiciones satisfechas;

lleno, temores e inseguridades;
muy lleno, curiosidad;
que arde, un amor difícil;
representar una obra en el teatro, todo tipo de aventuras;
teatro muy grande, todo tipo de satisfacciones;
vacío, una situación que comprenderá lentamente.

techo, vida segura y confortable;
caer del techo, una noticia que trastorna;
que arde, buen augurio, suerte y éxito;
que cruje, lo que se creía una protección se ha revelado como un peligro;
quitar el techo, matrimonio en familia.

teclado, *del piano,* elecciones inmediatas.

técnico, *serlo,* se salva en todas las situaciones;
verlo, una situación que no puede resolver por sí mismo.

tejas, preocupación por la casa y la familia;
que caen, la serenidad familiar se verá alterada;
verlas, se siente seguro en casa.

tejer, buen augurio, viajes favorables.

tejido, *cortarlo,* decisiones peligrosas;
teñirlo, su creatividad le llevará al éxito;
verlo, proyectos que tendrán éxito.

tejón, una persona perezosa;
verlo caminar, una persona que le altera por la pereza y la indiferencia.

tela, cuida mucho su imagen;
véase *cuadro.*

telar, un trabajo complejo;
trabajar, la laboriosidad ayuda a conquistar una buena posición.

telaraña, insidias invisibles;
quitarla, elimina malignidad y pequeños engaños;
verla, ha descubierto una trampa oculta.

teleférico, contactos útiles.

telefonear, titubeos ante la necesidad de hablar con la persona amada.

teléfono, es curioso y pronto recibirá las noticias deseadas.

telegrafiar, alguien espera un consejo suyo.

telegrama, estar a la espera de noticias;
mandarlo, recibirá las noticias que espera;
recibirlo, ansia y falta de control.

telescopio, quiere conocer mejor una situación.

telón, alguien observa sus gestos;
alzarlo, no tiene nada que ocultar a nadie;
bajarlo, un momento de crisis que quiere ocultar.

temblor, es muy sensible e influenciable.

temor, *tenerlo,* en realidad es decidido y sabe lo que quiere.

temporada, *trabajar fuera de la temporada,* pequeñas pérdidas de tiempo que comportan daños económicos;
vestidos de fuera de temporada, se siente desplazado.

tenacillas, para las telas, asuntos cotidianos;
para los cabellos, pequeños caprichos.

tendero, véase *comerciante.*

tenedor, malas palabras;
dejarlo caer, es mejor olvidar las pequeñas ofensas;
recogerlo, quiere una revancha.

tentación, una persona que le atrae enormemente;
vencerla, gran sentido de la moralidad.

tentativa, debe intentarse todo, determinación y firmeza;
conseguida, superará muchas dificultades para alcanzar su objetivo;
fallida, su determinación no será suficiente, será derrotado.

teñir, recurre a todos los trucos;
vestidos, la situación cambiará tan sólo en apariencia.

teólogo, una persona sabia que no tiene sentido de la realidad; *serlo,* discursos importantes pero poco prácticos.

terciar, tomará decisiones sabias;
bruscamente, rápidos cambios de idea;
no conseguir terciar, está obligado a continuar la vida de siempre.

terciopelo, aspira a una vida agitada;
comprarlo, inexistencia de preocupaciones financieras;
negro, periodo fructífero pero triste;
rojo, honores y éxito;
vestir de terciopelo, le gusta mostrar sus éxitos.

termas, bienestar físico y psicológico;
estar en las termas, alguien envidia su equilibrio.

término, espera un reconocimiento para sus méritos.
llegar, objetivos alcanzados;
verlo pero no conseguir alcanzarlo, cuando se creía seguro ha sufrido un contratiempo peligroso.

termómetro, preocupación por la salud;
usarlo, enfermedad familiar;
verlo, valoración positiva de las mejoras de salud.

ternero, esperanzas para el futuro;
de oro, avaricia;
delgado, periodo de miseria;
en el pasto, suerte cercana;
gordo, abundancia.

terraza, *encontrarse en una terraza,* buenas relaciones sociales, amistades interesantes;
verla, descubrirá algo que nadie conoce.

terremoto, un gran cambio;
con tormenta, proyectos que fallan;
estar en un terremoto, una situación muy triste desde todos los puntos de vista;
verlo, novedades en los negocios y en el campo afectivo.

terreno, *comprarlo,* proyectos de largo vencimiento;
llano, grandes ambiciones;
sin cultivar, un momento de desorden mental.

territorio, *recorrer un amplio territorio,* vivirán una experiencia nueva, fuente de peligros, pero también de sorpresas agradables.

terror, *sentirlo,* excesivo control y ocultación de miedos.

tertulia, véase *sala.*

tesoro, *encontrarlo,* esperanzas defraudadas;
ocultarlo, lo que dejó aparte le será arrebatado;
sepultarlo, conocerá secretos muy peligrosos.

testamento, *escribirlo,* mal augurio;
leerlo, una herencia esperada durante mucho tiempo;
romperlo, deberá tener cuidado con la justicia.

testarudo, *serlo,* desea ser tomado en serio.

testículos, *cortados,* un periodo difícil, quebranto físico y económico;
grandes, seguridad y solidez económica;
mujer con testículos, incorporación de nuevas responsabilidades;
verlos, vive la sexualidad de un modo angustioso.

testimoniar, *dar falso testimonio,* engaños desvelados;
darlo cierto, exceso de seguridad en sí mismo.

tétanos, miedos que no se quieren admitir.

tetera, una persona dulce y comprensiva.

tibieza, alegrías familiares.

tiburón, una persona poderosa;
capturarlo, ha eliminado a un adversario peligroso;
verlo en el mar, no existe la posibilidad de conseguir lo mejor.

tienda, actividad importante a emprender;
estar en una tienda, no escuche a quien le quiere desanimar.

tierra, *besarla,* desilusiones sentimentales;
estar cubierto de tierra, su fuerza de voluntad le salvará de una situación complicada;
trabajarla, un trabajo duro, satisfacciones no inmediatas;

verla, seguridad, puntos de apoyo.

tiesto, gusta de las antigüedades.

tifón, un gran cambio en la familia que resultará triste.

tifus, alguna pequeña enfermedad;
tenerlo, temor ante un empeoramiento de la salud;
ver a un enfermo de tifus, una persona en la que no confía completamente.

tigre, *matarlo,* volverá a considerar las cosas con serenidad;
ser atacados por un tigre, bruscos cambios de situación le convertirán en nervioso e inseguro;
verlo, una persona que creía irreprochable le ocasionará disgustos y molestias.

tijeras, ruptura definitiva;
cortar con ellas, discusiones que terminarán con una separación;
despuntadas, no puede perjudicar a nadie;
usarlas, deseo de cortar con el pasado;
ver a alguien con las tijeras en la mano, una persona poco fiable se le acercará;
verla, una grave discusión le apartará de la persona amada por poco tiempo.

tilo, un amor tranquilo;
cortarlo, molestias y pequeños problemas familiares;
subirse a un tilo, una posición sólida y segura.

timbal, una seguridad muy útil;
verlo, noticias que esperaba desde hace tiempo.

tímido, *serlo,* quisiera ser menos impulsivo.

timón, claridad de ideas;
tener el timón en la mano, tan sólo se fía de sí mismo.
tenerlo otra persona, juzga negativamente una decisión tomada por otros;

timonel, no tiene el poder de decisión que cree merecer;
serlo, está convencido de saber decidir de un modo oportuno.

tímpano, noticias imprevistas;
roto, algo importante se ha ignorado.

tina, exceso de ambición;
con peces, una situación molesta;
de baño, enfermedad inminente;
llena de agua, buen augurio;
vacía, periodo difícil.

tinaja, tiene un propósito urgente.

tinta, *azul,* discurso romántico;
comprar tinta, ha decidido revelar algunos secretos;
negra, un orden preciso;
roja, una gran pasión;
ver tinta, desea evitar el escándalo.

tinta china, se presenta un periodo de trabajo poco satisfactorio.

tintero, debe almacenar energía para los momentos difíciles;

mojar la pluma en un tintero, le basta con una pequeña ayuda exterior para seguir adelante;
que se vuelca, incidente grave.

tintorería, muchas palabras para ocultar las culpas.

tío, consejos de los padres.

tipógrafo, concluirá buenos negocios;
serlo, se está preparando para un encuentro importante;
véase *taller tipográfico.*

tirano, *matarlo,* conquistará espacio y autonomía;
serlo, carácter débil, se deja engañar fácilmente;
verlo, un adversario sin escrúpulos.

tirar, un trabajo pesado;
algo por la ventana, conformismo peligroso;
confeti, déjese arrastrar por las alegrías de los demás;
de los cabellos, una discusión que no quiere afrontar;
de un carro, grandes empeños y pocas satisfacciones;
guijarros, véase *guijarro.*

tirarse, *de un tren,* le es insoportable cualquier pequeño cambio;
por la ventana, se castiga con un moralismo excesivo.

tiro, *al blanco,* ha causado buena impresión.

tiroteo, un conflicto entre personas agresivas;
participar en un tiroteo, corre riesgos inútiles;
verlo, teme las consecuencias de un conflicto que no le concierne.

tisana, *beberla,* relax y tranquilidad;
verla, piensa en la salud.

tísico, una persona que no consigue hacerse valer;
serlo, incapacidad para actuar.

tisis, curación de una enfermedad.

títere, sentirse manipulado.

titiritero, deseo de distraer a alguien de una cuestión muy importante;
serlo, cambio frecuente de opinión.

titubear, debe controlar sus impulsos y reflexionar antes de actuar.

titulación académica, sensación de no estar a la altura de las circunstancias;
no tenerla, complejo de inferioridad;
tenerla, la experiencia es buena maestra, no siente ningún complejo.

titular, *un libro,* tiene en mente grandes proyectos.

tizón, *apagado,* nostalgia de una vieja pasión;
ardiente, ama sin ser correspondido.

toalla, bienestar físico y moral;
comprarla, preocúpese de sí mismo;
tenerla sucia, alguien ha ocupado su lugar en la familia;
usarla, revalorice su cuerpo.

tocadiscos, momentos de evasión.

tocar, *bien,* equilibrio interior;
instrumentos de cuerda, momentos de inseguridad y de turbación;
instrumentos de viento, signo de éxito;
mal, contradicciones internas.

tocino, véase *cerdo*.

toga, gran responsabilidad;
llevarla, ha conquistado el respeto de todos.

toldo, éxitos poco duraderos.
agujereado, un imprevisto le impedirá partir.
de carro, una buena ocasión para viajar;

tolerar, *algo,* falta de valor para oponerse a algo.

tomar, *agua,* deseo de éxito;
vino, honestidad y sinceridad;
un veneno, grandes pérdidas de dinero;
una medicina, momentos difíciles pero útiles para el futuro.

tomate, le tienta una historia de amor;
abrir una lata, continuará la vida de siempre.

comerlo, obtendrá un gran éxito amoroso;
recogerlo, se enamorará de una persona pasional;
ver muchos, envidia las situaciones estables y ricas en afecto.

tómbola, le gusta el riesgo y tienta la suerte.

tomillo, pequeños disgustos;
recogerlo, tristeza por las ocasiones perdidas.

tonel, *lleno de vino,* se avecinan días de fiesta y alegría;
vacío, todos sus recursos se han agotado.

tonsura, periodo difícil y muy complejo;
tenerla, es fácilmente influenciable.

tontería, de entrada se arrepiente de sus actos;
decirla, dureza al rebatir las respuestas;
hacerla, se actúa sin convicción;
sentirla, sentirse en un ambiente inadecuado;
verla, una persona que considera poco.

tonto, *verse a sí mismo,* no se siente con los demás.

topacio, quiere destacar a toda costa.

topar, *con alguien,* altercados y discusiones;
contra algo, exceso de decisión y rigurosidad.

topo, *verlo,* no percibe que su amor no es correspondido.

tórax, *ancho,* éxito y salud;
con pelos, buenas ganancias.

torbellino, *ser atrapados por un torbellino,* un periodo difícil y peligroso;
verlo, temor ante algunas complicaciones.

torcido, *hacerlo,* quiere tener la razón a toda costa;
sufrirlo, se siente perseguido por la mala suerte.

tordo, *ver muchos tordos,* molestias de todo tipo;
ver un tordo, contratiempos que se podían evitar.

torero, corre riesgos inútiles;
serlo, le gusta que le aprecien por su valor.

tormenta, desorden, confusión, peligro en la familia.

tormento, una situación insostenible;
físico, continuas preocupaciones por la salud;
psicológico, un pensamiento muy persistente.

torneo, un desafío leal;
participar en un torneo, quiere destacar y triunfar.

tornillo, falta de seguridad y puntos de enlace;
aflojar un tornillo, quiere librarse de lazos demasiado estrechos.

torniquete, *hemostático,* un problema vital.

toro, mejora económica;
comprarlo, discusiones;
enfurecido, se siente amenazado por alguien muy impulsivo;
matar a un toro amenazador, evitará un grave peligro;
matar a uno pacífico, pérdida de un apoyo importante;
pacífico, un persona impulsiva pero de buen carácter;
que monta a una vaca, buen augurio;
ser perseguidos por un toro, sufre las consecuencias por haber provocado a un superior.

torpedo, engaños difíciles de descubrir.

torpeza, *sentirla,* un periodo ocioso pero poco agradable.

torre, buena señal, éxito;
alta, oportunidad para ocupar una buena posición;
encontrarse en una torre, los peligros le llevan a defenderse de todo y de todos;
que cruja, pérdida de defensas;
subir a una torre, comienza su ascenso social.

torrente, una pasión que le impide razonar;
ancho, todavía tiene la posibilidad de razonar tranquilamente;
impetuoso, su impulsividad le llevará a elegir el camino erróneo.

tortilla, *cocerla,* está organizando un negocio importante;

comerla, disfruta los frutos de su trabajo;
cortarla, responsabilidades compartidas.

tórtolas, éxitos sentimentales;
aprisionarlas, celos;
ver muchas tórtolas, amigos sociables;
verlas volar, modera sus impulsos celosos.

tortuga, ganancias pequeñas pero seguras;
cogerla con la mano, interrumpe la carrera de una persona seria y constante;
comerla, deseos realizados tras mucho tiempo;
verla caminar, progresos lentos en el mundo de los negocios;
verla en medio del camino, atrasará una decisión importante.

tortura, *ser torturado,* será condenado injustamente;
torturar a alguien, reconoce los peores aspectos de su carácter;
torturarse, desea expiar las culpas pasadas.

torturar, *a alguien,* perversiones;
ser torturados, temores y miedos irracionales.

tos, pequeños problemas difíciles de afrontar;
tenerla, temas poco claros;
ver a alguien que la padece, una persona insensible a todo.

tostar, éxito en los negocios;
pan, preocupación por cosas inútiles.

total, *de una cuenta,* un pago al que no consigue hacer frente.

trabajador manual, *serlo,* rechaza los trabajos manuales;
serlo, para un intelectual, poca habilidad manual.

trabajar, satisfacciones, armonía familiar;
en grupo, alcanzará sus objetivos junto a otras personas;
hacer el propio trabajo, tendrá algunas dificultades de trabajo durante el día;
hacer un trabajo insólito, mejoras, prosperará;
no terminar el trabajo, desconfía de sus posibilidades;
solo, egocentrismo;
tranquilamente, equilibrio;
velozmente, tensiones y equilibrio.

trabajo, esfuerzos por mejorar;
agradable, pleno equilibrio, madurez y optimismo;
diario, situación afectiva bastante precaria;
estar sin trabajo, véase *desocupado;*
intelectual, satisfacciones extemporáneas;
manual, sentido práctico;
molesto, se prevén grandes cambios en su vida.

trabarse, *una pistola,* ya no está convencido de querer vengarse.

tractor, *usarlo,* persigue sus objetivos sin precipitarse;
verlo, una ayuda constante y segura.

traducir, *de una lengua extranjera,* se aclara un problema incomprensible para los demás.

traficante, una persona conocida le involucrará en negocios poco claros;
serlo, ha iniciado negocios poco limpios.

tráfico, confusión mental, sensación de extravío;
estar entre el tráfico, sabe dominar una situación confusa.

tragaluz, será feliz si no es demasiado exigente;
estar encerrado en un tragaluz, sensación de estar preso en una situación desagradable;
nuevo, está a punto de emprender grandes cosas;
viejo y derruido, pronto cambiará el ambiente.

tragar, *lágrimas,* momentos de gran crisis;
una pastilla, preocupación por la salud.

tragedia, *asistir a una tragedia,* mal augurio, se encontrará en una situación difícil;
representarla, exuberancia y falsedad.

traición, falta de confianza en sí mismo y en los demás;
a la mujer, mal estado de salud;
al marido, posibles pérdidas económicas;
con un desconocido, desea algo nuevo pero no sabe a ciencia cierta de qué se trata;
rechazar una traición, discusiones familiares;
ser traicionados, serios problemas por las incorrecciones cometidas;
ser traicionados por la persona amada, riesgo de ser abandonado por la persona amada, a causa de las valoraciones erróneas a que le han conducido los celos;
traicionar a alguien, coherencia y seguridad en las acciones, cambios en el ámbito laboral;
traicionar al amante, se obliga a ser fiel.

traílla, un lazo insoportable;
atar a un animal a una traílla, intento de estar más cerca de una persona;
verla rota, una persona de confianza le abandona.

tramar, pronto perderá respeto y consideración.

tramontana, se aproxima un periodo difícil.

trampa, sea prudente y sospeche;
caer en una trampa, el exceso de optimismo perjudica;
organizarla, se aprovecha de una persona inexperta.

trampolín, una ayuda para iniciar una empresa positivamente;
saltar del trampolín, debe aprovechar un apoyo importante;
verlo, temor a ser demasiado impulsivo.

tranquilo, *sentirse,* no necesita nada;

ver a una persona tranquila, envidia hacia las personas que actúan con calma incluso en las situaciones más difíciles.

transatlántico, *estar a bordo,* buenas noticias a propósito de los negocios;
verlo, prevé largos desplazamientos.

transcribir, ninguna novedad.

transferido, *ser,* un momento de inseguridad, todo parece nuevo.

transformarse, *en mejor,* amor correspondido;
en peor, preocupaciones y sufrimiento.

transfusión, cree en la solidaridad;
recibirla, buen augurio para la salud y los negocios.

transgredir, véase *desobedecer.*

tránsito, *libre,* libertad de acción;
prohibido, alguien intenta perjudicarle.

transmitir, prevención justificada;
historias y anécdotas, gran sentido de las tradiciones.

transparente, *objetos transparentes,* falta de seguridad en lo que se posee;
ser transparente, mala salud.

transportar, una cuestión que se arrastra desde hace tiempo;
muebles, piensa demasiado en el futuro;
objetos, indecisión y cambio de ideas;
ser transportado, una situación vivida de forma pasiva.

tranvía, es una buena señal, y si está lleno a rebosar representa el optimismo;
descender del tranvía, negocios fracasados;
parado, discusiones violentas.

tranviario, padecerá graves dificultades financieras;
serlo, preocupaciones de orden práctico.

trapero, quiere recuperar algo;
ir al trapero, percibe las cosas importantes que ha olvidado;
llevar libros al trapero, algo que considera inútil se revelará como precioso;
ser trapero, reconoce que es muy afortunado.

trapos, *comprarlos,* malos negocios;
estar vestidos con trapos, será el centro de un escándalo;
lavarlos, su gran espíritu de iniciativa no le servirá;
tirarlos, valora el entorno;
venderlos, negocios de poca monta.
verlos, buena señal, riquezas a punto de llegar.

trasladar, inicie una nueva vida.

traspasar, *montañas,* percibe muchas dificultades enfrente.

trasplantar, buen augurio;
árboles, es un momento favorable para las nuevas ideas.

trastorno, *trastornar,* extrema confusión mental;
verse a uno mismo trastornado, pérdida imprevista, temor ante algún adversario.

trasvasar, una situación que no se resuelve definitivamente;
vino, buen augurio.

trayecto, *muy largo,* la constancia se ve premiada;
recorrerlo, paciencia y voluntad.

trébol, suerte;
encontrarlo, una ocasión muy extraña.

tregua, *hacerla,* necesidad de reflexión;
pedirla, situación exasperante.

tren, un momento afortunado, tal vez una probable reunión con los familiares;
buscarlo y subir, fuerza de espíritu y decisión;
perderlo, periodo de depresión y renuncias;
que descarrila, planes comprometidos;
tomarlo, cambios a la vista.

trenza, ideas algo confusas;
cortarla, las cosas se aclararán;
hacerla, la mujer amada;
llevarla, situación poco clara.

trepar, esfuerzos por mejorar la posición social;
a un árbol, alcanzará una posición elevada;
a una roca o un muro, encontrará obstáculos y malas intenciones;
ver a otros que trepan, debe vigilar que no le engañen.

tres, representa la perfección geométrica. Solución de un problema importante y comienzo de un nuevo periodo.

triángulo, ideas claras.

tribu, representación de la familia al completo;
verla, consideraciones sobre los padres.

tribuna, posición dominante;
de las autoridades, aspiración al éxito;
estar fuera de la tribuna, envidia a quien ha triunfado;
estar sobre la tribuna, éxito y suerte.

tribunal, *estar en un tribunal,* debe enfrentarse a una discusión desagradable;
si lo sueña un enfermo, empeoramiento de la enfermedad;
ver un tribunal, temor a las preocupaciones.

triciclo, un trabajo sin remuneración;
jugar, pasatiempos infantiles.

tridente, mala suerte en el juego.

trigo, presagio de riqueza;
ver mucho, la generosidad puede ayudar al éxito.

trinchera, una posición que quiere defender;
estar en una trinchera, no cambia de parecer con facilidad;
excavarla, no soporta los momentos de indecisión.

trineo, buen augurio, satisfacciones fáciles;
caer del trineo, periodo difícil, los éxitos obtenidos sin esfuerzo desconcentran;
correr en trineo, le emocionarán los éxitos fáciles;
subir a un trineo, una empresa que resulta fácil.

tripa, falta de moderación;
comerla, es usted superficial y goloso.

tripas, *ver las propias tripas,* percibe los peores aspectos de su carácter;
ver tripas, están por llegar momentos desagradables.

tripulación, *de una nave,* forma parte de un grupo homogéneo;
formar parte de la tripulación, buenas noticias.

triturar, mal augurio;
carne, enfermedad.

triunfo, ilusiones de breve duración.

trofeo, *darlo,* reconoce los méritos de alguien;
mirarlo, recuerdo de victorias pasadas;
recibirlo, se considera mejor que todos sus adversarios.

trompa, *oírla,* recibirá malas noticias;
sonarla, traicionará a alguien;
tenerla en la mano, sus intentos serán vanos.

trompo, incoherencia;
verlo, una persona que no sabe tomar decisiones.

troncho, *comerlo,* insatisfacción peligrosa;
tirarlo, satisfacción por lo que ha obtenido;
verlo, ha obtenido todo lo que quería.

tronco, solidez;
apoyarse en un tronco, una carrera sólida y segura;
de árbol, buenos negocios.

tronera, tiene poco espacio para actuar;
disparar desde una tronera, provocará un disgusto.

trono, envidia el poder;
estar sentados en el trono, se considera muy importante, tendrá grandes responsabilidades.

tropa, amigos muy solidarios;
en marcha, está protegido, pero teme peligrosos imprevistos;
en parada, acudirá a una fiesta muy formal.

tropezar, un pequeño contratiempo;
con los cordones desatados, la falta de atención perjudica;
en un jardín, una insignificancia obstaculizará el camino.

trucha, *comerla,* espera muy buenas noticias, pero se verá desilusionado;
muerta, mal augurio;
pescarla, una ocasión favorable;
verla nadar, momentos libres y serenos;
viva, suerte.

truco, espíritu práctico;
desenmascararlo, siempre está alerta para no complicarse.

trueno, amenazas de personas desleales;
con relámpagos, contratiempos que le ocasionarán grandes desilusiones;
sin relámpagos, alguien intenta perjudicarle secretamente.

trueque, un acto de confianza.

trufa, engaños sutiles;
comerla, descubrirá la deslealtad y falta de sinceridad de una persona querida.

tubérculo, una persona poco importante;
plantarlo, pequeños choques.

tubería, *del agua,* tendrá pocas ideas;
del gas, un momento peligroso;
rota, disgustos en el campo laboral;
ver una tubería, posibles pérdidas de dinero.

tugurio, miedo a quedar en la miseria;
vivir en un tugurio, desprecio por las cosas materiales.

tulipán, aventuras fáciles;
cultivar tulipanes, atenciones dedicadas a la persona amada;
recogerlos, conocerá a personas interesantes;
ver muchos, negligencia.

tumba, un periodo definitivamente acabado;
abierta, aunque todo haya terminado, no se da por vencido;
estar en una tumba, larga vida.

tumbado, *estar,* periodo de ocio y de insatisfacción.

tumbarse, odio forzado.

tumefacto, *tener el rostro tumefacto,* temor ante una venganza;
estar, una situación peligrosa.

tumor, gran miedo y sensación de culpa;
tenerlo, está convencido de no poder tener lo que desea.

túmulo, una persona que respeta y teme.

tumulto, quisiera exponer sus propuestas;
provocarlo, se ha visto obligado a callar durante mucho tiempo.

túnel, *ferroviario,* estar lejos de casa produce momentos de descorazonamiento.

túnica, sencillez, honestidad;
cogerla, desea aprender a vivir con los demás;
comprarla, debe evitar grandes gastos;

llevarla, se siente seguro;
vestirla, su vanidad se verá mortificada.

turbación, personalidad débil;
causar turbación, sabe que puede dañar a una persona.

turbante, *tenerlo en la cabeza,* alcanzará una posición de éxito;
verlo, un modo de expresarse fuera de lo normal.

turbar, *a alguien,* arrepentimiento tras haber hablado con maldad;
turbarse, timidez y voluntad de no creer lo que oye.

turbia, *agua,* véase *agua.*

turbulencias, una situación muy confusa y peligrosa;
encontrarse en medio, demasiadas ocupaciones no le permiten valorar con calma la situación.

turco, una persona que considera extraña e imprevisible.

turista, curiosidad satisfecha;
serlo, sabe considerar las cosas con interés;
verlo, envidia a quien se mueve libremente.

turno, afán de precisión y gusto por el orden;
respetar el turno, sentido de la justicia;
saltárselo, traslada sus responsabilidades a los demás.

turquesas, indica nobleza y refinamiento;
llevarlas, periodo afortunado en el que todo irá mejor.

turón, trabajo lento y paciente.

turrón, persona dulce pero muy dura.

tutela, *estar bajo tutela,* no debe preocuparse;
tenerla de alguien, las responsabilidades son una carga pesada.

tutor, sus gestos son controlados por la autoridad;
serlo, gran sentido de la autoridad, desea decidirlo todo;
tenerlo, percibe muchas limitaciones en los gestos y en las iniciativas.

U

ujier, periodo difícil;

úlcera, notables preocupaciones;
tenerla, crisis en los negocios.

último, *serlo,* frustraciones.

ultraje, periodo de tristeza;
hacerlo, es demasiado autoritario e intolerante;
sufrirlo, indica inseguridades personales.

ulular, falta de control en los momentos difíciles;
oír ulular, peligro.

umbral, una decisión que tomar;
cruzarlo, espíritu de iniciativa;
permanecer bajo el umbral, siente temor ante todo;

ungüento, paz, serenidad;
beberlo, enfermedad al acecho;
usarlo, se preocupa de sí mismo.

unicornio, una situación nueva y preocupante.

uniforme, novedades, aventuras;
llevarlo, suerte en los negocios y en los afectos;
roto, se acerca un periodo de desprestigio;
sucio, ha cometido una acción despreciable;
verlo, deseo de éxito.

unión, *con alguien,* prudencia y desconfianza.

universidad, *dejarla,* falta de confianza en sí mismo;
frecuentarla, deseo de estar a la altura de los demás;
verla, falta de preparación para enfrentarse a una situación difícil.

untar, *a alguien,* convence a alguien con engaños y subterfugios;
untarse, prudencia y cautela.

uñas, *bonitas,* buena salud;
cortas, periodo de debilidad;
cortarlas, pagará sus deudas;
encarnadas, sufrimientos;
feas, alguien le odia;
largas, previsión;
perderlas, discusiones familiares.

usurero, una ayuda interesada;
serlo, se aprovecha de las circunstancias.

utensilio, situación preocupante.

utensilios, *para el trabajo,* mucho trabajo y pocas satisfacciones.

útero, protección de cualquier tipo de peligro;
estar en el útero, desea olvidar todas las responsabilidades.

utilizar, *algo,* sabe coger las ocasiones al vuelo.

utopía, fantasía ardiente, falta de convicción para llevar a cabo una idea.

uva, se avecina una época de gran riqueza y prosperidad que deberá afrontar con perspicacia;
ácida, sufrimiento por pequeñas cosas;
blanca, inocencia;
comerla, salud;
negra, remordimientos y sensación de culpa;
seca, sufrirá un disgusto amoroso.

V

vaca, renta segura;
criar muchas vacas, aumento de riquezas;
ordeñar una vaca, ganancias constantes.

vacaciones, *desearlas,* deseo de libertad;
hacerlas, llega una pausa tras larga fatiga;
pedirlas, necesidad de reposo;
tenerlas, periodo de relax.

vaciar, *algo,* es decidido.
un saco, dirá la verdad.

vacilar, debe decidirse;
ante un peligro, debe creer más en sí mismo;
ante una elección, debe tomar una decisión importante.

vacunación, *hacerla,* periodo de pesimismo;
si la hace otro, un amigo pide ayuda.

vacunar, miedo a una enfermedad.

vado, momento de transición;
difícil, bloqueo y temor;
fácil, la madurez ayuda a resolver los problemas;

vadear, enfréntese con madurez a los peligros;
ver a alguien vadear, envidia ante el valor de los demás.

vagabundear, exceso de actividad, cuidado con la salud;

vagabundo, *perro,* soledad y falta de puntos de referencia;
ser un vagabundo, deseo de libertad;
verlo, ganas de libertad.

vagón, cambios peligrosos;
con animales, buen augurio;
con mercancías, riqueza;
con personas, los cambios alterarán a toda la familia;
en una vía muerta, propósitos que no llegan a buen fin;
roto, mal augurio.

vale, pérdida de dinero;
dar un vale, una ayuda puede costar cara;
recibirlo, ilusiones, dolor.

valeriana, estabilidad económica.

valla, algo le impedirá hacer lo que desea;
señalarla, ideas claras;
superarla, obstáculo superado;

verla, no resulta conveniente exagerar.

valle, un periodo de quietud;
atravesarlo, algún problema angustioso será superado.

valorar, a una persona, cinismo;
un objeto, gran desconfianza.

vals, pasión amorosa;
bailarlo, declaración de amor.

vampiro, temor ante las personas falsas y engañosas;
que le chupa la sangre, descubrirá aspectos negativos de una persona que creía amiga;
ser atacado por un vampiro, pérdida económica;
verlo, una persona se aprovechará de su ingenuidad.

vanidad, tristezas pasajeras.

vapor, situación confusa;
barco a vapor, véase embarcación;
máquina de vapor, siempre controla sus gestos;
verlo, expresará su energía.

vaqueros, *pantalones,* deseo de parecer más joven.

varar, *una nave,* novedades agradables a la vista.

varita, *mágica,* se sobrevalora.

varón, poder masculino;
para las mujeres, conflictividad y deseos;
para los hombres, contrastes.

vaso, *de oro o de plata,* las riquezas aumentarán si contiene el gasto inútil;
de vidrio, exceso de debilidad;
lleno de vino, momentos de alegría;
resquebrajado, reacción ante una situación desagradable;
vacío, es mejor ahorrar.

vecino, *de casa,* envidias;
hablar con un vecino, deseo de volver a una vieja cuestión.

vela, señales importantes;
amainada, momentos de ocio;
desplegada, grandes ideas;
rota, pérdida de energías.

vela, todavía no se ha apagado una llama de amor;
apagada, pérdida de las esperanzas;
encendida, no olvide una promesa hecha;
encenderla en la iglesia, nadie puede resolver los problemas que le acosan;
tenerla en la mano, ama a una persona que sólo lo considera como amigo.

velador, *dejar un objeto sobre el velador,* desea que todo esté siempre a su disposición;
verlo, no dejará su casa.

velero, las cosas irán según sus deseos.

velo, *blanco,* matrimonio;
de monja, vocación religiosa;
negro, mal augurio;
recamado, coquetería.

velomotor, viajes;
roto, desplazamientos difíciles.

vena, energía vital;
cortada, pérdida de energías;
cortársela, disgustos y tristezas.

vencimiento, un negocio improrrogable;
olvidar un vencimiento, ignora sus obligaciones.

venda, dificultad en la elección.

vendar, *a alguien,* un amigo en dificultades;
a un niño, deseo de proteger a los débiles;
a uno mismo, autocompasión;
una herida, una interrupción momentánea en el trabajo.

vendedor, desea muchas cosas.

vender, periodo de crisis;
monedas de oro, buena señal;
muebles, presagio de ruina.

vendimia, trabajo recompensado;
buena, grandes alegrías;
durante la temporada, un momento muy feliz;
fuera de temporada, onerosas pérdidas de dinero;
mala, su trabajo no será recompensado.

veneno, debe ser desconfiado;
darlo, maldades que pagará;
tomarlo, exceso de ingenuidad.

venganza, ofensas no olvidadas;
organizarla, vengará el honor de un familiar;
participar en una venganza, no soporta las guerras familiares;
sufrirla, mala conciencia.

ventaja, *ganarla,* se enfrentará a un conflicto con decisión;
perderla, exceso de confianza en las ayudas ajenas;
tenerla, optimismo.

ventana, deseo de evasión;
abierta, posibilidad de encuentros importantes para el trabajo;
cerrada, peligro alejado;
cerrada con una reja, es demasiado sospechoso;
con los cristales rotos, cuidado con los incidentes;
con flores, alegría y serenidad;
entrar por una ventana, grandes novedades, evite exponerse;
precipitarse desde una ventana, novedades, no se exponga.

ventanilla, *del automóvil,* descubrirá muchas cosas;
rota, presagio negativo.

ventisquero, *descender de uno,* reinicie las relaciones sociales;
escalarlo, lucha para alcanzar paz y tranquilidad;
verlo, atravesará un momento de completa soledad.

verano, *cálido,* abundancia;
caluroso, demasiadas riquezas le molestan;
estar en verano, buena situación económica y afectiva;
frío, una situación imprevista cambiará su situación económica.

verbena, buen augurio.

verdad, *decirla,* estará obligado a desvelar un secreto;
ocultarla, tiene remordimientos.

verde, *claro,* una persona sincera;
de la hierba, buen augurio, recobra las energías;
oscuro, ofensas y calumnias.

verdugo, alguien le odia todavía por una antigua discusión.

verdura, alterna alegrías y preocupaciones;
cocerla, preocupaciones molestas;
comerla cruda, preocupaciones por la salud;
cultivarla, satisfacciones familiares.

verga, un punto de observación favorable;
de una nave, intuirá los peligros desde lejos.

verja, *construirla,* cierre al exterior;
saltarla, un paso importante pero peligroso;
verla, un obstáculo difícil de superar.

verrugas, *tenerlas,* molestias y pequeñas preocupaciones.

versos, *escribirlos,* equilibrio espiritual;
leerlos, admira la armonía.

vértebras, *enfermas,* debilidad de carácter;
rotas, un largo periodo de inmovilidad;
sanas, se enfrenta al futuro con decisión.

verter, desperdicio de energías;
algo, una decisión definitiva;
leche, se estropea la salud;
vino, pérdida de oportunidades.

vértigo, agotamiento nervioso;
sentirlo, temor ante lo desconocido.

vestido, protección y defensa de los peligros;
adecuado para la temporada, el equilibrio conduce al éxito;
blanco, la felicidad está al llegar;
de baño, pronto llegarán las vacaciones;
de lujo, temor a no parecerse a los demás;
de luto, buena salud;
de moda, sentimiento de envidia;
de niño, renuncia voluntaria a las responsabilidades;
de novia, rechazo del matrimonio y de las tradiciones familiares;
de sacerdote, noticias al llegar;
elegante, buen augurio;
fabricarlo, ha decidido cambiar de aspecto;
inadecuado, algunos problemas que le afligen se resolverán con facilidad;
llevarlo, quiere mostrarse distinto de lo que es.
modesto, espíritu sereno;
muy abigarrado, obtiene mejores resultados con la astucia que con el mérito;
nuevo, encontrará un trabajo nuevo;
oscuro o negro, miedo a desgracias imprevistas;

sucio y roto, miedo a los enemigos;
viejo, deseo de cambio.

vestirse, prepárese para realizar algo importante;
cuidadosamente, se infravalora.

veterano, experiencias fundamentales;
serlo, una experiencia definitivamente concluida.

vía, comprensión perfecta con la pareja;
interrumpida, deberá tomar decisiones personales.

viajar, buen augurio;
a pie, pocas probabilidades de obtener lo que se quiere;
con amigos, un periodo agradable pero transitorio;
en automóvil, sabe lo que desea;
en avión, cambios rápidos pero no duraderos;
en tren, mal augurio;
por mar, futuros cambios;
solos, necesita un nuevo ambiente.

viaje, experiencias, novedades;
corto, experiencias agradables pero breves;
de negocios, trabajos satisfactorios;
de novios, comienza una nueva etapa en su vida;
largo, deseos imposibles;
programar un viaje, necesidad de cambios.

viandante, bondad de espíritu;
serlo, periodo de soledad.

víbora, mal augurio;
aplastarla, ha provocado a una persona malvada;
matarla, eliminará a una persona peligrosa;
que repta, se enfrentará a trampas organizadas a sus espaldas;
ser mordido por una víbora, cederá a lisonjas y falsas promesas;
verla, una persona falsa y peligrosa.

vicio, insatisfacción.

vicioso, trabajo excesivamente intenso;
serlo, falta de escrúpulos.

víctima, *serlo,* tiene manía persecutoria;
verla, sentimiento de culpa por una acción incorrecta.

victoria, éxito sobre los adversarios.

vid, signo de abundancia y éxito;
arrancar una vid, disminución de las ganancias;
ver una vid sin uva, mal augurio.

vida, *corta,* disgustos, enfermedad;
larga, futuro favorable.

vidente, *consultar a un vidente,* será engañado;
que adivina, alguien le comprende perfectamente;
serlo, óptimas posibilidades de éxito.

vidrio, pensamientos claros y honestos;
cortarlo, no fuerce la situación;

de una ventana, un negocio con éxito seguro;
objetos de vidrio, buen augurio;
opaco, alguien trama algo a sus espaldas;
romper un vidrio, un momento desafortunado;
transparente, sabe lo que le espera.

viejo/a, buenas noticias;
que está en casa, un periodo propicio;
que ríe, vida larga y feliz;
volverse, etapa de maduración.

viento, angustia y preocupaciones;
cálido, momentos serenos;
del norte, sensación de felicidad, alegría y serenidad;
en general, buenos negocios;
frío, un periodo de soledad;
ligero, buen augurio;
muy fuerte, buenos negocios;
sentir el viento, alguien le traicionará.

vientre, *descubierto,* miedo a las venganzas;
dolorido, preocupaciones económicas;
gordo, carrera rápida;
herido, periodo difícil, disgustos familiares;
hinchado, enfermedad;
mirarse el vientre, ningún problema familiar;
muy hinchado, deseo de maternidad;
plano, periodo de restricciones;
sano, salud en la familia.

viga, seguridad;
que cruje, perderá la confianza;
verla, se ciega en alguien.

vigilante, miedo a infringir algunas normas;
serlo, juzga a todos y todo.

vigilar, un momento triste y cansado;
a un amigo, traiciones a la vista;
a un familiar, discrepancias familiares;
enfermos, preocupaciones por la salud;
muertos, lamentos inútiles;
ser vigilado, todos desconfían de usted.

villa, tranquilidad económica;
comprarla, deseo de riqueza y bienestar;
verla, envidia la riqueza de un amigo.

vinagre, celos, asuntos de poca monta;
beber vino que en realidad es vinagre, traición;
condimentar con vinagre, pacificar, finalizar una lucha;
prepararlo, deseo de llevar a cabo una acción incorrecta;
verterlo accidentalmente, se equivoca juzgando mal a alguien.

vinagreras, chismes sabrosos.

vino, *beber mucho,* discusiones inútiles;
beberlo blanco, momentos de alegría;
beberlo rojo, enfermedad pasajera;
blanco, satisfacción y felicidad;
con agua, moderación;
de aguja, excitación, alegría;
dulce, alabanzas;

envenenado, pésimo augurio;
estropeado, momentos de alegría malogrados;
ofrecerlo, buena relación con los amigos;
seco, sinceridad.

viña, buenos negocios;
poseerla, serenidad de espíritu;
venderla, presagio favorable.

viola, palabras dulces.

violentar, se arrepentirá de su prepotencia.

violeta, suerte, mejoría moral.

violetas, la timidez interfiere en sus conquistas.

violín, un amor no correspondido;
oírlo tocar, consuelos;
tocarlo, incomprensiones y disgustos amorosos.

violoncelo, ilusiones y deseos irrealizables.

virgen, respeto y honestidad;
esposarla, buen augurio;
hablar con la Virgen, escuche los consejos de una mujer sabia;
serlo, teme una situación que le resulta nueva;
verla, una mujer muy afectuosa le ayudará en los momentos difíciles.

viruela, se siente acusado y calumniado;
tenerla, sentimiento de culpabilidad;

ver que alguien la tiene, ha ocasionado un gran disgusto.

virulento, *serlo,* culpabilidad frente a los demás;
ver a alguien virulento, deforma todas las cosas.

viruta, negocios de poca importancia.

visión, *de personas desaparecidas,* es bueno escuchar su mensaje;
tener una visión, placeres de breve duración.

visita, *de cortesía,* deberes molestos;
de pésame, mal augurio;
inesperada, espera a alguien.

viso, *que cuelga de un vestido,* seducciones ocultas;
ver una mujer en viso, una mujer que os fascina;
verlo, momentos de intimidad.

visón, vanidad.

vista, *aguda,* buen augurio, suerte, éxito;
débil, fracasos y desilusiones.

viuda, *con hijos,* temor por la salud;
que reposa, buen augurio;
serlo, necesidad de afecto y comprensión;
verla, una mujer poco sincera.

viudo, *casarlo,* una ganancia inmediata;
con los hijos, teme un poco por su familia;

441

que reposa, momento favorable;
serlo, un periodo difícil.

vivac, espíritu romántico.

vivero, buen augurio, grandes esperanzas para el futuro;
trabajar, piense en el futuro.

volante, *de automóvil,* sea previsor y no pierda el ánimo.
no encontrarlo, momentos de pánico;
tenerlo en la mano, sabe lo que está haciendo;
verlo, temor ante la pérdida del propio control.

volar, necesidad de éxitos rápidos y seguros;
con alas, gran autonomía personal, libertad;
con alegría, finalmente hará lo que quiere;
con angustia, la libertad le desorienta;
con los pájaros, revelará su egoísmo;
en avión, un viaje que esperaba desde hace tiempo;
encima de los tejados, acciones desconsideradas;
no conseguir volar, instintos bloqueados;
sin alas, peligro inminente;
sobre el fuego, corre riesgos inútiles;
sobre el mar, grandes cambios a la vista.

volcán, *apagado,* está controlando sus impulsos;
en erupción, ha dado vía libre a los instintos, lo que tendrá consecuencias graves;

humeante, situación tranquila sólo en apariencia.

volcar, *algo,* no soporta la situación presente;
un objeto, asegúrese de que cosas sin importancia no se revelan llenas de trampas;
una situación, su fuerte es la dialéctica.

vocear, discursos inútiles;
oír voces, desprecio por los discursos poco serios.

voltereta, véase *caer.*

voluptuosidad, *sentirla,* deseos sexuales.

volver, una decisión tomada;
el rostro, logrará lo que desea;
la página, véase *página;*
volverse, debe reflexionar.

vomitar, lo rechaza todo;
comida, pérdida de dinero;
sangre, problemas de salud;
vísceras, pésimo augurio, enfermedad, ruina.

vorágine, algo que no conoce y que le asusta terriblemente.

votar, una decisión importante;
papeleta en blanco, no quiere ninguna responsabilidad.

voto, *de sacrificio,* tendrá necesidad de ayuda;
electoral, el futuro depende de todos;
hecho ante un altar, confianza en una ayuda favorable.

Y

yacimiento, riqueza imprevista;
de carbón, la fortuna se consigue con fatiga;
de petróleo, no merece la suerte que tiene.

yedra, un amor posesivo;
plantarla, se están sentando las bases para una profunda amistad;
recibir una planta de yedra como regalo, alguien le ama profundamente;
regalar una planta de yedra, amor sólido, muchos celos;
tener en la mano una rama, una relación aparentemente sólida se ha roto.

yegua, carácter tranquilo con saltos de humor imprevisibles;
cabalgarla, intenta controlar su carácter.

yelmo, está a punto para el duelo;
quitarse el yelmo, el peligro está conjurado;
ver soldados que llevan yelmo, un encuentro ineludible.

yema, *de una planta,* nace una situación nueva.

yema de huevo, curación de una larga enfermedad;
comerla, salud óptima.

yema de los dedos, gran sensibilidad;
no tenerla, falta de sensibilidad.

yerbazos, obstáculos desagradables;
tomarlos, superar todos los obstáculos.

yeso, una situación frágil pero estacionaria;
para escribir, palabras que se olvidarán pronto;
para fracturas, véase *enyesar.*

yugo, se siente atormentado por un gran empeño.

yunque, un trabajo manual;
golpear sobre el yunque, insistencia sobre un hecho superado.

Z

zafarse, *de algo,* dificultad para aceptar un cierto grado de inutilidad.
de una persona, lazos que limitan su actividad.

zafio, *serlo,* es previsor, y a veces demasiado formal.
ver a alguien que se comporta de manera zafia, no sabe cómo comportarse en público.

zafiro, pensamientos románticos;
falso, dulzura aparente.

zambullirse, está seguro de obtener lo que desea;
en el agua, buenas perspectivas;
en el vino, gozo, alegría, entusiasmo.

zampoña, *oírla tocar,* mal augurio;
tocarla, momentos familiares agradables.

zanahoria, cuidado con la situación;
comerla, espíritu de observación.

zancos, considera superficialmente una situación compleja;
usarlos, superará los problemas sin resolverlos.

zángano, pequeñas molestias cotidianas;
que le pica, gran ofensa.

zanja/foso, surge un obstáculo en el camino;
caer en una zanja, caída en una insidia;
con agua, puede surgir algún obstáculo;
excavar una zanja, brillante superación de una dificultad;
verla, se da cuenta de las dificultades.

zapa, buen augurio, descubrimientos, novedades.

zapar, *la tierra,* éxito, pero no inmediato.

zapatero, no es necesario preocuparse por el trabajo;
verlo trabajar, laboriosidad.

zapatillas, pereza;
comprarlas, prevé un periodo de inactividad;
nuevas, sin novedad, vida perezosa;
perderlas, suerte, mejoras y novedades;
regalarlas, deseo de inmovilidad de una persona;

salir en zapatillas, poca decisión en los negocios.

zapatos, *calzarlos,* un viaje de breve duración;
comprarlos, tiene muchas iniciativas en programa;
de cuando se era niño, dificultad para aceptar nuevas responsabilidades;
estrechos, dificultad y estrechez;
hacérselos lustrar, sentimiento de superioridad;
lustrarlos, véase *pulir*;
no tener zapatos, gran pobreza;
nuevos, momentos cansados;
rotos, dificultades para actuar;
sucios de fango, miedo a un empeoramiento económico;
viejos, estrecheces económicas.

zarpar, olvido del pasado.

zarza, una situación que se puede volver peligrosa;
caminar entre zarzas, sospechas confirmadas;
cortar las zarzas, quiere eliminar todas las insidias posibles;
cultivarlas, cuidado con alentar a una persona peligrosa;
verlas, temor ante una persona aparentemente tranquila.

zoo, molestias y falta de libertad;
estar tras los barrotes del zoo, ansiedad por una situación que resulta opresiva.

zodíaco, buen augurio, suerte en el juego.

zorra, pronto se descubrirán los engaños mantenidos hasta ahora;
en el gallinero, grave pérdida de dinero;
matarla, buen signo, importantes mejoras;
ser mordido, insidias que le pueden costar mucho dinero;
verla, será engañado.

zumo, *beberlo,* vigile la sustancia de las cosas.

zueco, vida modesta;

zurrar, alegría y vitalidad.

www.ingramcontent.com/pod-product-compliance
Lightning Source LLC
Chambersburg PA
CBHW052041220426
43663CB00012B/2402